《三国志注》故事选

杨俊英　贾婉如　译注

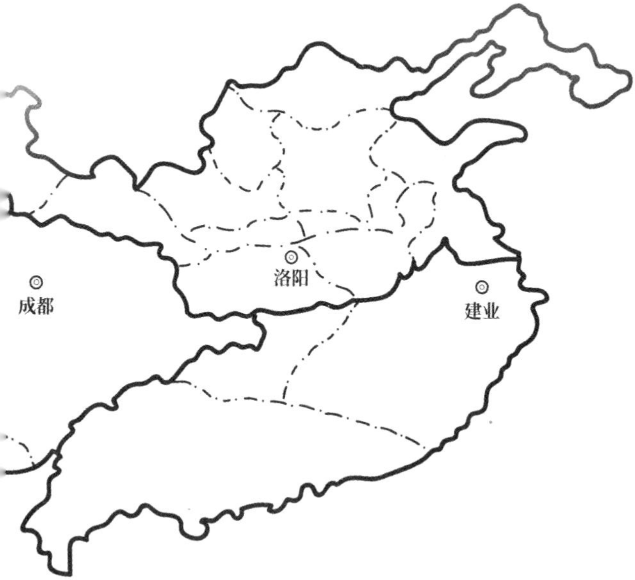

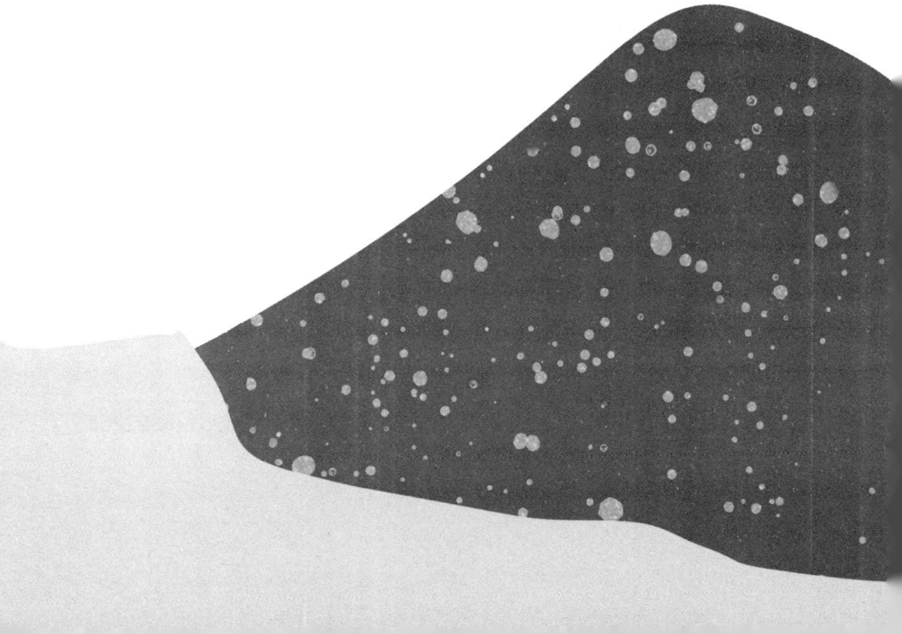

山西出版传媒集团
三晋出版社

图书在版编目(CIP)数据

《三国志注》故事选 / 杨俊英,贾婉如译注.—太原:三晋出版社,2021.6

ISBN 978-7-5457-2284-0

Ⅰ.①三… Ⅱ.①杨…②贾… Ⅲ.①中国历史-三国时代-纪传体②《三国志》-译文③《三国志》-注释Ⅳ.①K236.042

中国版本图书馆 CIP 数据核字(2021)第 116408 号

《三国志注》故事选

译 注 者:杨俊英　贾婉如

责任编辑:落馥香

出 版 者:山西出版传媒集团

三晋出版社(山西古籍出版社有限责任公司)

地　　址:太原市建设南路 21 号

邮　　编:030012

电　　话:0351-4956036 (总编室)

0351-4922203 (印制部)

网　　址:http://www.sjcbs.cn

经 销 者:新华书店

承 印 者:山西康全印刷有限公司

开　　本:890mm×1240mm 1/32

印　　张:17.25

字　　数:420 千字

版　　次:2021 年 8 月　第 1 版

印　　次:2021 年 8 月　第 1 次印刷

书　　号:ISBN 978-7-5457-2284-0

定　　价:78.00 元

前　言

一

《三国志》是二十四史中备受世人推崇的“前四史”之一。

《三国志》收有《魏书》三十卷,《蜀书》十五卷,《吴书》二十卷,共六十五卷。由西晋史学家陈寿撰。陈寿(233—297),字承祚,安汉(今四川南充北)人。曾在蜀汉任观阁令史,因不愿屈事宦官黄皓,多次被谴黜。蜀汉灭亡后,被征召至洛阳,在西晋任著作郎、治书侍御史等职。公元280年,晋灭东吴,结束了三国分裂的局面,陈寿时年四十八岁,开始撰写《三国志》,历经十年艰辛,终于完成了这部流传千古的历史巨著。陈寿还撰有《古国志》《益部耆旧传》,编有《蜀相诸葛亮集》等书。

三国时,魏、吴两国皆有史书,魏国官修的有王沈的《魏书》,私撰的有鱼豢的《魏略》;吴国官修的有韦昭的《吴书》。此三书是陈寿撰写《三国志》时依据的基本材料。蜀国未设史官一职,故而无史,就由陈寿自己收集资料进行撰写。陈寿本系蜀人,对蜀事也较留意,又有写史的条件,但毕竟注记无官,是以行事多遗,资料有限,虽然成就了三国皆有史书的局面,但篇幅上却有了不少的差距,《魏书》约占《三国志》全书的二分之一,《吴书》约占三分之一,《蜀书》仅占六分之一。

起先,《魏书》《蜀书》《吴书》三书单独发行、流传,为避免三国时曹魏的《魏书》,与南北朝时北魏的《魏书》相混淆,于北宋咸平六年(1003)才将三书合并成为《三国志》。书以三国并列,亦属创例。《三国志》是一部纪传体的断代史,全书有四百四十位历史人物传记,是三国分立结束后文化重新组合的产物。它不仅完整地记载了从魏文帝黄初元年(220)到晋武帝太康元年(280)这六十年间三国鼎立的历史,也记叙了自汉末至晋初近百年间中国由分裂走向统一的历史全貌。

《三国志》是二十四史中最为特殊的一部,其特殊在于其中没有记载王侯、百官世系内容的"表",也没有记载经济、地理、职官、礼乐、律历等内容的"志",不同于《史记》《汉书》所确立下来的一般正史皆有"表""志"的规范。《魏书》仅有本纪和列传,《蜀书》《吴书》则只有列传。再者,晋朝是承继魏祚而得天下的,陈寿又是晋朝的著作郎、治书侍御史,所以《三国志》尊魏为正统,故《魏书》放在三国之首。另外,志书取舍严慎,因而记叙过于简略,有些美中不足,这些不足,则由后来裴松之的"注"予以弥补了。

《三国志》成书之后,因其叙述精确、文笔简洁、剪裁得当、记事翔实而备受推崇,同时期的夏侯湛亦撰《魏书》,见到陈寿的著作倍加赞赏,便毁弃了自己的文稿,认为没有再写下去的必要。刘勰在《文心雕龙·史传》篇中讲:"魏代三雄,记传互出,《阳秋》《魏略》之属,《江表》《吴录》之类,或激抗难征,或疏阔寡要。唯陈寿三志,文质辨洽,荀(勖)、张(华)比之于(司马)迁、(班)固,非妄誉也。"意思是说当时同类的史书不少,如《晋阳秋》《魏略》和《江表传》《吴录》等书,有的立论偏激,根据不足,有的文笔疏阔,不得要领,而只有陈寿的作品达到内容与文字表达的统一，可与司马迁的《史记》、班固的《汉书》媲美，因而各家著作相继泯灭，而唯有《三国志》流传至今，且成为深受世人推崇的“前四史”(《史记》《汉书》《后汉书》《三国志》)之一。

世人皆认为陈寿“善叙事，有良史之才”，首先肯定了他在史学史上应有的地位。《三国志》可谓良史的实录。他所处的时代，是各种政治关系相互纠缠的年代，他又处在这个新旧时代交替的中心，所以在如何叙写事件、表述人物方面颇费周折，他做到了叙事隐讳而不失实录，扬善而不隐蔽缺点，用曲折的手法反映历史的真实，这部巨著便是他作为一代良史的具体体现。

二

裴松之给《三国志》作的“注”是著名的“四大名注”之一。

裴松之作的注释简称作“裴注”。裴松之(372—451)，字世期，河东闻喜(今山西闻喜)人，南朝宋时文学家。年八岁，学通《论语》《毛诗》，博览坟籍，立身简素。年二十，拜殿中将军。后曾任国子博士、永嘉太守等职。裴松之还著有文论及《晋纪》，其子裴骃也以注史著称，著有《史记集解》，连同其曾孙裴子野，人称“史学三裴”。

在陈寿去世约一百三十多年后，元嘉六年(429)，宋文帝命裴松之为《三国志》作注，书注告成，呈表奏上，宋文帝善之，曰：“此为不朽矣。”那么，有哪些不朽之处呢？

(一)裴注《三国志》是二十四史中唯一一部注文超过原文三倍的史书

一般注释古书，多注重训诂释词，裴松之因系奉旨作注，则务求周悉，上搜旧闻，傍摭遗逸。还访寻遗址，查证事件的经过，倾听长者的回忆。把注文的重点放在事实的增补和考订上。因而注释条目数量巨大，注文约是原文的三倍，基本弥补了《三国志》记叙过于简略的缺憾。引用的书籍多达一百五十多种，因统计的原则和方法不同，故说法不一，学术界竟有十种不同意见。如据沈家本统计，注文引书有“经部二十二家，史部一百四十二家，子部二十三家，集部二十三家，凡二百一十家”。如此广采博引，极大地丰富了原书的内容。《四库全书总目提要》对裴注评论道：“宋元嘉中，裴松之受诏为注，所注杂引诸书，亦时下己意。综其大致，约有六端：一曰引诸家之论，以辨是非；一曰参诸书之说，以核伪异；一曰传所有之事，详其委曲；一曰传所无之事，补其阙佚；一曰传所有之人，详其生平；一曰传所无之人，附以同类。”从这六个方面足以说明裴注与《三国志》互为补充，成为一个有机的整体，具有同等的阅读价值。研究三国史，则必须兼读裴松之的注文，因为其中有丰富的资料，我们将裴注介绍给读者，正是为彰显其价值，引起读者对该注的重视和兴趣。

（二）裴松之的注，开创了注释古书的新体例

裴松之在《上三国志注表》中写到，他作注的宗旨是：“其寿（指陈寿）所不载，事宜存录者，则罔不毕取以补其阙。或同说一事而辞有乖杂，或出事本异，疑不能判，并皆抄内（同“纳”）以备异闻。若乃纰缪显然，言不附理，则随违矫正以惩其妄。其时事当否及寿之小失，颇以愚意有所论辩。”综上所述，简言之，裴松之作注的宗旨即补阙、备异、惩妄、论辩四点，分别简述如下。

1. 补阙，即补充《三国志》记载上的缺漏。如曹刘争夺汉中时，志书记载曹军当时十分强势，但双方对峙还不到两个月曹操便匆匆撤军了。当时双方尚未全面交锋，战局未见分晓，为何便主动撤军呢？志书上没有说，让人很是费解。裴松之适时地在此处加了“注”，注引《云别传》解答了这个问题，原来这时在汉水之滨发生了一场小小的汉水夺粮战，说的是赵云、黄盖在此地劫夺了曹军运来的所有粮食。于是曹军失去继续相持的物质资本，如不退兵可能会被饿毙，故而曹操只好匆忙离去。这一补阙，既填补了赵云生平事迹的空白，使赵云一身都是胆的形象更加丰满，又说明汉水夺粮战扭转了当时的战局，使刘备在曹刘僵持不下的困境中得以解脱，还解除了读者对曹操撤兵的疑惑。补得果然好。

2. 备异，即同一事件而几家记叙各异，裴松之皆收罗来予以记载，以备读者参考。三国处于割据局面，史家因各种原因对同一事件表述不尽相同，有的还相抵牾。如曹操投奔友人吕伯奢家、后来竟杀了伯奢全家人的事，就有三种不同的版本。《魏书》上说因伯奢之子及宾客先抢劫了曹操，而后曹操才杀人的；《世语》说曹操因违背董卓的命令私自逃走，便怀疑吕家人要害自己而杀人的；《杂记》则说曹操是听到厨房有刀器声，以为他们要谋害自己从而杀人的。裴注将这些版本原原本本介绍给读者，给读者极大的空间和自由，让读者去参阅、去体味，斟酌取舍。这是裴注的一大特色，也是他的首创。另外，从注文的三个版本中我们也了解到曹操是个疑心很重的人，又是个下手狠毒（夜杀八人而去）的人，还是个“宁我负人，毋人负我”的唯我主义者。

3. 惩妄，即凡记载不同，有明显错误，言不附理者，皆一一列出，并加以纠正。一种是志书记载正确，其他书籍有误者。如《陈泰传》注引干宝《晋纪》谓“太常陈泰”云云，裴松之则曰“按本传，泰不为太常，未详干宝所由知之”，予以甄别。另一种是志书记载有误，其他书籍正确者。如《吕布传》载：“卓死后六旬，布亦败。”裴松之则云：按《英雄记》曰：“诸书，布以四月二十三日杀卓，六月一日则走，时又无闰，不及六旬。”予以纠正。

4. 论辩，即通过对比分析，对“时事当否及寿(指陈寿)之小失”加以论辩，以正视听。对陈寿记载失误的评论，如《武帝纪》记载官渡之战，说曹操当时“兵不满万”，裴注则列举三例，详加辨析，然后得出结论说：记述者“以少为奇，非其实录也”，用以驳斥“兵不满万”记载的虚假。此外，有对其他史家失误的评论，还有对历史事件、历史人物和历史典籍的评论，这里不多赘叙。这种博采众书，补充史实，列举异同，考辨真伪，发表评论的注史方法，也是裴松之首创，且为后世一些注家所效法，如南朝刘孝标注《世说新语》，宋人陶岳的《五代史补》，清人吴士鉴的《晋书麟注》等皆是，足见裴注影响的深远。

(三)裴注引文首尾完具，比勘异同，促进了历史考证学的发展

《四库全书总目提要》写到裴注时曰，该注“网罗繁富，凡六朝旧籍今所不传者，尚一一见其崖略。又多首尾完具，不似郦道元《水经注》、李善《文选注》皆剪裁割裂之文。故考证之家，取材不竭，转相引据者，反多于陈寿本书焉”。《水经注》是北魏地理学家、散文家郦道元注释《水经》的书。《水经》，汉桑钦撰，有一万多字。《水经注》有三十多万字，其以《水经》为纲，作二十倍于原书的补充和发展，自成巨著，是六世纪前我国最全面、最系统的综合性地理著作。《文选注》由号称“书簏”的唐代学者李善注，南朝梁萧统作，萧统为武帝太子，谥昭明，故亦称《昭明文选》。二书皆为名注，可惜如“提要”所云，其注多“剪裁割裂之文”。《三国志》的裴注虽伤于芜杂，但首尾完备，又都注明出处，因原书佚失，于是其注文便成为极难得的历史资料。裴松之比勘异同，考其正误，又与陈寿本书对勘，进行全面研究，指出《三国志》与其他史书中的错误，并将考证结果列出，供读者作为判断是非的依据。而这些资料，也成为后世考证家不竭的取材之源，“转相引据者，反多于陈寿本书焉”。确实如此，就拿笔者这本裴注故事选所涉及而言，仅《汉语大辞典》这一辞书，在所选的一百多篇裴注中，辞书引用注文中的有关词条竟达三百三十余条，的确远远超过《三国志》正文。可以说，裴注不仅为我们提供了考证来的知识，也能帮助我们学习考证的方法。

（四）裴注对三国人物、事件、史书的评论，有助于史学评论之风的兴起

在裴注之前，也有人对某些史书作过评论，但不系统，且大都已散佚。裴松之对引用的三国两晋时期所撰的各种史籍，加以广泛的评说，其中有许多精辟的见解。对不符合历史事实的记载，或予以纠正，或予以批评，还历史以原貌。因系奉旨作注，故其评论的文字也即裴松之自己加注的文字在前面都冠以“臣松之案”“臣松之以为”，这些案语在《三国志》中也有近二百条，开启了史学评论的注释首例。另外，陈寿长于“质直”，故“文采不足”，裴注则补其不足。若叙事，则探究其矛盾冲突，描述动态场景和战争场景，突出故事情节。写人，则描写人物的形貌及神态，刻画人物的内心世界，通过生活轶事来塑造人物性格。用文学的笔触，达到他要求的“绚素有章”的效果，这也是裴注的一大特色。

（五）由于裴注的广泛引用古籍，故而保存下许多珍贵的历史资料

因裴松之所引的古书，绝大部分已经亡佚，于是所引资料借裴注得以流传下来，成为十分珍贵的史料。仅就史料价值而言，裴松之的注不亚于《三国志》。如《抑兼并令》，志书上只说此令甚得“百姓喜悦”，但无具体内容。裴松之则把令文在注里公示了出来，使我们得知在袁绍统治下的河北百姓深受豪强掠夺和兼并土地之苦，公布的新令规定：“其收田租亩四升，户出绢二匹，棉二斤而已，他不得擅兴发。”这是中古史上赋税制度的一次大变革，由按人口收钱的口赋算赋制改为按户缴纳实物的户赋制，这种制度一直影响到隋唐朝代，这段裴注便成为研究这段历史赋租制的重要材料。又如“一女不戮二门”，也是对两汉以来法律的一次大改革。即由原来的一个出嫁的女子既要受夫家犯罪的牵连而受戮，还要受母家犯罪的牵连而受戮，即一女受戮于二门，后来改为未嫁之女随母家判刑，已嫁之女随夫家判刑，即一女不戮二门。这条裴注同样为后世法律研究者提供了源头资料。他如诸葛亮的《后出师表》、曹操的《让县自明本志令》、曹植的《赠白马王彪》、李密的《陈情表》等篇章，皆借裴注流传下来，或选入各种古文选本，或编为高中及大学教材。诸多史料、篇章能保留下来，裴松之功不可没。

（六）裴注为《三国演义》提供了丰富的素材和再创作的空间

《三国演义》亦称《三国志通俗演义》，罗贯中撰。罗贯中（约1330—约1400），山西太原人，元末明初小说家。《三国演义》是他依据三国历史，在广泛吸取杂记、民间传说和民间艺人创作的基础上，加工再创作的一部长篇章回体小说。作品反映的是汉末至晋初这一历史时期魏、蜀、吴三个统治集团之间的政治、军事、外交等方面复杂的斗争。罗贯中有极高的艺术概括力，他采用“实七虚三”的创作方法，即七分真实、三分虚构，达到历史真实与艺术真实的概括统一。那七分真实依据的便是《三国志》正史的记载，还有裴松之的注。裴注为演义的笔走龙蛇提供了大量的素材，甚至细节。罗贯中是小说家，在恪守历史的真实外，还需要有吸引读者的情节，所以在那三分的虚构里，他为古人创造了不少“光辉事迹”，这些事迹在裴注中大都能找到蛛丝马迹。如“温酒斩华雄”本是孙坚干的事却安在了关羽身上；“过五关斩六将”也是没有的事，因为曹操不会让为一个人而大动干戈的蠢事发生;杨修被诛主要依据是裴注有关鸡肋的五十余字,而经过罗贯中敷演的“杨修之死”,不仅选编为高中教材,还搬上了京剧舞台。无怪乎书评家金圣叹赞《三国演义》道:“观其笔墨之快,心思之灵”,不由“称快者再,而今而后,知第一才子书之目又果在《三国》也。”故而《三国演义》的别称为“第一才子书”。

清史学家侯康说“陈承祚(指陈寿)《三国志》,世称良史,裴注尤博赡可观”。《四库全书总目·通鉴考异提要》评价曰:“昔陈寿作《三国志》,裴松之注之,详引诸书错互之文,折衷以归一是,其例最善。”因此后世有人将裴松之的注列为“四大名注”之首。

由于上述种种缘由,因而很有必要、也有责任将裴注编选成集,隆重地推介给广大读者。

三

下面就编选裴注故事的原则、体例和侧重点加以说明。

裴注数量巨大,大多是一条注解之下引用一种书籍,有的一条注解之下引书多达五六种,我们一般只选一种,偶或两三种。原书所引注文有长有短,有的一条注文只有十来个字,有的则多达一万多字,如“曹丕禅代”就是。在近两千条的注文中,我们精选了 163 条,以飨读者。

(一)编选的原则

1. 能反映当时三国风云纷争的事件。
2. 脍炙人口、富含情节的故事。
3. 能彰显中华传统美德的情事。
4. 具有现实意义、可资借鉴的人或事。

(二)编选的体例

1. 本书使用的《三国志》底本是中华书局校点本(1982 年 7 月第

2版),共五册,绿皮平装。

2. 本书故事的前后顺序,是以《三国志》第一册至第五册的顺序为次。即先《魏书》、再《蜀书》、再《吴书》的顺序。

3. 对裴松之的每篇“注文”,我们都设置了一个标题。标题尽量采用注文中的重点词语,如第二篇,因许子将说曹操是“治世之能臣,乱世之奸雄”,这两句话也像量身定做似地画活了曹操,故标题则为“能臣与奸雄”。又如第四八篇,官渡战前袁绍与曹操实力相差巨大,而袁绍听信谗言,临阵削弱主将职权导致战败,说明谗言不可进,亦绝不可信,故题为“谗言可畏”,以儆世人。

4. 标题之下首先抄录的是裴松之的“注文”,这是主体。一个标题之下一般只选一段注文,有的一个标题之下选用两三段注文,有的一个标题之下的注文则系节选。

5. 其次是“注释”,对注文难解的词语和故实作必要的注解,力求简明、扼要。

6. 再次是“译文”,力求准确、顺畅。

7. 最后是“引述”,说明注文在《三国志》的卷次,并把《三国志》里的有关原文援引出来,作大意解释,然后结合原文和注文作一些必要的论述。

(三)“引述”的侧重点

1. 析文的方法是将《三国志》《三国志注》《三国演义》糅合在一起进行解析,拓宽思路,进而延伸至电影、戏剧、诗词艺术领域。既说明志书、裴注、演义三者之间密不可分的关系,也说明三者的渊源和区别。现以《潼关之战的变数》为例加以说明。这个故事在叙述马超追赶曹操时,作为正史的《三国志》仅用七个字来记载,即“(曹公)未济,超(指马超,下同)赴船急战”。非常简略。裴松之为了补充内容,注引《曹瞒传》曰:“(曹)‘公将过河,前队适渡,超等奄至’,‘矢下如雨’,众皆惶惧。”裴注在此已经增添了许多情节。而罗贯中在《三国演义》第五十八回“曹阿瞒割须弃袍”中则极尽描绘之能事,把马超追赶曹操的情节写得活灵活现,书中写道:“马超、庞德、马岱引百余骑,直入中军来捉曹操。操在乱军中,只听得西凉军大叫:‘穿红袍的是曹操!’操就马上急脱下红袍。又听得大叫:‘长髯者是曹操!’操惊慌,掣所佩刀断其髯。军中有人将曹操割髯之事告知马超,超遂令人叫拿:‘短髯者是曹操!’操闻知,即扯旗角包颈而逃。”通过以上文字我们可以体会到:“志书”是正史,是记载历史事实的,不事描绘;“注”是补充史料、说明情事的,故多旁征博引;“演义”则是通过对人物的刻画和情节的描写,旨在吸引读者的,故多费些笔墨。这就是三者的关系和区别。

2. 通过具体篇目,挖掘其中的内涵,尽量使引述有一定的深度。如《孟德献刀》一节。《三国志》中记载:“卓表太祖为骁骑校尉,欲与计事。太祖乃变易姓名,间行东归。出关,过中牟,为亭长所疑,执诣县。”通过分析,我们发现这段文字里有三个疑点。第一,董卓上表推荐曹操升职,曹操不干也罢,为什么要改名换姓“间行东归”,即从小路向东逃跑呢?第二,曹操作为一个行路之人,因何“为亭长所疑”?怀疑他什么?第三,为何把他“执诣县”衙?他难道犯罪了吗?真是一头雾水。好在裴注在此处引《世语》作了补充,也即作了解释,道:“中牟疑是亡人,见拘于县。时掾亦已被卓书。”意思是说中牟亭长怀疑他是个犯人,所以捕送县衙。而且县吏还将抓人之事写信报知董卓。裴注倒是作了解释,但进一步深挖,却又发现了三个新的疑点。第一,说亭长“疑是亡人”,从什么地方怀疑曹操是个犯人呢?莫非他身上有什么特殊的标记?第二,就算是个犯人,曹操是何等机警之人,怎会让亭长一眼就看出他就是那个逃跑的犯人呢?第三,一个小小的中牟县抓到一个嫌犯,县吏竟敢直接给时为丞相的董卓写信?若举国都照此办理,不敢设想将会是怎样的一种乱象!因此我们怀疑作者在记叙中可能在某个地方出现了漏洞,才导致出现这么多疑点。通过检索,则发现这个漏洞由艺术大师罗贯中给弥补了起来,用什么补?用"孟德献刀"这一情节补。《三国演义》第四回"谋董贼孟德献刀",写曹操与司徒王允等谋划除掉董卓,曹操便携带七宝刀进了相府,准备伺机行刺。正当董卓面向内倒卧在床、曹操急掣宝刀要下手时,董卓在镜子中见操在拔刀,急回身问:"孟德何为?"曹操惶遽,乃持刀跪下道:"操有宝刀一口,献上恩相。"随后董卓等人发现曹操说是来献刀,实际是前来行刺,"遂令遍行文书,画影图形,捉拿曹操:擒献者,赏千金,封万户侯"。由于演义中加了这段文字,前后情节便衔接了起来,疑问也得到了解决。从而使我们得知:曹操因行刺董卓未遂,故而急切间忙改为向董卓献刀;又怕被识破,便更改姓名从小路匆忙向家乡方向逃走;又因董卓已令遍行文书,各城门已经张贴了告示并"画影图形",故而亭长按图索骥,很容易认出曹操就是那个逃犯;因有"擒献者,赏千金,封万户侯"这一条款,故而小小县吏也敢给丞相直接写信。罗贯中把这个漏洞补得可谓天衣无缝。

3. 揭示《三国志》和裴注以及演义在记叙中的异同或舛误,说明造成这种现象的原因,或还原本来的事体。如"刘备鞭督邮",志书上载:"督邮以公事到县,先主求谒,不通,直入缚督邮,杖二百。"裴注引《典略》大体与上述所载相同,也说是刘备杖打督邮,只是多了些细节,注曰:"州郡被诏书,其有军功为长吏者,当沙汰之。"刘备就是因军功封为安喜尉,当在淘汰之列。他想求见督邮,注曰:"督邮称疾不肯见备,备恨之,因还治,将吏卒更诣传舍,突入门,言'我被府君密教收督邮’。”然后“鞭杖百余下，欲杀之”。文中交待刘备因督邮不肯见他而恼恨，并谎称府君让他收捕督邮，还准备要杀了督邮，颇有几分骁悍霸道之气。可进了“演义”，却变成了“张翼德怒鞭督邮”了。所以这般改动，主要是为了突出刘备的仁慈之心，使他的形象更加完美；而张飞性情暴躁，就把打人的事安在他身上。这种张冠李戴的做法便称为艺术加工。

4. 根据裴松之多角度的广采博引，我们尽力发掘事件的内在价值和人物的内心世界。像《置屯田令》，志书原文只 13 个字：“是岁用枣祗、韩浩等议，始兴屯田。”裴注在此注引王沈《魏书》，用 147 个字加以阐述。仅此一百多字我们已感到传递出诸多信息，如：遭遇荒乱，率乏粮谷——说明屯田的必要性；州里萧条，诸军饱则弃粮——说明乏粮的原因；军人仰食桑椹，民人相食——说明乏粮之状；国家强兵，人民足食——说明屯田乃定国之术；发展农业，募民屯田——说明足食之道；秦人急农兼天下，孝武屯田定西域——说明先代已做出足粮的楷模；设置田官，遍及州郡——说明屯田之法；许下当年获谷，所在皆有积粮——说明屯田之效果；人无运粮之劳，兼有灭贼之益——说明屯田粮足之利。屯田不仅在当时起到积极作用，还影响到历代的推广实施，也为研究屯田制度保留下参考资料。另如《司马懿装聋卖傻》，写李胜向司马懿辞行时，司马懿穿衣，衣落地；喝粥，粥粘胸；说话上气不接下气，言语颠三倒四，声称朝不保夕。实际这些都是司马懿在装聋卖傻，他的内心世界是想用假象蒙蔽对方，从而起到麻痹对手的作用。司马懿是三国时把装病当作政治斗争手段的第一人，不久他便劲头十足地发动了高平陵政变，把曹操戎马一生煞费苦心打来的江山和权力紧握在他自己的手心里。

5. 查找资料，予以补充，使内容更加充实。介绍毛泽东、鲁迅及一些史学家对三国时的人或事所作的评论，对我们起一定的导向作用。例如《孙刘结盟》中提到的赤壁之战，毛泽东在《论持久战》中把此战作为以少胜多、以弱胜强的典型战例加以剖析，用以说明主观指导的正确与否是战争胜败的决定因素。在《能臣与奸雄》篇中，介绍了毛泽东对曹操的评价。1954 年夏，毛泽东在北戴河对身边工作人员说："曹操是了不起的政治家、军事家，也是了不起的诗人。"1958 年 11 月在武汉召开的座谈会上谈及曹操时又说："说曹操是奸臣，那是封建正统观念制造的冤案"，"我们要给曹操翻案"。学者郭沫若、翦伯赞就都写过为曹翻案的文章。从此以后，戏剧舞台上曹操的脸谱不再是大白脸，而是在眉心处加了一个逗号似的红点，表示某种程度上是个好人。另外，在《曹植与杨德祖书》里，在谈到对文学的评价时，曹植说"辞赋小道"，意谓著文作赋属于雕虫小技。鲁迅在《魏晋风度及文章与药及酒之关系》中说道："据我的意见，子建（曹植）大约是违心之论。这里有两个原因。第一，子建的文章做得好，于是他便敢说文章是小道；第二，子建活动的目标在于政治方面，政治方面不甚得意，遂说文章是无用的了。"从这里我们不仅确认辞赋并非小道，而是"不朽之盛事"，同时也体会到曹植说此话时的无限伤感和落魄的心情。

总之，我们想通过《三国志》裴注里的故事，把浩翰的裴松之的注文介绍给广大读者，使裴注得到应有的重视，从而欣赏它的美文，认识它的价值，进而研究其蕴藏着的内涵。

贾婉如

2020. 5. 5

目 录

《三国志》第二册(卷十至卷二十·魏书二)

《三国志》第三册（卷二十一至三十·魏书三）

《三国志》第四册(卷三十一至卷四十五·蜀书)

《三国志》第五册(卷四十六至卷六十五·吴书)

《三国志》第一册
（中华书局标点本五册平装·卷一至卷九·魏书一）

一　阿瞒猝中恶风

【注文】

《曹瞒传》[①]云：太祖[②]少好飞鹰走狗[③]，游荡无度，其叔父数[④]言之于嵩。太祖患之，后逢叔父于路，乃阳败面㖞口[⑤]；叔父怪而问其故，太祖曰："卒中恶风。"叔父以告嵩。嵩惊愕，呼太祖，太祖口貌如故。嵩问曰："叔父言汝中风，已差[⑥]乎？"太祖曰："初不中风，但失爱于叔父，故见罔[⑦]耳。"嵩乃疑焉。自后叔父有所告，嵩终不复信，太祖于是益得肆意[⑧]矣。

【注释】

①《曹瞒传》：书名，三国时吴无名氏著。曹瞒即曹操，操一名吉利，小字阿瞒。

② 太祖：指曹操。曹操沛国谯县（今安徽亳县）人，曾任汉丞相，爵魏王。曹丕称帝后追尊为武皇帝，庙号太祖。故"太祖"及后文提到的"魏王""魏武""公"，皆指曹操。

③ 飞鹰走狗：放出鹰和狗去追逐鸟兽，指打猎。

④ 数(shuò):屡次。

⑤ 阳败面喎(wāi)口:阳:假装,表面上。败面:面瘫。喎口:嘴歪。

⑥ 差(chài):病愈。

⑦ 见罔:被欺骗。见:用于被动,相当于"被"。

⑧ 肆意:纵情任意,多含贬意。

【译文】

吴无名氏《曹瞒传》记载:曹操年轻时喜好打猎,常放出猎鹰和猎犬去追逐鸟兽,成日游手好闲、放荡不羁,其叔父屡次向其父曹嵩谈及此事。曹操甚是烦恼,后来有一次在路上遇到叔父,他便装出一副口眼歪斜的模样来,叔父惊怪地问因何致此,他答道:"因为突然中了歪风。"叔父忙将此事告知其父,其父大吃一惊,急呼曹操来见,曹嵩一看,儿子口眼容貌一如往常,便问:"叔父说你得了中风,已经好了吗?"曹操道:"我原本就没有中风,只因有失叔父的爱怜才说我中风,就连父亲也被哄骗了。"曹嵩便对其叔父的话产生了怀疑。从那之后叔父再说道些什么,其父不再相信了,曹操于是便更加肆无忌惮地为所欲为了。

【引述】

《三国志·魏书一·武帝纪》记载:"太祖少机警,有权数。而任侠放荡,不治行业,故世人未之奇也。【注一】"志书上的这几句话大意是说:曹操自小机警,善于玩弄权术,他喜好仗义,放荡任性,不喜修练德业和学业,所以当时无人能看重他。"阿瞒猝中恶风"的故事就是裴松之在此处句末【注一】加的注文,标题是我们给加的。

注文引自《曹瞒传》。一般作传记都用大名而此书却用小字,说明作者对曹操不够友好和尊重,原因是该书的作者系吴国人,吴国之人撰写他们的对手魏国的头领，不够友好是可以理解的。正因如此，故《曹瞒传》的记叙还是较为客观公正的，有一定的可信度。注文里的这个故事，正是“太祖少机警，有权数”的最好注脚。曹操为了阻止叔父在他父亲面前打小报告，也为了摆脱父亲的说教，便使用了假装中风的小计谋，果真奏效。《世说新语·假谲》里也有个小故事，说曹操年轻时和好友袁绍常干一些放荡任侠之事。一次，二人观人新婚，偷偷躲进人家花园里，到入夜时分竟大喊“有贼！有贼！”待青庐里的人都跑出来抓贼时，曹操却持刀进屋劫走新娘子，与袁绍跑出来，结果迷了路，吓得丢下新娘子继续乱跑，一不小心掉进荆棘丛中，曹操急忙跳出，袁绍却动弹不得。怎么办？曹操灵机一动，就大声喊道：“贼人在此！贼人在此！”袁绍一听吓坏了，慌恐急迫间奋力一跃，也弹跳了出来，二人才免遭擒拿。这件事也表明了曹操的机敏。“性机警、有权数”是他性格的一大特征，在后来的日常生活和带兵打仗中都有所体现，有时还发挥得淋漓尽致，后面的故事里将会有所涉及。

二　能臣与奸雄

【注文】

孙盛[①]《异同杂语》云：太祖尝私入中常侍张让[②]室，让觉之；乃舞手戟[③]于庭，逾垣而出。才武绝人，莫之能害。博览群书，特好兵法，抄集[④]诸家兵法，名曰《接要》，又注《孙武》十三篇，皆传于世。尝问许子将[⑤]：“我何如人？”子将不答。固问之，子将曰：“子治世之能臣[⑥]，乱世之奸雄[⑦]。”太祖大笑。

【注释】

① 孙盛：字安国，东晋太原中都（今山西平遥西北）人，著有《魏氏春秋》《晋阳秋》《异同杂语》等。

② 张让：东汉宦官，灵帝时任中常侍，封列侯。

③ 手戟（jǐ）：古代兵器，系一种便于携带的小戟。

④ 抄集：抄录汇集。

⑤ 许子将：许劭字子将，东汉汝南平舆（今属河南）人。有高名，喜好评论人物，每月更换品题，当时人称“汝南月旦评”。

⑥ 能臣：才高干练的臣子。

⑦ 奸雄：指弄权欺世、窃取高位的人。

【译文】

孙盛的《异同杂语》记载：曹操曾偷偷地潜入中常侍张让的家里，被张让发觉后，他便挥舞手中的小戟在庭院与护卫交手，随即跳墙而去。他武艺超群，没有人能伤害到他。曹操博览群书，特别爱好兵法，抄录了多个兵家的兵法汇集成书，名曰《接要》，还注释了《孙武》的十三篇兵法，二书皆流传于世。曹操曾问许子将：“我是怎样的一个人？”子将不作答，操再三追问，子将道：“你在太平盛世时是位干练的臣子，在混乱的年代则是个奸诈的枭雄。”曹操听后哈哈大笑。

【引述】

《三国志·魏书一·武帝纪》：“（桥）玄谓太祖曰：‘天下将乱，非命世之才不能济也，能安之者，其在君乎！’【注二】”这几句话的大意是：桥玄对曹操道：“天下将要大乱，没有治国安邦才能的人是不能拯救国家的，能安天下的人，大概就是你了。”裴松之在此处句末标了【注二】，我们给这篇注文加的标题是“能臣与奸雄”。

裴松之的注文讲述了曹操三件事。第一件是写他行刺张让。张让是东汉末年灵帝的宠佞大臣，是个大宦官，是臭名昭著的十常侍之一。十常侍都担任中常侍，都封过侯，贵宠无比，他们父子兄弟分布在各州郡当官，贪污残暴，祸害百姓。他们还干预朝政，祸乱朝纲，可是灵帝竟然常说“张常侍（让）是我父，赵常侍（忠）是我母。”像这样的大宦官，家丁护卫肯定很多，然而却没能抓到曹操，可见曹操确实“才武绝人”。第二件写他喜好兵法。他从博览群书到抄录群书，进而著述立说，所著《接要》很有见地，所注《孙子略解》，开创了整理和注释《孙子》的先河。其所著虽然大都亡佚，但中华书局辑校的《曹操集》还保存有其存世的用兵文书。通过博览和著述，对各种兵法他早已娴熟于心，在后来三十多年的战斗生涯里，他把这些兵法运用于实践，打了不少胜仗，演绎了不少可圈可点的战例。第三件写他是治世之能臣，乱世之奸雄。《三国志》上写的是桥玄对曹操说的话，他说：“天下将乱，非命世之才不能济也，能安之者，其在君乎！”而裴松之的注文写的是许劭对曹操说的话，许劭字子将，汝南人。有高名，喜评论人物，时人称为“汝南月旦评”。经他们品评之后，被评之人会身价倍增。他说曹操：“子治世之能臣，乱世之奸雄。”二人言语虽不尽同，但实质都是夸赞曹操的绝世才干，他二人能在曹操还年轻时就下此断语，也基于曹操本人平素的作为，如只身行刺张让表明他有胆识，如不满宦官干政表明他有远见，如经常研究兵法表明他有军事才干。当然，在曹操未展现才能时就有此定论，他二人可谓有知人之明。特别是许劭的那两句话像是为曹操量身定做似的，画活了曹操，这两句话也成了曹操的盖棺定论。人们一提起他就会冠以“奸雄”的头衔，就连戏剧舞台也将他画成大白脸谱，定格为“奸雄”的形象。从这里可以说明一点，就是裴松之的注释确实充实了正文的内容，填补了正文的不足，加强了正文的深度，这，就是"注" 的作用。

我们再看看毛泽东是如何评价曹操的呢？1954 年夏在北戴河他对身边的工作人员说："曹操是了不起的政治家、军事家，也是了不起的诗人。"1957 年 11 月在与《人民日报》负责人谈话时说："小说上说曹操是奸雄，不要相信那些演义，其实曹操不坏。当时曹操是代表正义的一方，汉是没落的。"1958 年 11 月 20 日在武汉召开的座谈会上谈到曹操时说：曹操是天下大乱时期出现的"非常之人""超世之杰"，还说"说曹操是奸臣，那是封建正统观念制造的冤案"，"现在我们要给曹操翻案，我们党是讲真理的党，凡是错案、冤案，十年、二十年，一千年、二千年也要翻"。学者郭沫若、翦伯赞都写过为曹操翻案的文章。现在舞台上的曹操脸谱已在眉心处加了一个逗号似的大红点，表示不完全是坏人。我们今天多方位地介绍曹操，也是想通过多个视角还原曹操在三国史上的本来面貌。

三　五色棒威

【注文】

《曹瞒传》曰：太祖初入尉廨①，缮治四门。造五色棒②，县③门左右各十余枚，有犯禁者，不避豪强，皆棒杀④之。后数月，灵帝爱幸小黄门蹇硕叔父夜行⑤，即杀之。京师敛迹，莫敢犯者。近习宠臣咸疾之⑥，然不能伤，于是共称荐之，故迁⑦为顿丘令。

【注释】

①尉廨：县尉的官署。

② 五色棒：涂有青、赤、白、黑、黄五种颜色的棍棒，用于惩罚，后用以喻严刑峻法。

③ 县（xuán）：悬挂，“县”作此解者后写作“悬”。

④ 棒杀：用棒棍打死。

⑤ 夜行：汉朝律法规定，夜间禁止行人外出走动，称“禁夜”“宵禁”，违犯者称“犯夜”“犯禁”。唐朝韦述的《西都杂记》：“西都京城街衢，有执金吾晓暝传呼，以禁夜行。”

⑥ “近习”句：近习：指君主宠信之人。咸：都，普遍。疾：厌恶，憎恨。

⑦ 迁：调动官职，一般指升迁。

【译文】

吴无名氏《曹瞒传》记载：曹操刚到县尉的官署，便修缮明堂的四门。又制作了涂有五种颜色的棍棒，悬挂于门左右两边各十余根，凡有违犯禁令的，无论是有权有势的还是强横霸道的，一律用棍棒打死。过了几个月，灵帝宠爱的一个小黄门名叫蹇硕的，他叔父名蹇图犯了夜行禁令，随即被乱棍打死。从此以后京城内外人等都收敛形迹，有所顾忌，没有人再敢违犯禁令了。那些在皇帝身边的近侍和得宠的臣子，都非常忌恨曹操，然而又无法伤害到他，于是设法共同推荐他，最后把他调到顿丘县任县令去了。

【引述】

《三国志·魏书一·武帝纪》：“（太祖）年二十，举孝廉为郎，除洛阳北部尉，迁顿丘令。【注三】”其大意是说：曹操在二十岁时，被推举为孝廉担任了郎官，后又任命为洛阳北部都尉，再后来又升迁为顿丘县令。裴松之在此处加了注，注文引自《曹瞒传》，我们加的标题为“五色棒威”。

看了这个故事，也许有人会大惑不解地问：试问夜间不让外出那是真的吗？看看我们今天的夜生活吧。我们说，这确实是真的，而且是古代的一种治安制度，叫“夜禁”“宵禁”或“禁夜”。《周礼》上载有“司寤氏”这一职官，就是专管夜禁之事的。两汉时期就像这个故事中所描述的那样，夜禁是很严格的，由执金吾负责管理，执金吾类似如今的警察或城管负责人。此制度经过三国、两晋、南北朝、隋直到唐朝都很严格，城门是“昏（黄昏）而闭，五更而启”，有犯禁者打二十大板。每年只有上元节即正月十五及其前后日，即十四和十六共三天解除宵禁，叫“放夜”，这三天万民同乐，外出赏灯，灯火辉煌，可以亮个通宵。到晚唐时期宵禁较为松弛，于是出现了夜市，饭馆可以晚关门甚或不关门。从五代到宋朝，宵禁几乎废除，市场十分繁荣。我们从《清明上河图》画面可以看到，北宋时期的汴京城是何等繁华啊，几乎成了不夜城，汴京即河南开封府。到了元、明、清三个朝代，又恢复了夜禁，而且很严格，街头巷尾都设有栅栏，昼开夜关，有专人负责。《大明律》和《大清律》规定，一更和五更犯夜的打三十大板，二、三、四更犯夜的打五十大板，拒捕者打一百大板。知道了这些，对曹操的做法也就理解了。曹操二十岁作了郎官。郎官的职务是护卫、侍从、备顾问、听差遣，大多是从官员的子弟中选拔一些优秀者在各级机关熟悉为官之道，然后根据情况再予安排官职。曹操的父亲曹嵩曾任大司农、太尉，官位很高，曹操则被安排为洛阳北部尉。洛阳是当时的都城，洛阳北部尉类似京城近郊县的公安局长，这是他的第一任官职。他上任伊始便造了五色棒，并为五色棒树威，敢于打死蹇硕的叔父，蹇硕是个很厉害的人物，在后来建立“西园八校尉”时，他是上军校尉，其他校尉包括曹操都在他的统领之下。像这样炙手可热的人物，曹操敢于面对，说明曹操在律法面前，不徇私情，不避权贵，忠于职守，严肃吏治。他这一棍打出了洛阳城里没人敢再犯禁的效果，也打出了曹操的威风，宦官们怕他、躲他、撵他，从而为我们展现出一个有胆识、有魄力、年轻有为的官吏形象，为他后来迈向更大的政治舞台打下坚实的基础。

四　惩贪腐与禁淫祀

【注文】

《魏书》曰：长史受取贪饕[①]，依倚贵势[②]，历前相[③]不见举；闻太祖至，咸皆举免，小大震怖，奸宄[④]遁逃，窜入他郡。政教大行，一郡清平。初，城阳景王刘章[⑤]以有功于汉，故其国[⑥]为立祠，青州诸郡转相仿效，济南尤盛，至六百余祠。贾人或假二千石舆服导从作倡乐[⑦]，奢侈日甚，民坐[⑧]贫穷，历世长史无敢禁绝者。太祖到，皆毁坏祠屋，止绝官吏民不得祠祀。及至秉政，遂除奸邪鬼神之事，世之淫祀[⑨]由此遂绝。

【注释】

① 贪饕(tāo)：贪得无厌。

② 贵势：指居高位有权势的人。

③ 相：古官名，这里指两汉时期诸侯王国的实际执政者，地位相当于郡太守。曹操曾为济南国相。

④ 奸宄(guǐ)：指违法乱纪。

⑤ 城阳景王刘章：刘章是汉室宗亲，西汉时以朱虚侯身份与各大臣共同诛灭诸吕，他首先斩了相国吕产，后加封为城阳王。

⑥ 国：古代王、侯的封地。

⑦ “贾(gǔ)人”句：贾人：商人。或：有的。二千石：为太守的年俸，故代指太

守。导从:谓前导和后从之人。倡乐:倡优的歌舞杂戏表演。

⑧坐:致,以致。

⑨淫祀:不合礼制的祭祀。

【译文】

王沈《魏书》记载:(济南郡)许多县令都贪得无厌地收受贿赂,还依傍居高位有权势之人为靠山,前几任太守都不敢检举他们。听说曹操来到,不仅要加以举报,而且还处以免职查办,大大小小的官员十分惊慌,违法乱纪的官员纷纷四处逃遁,窜入其他州郡。于是本郡的政令法规得以顺利推行,全郡出现了清静太平的局面。此外,城阳景王刘章,当初因诛灭诸吕有功于汉室,有人在他的封地修建了祠庙,供吏民祭祀。接着青州地界的其他各郡也相互仿效建祠。济南郡尤为严重,竟然达到六百余座。有些不法商人便假借太守的车舆服饰,趁祭神之际引导倡优表演歌舞杂戏,从中牟利,以致奢侈之风日胜一日,百姓更加贫穷,前几任县令都不敢禁止此事。曹操来到,命令把祠庙全部拆除,禁止官吏百姓再去祭祀。从他执政之日始,就致力铲除邪恶的鬼神之事,于是社会上那种不当的淫祀滥祭被彻底消除了。

【引述】

《三国志·魏书一·武帝纪》:"(曹操)迁为济南相,国有十余县,长吏多阿附贵戚,赃污狼藉,于是奏免其八。禁断淫祀,奸宄逃窜,郡界肃然。【注一】"这段话的大意是:曹操升迁为济南国相。济南有十多个县,县官多阿谀攀附于权贵,贪脏受贿,巧取豪夺,于是曹操上奏朝廷罢免了八个。他又禁绝淫祀,拆除祠庙。全郡出现安定的局面。

裴松之在此处加的注引自王沈的《魏书》,此处的《魏书》既不指陈寿撰著的《三国志》中讲述曹魏历史的《魏书》，也不指魏收撰写的记载公元四世纪末至六世纪中叶北魏王朝历史的《魏书》，而是指晋朝人王沈撰写的记叙三国时期历史事迹的《魏书》，裴注引用其书多达227条。此书“多为时讳”，这就说明非官方正史，其中多为民间的说法。我们给这段文字加的标题为“惩贪腐与禁淫祀”。

话说曹操升迁为济南国相，这里的“国”即“郡”，后来就称作“济南郡”。这里的“相”即“太守”。据史料记载，济南国当时只有十个县，曹操到任后，发现大小官吏竞相攀附贵戚，贪赃枉法，巧取豪夺。前几任国相对此或是因无能为力而听之任之，或是因沆瀣一气而包庇纵容，使济南国的官场十分黑暗。曹操上任伊始，把整肃官场、惩治腐败作为突破口，大刀阔斧地进行惩处，他据实上奏朝廷批准后，竟一连罢免了八个县长，内外震动，这一举动使其余的贪官污吏胆战心惊，有的逃匿外地，有的收敛恶行。接着曹操选贤任能，新任官吏能“明达法理”清廉自律，使济南国“一郡清平”。与此同时，他还干了一件与整肃官场相关的禁断淫祀。刘章，是汉高祖刘邦的孙子、惠王刘肥的儿子，因参予平叛吕后家族作乱并迎立汉文帝有功，封为城阳景王。刘章死后，其子孙为他建祠修庙，本属家事。可后来竟发展得到处建庙，仅济南国就达六百多座。初为祭祖，后来贪官污吏、土豪劣绅、不法商贾，借此装神弄鬼，搜刮民财，以致“奢侈日甚，民坐贫穷”。曹操急民所急，顶住重重压力，下决心捣毁全部祠庙，并下令禁止官民再搞祭祀活动，此举不仅减轻了农民负担，使民归田，还使民风得到好转，真是为济南百姓办了两件好事、实事。

五　拒王芬辞

【注文】

《魏书》载太祖拒芬辞[①]曰："夫废立[②]之事，天下之至不祥也。古人有权成败、计轻重而行之者，伊尹[③]、霍光[④]是也。伊尹怀至忠之诚，据宰臣之势，处官司[⑤]之上，故进退废置，计从事立。及至霍光受托国之任，藉宗臣[⑥]之位，内因太后秉政之重，外有群卿同欲之势，昌邑即位日浅，未有贵宠，朝乏谠臣[⑦]，议出密近[⑧]，故计行如转圜[⑨]，事成如摧朽[⑩]。今诸君徒见曩[⑪]者之易，未睹当今之难。诸君自度，结众连党，何若七国？合肥之贵，孰若吴、楚？而造作非常[⑫]，欲望必克[⑬]，不亦危乎！"

【注释】

① 拒芬辞：冀州刺史王芬和南阳的许攸、沛国的周旌等人连结起来，图谋废汉灵帝而另立合肥侯为帝，他们拉拢曹操入伙，操坚决回绝，并写了这篇"拒王芬辞"。

② 废立：指诸侯大臣废旧君、立新君。

③ 伊尹：商汤大臣，名伊，尹乃官名。助汤讨伐夏桀。汤去世后又辅佐卜丙、仲壬二王。后太甲即位，荒淫无度，不理朝政，被伊尹放逐到桐宫三年，悔改后又迎立复位。

④ 霍光：汉武帝之重臣，受武帝遗诏辅佐八岁的汉昭帝，封为博陵侯，帝年幼，政事一决于光，昭帝崩，迎立昌邑王刘贺，因昌邑王淫乱被废置，又迎立刘询为宣帝。

⑤ 官司：百官。

⑥ 宗臣：指世所敬仰的名臣。

⑦ 谠(dǎng)臣：正直敢谏的臣子。

⑧ 密近：指帝王左右亲近信用的人。

⑨ 转圜(zhuàn huán)：转动圆形器物，常用以指代容易而迅速办成的事。

⑩ 摧朽：即摧枯拉朽，喻极容易办到。

⑪ 曩(nǎng)：以往，从前。

⑫ 造作非常：干不同寻常之事。造作：制造。

⑬ 克：完成，取胜。

【译文】

王沈《魏书》记载：太祖曹操回绝冀州刺史王芬邀其共行废立之事时道："废旧君立新君，是天下最不吉祥的事。古人有权衡成败的因素、考虑轻重利害关系之后而还要实施废立的，那便是伊尹和霍光。伊尹怀着至高无上的忠诚，据有宰相的优势，又位居百官之上，所以要进要退要废要立，都会做到言听计从、举事能成。至于霍光，他有受诏辅佐新君的重任，又系世人敬仰的名臣，在后宫有太后执掌大政作凭借，在朝堂有众同僚和衷共济的情势，加之昌邑王即位时间较短，还未培植有可信赖的亲信，朝堂内也缺乏敢谏之臣，废立的谋划又是在亲近的少数人中进行，所以执行起来如同旋转圆盘子那般快速，功成事就也如摧枯拉朽那般容易。如今诸位只看到过去的事办起来看似简单，却不体察当今办事有多么艰难。诸君自己揣度一下，尔等结党联众，与七国的盟约相比如何？合肥侯的尊贵，与吴王刘濞、楚王刘戊相比又如何？不考虑这些，却贸然实施废立这种不寻常的大事，还想成功，这不是非常危险的吗！"

【引述】

《三国志·魏书一·武帝纪》："冀州刺史王芬、南阳许攸、沛国周旌等连结豪杰，谋废灵帝，立合肥侯，以告太祖，太祖拒之。芬等遂败。【注一】”这几句话的大意是：冀州刺史王芬等人连结一些豪杰，谋划废黜汉灵帝，另立合肥侯为帝。想拉曹操入伙，被曹操拒绝了。后来王芬等人的计谋也失败了。裴松之在此处加的注，我们加标题为“拒王芬辞”。

曹操说得很对，“夫废立之事，天下之至不祥也”。在古代封建社会里，皇帝是至高无上的，其地位与权力是不容动摇的，所以凡有废立，便是血腥的，无论成功或是失败，都是以牺牲一大批人做代价的，因此说是“不祥”。这里举商朝的伊尹及西汉的霍光作例子，用意是在警告王芬等人：“诸君能与他二人相比吗？”他二人都是当朝宰相，都为朝廷立过大功，都奉诏辅佐新君，都位居百官之上，都政事一决于己，都受后宫倚重，同僚又都言听计从，特别是都因为新君荒淫无度，不理朝政，因恐有损国家基业，才行废立，正因顺应客观形势，所以才“事成如摧朽”。而王芬等人既无雄厚的政治资本，又不掌兵权。据志书和《九州春秋》记载，王芬等人想趁灵帝到北面巡视河间旧宅的机会，兴兵举事，因没有兵马，于是上书，谎称黑山贼攻打郡县，要求起兵反击才求得一些兵力。正赶上那时北方天气不好，太史曰“不宜出行”，皇上便取消了巡视，同时下令王芬罢兵，又召王芬入朝，王芬情知事泄，便自尽了。

从这件事可以看出王芬等人图谋废立是自不量力，而从拒王芬信里也可以看出曹操析理清晰，警告恳切，论古谈今，论古则论事成之因，谈今则谈事败之由，纵横捭阖，充分体现出他的远见与卓识。

六　孟德献刀

【注文】

《魏书》曰：太祖以卓终必覆败，遂不就拜[①]，逃归乡里。

《世语》曰：中牟疑是亡人[②]，见拘于县。时掾[③]亦已被卓书[④]；唯功曹[⑤]心知是太祖，以世方乱，不宜拘天下雄俊，因白令释之[⑥]。

【注释】

① 就拜：去拜官，即上任。

② 亡人：指逃亡之人。

③ 掾(yuàn)：属官，官府中佐助官吏的通称。

④ 被卓书：给董卓写书信。被：给予。章炳麟《新方言·释词》："被，词之受也。"

⑤ 功曹：汉代郡守中的官吏，除掌人事外，得以参予一郡政务。

⑥ 释之：释放了他。

【译文】

王沈《魏书》记载：曹操认为董卓最终必遭覆灭，于是不去上任，逃归家乡。

郭颁《世语》记载：中牟县的守城人怀疑曹操是个逃亡的犯人，把他捉送到县衙。县衙属吏准备将捉到犯人之事写信给丞相董卓；这时只有功曹心里明白这个人是曹操，认为世事纷乱，不应拘捕天下的英杰，于是劝告县令把他释放了。

【引述】

《三国志·魏书一·武帝纪》:“卓表太祖为骁骑校尉,欲与计事。太祖乃变易姓名,间行东归。【注二】出关,过中牟,为亭长所疑,执诣县,邑中或窃识之,为请得解。【注三】”志书引文大意是:董卓上表推荐曹操任骁骑校尉,想和他共同商议大事。曹操便改名换姓,从小路逃往家乡。出了虎牢关,路过中牟县时,被亭长怀疑是逃犯,将他捉送到县衙,县里有人暗中认出他,替他求情予以释放。

这里出现的第一个疑问是:曹操因何要改名换姓逃跑呢?董卓既推荐他升了官,又要与他共商国事,为何不去上任?这里不得不简介一下当时的背景。原来东汉末年十常侍即宦官干政,政令不能很好地实施,大将军何进想诛灭宦官,便召各镇诸侯进京协助。西凉刺史董卓早有不轨之心,闻听可以进京,心头大喜,带领大批兵马率先开进京城。为树个人权威,他废黜了汉少帝,另立陈留王为汉献帝,自封为相国,独揽朝政,滥杀无辜百姓及大臣,京城一片大乱。裴松之在注文中说因此曹操不去上任。不上任也罢了,但为什么要改名换姓呢?为什么要从小路上逃跑呢?志书上没有说,注文里也没有说。另外,曹操出了虎牢关,路过中牟县时被亭长怀疑是个亡人,这里出现了第二个疑问:曹操因何引起了亭长的注意?一个行路之人怎地就被怀疑上了,怎地还送往县衙?裴松之的注文说“疑是亡人”,那么,从何处证明他是“逃亡”之人呢?曹操是何等机警之人,怎会让人一眼看出他是逃犯呢?既是犯人,那又犯了什么罪呢?这里也没有说。裴注里写道“时掾亦已被卓书”,这里出现了第三个疑问:县里小小的属官也可以直接给相国写信?“被卓书”就是给董卓写信。一个小县抓了一个疑犯,下属竟斗胆包天敢给当朝相国写信,这不是很滑稽、很难让人置信吗?如若举国上下都照此行事,不敢设想将会是怎样的一种乱象！从以上三个疑问可以看出，志书和裴注在记载的过程中明显地出现了一个漏洞，所以才有这么多的疑团。这一漏洞，由艺术大师罗贯中补了起来，用什么补？用“曹操献刀”这一情节补。在《三国演义》第四回“废汉帝陈留为皇，谋董贼孟德献刀”，写道：“曹操佩着宝刀，来至相府，问：‘丞相何在？’从人云：‘在小阁中。’操径入。见董卓坐于床上，吕布侍立于侧。卓曰：‘孟德来何迟？’操曰：‘马羸行迟耳。’卓顾谓布曰：‘吾有西凉进来好马，奉先可亲去拣一骑赐与孟德。’布领令而出。操暗忖曰：‘此贼合死！’即欲拔刀刺之，惧卓力大，未敢轻动。卓胖大不耐久坐，遂倒身而卧，转面向内。操又思曰：‘此贼当休矣！’急掣宝刀在手，恰待要刺，不想董卓仰面看衣镜中，照见曹操在背后拔刀，急回身问曰：‘孟德何为？’时吕布已牵马至阁外。操惶遽，乃持刀跪下曰：‘操有宝刀一口，献上恩相。’卓接视之，见其刀长尺余，七宝嵌饰，极其锋利，果宝刀也；遂递与吕布收了。操解鞘付布。卓引操出阁看马，操谢曰：‘愿借试一骑。’卓就教与鞍辔。操牵马出相府，加鞭望东南而去。布对卓曰：‘适来曹操似有行刺之状，及被喝破，故推献刀。’卓曰：‘吾亦疑之。’正说话间，适李儒至，卓以其事告之。儒曰：‘操无妻小在京，只独居寓所。今差人往召，如彼无疑而便来，则是献刀；如推托不来，则必是行刺，便可擒而问也。’卓然其说，即差狱卒四人往唤操。去了良久，回报曰：‘操不曾回寓，乘马飞出东门。门吏问之，操曰“丞相差我有紧急公事”，纵马而去矣。’儒曰：‘操贼心虚逃窜，行刺无疑矣。’卓大怒曰：‘我如此重用，反欲害我！’”“卓遂令遍行文书，画影图形，捉拿曹操：擒献者，赏千金，封万户侯；窝藏者同罪。”加了这段文字，前后情节便衔接起来了，三个疑问也解决了：我们知道了曹操是因行刺董卓未遂，故而改换姓名匆忙从小路逃走；知道因各城门皆贴有告示，并且“画影图形”，故而亭长对照图形一眼就看出曹操就是那个逃犯；又因各郡县发有“文书”，“擒献者，赏千金，封万户侯”，故而县掾也敢直接给相国写信。罗贯中用这个情节，把漏洞补得真是天衣无缝。

曹操献刀这一情节在《三国志》和裴松之的注文中都未曾出现，在“说三分”里是否出现过，未经考证不敢妄议。《东京梦华录·京瓦技艺》载“霍四究，‘说三分’”，此乃宋代“说话”即说书的题材之一，专说三国故事。当时繁华的杭州有不少说书艺人，罗贯中也去了那里，收集了不少素材。罗贯中以《三国志》的历史事实为依据，以广泛吸取杂记、民间传说、艺人创作等素材为基础，用历史真实与艺术真实相统一的“实七虚三”即七分真实三分虚构为创作方法，经过加工再创作，完成了这部不朽的长篇章回小说。它采用浅近的文言，明快流畅，雅俗共赏。笔调富于变化，对比映衬，波澜回折。场景十分宏伟，把百年左右头绪纷繁、错综复杂的事件和人物，组织得完整严密，叙述得有条不紊，前呼后应，彼此关联，环环紧扣，层层推进。它的艺术性极高，是我国古代成就最高的一部历史小说。

七　宁我负人　毋人负我

【注文】

《魏书》曰：(太祖)从数骑过①故人成皋吕伯奢；伯奢不在，其子与宾客共劫太祖，取马及物，太祖手刃击杀数人。

《世语》曰：太祖过伯奢。伯奢出行，五子皆在，备宾主礼。太祖自以背卓命，疑其图己，手剑夜杀八人而去。

孙盛《杂记》曰：太祖闻其食器声，以为图己，遂夜杀之。既而凄怆②曰：“宁我负③人，毋人负我！”遂行。

【注释】

①过:访,探望。

②凄怆:悲伤。

③负:亏欠,背弃。

【译文】

王沈《魏书》记载:太祖曹操带随从几人骑马路过成皋,便去探望故人吕伯奢。伯奢不在家,他儿子与其宾客一同抢劫了曹操,劫了马匹和财物,曹操手持宝剑连杀了数人。

郭颁《世说》记载:太祖曹操去探望伯奢,伯奢出门去了,五个儿子都在,极尽宾主之礼。曹操认为自己违背了董卓的命令,怀疑伯奢的儿子谋害自己,便手持宝剑乘夜连杀八人,然后离去。

孙盛《杂记》记载:太祖曹操听见伯奢家的厨房里传出锅盆刀具的声音,还以为要谋害自己,便乘夜杀了他们。不久醒悟是错杀了好人十分悲伤,接着又说:"宁可让我亏欠他人,也不让他人亏欠于我!"便离开了。

【引述】

《三国志·魏书一·武帝纪》:"卓表太祖为骁骑校尉,欲与计事。太祖乃变易姓名,间行东归。【注二】"裴松之在此处的注文,说曹操从小路逃跑回家,路过故人吕伯奢家时,拜访了他,事情就发生在吕伯奢家里。

同一件事这里有三个不同的版本,这就是裴松之所说的他的注在遇有同一件事有各种不同说法时,他便都录来以供参考,给读者留下思考和取舍的余地。这正是裴松之的高明之处,也是裴注的一大特色。这三个版本哪个更为可信呢？先看《魏书》所言，它说吕家的儿子与他的宾客先动手抢劫了曹操，曹操才反击杀人的，错在吕家。此事让人生疑：操系偷跑回家，敢去拜访吕家，说明素日交往较深，对其家人也应较为了解，怎会节外生枝发生抢劫之事呢？清代学人周寿昌说："《魏书》全为操文过饰非，隐其恶以诬吕氏，不足信也。"再看《世说》所载，情节较为简单，说伯奢之子已备地主之礼，曹操缘何还"疑其图己"呢？又缘何那般惨无人道地连杀八人呢？正因语焉不详，故而给人以一头雾水之感，觉得曹操的行为有些莫名其妙。再接着看《杂记》，它说是曹操听到厨房里传出刀器的声音，还以为是要谋害他，于是连杀数人，继而发现错杀好人十分伤心，但转而一想，说出了心底话"宁我负人，毋人负我"，这两句话成了曹操的千古口实，也是他心灵深处负面人性的写照。看来，第三个版本较为可信。这件事写在《三国演义》的第四回里，罗贯中在撰写时又加进去一些戏剧性的情节。写抓住曹操的县官叫陈宫，此人并非俗吏，当得知操的抱负之后，满腔热血，竟愿弃官相随。写二人到了吕伯奢家，伯奢忙分付备饭，又亲自出去沽酒。随后二人忽闻后院有磨刀声，还听到有人说"先捆了再杀"，认为是要杀他们，便举刀砍杀众人，杀至厨下却看见地上捆着一头猪，明白了他们是磨刀杀猪，这才知道错杀了好人，急忙上路。半路上却遇伯奢沽酒归来，正自为难，岂料曹操手起刀落，将伯奢也砍杀了。陈宫责怪于他，他说怕伯奢报官。陈宫感到操是个心狠手辣之徒，留下必为后患。当夜住在旅店，趁曹操睡熟，抽刀便向他砍去，但转而一想：我为图大事才随了他，今杀之不义，便丢下曹操独自奔他处去了。曹操醒来不见了陈宫，心下也明白什么原因，急忙上路回家。京剧有一出《捉放曹》说的就是这个故事。新朝的王莽当初礼贤下士，后人有诗叹曰："假使当年身便死，一生真伪有谁知。"是说王莽当初死去，人们只道他是礼贤下士的贤人，谁会晓得他是篡汉的逆贼呢？毛宗岗在评《三国演义》时写道："陈宫于店中杀却曹操岂不大快？然而尔时即便杀却，安得后面许多怪怪奇奇、异样惊人文字！"说得好，陈宫如若在店里杀了曹操，则不会有后来的诸多精彩事件，我们将不知何谓曹魏，遑论晋哉！

八　黄巾军的威力

【注文】

《魏书》曰：太祖将步骑千余人，行视战地，卒抵贼[①]营，战不利，死者数百人，引还。贼寻前进。黄巾为贼久，数乘胜[②]，兵皆精悍[③]。太祖旧兵少，新兵不习练，举军皆惧。太祖披甲婴胄，亲巡将士，明劝赏罚，众乃复奋，承间[④]讨击，贼稍折退。贼乃移书[⑤]太祖曰："昔在济南[⑥]，毁坏神坛，其道乃与中黄太乙[⑦]同，似若知道，今更迷惑。汉行已尽，黄家当立。天之大运[⑧]，非君才力所能存也。"太祖见檄书，呵骂之，数开示降路；遂设奇伏，昼夜会战，战辄禽[⑨]获，贼乃退走。

【注释】

① 贼：这里指黄巾军，"贼"是封建统治者对农民起义军的蔑称。

② 乘胜：战胜。

③ 精悍：精强勇猛。悍：勇敢。

④ 承间：趁机会。

⑤ 移书：致书，此处的"书"即下文所指的"檄书"，是古代用来征召和声讨的文书。

⑥ "昔在"句：指曹操任济南相时拆庙禁绝淫祀事。

⑦ 中黄太乙：黄巾军领袖张角自称黄天，声称"苍天已死，黄天当立"。中黄太乙当是黄巾的美号，意谓身着黄色服饰的尊神。

⑧ 大运：指天命，上天的旨意。

⑨ 禽：通“擒”。

【译文】

王沈的《魏书》记载：太祖曹操率领步兵和骑兵共一千余人，巡视战场，最后抵达黄巾军的营寨。双方交战，曹军大败，死了数百人，忙率军退回。黄巾军随即又向前继续推进。黄巾起事多年，屡屡获得战绩，将士们都精明强干十分勇猛。曹操的旧兵少，新兵缺乏锻练，一提起黄巾，全军都很惧怕。曹操便穿上铠甲，戴上头盔，亲自巡查将士，并明示奖惩条款，众将士这才振作起来，趁机反击，黄巾才稍有退却。黄巾首领向曹操致书道：“过去你任济南相时，也曾拆除庙宇，捣毁神坛，这种作为与黄巾的主张是一致的，看来你是了解‘道’的，为何如今迷惑起来反倒进攻我们？汉朝的气数已尽，黄天当立，这是上天的旨意，不是你的才力所能保全的啊。”曹操见到此书，破口大骂，多次向黄巾指出投降的出路；接着又设置了巧妙的伏击，昼夜不停地交战，战斗中常有斩获，黄巾军这才撤走了。

【引述】

《三国志·魏书一·武帝纪》：“青州黄巾众百万入兖州，杀任城相郑遂，转入东平。刘岱欲击之，鲍信谏曰：‘今贼众百万，百姓皆震恐，士卒无斗志，不可敌也。’……(鲍)信力战斗死，仅而破之【注二】。”这段话的大意是：青州的黄巾军有百万之众进入兖州，杀了任城相郑遂，转入东平。刺史刘岱想进击，鲍信劝道：“如今贼众多达百万，百姓惊恐，士卒也毫无斗志，不可能打赢。……鲍信在战斗中奋战而死，勉强而破之。”话说东汉末年，朝政日益衰败，帝位更替频繁，如殇帝、安帝、顺帝、冲帝、质帝，在位时间很短，年纪又小，给宦官专权开了方便之门,也给地方豪强的发展带来了机会,加之连年天灾,致使广大百姓在饥饿和死亡线上挣扎,在这种情势下,终于爆发了由张角领导的农民起义,因他们头裹黄巾故史称“黄巾起义”。志书上说,青州的黄巾有百万之众,他们进入兖州,杀了任城国相,后与曹操大战于寿张。裴松之的注文记述的就是这场战斗。

这里想谈两点。第一点是文中说“黄巾为贼久”,“贼”是封建统治者对农民起义军的蔑称。说黄巾起事年久,有多久?按史书记载“光和末,黄巾起”,说明从公元184年黄巾就起义了。其实在此之前,首领张角就已经过十几年的创教活动,建立了一个拥有几十万教徒的、遍及三分之二州郡的庞大组织——太平道。当农民斗争蓬勃发展之时,他们便以此作基础揭竿而起。朝廷从一开始便对他们进行征讨、镇压,想把起义军扼杀在萌芽阶段,但直到此次交战,已经过了八年,黄巾军不仅没有被扼杀,反而越战声势越大,越战战斗力越强,仅青州一个州就有黄巾百万人。由此可见,黄巾扎根于广大的农民群众,因而才有取之不尽的源头和顽强的生命力。

第二点是志书写道,曹军一提及黄巾则“举军皆惧”。是的,黄巾从一出现便有惊人的号召力和震撼力。《后汉书》记载黄巾连结郡国,自青、荆等“八州之人,莫不响应”,群众或沿途送粮送衣,或入伍为信徒,队伍发展得极快。他们每到一处便烧官府,杀贪官,财物全分发给百姓,史书载“旬日之间,天下响应,京师震动”。《三国志》叙述这次寿张之战时道“入兖州”,请注意,这里写的是“入”而不是“攻”,我们可以想见当时黄巾是浩浩荡荡地开进城里去的,城池不待进攻便自破矣。时兖州刺史刘岱欲与黄巾交战,济北相鲍信劝道:“今贼众百万,百姓皆震恐,士卒无斗志,不可敌也。”后来刘岱与鲍信都被黄巾斩杀,从他们口中道出官军“无斗志”、黄巾“不可敌”,更有力地证明黄巾军的战斗力和威慑力。以上种种,都表明一点,那就是农民起义军是强大的，是有生命力的，是难以战胜的。因为，正如毛泽东在《中国革命与中国共产党》第一章里所指出的：从秦朝的陈胜、吴广，中经两汉的赤眉、铜马和黄巾，“都是农民的反抗运动，都是农民的革命战争”。

九 曹操何在

【注文】

袁暐①《献帝春秋》曰：太祖围濮阳，濮阳大姓田氏为反间②，太祖得入城。烧其东门，示无反意。及战，军败。布骑得太祖而不知是，问曰：“曹操何在？”太祖曰：“乘黄马走③者是也。”布骑乃释太祖而追黄马者。门火犹盛，太祖突火④而出。

【注释】

① 袁暐：《献帝春秋》一书的作者。《后汉书》注、《文选》注、《御览》诸书皆注明该书的作者是袁晔，但裴松之在《三国志》注里则为袁暐。

② 反间：原指利用敌方的间谍使获得虚假情报，后来指用计使敌方内部不团结。

③ 走：跑，逃跑。

④ 突火：冲出火阵。突：急速地向前或向外冲。

【译文】

袁暐的《献帝春秋》记载：曹操围攻濮阳。吕布利用濮阳城里的大族田氏实施反间计，诱得曹操进入城内。接着放火焚烧东门，表明曹军已无退路。及至两军交锋，曹军大败。吕布的一个骑兵抓到了曹操但又不知道他就是曹操，便问："曹操何在？"曹操忙道："前面骑黄马正逃跑的那个便是。"吕布的那个骑兵便放了曹操去追骑黄马的去了。城门的火势仍很旺盛，曹操骑马急忙冲出火阵跑了。

【引述】

《三国志·魏书一·武帝纪》："布出兵战，先以骑犯青州兵。青州兵奔，太祖陈乱，驰突火出，坠马，烧左手掌。司马楼异扶太祖上马，遂引去。【注一】"这段话的大意是：吕布出兵与曹操交战，先用骑兵冲击青州兵。青州兵逃散，曹军阵脚大乱。曹操从火中向外突奔，掉下马来，烧伤左手掌。司马楼异忙扶他上马，曹操方得退走。

裴松之在此注引《献帝春秋》，写这场战斗的过程，其中最大的看点是抓着曹操却问"曹操何在"。仅看志书的这段记载，不禁产生一些疑问：吕布派出骑兵冲散了曹操的青州兵，两军正处在相互交错的胶着状态，从哪里突然来的火？为什么要放火？另外，由"突火出"三字判断，火势很大又很集中，这是在哪里交战呢？志书上没有交待。裴松之在此处加的注为我们解答了以上的疑问。注文告诉我们，吕布占据着濮阳城，曹操前来围攻，吕布利用城里姓田的大户实施反间计，假称吕布残暴不仁，此时不在城内，他愿作内应献城并约定了暗号，骗得曹操进了城。吕布着人放火，堵了曹军退路。曹操知道中计，大喊"退兵！""退兵！"但已出不去了。两军就在城中交手，曹军大败。这时吕布的骑兵抓到曹操时，却因不认识竟把他放了。文章至此，为何放火、火在何处放、在何处交战、曹操因何冲火阵都有了答案，所以说，裴松之的"注"起到了弥补正史缺漏的作用。

有趣的是费尽心机好不容易抓到曹操，却又放跑了，上演了一出活生生的"捉放曹"。

这段故事在罗贯中《三国演义》第十二回里写得更是精彩。演义里抓住曹操的是吕布本人,写曹操正夺路逃跑,突然“在火光里正撞见吕布挺戟跃马而来”。“火光里”三个字点出阵前已起火,也点明是夜间,若是白天眼界开阔,便会早早躲开吕布不会突兀“撞见”。吕布惯使一副方天画戟,他本领高强,一个人敢与刘备、关羽、张飞三人对打,“三英战吕布”传为佳话。他胯下一匹赤兔马,日行千里,登山涉水如履平地,故而当时有言“人中吕布,马中赤兔”,这样的人和马突然出现在曹操面前,读者不禁为之捏一把冷汗,觉得他必死无疑,且看罗贯中写道:“操以手遮面”,好在天黑又在乱军之中,“遮面”这一招让曹操蒙混过关,从吕布眼皮子下“加鞭纵马”而过,这时读者会为操急中生智而松一口气,可不料罗贯中接着写道:“吕布从后拍马赶来”,读者心想是不是吕布认出了曹操,拍马赶来捉拿,松弛的心又悬了起来。再看作者的下一句是:吕布“将戟在操头盔上一击”,好可怕的一击!想来曹操也感到在劫难逃了,可紧接着的一句是:“曹操何在?”露出了破绽,说明在夜幕和慌乱中吕布并未看清马上之人是谁,使事态急转直下,结果吕布丢开真曹操去追假曹操去了。

从这出“捉放曹”里,不仅再次印证了曹操的机警和多权术,而且也使大家不能不为罗贯中的精彩描述拍案叫绝。

十　置屯田令

【注文】

《魏书》曰:自遭荒乱,率乏粮谷。诸军并起,无终岁[①]之计,饥则寇略[②],饱则弃余,瓦解流离,无敌自破者不可胜数。袁绍之在河北,军人仰食桑椹[3]。袁术在江、淮，取给蒲蠃[4]。民人相食，州里萧条。公曰："夫定国之术，在于强兵足食，秦人以急农[5]兼天下，孝武以屯田定西域，此先代之良式[6]也。"是岁乃募民屯田[7]许[8]下，得谷百万斛[9]。于是州郡例置田官，所在积谷。征伐四方，无运粮之劳，遂兼灭群贼，克平天下。

【注释】

①终岁：终年，整年。

②寇略：侵犯劫掠。

③桑椹（shèn）：亦作"桑葚"，桑树的果穗，成熟时黑紫色或白色，味甘可食。

④蒲蠃（luǒ）：蚌蛤之类。

⑤急农：重视农业。

⑥良式：好的模式。

⑦屯（tún）田：利用戍卒或农民、商人垦殖荒地，以取得军饷和税粮。《汉书·西域传》："自敦煌西至盐泽，往往起亭，而轮台、渠犁，皆有田卒数百人。"

⑧许：地名，在今河南省许昌市。

⑨斛（hú）：古量器名，也是容量单位，十斗为一斛，南宋末年改五斗为一斛。

【译文】

王沈《魏书》记载：一旦遭遇荒年乱世，便会造成粮谷匮乏。加之各路军马同时兴起，又无长久之计，饥饿时到处劫掠，肚饱时则遗弃余粮，分崩离析，随处流散，以致未遇敌手而自行破灭的不计其数。袁绍转战黄河之北，军人仰仗桑椹充饥，袁术据守江、淮一带，供给士卒的却是蚌蛤之类。民不聊生，竟至相食。州郡萧条，米贵如珠。魏公曹操道："要想国泰民安，其办法就是要让军队强大、让人民足食。秦国因为重视农业才兼并了天下，孝武帝由于实施屯田才平定了西域，这都是前代树立的良好模式。"于是当年就招募民众在许都屯田,秋后收获的谷物达一百万斛。接着各州各郡都按此成例设置了田官,所到之处都囤积有粮食。这样一来,到各处征伐时,省却运粮之劳苦,因而能歼灭群寇,平定天下。

【引述】

《三国志·魏书一·武帝纪》:"是岁用枣祗、韩浩等议,始兴屯田。【注一】"意思是说:建安元年(196)这年,曹操采用枣祗和韩浩等人的建议开始屯田。志书的记叙很简洁,只用了十三个字。

裴松之在此处加的注引自王沈的《魏书》,引文用了一百五十字,对屯田一事做了详尽的阐述。它叙述了:因何屯田——粮谷匮乏;因何乏粮——遭遇荒乱、诸军并起;乏粮之状——军中无粮、民人相食;定国之术——国有强兵、民能足食;足食之道——重视农业、积极屯田;屯田良式——秦人急农、孝武屯田;屯田之法——设置田官、遍及州郡;屯田之效——当年得粮、所在积谷;粮足之利——无运粮之劳,兼克平天下。短短百余字,包涵了诸多的内容。

所谓屯田,就是利用戍边的士卒和招募流亡的百姓开垦荒地,种植田亩,分别称之谓"军屯""民屯"。提出屯田建议的枣祗当时被任命为屯田都尉,他首先将荒置无主的土地收归国有,还占有在与黄巾作战时夺得的大批牛马、农具和劳动力。然后由国家提供土地、种子、耕牛、农具,组织戍卒和流民屯田,收获的粮食与国家分成,使用官牛的按官六民四来分配,使用私牛的,官民对半分,皆可获益。屯田制的实施,使长期遭受战争破坏的农业生产,在短期内得以恢复,使失去土地的农民重新回归土地,生活安定了下来,也使许多荒芜的农田得到开垦,资源得到充分利用。另外,曹操在许都屯田取得的成功,使他满怀信心地向中原各地推广经验,于是各州各郡粮仓充盈,不仅国有余粮，百姓也能吃饱肚子了。屯田在当时就起到了积极作用，后来历代都有不同程度的实施，因此，屯田制在历朝的政治、经济、军事上都占有重要地位。

十一　官渡战之火烧粮仓

【注文】

《曹瞒传》曰：公闻攸来①，跣②出迎之，抚掌笑曰："（子卿远）[子远，卿]③来，吾事济④矣！"既入坐，谓公曰："袁氏⑤军盛，何以待之？今有几粮乎？"公曰："尚可支一岁。"攸曰："无是，更言之。"又曰："可支半岁。"攸曰："足下不欲破袁氏邪，何言之不实也！"公曰："向言戏之耳。其实可一月，为之奈何？"攸曰："公孤军独守，外无救援而粮谷已尽，此危急之日也。今袁氏辎重⑥有万余乘，在故市、乌巢，屯军无严备；今以轻兵⑦袭之，不意⑧而至，燔其积聚，不过三日，袁氏自败也。"公大喜，乃举精锐步骑，皆用袁军旗帜，衔枚⑨缚马口，夜从间道⑩出，人抱束薪，所历道有问者，语之曰："袁公恐曹操钞略后军，遣兵以益备⑪。"闻者信以为然，皆自若。既至，围屯，大放火，营中惊乱，大破之，尽燔其粮谷宝货。

【注释】

① 公闻攸来：公，指曹操。攸，指许攸。许攸为袁绍的谋士，官渡战前投奔了曹操。

② 跣（xiǎn）：赤脚。

③ （子卿远）[子远，卿]：圆括号内是原本的字，应删除的；方括号内是校改的

字，应增添的。

④ 济：成功，能成功。

⑤ 袁氏：指袁绍，系东汉末年群雄之一，官至大将军，太尉。

⑥ 辎重：随军运载的军用器械、粮草、营帐等。

⑦ 轻兵：行动迅速的轻装部队。

⑧ 不意：谓不在意无防备，多用于军事攻守。

⑨ 衔枚：把枚横着衔于口中，以防喧哗。枚像筷子，两端有带可系在颈上。

⑩ 间（jiàn）道：偏僻的或抄近的小路。

⑪ 益备：援助。

【译文】

吴无名氏《曹瞒传》记载：曹操听说许攸到来，顾不得穿鞋便赤着脚跑出营帐迎接他，高兴地拍手笑道："子远前来，我的事就肯定能办成了！"坐定之后，许攸问曹操道："袁绍的军力这般强大，您准备如何对付呢？如今尚有多少粮食？"曹操答道："尚可支撑一年。"许攸道："不是这样的，请另讲。"操又答道："可支撑半年。"许攸不耐烦地道："足下不想攻破袁绍吗，为何不说老实话？"曹操笑道："原先的话只是开玩笑罢了，其实只有一个月的口粮，请问怎么办呢？"许攸献策道："曹公孤军作战，独守此地，外无援兵，粮谷又尽，这可是最危急的时刻啊。如今袁绍随军运载的粮草、器械足有一万多车，都聚积在故市和乌巢两地，驻守的军队缺乏严密的戒备；我方可派出轻装部队急速前往，在对方还未做防备之前到达目的地，放火烧掉粮食，过不了三天，袁绍就会不攻自破。"曹操一听大喜，于是选出精锐的步兵和骑兵，都打着袁军的旗帜，士兵都口中衔枚，以防喧哗，马匹皆裹紧马口，以防嘶叫，连夜从小路出发。每人都抱着一捆扎好的柴草，路上有问"干什么的？"就回答："是袁公怕曹操抄袭后军，特派兵增援的。"袁军都信以为真，毫不介意。曹军顺利到达乌巢后，立即包围了粮仓，同时举火，袁营兵将大惊失色，一片混乱。于是大败袁军，烧光了他们的粮草和物资。

【引述】

《三国志·魏书一·武帝纪》：公“自将步骑五千人夜往，会明至。琼等望见公兵少，出陈门外。公急击之，琼退保营，遂攻之。绍遣骑救琼。左右或言‘贼骑稍近，请分兵拒之’。公怒曰：‘贼在背后，乃白！’士卒皆殊死战，大破琼等，皆斩之。【注一】”这段话的大意是说：曹公亲自率领五千步马骑兵乘夜出发，天亮时到达乌巢。淳于琼等望见曹公兵少，便到寨门外迎战。曹公急忙冲击，淳于琼退回营寨固守，曹军便去围攻。袁绍派骑兵来救援。曹公身边有人报告说：“敌骑越来越近了，请分兵迎战。”曹操怒道：“等敌兵到了身背后，再报告！”曹军殊死奋战，打败了淳于琼等，并予以斩首。裴松之在此处注引的《曹瞒传》，便是官渡之战中关键性的火烧乌巢粮仓之役。

事情发生在汉献帝建安五年(200 年)。从战前双方兵力对比来看，当时袁绍兵力雄厚，连营扎寨“数十里”，约十几万兵马，而曹操则“兵不满万，伤者十之二三”(实际约有袁军的十分之一)；从物资供应来看，袁军已备有屯粮基地，粮谷还源源不断运来，而曹军则“兵少粮尽”；从将领的决心来看，袁绍打算与曹操“一决胜负”独霸中原，而曹操却欲休战罢兵。就在这是战还是休的抉择时刻，谋士荀彧道：这正是扭转敌我力量的机会，机不可失。巧的是袁绍的谋士许攸因袁绍不纳其谋，还因其子侄之事被袁绍加以训斥，故而此时来投奔曹操，劝操袭击乌巢。曹操采纳了他们的建议，火烧乌巢粮仓，官兵拼死奋战，从而扭转了战局，最后打赢了这场官渡之战。曹操于是占据了北方大块地盘，而袁绍却一败不振，随后发病身亡。官渡之战是曹操和袁绍争夺北方霸权的战略决战，也是汉末乃至中国战争史上一次有名的以少胜多、以弱胜强的战役。可这场战役在《三国志》里写得过于简略，不免让人感到有点缺憾，而裴注的引文简述了这场战争的过程，弥补了这方面的缺憾。这场战役在《三国演义》第三十回“战官渡本初败绩，劫乌巢孟德烧粮”中写得更是精彩，这里不赘述了。从这里我们也正好看出“正史”“裴注”和“演义”三者之间的区别差异。即“正史”是记载历史事实的，叙事简明扼要，不事描绘；“裴注”是补充史料不足的，故多旁征博引，其丰富的材料多是正史里不曾出现的；“演义”是以历史事实为基础，可增加一些细节，通过对人物的刻画和情节的描述，一般写成章回体小说，更加吸引读者。

十二　曹操《祀桥玄文》

【注文】

《褒赏令》载公祀文曰：“故太尉桥公①，诞敷明德②，泛爱博容③。国念明训，士思令谟④。灵幽体翳⑤，邈哉晞矣⑥！吾以幼年，逮⑦升堂室，特以顽鄙之姿⑧，为大君子所纳。增荣益观，皆由奖助，犹仲尼称不如颜渊⑨，李生之厚叹贾复⑩。士死知己，怀此无忘。又承从容约誓之言：‘殂逝⑪之后，路有经由⑫，不以斗酒只鸡过相沃酹⑬，车过三步，腹痛无怪！’虽临时戏笑之言，非至亲之笃好⑭，胡⑮肯为此辞乎？匪谓灵忿，能诒⑯己疾，怀旧惟顾，念之凄怆。奉命东征，屯次⑰乡里，北望贵土，乃心⑱陵墓。裁致薄奠⑲，公其尚飨⑳！”

【注释】

①桥公：即桥玄，睢阳（今河南商丘南）人，东汉灵帝时曾任太尉。

② 诞敷(dàn fū)明德:美德遍布。诞敷:遍布。

③ 泛爱博容:博爱宽容。

④ 令谟:善策,嘉谋。令:好,高明。谟:谋略,见地。

⑤ 灵幽体翳(yì):魂灵幽暗,体肤掩藏。

⑥ 邈(miǎo)哉晞(xī)矣:指时间长,久远。晞:消失,逝去。

⑦ 逮:及,及至。

⑧ 顽鄙之姿:愚钝粗鄙的资质。

⑨ "仲尼" 句:《论语·公冶长》:"子谓子贡曰:"女(汝)与回(颜渊)也孰愈?" 对曰:"赐(子贡)也何敢望回? 回也闻一以知十,赐也闻一以知二。"子曰:"弗如也;吾与女弗如也。"

⑩ "李生"句:贾复,少年好学,拜舞阳人李生为师。李生认为贾复很出众,感叹他有"将相之器" 。

⑪ 殂(cú):逝,去世。

⑫ 经由:经过。

⑬ 沃酹(lèi):以酒浇地来祭奠。

⑭ 笃好:极为亲善的朋友。

⑮ 胡:怎么,怎样。多用于加强反诘。

⑯ 诒(yí):给予。

⑰ 屯次:驻扎。

⑱ 乃心:思念,怀念。

⑲ 裁致薄奠:备上微薄的祭品。

⑳ 尚飨(xiǎng):请来享用祭品吧。这是古代祭文常用的结语。

【译文】

《褒赏令》记载了曹操祭祀故太尉桥玄的祭文云:"故去的太尉桥公啊,美德遍布,博爱宽容。国人感念他那正确的训诫,士人追思他那高明的谋略。他魂灵早已幽远,体肤也早掩埋,故人逝去啊何其久哉!

追忆我年轻时得以升堂入室承蒙教诲，以我愚顽粗鄙的资质，为大君子您所接纳，使我增添了荣耀，提高了身价，这都是由于大君子您的赞许和扶持，就如同孔子自称不如弟子颜回、李生赞叹徒弟贾复有才一样。士为知己者死，我铭记先生的知遇之恩将永世不忘。又蒙先生在闲暇时与我约盟定誓道：'吾死之后，尔若路过吾墓，不奉一斗酒一只鸡前来祭奠，待尔车子走出三步，吾将使尔肚痛，届时勿怪也。'虽然当时只是一句玩笑，但若不是至近挚友，怎肯说出这般言语？我并非怕先生魂魄发怒使我肚痛，实在是回首旧日的交情，使我思念，使我悲伤。我奉命东征，军队驻扎在家乡，朝北瞭望先生的故里，心怀尔墓，特备微薄的祭品，望先生前来享用。"

【引述】

《三国志·魏书一·武帝纪》："'吾起义兵，为天下除暴乱。旧土人民，死丧略尽，国中终日行，不见所识，使吾凄怆伤怀。'……遣使以太牢祀桥玄。【注一】"其大意是：曹操说："我兴义兵，为天下扫除暴乱。故乡的人，死亡甚多，在境内行走一天，竟看不到一个熟人，使我深感悲痛伤怀。"……于是派使者用牛、羊、猪三牲祭品，祭祀了桥玄。裴注在此引用了这篇祭文。

祭文首先赞颂了桥玄的美德，回忆了年轻时受到桥玄的教诲、继而又得到桥玄提携的往事，点明祭悼的原因。桥玄有识人之鉴，当时社会有品评人物的风气，如能得到有声望之人的赞许就会身价倍增。曹操少时任侠放荡，不务正业，为士大夫所不齿，但桥玄慧眼识英才，认为曹操有治理天下的才干，说自己老了看不见他大展宏图的情形了，把妻子儿女托付给了他。由此曹操名声鹊起，二人结为忘年交。接着祭文描述桥玄生前与作者的戏言说如路过墓地而不祭拜，他将使之“腹痛”，显示出桥玄幽默风趣的性格，曹操也用诙谐的口吻和轻快的笔调，说“我不是怕先生让我肚痛，实在是怀念您啊”，传达出二人的深情厚谊，本来是哭着说的话却用“笑语”说了出来，更让人感到心酸。这种写法也代表了建安时期文学“杂以嘲戏”的特点。比如建安七子之一的王粲去世，众文士前往送殡，曹丕当时尚未即帝位，也以生前友好身份前往。因王粲生前喜好驴鸣，曹丕便建议每个人都作一声驴叫来给王粲送葬，这与当时社会的任情放纵、不拘礼法的风尚分不开。

刘勰在《文心雕龙》中说建安时期的文学“雅好慷慨”，我们读此祭文，感到爽快简洁，干净利落，直抒胸臆，果有一股慷慨之气扑面而来。此外，曹操也想藉告慰亡灵之机，表明自己的宏愿，以不负当年桥公的赏识。这篇悼文确系一篇难得的好文。

十三　抑兼并令

【注文】

《魏书》载公令曰：“有国有家者，不患①寡而患不均，不患贫而患不安。袁氏②之治也，使豪强擅恣③，亲戚兼并④，下民贫弱，代出租赋⑤，衒鬻⑥家财，不足应命⑦；审配⑧宗族，至乃藏匿罪人，为逋⑨逃主。欲望百姓亲附，甲兵强盛，岂可得邪！其收田租亩四升，户出绢二匹、绵二斤而已，他不得擅兴发⑩。郡国守相⑪明检察之，无令强民⑫有所隐藏，而弱民兼赋⑬也。”

【注释】

①患:担忧,忧虑。

②袁氏:指袁绍和袁尚、袁谭父子。

③豪强擅恣:豪强:指既有权势又很强横的人。擅恣:指专权放肆。

④亲戚兼并:亲戚:指与自己有血缘关系或婚姻关系的人。兼并:即并吞,指土地侵并或经济侵吞。

⑤租赋:租税。

⑥衒鬻(xuàn yū):出卖。

⑦应命:应付官府的命令,摊派。

⑧审配:袁尚部下的一名将领。

⑨逋:逃亡,逃跑。

⑩兴发:指征发调用物力人力。

⑪郡国守相:郡和国并称为郡国。汉初,兼采封建及郡县之制,分天下为郡和国。郡直属中央,国分封诸王、侯。封王之国称王国,封侯之国称侯国。郡有郡守,诸侯王国有相,称守相。

⑫强民:强悍凶暴之人。

⑬弱民兼赋:穷苦之人加倍缴纳租税。

【译文】

王沈的《魏书》载有曹操的《抑兼并令》,亦称《收田租令》云:

"凡是有国有家的人,并不担忧所得甚少,担忧的是分配不均,也不担忧困苦贫穷,担忧的是生活不得安宁。在袁绍、袁尚父子治理下的地区,任由有权势的豪强专横跋扈,听任与自己有血缘和婚姻关系的亲戚随意兼并和侵吞他人的土地和财物。从而导致老百姓越来越贫穷,还得替那些有权势的人多出租税,他们即使变卖家产,也难以应付官府的摊派。袁尚部下审配一家,竟窝藏犯人,为逃亡之人开方便之门。在这种政策之下,还期望老百姓能亲近依附他们,又希望披甲的士兵能顽强勇猛,这能办得到吗? 所以《抑兼并令》规定,今后田租每亩只收四升租,每户只收绢二匹、绵二斤而已,其他项目不得擅自征调。各郡国的郡守、国相要严加检察,不要让强悍凶暴之人有所隐瞒和窝藏,反倒让穷苦人替他们缴纳加倍的租税。"

【引述】

《三国志·魏书一·武帝纪》:"令曰:'河北罹袁氏之难,其令无出今年租赋!'重豪强兼并之法,百姓喜悦。【注一】"大意是命令说:黄河以北遭受袁绍带来灾难的地区,不用缴纳本年的田税!加强惩治豪强兼并土地的法令,百姓非常高兴。

这个法令颁布于汉献帝建安九年(204 年)。曹操为什么要颁布这个命令?它能起什么作用呢?原来东汉末年,由于连年混战,社会动荡不安,给地方豪强的崛起提供了绝好的机会,他们刚开始只是靠自己的财力组织武装保护自己的家园,后来逐渐发展演变为拥有私人武力的军阀,成为霸占一方的地方豪强。另外,东汉末年出现了严重的土地兼并现象,就是豪强和官吏肆意兼并和侵吞他人的土地,他们有的还以大宅院为中心,筑起一个堡垒,宅院里住着"妖童、美妾、倡讴"之类的奴隶,住着充当爪牙的刺客、宾客,还住着制造各种日用器物的工匠,还有商贩。袁绍的弟弟袁术家就拥有三万多兵卒,且工匠齐全,号称百工。堡垒外住着佃农,在暴力胁迫下,变成半农奴。他们没有土地,父子妻女像奴婢一样替田主耕种,生活极度困苦。

为了抑制土地兼并,为了尽快恢复正常的农业生产,曹操颁布了《抑兼并令》,对两汉以来的租赋进行改革。这一改革有两大突破,其一是把定率田税改为定额田税。过去按比率交税,每亩至少交粮五升，改革后只交四升，且不与产量挂钩，增产不增税，这样便能提高农民的积极性，流民纷纷归田，利于生产。其二是把“人头税”改为按户征税。过去的按人头缴税，亦称口赋、算赋，改革后按户缴，不管人口的多少，而家庭人口多劳动力也就多，收入也就高，这会刺激人口增长。这个命令严禁豪强兼并土地，打击了封建势力。规定除正税外，不得再搞其他征税，减轻了农民的负担，而且有显明的平均负担的思想，即让有权势的“强民”和极贫穷的“弱民”同样纳税。这对恢复生产、治国强兵和适应社会发展趋势，都起到一定的进步作用。

十四　分租赐诸将士令

【注文】

《魏书》载公令曰：“昔赵奢①、窦婴②之为将也，受赐千金，一朝散之，故能济成③大功，永世留声。吾读其文，未尝④不慕其为人也。与诸将士大夫共从戎事，幸赖贤人不爱其谋，群士不遗其力，是以夷险平乱，而吾得窃⑤大赏，户邑⑥三万。追思窦婴散金之义，今分所受租⑦与诸将掾属及故戍于陈、蔡者，庶以畴答⑧众劳，不擅大惠也。宜差死事之孤⑨，以租谷及之。若年殷用足，租奉⑩毕入，将大与众人悉共飨⑪之。”

【注释】

①赵奢：战国时赵人。赵惠文王让他治理国赋，他使得民富而国库充实。凡大王及宗室所赏赐，全都拿来赏给各军吏和士大夫们。

②窦婴：汉景帝时为大将军。凡所赐金，陈之廊庑下，军吏过，辄令财取为用，

赏金从不入家门。

③ 济成：相助，促成。

④ 未尝：不曾。用于否定词前，构成双重否定，使语气更委婉。

⑤ 窃：谓非其有而取之；不当受而受之。

⑥ 户邑：户口与县邑。汉代以户口或县邑为封建单位，用以分封子弟或大臣。

⑦ 租：这里指田赋，即按田亩征收的赋税。

⑧ 畴答：酬谢，用财物表示谢意。畴，通“酬”。

⑨ “宜差”句：差：分别等级。死事：死于国事。

⑩ 租奉：作为奉禄的租谷收入。

⑪ 共飨：共同享受。

【译文】

王沈的《魏书》载有曹操的《分租赐诸将士令》云：

“过去赵奢、窦婴作为将军，都曾得到君主的千金赏赐，但他们都能在一朝之间散发给将士，故此能促成他们成就大功勋，给后世留下永久的美名。我每读此文，不能不羡慕他们的为人。我与诸位文臣武将共同为国事南征北战，有幸依赖诸贤士毫不吝惜地奉献自己的才智，诸将领不遗余力地驰骋于战场，因此才能遇险化夷，遇乱勘平。而我个人却获得不应有的优厚赏赐，据有三万户的封地。追思窦婴散钱的道理和深意，如今我将封地所收的田赋中的租谷取出，分赐给诸将和属官以及过去一同防守陈、蔡等地的将士，用此或许可以表达一下我酬谢诸位往日的辛劳，也表明我不愿独享恩惠的心意。同时还应按不同情况，对死于国事的家属分发租谷。假若年丰用足，作为奉禄的租谷全能收回，我将尽其所有与大家共同享用。”

【引述】

《三国志·魏书一·武帝纪》:“于是大封功臣二十余人,皆为列侯。其余各以次受封,及复死事之孤,轻重各有差。【注一】”这几句话的意思是:曹操大力封赏功臣二十多人,这些人都封为列侯。其余的人也都按等次得到奖赏,对阵亡将士的子女免除租赋徭役,优待的等级各有不同。裴松之于此处注引王沈的《魏书》,公布了此令。

汉献帝建安十二年(207 年),曹操在将去平定乌桓之前,颁布了这个分租令。他认为这许多年所以能取得节节胜利,不是他个人的功劳,而是诸将军吏共同尽力的结果,所以他以前朝赵奢和窦婴为榜样,要将自己封邑中所获租谷分赐给众人,于是大封功臣,并惠及阵亡者的家属。也许有人说,他这是收买人心,我们说,就算是收买人心,也远胜那些克扣军粮军饷的官员吧。《大戴礼》云:“无益而厚受禄,窃也。”曹操在令文中说他与“诸将士大夫共从戎事”,他自己却“得窃大赏”。一个“窃”字,说明他在以经典中的言词来审视自己,也让人感到他是从内心感激众人,想酬报众人的劳苦,在那个年代能有这种想法是难能可贵的,这也体现出一个谋略家的胸怀和政治家的风范。

十五　厚赏反对者

【注文】

《曹瞒传》曰:时寒且旱,二百里无复①水,军又乏食,杀马数千匹以为粮,凿地入三十余丈乃得水。既还,科问②前谏者,众莫知其故,人人皆惧。公皆厚赏之，曰："孤前行，乘危以徼幸[3]，虽得之，天所佐也，故不可以为常。诸君之谏，万安之计，是以相赏，后勿难言之。"

【注释】

①无复：不再。

②科问：查问。

③"乘危"句：乘危：登上或踏上危险之地，犹言冒险。徼幸：同"侥幸"，由于偶然的原因得到成功或免去灾害。

【译文】

吴无名氏撰《曹瞒传》记载：曹操征讨乌丸时，天气寒冷且又干旱，二百里之内不再会找到水源，军中又缺乏粮食，于是杀了数千匹战马作为口粮，凿地三十多丈才得到水源。回军后，曹操查问在讨伐前提出反对意见的人员，大家都不知这是出于何意，人人心生恐惧。不料曹操却给这些人发放优厚的赏赐。他说："我北伐乌丸，是侥幸心理冒险行动，虽然取得胜利，那是上天的护佑，所以不可把这种模式当作常态。诸位所提的建议，乃是万全之策，因此给予奖赏，以后切勿不敢畅所欲言啊。"

【引述】

《三国志·魏书一·武帝纪》："初，辽东太守公孙康恃远不服。及公破乌丸，或说公遂征之，尚兄弟可禽也。公曰：'吾方使康斩送尚、熙首，不烦兵矣。'九月，公引兵自柳城还。【注一】康即斩尚、熙及速仆丸等，传其首。"这几句话大意是：当初，辽东太守公孙康自恃地域偏远，不服管辖。待曹操打败了乌丸，有人劝操顺便讨伐公孙康，并捉拿袁氏兄弟。曹操说："我正想让公孙康砍下袁尚和袁熙的脑袋送来呢，不需要用兵的。九月，带兵从柳城返回。公孙康随即杀掉袁尚、袁熙及速仆丸，把首级送到曹营。”裴松之在此的注文，追述了讨伐乌丸时的艰苦经历和凯旋归来后对官员的赏赐。

乌丸亦称“乌桓”，是我国古代北方的一个少数民族，他们乘汉末之乱，屡从边塞入关祸害百姓，所以建安十二年（207 年）曹操前往讨伐。途中找不到水源，凿地三十多丈才得到水。在《世说新语·假谲》里也记载了曹操在行军中找不到水源的故事。当时三军干渴难奈，曹操传令道：“前方有一片大梅林，树上果实又大又多，味道又甜又酸，可以解渴。”将士们一听，嘴里不由地流出口水，大军乘此赶到前面有水源的处所，这便是“望梅止渴”的典故。这个故事，说明曹操的权变。这次征伐，打败乌丸得胜归来后，曹操又做了一件出人意料的事，那就是给提过反对意见的人发奖赏。一般要给赏赐，是给出了奇谋的人，可曹操却反其道而行之，用现代的话说，就是不按常规出牌。他这样做的目的，就是要广开言路，让大家知无不言，言无不尽，不要有所顾忌，这样，将有利于决策者集思广益，从而做出最佳的、稳妥的、能操胜券的作战方案。从这件事，我们也感到曹操果真是个“非常之人”。

十六　曹操笑走华容道

【注文】

《山阳公载记》[①]曰：公船舰为备所烧[②]，引军从华容[③]道步归，遇泥泞，道不通，天又大风，悉使羸兵[④]负草填之，骑乃得过。羸兵为人马所蹈藉[⑤]，陷泥中，死者甚众。军既得出，公大喜，诸将问之，公曰：“刘备，吾俦[⑥]也。但[⑦]得计少晚；向使早放火，吾徒无类[⑧]矣。”备寻[⑨]亦放火而无所及。

【注释】

①《山阳公载记》：山阳公，是汉献帝逊位以后，曹魏赐予他的封号。载记，是史书体裁之一。该书由晋朝人乐资撰，记录东汉末年灵帝、献帝时期的历史，书已失传。《三国志》裴注引用了该书不少史料。

②“公船舰”句：指赤壁之战时孙权与刘备联军大破曹军，火烧其船舰。

③华容：古县名，治所在今湖北省潜江市西南，曹操赤壁战败北归，取道于此。

④羸（léi）兵：体弱的兵卒。

⑤蹈藉：犹践踏。

⑥俦（chóu）：同类。

⑦但：只，仅。

⑧无类：犹言无遗类，无幸存者。

⑨寻：随即，不久。

【译文】

乐资《山阳公载记》载：曹操的船舰在赤壁之战中被孙刘联军焚烧殆尽，于是引领残部从华容道徒步退走，但因大雨刚过，道路泥泞，泥陷马蹄，无法前行，又赶上狂风大作，曹操便命全部体弱的兵卒砍草填坑，马匹才能通行。那些老弱残兵或被人马践踏，或直接倒毙于泥中，死亡甚多。军队从华容道走出后，曹操大喜，众将问喜从何来，曹操道：“刘备和我属于同一类的人，只是他的计谋实施得稍晚一步，假使他提前在此处设兵放火，我等将不会有幸存者矣。”果然刘备随后放起火来，但已是马后炮无济于事了。

【引述】

《三国志·魏书一·武帝纪》:“公至赤壁,与备战,不利。于是(这时)大疫,吏士多死者,乃引军还。备遂有荆州江南诸郡。【注二】”大意是说:曹操抵达赤壁,与刘备交战,失败了。这时又发生大瘟疫,官吏和士卒死亡甚多,曹操只得引兵撤回。于是刘备占有了荆州和江南各郡县。裴松之在此的注文,描述当赤壁之战接近尾声时华容道上的几个难忘的热闹场景。按说一过华容道便没有大碍了,但就是这段路程,表面看去风平浪静,但在作者笔下,却给人一种暗流涌动的感觉。你看,天上刚才大雨滂沱,现又狂风大作;地上沟洼积水,人马踏进泥里脚都拔不出来;让老兵垫草铺路,马又不慎把人踏死;好不容易出了华容,刘备还赶着放了一把火。

这段情节,在《三国演义》第五十回“诸葛亮智算华容 关云长义释曹操”里,罗贯中演义了一段千古传诵的关云长义释曹操的佳话。书上写道:焦头烂额者扶策而行,中箭着枪者勉强而走,衣甲湿透,旗幡不整。正值隆冬严寒之时,其苦何可胜言。这时三停人马一停落后,一停填了沟壑,一停跟随,八十三万人马只有三百骑随行。落得如此地步,曹操还在马背上大笑,嘲笑周瑜、诸葛亮道:“若于此处设下埋伏,我们就只能束手就缚了。”话音未落,一声炮响,两边五百校刀手摆开,为首大将关云长提青龙刀,跨赤兔马,截住去路。曹军见了,亡魂丧胆,面面相觑。曹操只得亲自求情,云长说:“某虽蒙丞相厚恩,然已斩颜良,诛文丑,解白马之围,以奉报矣。今日之事,岂敢以私废公?”曹操再三央求,云长是个义重如山之人,想起当年曹操的许多恩义,与后来五关斩将之事,如何不动心?又见曹军惶惶,皆欲垂泪,一发心中不忍,于是将马头勒回,谓众军“四散摆开”,长叹一声,尽皆放去,此时曹军兵将,只有二十七骑。

据史料记载，曹操退走华容道确有其事，但是没有遇到过关羽，当然也无义释之事。既然无此事，演义中却写得活灵活现，这是为了塑造关羽义薄云天的艺术形象而描述的，这便是“正史”和“演义”的不同之处。另外，演义中写了曹操在华容道上有三次大笑，一笑引出来赵子云，二笑惹出猛张飞，三笑笑出关云长，实际上他只笑过一次，笑的不是诸葛亮和孙权，而是刘备。关羽，民间尊称“关公”，清代崇为“武圣”，与“文圣”孔子齐名。历朝皇帝都把关羽作为忠义的化身，忠君的典范。民间多盖有“关帝庙”，东南亚地区、日本、新加坡以至美、英等国的华人大都崇拜关公。当今的从商者，还将关公作为武财神加以崇祀。

十七　曹操《让县自明本志令》

【注文】

《魏武故事》载公十二月己亥令[①]曰：

“孤[②]始举孝廉，年少，自以本非岩穴[③]知名之士，恐为海内人之所见凡愚[④]，欲为一郡守，好作政教，以建立名誉，使世士明知之；故在济南，始除残去秽[⑤]，平心选举，违迕[⑥]诸常侍。以为强豪所忿，恐致家祸，故以病还。去官之后，年纪尚少，顾视同岁[⑦]中，年有五十，未名为老，内自图之，从此却去二十年，待天下清，乃与同岁中始举者等耳。故以四时归乡里，于谯东五十里筑精舍，欲秋夏读书，冬春射猎，求底下[⑧]之地，欲以泥水自蔽，绝宾客往来之望，然不能得如意。后征为都尉，迁典军校尉，意遂更欲为国家讨贼立功，欲望封侯作征西将军，然后题墓道言‘汉故征西将军曹侯之墓’，此其志也[⑨]。

“而遭值董卓之难，兴举义兵。是时合兵能多得耳，然常自损，不欲多之；所以然者，多兵意盛，与强敌争，倘[10]更为祸始。故汴水之战[11]数千，后还到扬州更募，亦复不过三千人，此其本志有限也。后领兖州，破降黄巾三十万众。又袁术僭号[12]于九江，下皆称臣，名门曰建号门，衣被皆为天子之制，两妇预争为皇后。志计已定，人有劝术使遂即帝位，露布天下，答言‘曹公尚在，未可也’。后孤讨禽其四将，获其人众，遂使术穷亡解沮[13]，发病而死。及至袁绍[14]据河北，兵势强盛，孤自度势，实不敌之，但计投死为国，以义灭身，足垂于后。幸而破绍，枭[15]其二子。又刘表[16]自以为宗室，包藏奸心，乍前乍却，以观世事，据有当州[17]，孤复定之，遂平天下。身为宰相，人臣之贵已极，意望已过矣。

“今孤言此，若为自大[18]，欲人言尽，故无讳[19]耳。设使国家无有孤，不知当几人称帝，几人称王。或者人见孤强盛，又性不信天命之事，恐私心相评，言有不逊之志[20]，妄相忖度，每用耿耿。齐桓、晋文所以垂称至今日者，以其兵势广大，犹能奉事周室也。《论语》云‘三分天下有其二，以服事殷[21]，周之德可谓至德矣’，夫能以大事小也。昔乐毅走赵[22]，赵王欲与之图燕，乐毅伏而垂泣，对曰：‘臣事昭王，犹事大王；臣若获戾，放在他国，没世然后已，不忍谋赵之徒隶，况燕后嗣乎！’胡亥之杀蒙恬[23]也，恬曰：‘自吾先人及至子孙，积信[24]于秦三世矣；今臣将兵三十余万，其势足以背叛，然自知必死而守义者，不敢辱先人之教以忘先王也。’孤每读此二人书，未尝不怆然流涕也。孤祖父以至孤身，皆当亲重之任，可谓见信者矣，以及(子植)[子桓]兄弟，过于三世矣。孤非徒对诸君说此也，常以语妻妾，皆令深知此意。孤谓之言：‘顾我万年之后，汝曹皆当出嫁，欲令传道我心，使他人皆知之。’孤此言皆肝鬲[25]之要也。所以勤勤恳恳叙心腹者，见周公有《金縢》之书以自明[26]，恐人不信之故。

“然欲孤便尔委捐[27]所典兵众以还执事，归就武平侯国，实不可也。何者？诚恐己离兵为人所祸也。既为子孙计，又己败则国家倾危，是以不得慕虚名而处实祸，此所不得为也。前朝恩封三子为侯，固辞不受，今更欲受之，非欲复以为荣，欲以为外援，为万安计。

“孤闻介推[28]之避晋封，申胥[29]之逃楚赏，未尝不舍书而叹，有以自省也。奉国威灵，仗钺[30]征伐，推弱以克强，处小而禽大，意之所图，动无违事，心之所虑，何向不济，遂荡平天下，不辱主命，可谓天助汉室，非人力也。然封兼四县，食户三万，何德堪之！江湖未静[31]，不可让位；至于邑土，可得而辞。今上还阳夏、柘、苦三县户二万，但食武平万户，且以分损谤议[32]，少减孤之责也。”

【注释】

①十二月己亥令：亦作《述志令》《让县自明本志令》。

②孤：古代王侯自谦的称谓。曹操时任丞相，封武平侯，故以此自称。

③岩穴之士：指隐居未仕而有名望的人。因隐士多山居，故称。

④“恐为”句：恐被国人将他看作平庸愚钝的人。

⑤除残去秽：指曹操任济南相时，罢贪官、除祠庙等事。

⑥违迕：违背，触犯。

⑦同岁：指同一年被举为孝廉。

⑧底下：犹低下。“底”通“低”。

⑨此其志也：这就是我的志向。“其”指自己，与用于第三人称不同。

⑩倘：或许，可能。

⑪汴水之战：初平元年，曹操独自率军西进，在汴水与董卓交战，因兵少无援失败。

⑫僭(jiàn)号：冒用帝王的称号。

⑬解沮(jǔ)：犹瓦解。

⑭ 袁绍：字本初，袁术之兄。占有黄河以北的冀、幽、青、并四州，是北方最大的割据势力。

⑮ 枭（xiāo）：即枭首，斩首而悬之示众。

⑯ 刘表：字景升，汉皇室之后，东汉末的豪强军阀，曾任荆州刺史。

⑰ 据有当州："当"应作"荆"。

⑱ 自大：妄自尊大，自负。

⑲ 无讳：没有顾忌，没有隐讳。

⑳ 不逊之志：指篡位的野心。

㉑ 服事殷：这是孔子称赞周文王的话，说他虽占有天下三分之二的地盘，仍然服事殷朝，可谓"至德"。

㉒ 乐毅走赵：乐毅事燕昭王，率赵、楚、韩、魏、燕五国军队攻下齐国七十余城。昭王死，惠王立，中了反间计，乐毅畏诛，逃往赵国。

㉓ "胡亥"句：胡亥乃秦二世。蒙恬是秦将。秦始皇时，将兵三十万，伐戎狄，筑长城，威震匈奴。秦始皇崩，赵高矫诏赐蒙恬死。

㉔ 积信：《史记·蒙恬列传》"积信"作"积功信"，即积累功绩和得到皇帝的信任。

㉕ 肝鬲：亦作"肝膈"，犹肺腑，比喻内心。

㉖ "见周公"句：周公，周武王之弟，周成王之叔。《金縢》是《尚书·周书》的篇目，记叙武王病时，周公作祷辞，请求代武王去死。后成王即位，因年幼周公辅政，有诽谤者。成王阅《金縢》，大为感动。

㉗ 委捐：放弃，丢掉。

㉘ 介推：即介之推。随晋公子重耳外出避难，重耳饥饿，介之推自割其股供食。重耳返国后赏赐随员，介之推不言禄而禄亦弗及。

㉙ 申胥：即申包胥，春秋时楚大夫。吴军打进楚都，申包胥到秦国求援，他倚庭墙而哭，七天七夜声不绝耳，秦哀公深感其诚，出兵退吴。楚王赏功时他逃而不受。

㉚ 仗钺（yuè）：手执黄钺，表示将帅的权威，引申为统帅军队。

㉛ 江湖未静:指天下尚未平定,意谓还有孙权和刘备存在。

㉜ 分损谤议:减少非议。

【译文】

《魏武故事》记载了曹操在建安十五年(210年)十二月颁布的己亥令,令曰:

“我最初被举为孝廉时,还较年轻,自认为本不是隐居山穴的知名人士,心恐被世人看作平庸无能之辈,想着能担任郡守一职,好好处理事务,推行教化,以树立名誉,让世人皆都知晓我。所以在济南任国相时,铲除贪腐势力及邪恶习俗,公平选拔贤能之士,但这违背了诸常侍的意愿,也因此为豪门大族所忌恨,我怕给家里招来祸害,故借口有病回了家乡。离开官职时,年纪还不大,回顾同年被举为孝廉的,有的年已五十,未得功名而年事已高。内心划算,从现在往后退二十年,等天下太平再出仕,才与同年被举孝廉的人一般年龄。所以便回归故乡,在谯县城东五十里处修建书斋,打算秋夏两季读书,冬春两季打猎,但望处于低凹之地,把自己像用泥土遮掩起来一样不与宾客相交往,然而未能如愿。后来被征召为都尉,又升迁为典军校尉,于是我改变了主意,想为国家讨贼立功,想望能封侯担任征西将军,等死后墓碑上能题上‘汉故征西将军曹侯之墓’的字样,这就是我的志向。

“后遭遇董卓之乱,我发动义兵讨伐他。当时若是合兵一处就能集中较多兵马,然而也会造成损失,故而不想集中很多人。所以这么做的原因,是人多意愿也多,与强敌相争时,也许会带来祸端。所以汴水之战时只有数千人,后来到扬州去招募,也不过招来三千人,这也说明我原来的志愿是有局限的。

“后来统领兖州，击破黄巾军，收得降卒三十多万。再后来袁术在九江妄称帝号，下属皆称臣，殿门称作‘建号门’，衣饰被榻都按天子的规格配制，两个妇人争着预先当皇后，他们计议已定，有人劝袁术布告天下，随之即帝位，他答道：‘曹公尚在，不可啊。’后来我兴兵讨伐他，擒拿了他的四员大将，俘获了他许多兵卒。最终使他走投无路，分崩瓦解，发病而亡。至于袁绍，雄踞黄河之北，兵力雄厚，自我揣度，确实不是他的对手。但我既然决计效死为国，为义献身，心想即使战死亦足可名垂后世。幸而最后击败袁绍，斩其二子。还有刘表，他自以为是皇室宗亲，暗藏祸心，时前时后地观察时势，占据荆州，伺机谋利，我又征服了他，于是平定了天下。我身为宰相，作为人臣，其显贵已达到了顶点，也超过了我原来的愿望。

“如今我说这些，像是过于自负，实际我是只想把话说尽，因此没有任何顾忌。假使国家没有我，不知会有几人称帝，几人称王呢！或许有人见我势力强盛，又生性不信天命，恐怕会私下议论，说我有篡位的野心，妄加揣测，每念及此，使我耿耿于怀。齐桓公、晋文公之所以能名垂至今者，是因为他们势力虽然强大，却仍然尊奉周王朝。《论语·泰伯》云：‘周文王已占有三分之二的天下，但他仍向殷称臣，所以周朝的道德，可以说是最高的了。’这就是能以大事小的至德。当初燕国大将乐毅因被谗从燕国跑往赵国，赵王想与他谋取燕国，乐毅伏地流涕道：‘臣我侍奉燕昭王，就如同侍奉大王您一样，我若获罪被流放到他国，终我一生，绝不会干出对赵国百姓不利的事，何况是燕国的后嗣呢！’秦二世胡亥要杀大将蒙恬，蒙恬道：‘从我的祖上到我的子孙，积三代人都对秦王朝以忠信见称，如今臣我领兵三十余万，按形势足可以背离叛变，然而我自知今日必死却依然坚守道义，就是因为我不敢有辱先人的教诲，同时也是不忘先王的恩惠。’每读到此二人的文章我都没有不怆然流泪的。从我祖父以至我本人，都担任朝廷的近臣重任，可说是深受信任的了，加上子桓兄弟已超过三代了。我不仅对诸君这般述说，也常如此讲给妻妾，让她们也知道我的深意。我对她们说：‘待我百年之后你等都应改嫁，并把我的意思转述出去，让更多的人知道我的心思。’这些话都是我的肺腑之言，我所以这般诚挚恳切地把心腹话说出来，是有鉴于周公著《金縢》之篇的启发，恐他人不相信的缘故。

“然让我随便放弃所掌管的军队把它交给主管部门，让我回到封地武平侯国去，实在是不可以的。为什么呢？因为我确实怕离开军队就会被人陷害。既为子孙打算，也深感自己败退下来国家也会遭到颠覆，因此不能为慕虚名而身陷危难的境地，这就是不能放弃军队的原因。以前朝廷恩封我的三个儿子为侯，我坚决推辞不接受，如今准备接受，并不是想要以此为荣，是想让他们作为外援，以为万全之计。

“我听说介之推不言禄躲避晋文公的封赏，申包胥也说‘吾为君’而逃避楚王的赏赐，这二人的作为未尝不使我掩书而叹息，我常以此反省自己。我秉承国家的神威，统率军队征伐，推扶弱者战胜强者，安置小者擒拿大者，意图指向哪里，行动便紧紧相随，心中有何打算，所向无不成功，于是荡平天下，不辱主命，这是天助汉室，不是人力所能达到的。我的封地共有四县三万户，我何德何能怎配享受这么多的封赏！如今天下尚未安定，我不可退让职位，至于封地可以辞让，现将阳夏、柘、苦三县二万户的封地呈表退还，只受武平县一万户租税，姑且以此平息一些对我的非议，同时也可稍微减轻一点对我的责备。”

【引述】

《三国志·魏书一·武帝纪》：“冬，作铜雀台。【注一】”裴松之在此句末注引《魏武故事》，公示了曹操的《让县自明本志令》。时在建安十五年，曹操时年五十六岁。

令文通过自我陈述,叙述了他的仕途历程:二十岁举孝廉,接着除洛阳北部尉,又迁为济南国相,后征召为都尉,再迁为典军校尉,领兖州牧后,逐步身居宰相,直到魏王,达到臣子的最巅峰。另外,又叙述了他的心路历程:他起初只想作个好郡守,为自己建立名誉。被征为典军校尉时,愿为国家建功立业,想得到封侯,想被封为征西将军。任兖州牧之后成了一方诸侯,便想东征西伐,扩大自己的势力。随着屡建功业,身为宰相,地位变了,权力也在握了,便流露出踌躇满志的心态来,说“设使国家无有孤,不知当几人称帝,几人称王”。

随着权力的膨胀,他怕人们揣测他有篡位的野心,人言可畏,他为此惴惴不安,作再三的表白,列举古人的行事,先举齐桓、晋文虽兵势广大,却始终尊奉周王朝,意在表白自己势力虽强但仍是汉室的臣子。又举乐毅、蒙恬的作为,意在表白自己也同他们一样,不会去干有悖于国家和百姓的事情。总之是想申明自己无代汉自立之心。接着他又申明不释兵权的原因,坦率地承认:怕当时离开兵权自己遭受祸害,另外也不得不为子孙作考虑。表明食邑可以奉还,也就是可以“让县”而不可以“让兵权”,说得坦率而典重,表现出他见识的高远。说他“名为丞相实为汉贼”也罢,说他“内心实有篡汉的野心”也罢,但他最终没有迈出那最后一步,还是值得赞赏的。

十八　潼关之战的变数

潼关之战是曹操与马超之间的一场著名战役,这里选取裴松之的三段注文,分别叙述如下。

[一]弃袍割须

【注文】

《曹瞒传》曰:公将过河,前队适[1]渡,超[2]等奄至,公犹坐胡床[3]不起。张郃[4]等见事急,共引[5]公入船。河水急,比渡,流四五里,超等骑追射之,矢下如雨。诸将见军败,不知公所在,皆惶惧,至见,乃悲喜,或流涕。公大笑曰:"今日几为小贼所困乎!"

【注释】

① 适:正好,恰巧。

② 超:指马超,字孟起,汉末为偏将军,后为蜀汉五虎上将之一。

③ 胡床:一种可以折叠的轻便坐具,又叫交床。

④ 张郃(hé):曹魏的名将。

⑤ 引:牵,拉。

【译文】

吴无名氏《曹瞒传》记载:曹公将要渡过黄河,前头部队正在渡水,马超的兵马突然杀来,曹公坐在胡床上不起身,张郃等人眼见事态紧急,一同把曹公拉上船只。河水湍急,待到开渡,船只已飘流出四五里远,马超等骑马追来,立即追赶船只想射死曹操,箭如雨下。其他将领见军队打了败仗,又不知曹公现在何处,都惶恐不安,及至见到曹公,个个悲喜交集,有的还流下了眼泪。曹公反而大笑道:"今日几乎被马超这小子所困!"

【引述】

《三国志·魏书一·武帝纪》:“超等屯潼关,公敕诸将:‘关西兵精悍,坚壁勿与战。’……公自潼关北渡,未济,超赴船急战。校尉丁斐因放牛马以饵贼,贼乱取牛马,公乃得渡。【注二】”这里说的是建安十六年的事。当时曹操领兵出河东,试图经过马超等凉州的领地去进攻汉中的张鲁,但马超、韩遂等都怀疑曹操是想攻打凉州,所以联合起来阻击,率兵十万屯于潼关,在此展开了一场鏖战。就正史和裴注想谈三点。第一,战斗尚未打响,曹操便警告诸将“关西兵精悍,坚壁勿与战”。说明马超的部队果真勇猛,连曹操也欲避其锋芒。在丁斐用放出牛马作诱饵、马超的兵卒乱抢牛马,他们才得以渡河,就说明了这点。第二,马超已杀来了,曹操却还坐在胡床上不起身。这不是曹操心血来潮的耍赖,也不是故意在将卒面前装好汉。《许褚传》载:“太祖将北渡,临济河,先渡兵,独与褚及虎士百余人留南岸断后。”原来他是让兵卒先过河,他与许褚等人是断后的,实属可嘉。第三,在《三国演义》第五十八回“曹阿瞒割须弃袍”里,还写了一段曹操与马超的交手战:马超大骂“操贼,欺君罔上,罪不容诛!”说罢,挺枪直杀过来,曹操背后于禁出来,两马交战,斗得八九合,于禁败走,张郃出迎,战二十合亦败走,李通出迎,数合中,一枪刺李通于马下。超把枪望后一招,西凉兵冲杀过来,操兵大败。操在乱军中,只听得西凉军大叫“穿红袍的是曹操!”操就马上急脱下红袍。又听得大叫“长髯者是曹操!”操惊慌,掣所佩刀断其髯。军中有人将曹操割髯之事告知马超,超遂令人叫拿“短髯者是曹操!”操闻知,即扯旗角包颈而逃。曹操正走之间,背后一骑赶来,回头视之,正是马超,操大惊,左右将校见超赶来,各自逃命只撇下曹操。超厉声大叫曰:“曹操休走!”操惊得马鞭坠地。看看赶上,马超从后使枪搠来,操绕树而走,超一枪搠在树上——急拔下来时，操已走远。这便是后来诸葛亮所说的曹操“几乎死于潼关也”。毛宗岗对此评曰:“绕树之枪,渡河之箭,操之不死,间不容发。……而使之心寒胆落,魄散魂飞,则谓马超已诛曹操可也。”

[二]起沙筑垒

【注文】

《曹瞒传》曰:时公军每渡渭,辄为超骑[①]所冲突,营不得立,地又多沙,不可筑垒[②]。娄子伯说[③]公曰:“今天寒,可起沙为城,以水灌之,可一夜而成。”公从之,乃多作缣囊[④]以运水,夜渡兵作城,比[⑤]明,城立,由是公军尽得渡渭。

【注释】

① 超骑(旧读 jì):马超的骑兵。

② 垒:军营的墙壁或阵地上的防御工事。

③ 娄子伯说(shuì):娄子伯,隐居终南山,道号“梦梅居士”。说:用话劝说别人,使听从自己的意见。

④ 缣(jiān)囊:用细绢制成的袋子。缣是一种质地细薄的丝织品。

⑤ 比:及,等到。

【译文】

《曹瞒传》记载:曹操的军队每当渡河,总是被马超的骑兵冲散。营寨也无法建立,因为当地沙多土少,所以无法筑建营垒。娄子伯劝曹操道:“如今天寒地冻,可以利用沙土筑建冰垒,用水浇灌,大约一夜便可建成。”曹操听从他的建议,缝了许多细绢袋子装水,乘夜让士卒出动,一面运水,一面浇灌高垒的沙土,比及天明,营垒建成,于是军队得以渡过渭河。

【引述】

《三国志·魏书一·武帝纪》载：曹公"潜以舟载兵入渭，为浮桥，夜，分兵结营于渭南。……九月，进军渡渭。【注三】"曹操躲过马超的耳目，乘夜用水浇沙成垒，马超一见大惊。曹操得意地说道："你不是欺负我建不起营垒吗？老天爷让我一夜间建成了。"说明曹操能虚心采纳他人的建议，利用天时、地利、人和，设法扭转战局。

[三]离间计

【注文】

《魏书》曰：公后日复与遂等会语①，诸将曰："公与虏②交语，不宜轻脱③，可为木行马④以为防遏。"公然之。贼将见公，悉于马上拜，秦、胡观者，前后重沓⑤，公笑谓贼曰："汝欲观曹公耶？亦犹人也，非有四目两口，但多智耳！"胡前后大观。又列铁骑⑥五千为十重陈⑦，精光耀日，贼益震惧。

【注释】

①"公后日"句："公"指曹操，"遂"指韩遂，"会语"指会面交谈。

②虏："虏"和后文的"贼"都是曹操对马超方面的蔑称。

③轻脱：轻佻，不严肃。

④木行马：指用草木做成马的样子，为军中防御工具。上置一横木，下置三足或四足，高三尺，长六尺，放置营阵外，起阻挡敌骑的作用。

⑤ 重沓：重叠。

⑥ 铁骑(jì)：披挂铁甲的战马。

⑦ 陈：同“阵”。

【译文】

王沈《魏书》记载：曹公后日又将与韩遂等会面交谈，诸将领道：“曹公再与贼人交谈时，不要太随便，可以制作木行马置于阵前以作防御。”曹公认为说得很对，于是对方要见曹公，全都要在马背上行拜谒礼。马超军中的秦人和胡人想要一观曹操的尊容，前拥后挤地争看，曹操笑着对他们道：“你们想看曹公是啥模样吗？他也是人，并非长有四只眼两个嘴巴，只是智谋多多罢了。”胡人便前前后后看了个够。曹操又把五千匹战马披挂上铁甲，排成十重阵以造声势，铁甲映日，光彩夺目，对方将卒看后甚是震惊。

【引述】

《三国志·魏书一·武帝纪》载：“公用贾诩计，伪许之。韩遂请与公相见，公与遂父同岁孝廉，又与遂同时侪辈，于是交马语移时，不及军事，但说京都旧故，拊手欢笑。既罢，超等问遂：‘公何言？’遂曰：‘无所言也。’超等疑之。【注四】他日，公又与遂书，多所点窜，如遂改定者，超等愈疑遂。”志书上这段话的大意是说：曹操采用贾诩的离间计，假意答应了对方。在与对方韩遂于阵前相见时，因曹操与韩遂之父同年举孝廉，他与韩遂又是同辈，故而两人见面之后马靠着马交谈了很长时间，操有意不谈军事，只谈过去的旧事，谈到高兴时还拍手大笑。过后，马超等人问韩遂：‘曹公都说了些什么？’韩遂道：‘也没有说什么。’于是马超等对韩遂起了疑心。一日，曹操又给韩遂送去一封信，信上有多处涂改，而且做成是韩遂涂改的模样。送信时，还故意让马超得知。马超一看书信,凡紧要处皆有涂改,怀疑是韩遂怕他知晓什么内情有意做了手脚,可韩遂说:‘原书如此,不知何故。’马超对韩遂更加怀疑了。曹操使用了离间计,挑拨对方将帅之间相互猜疑,又使用心理战术,排列出五千铁甲战骑,精光耀日,起到心理震慑的作用。待到时机成熟,曹操便与马超约定日期会战,操先用轻骑挑逗对方,打了很长时间,及至对方懈怠了,这才派出精锐勇猛的骑兵夹攻,马超大败,和韩遂逃回凉州。曹操大获全胜,平定了关中地区。

马超与曹操的潼关之战,开始是马超占据优势,曹操深知凉州军厉害,告诫诸将不得擅自交战。据《山阳公载记》云,马超得知曹军西渡渭河时便对韩遂道:“我们可以在渭河北岸据守,不到二十天,河东粮尽,曹军便会自行撤退。”曹操后来闻知此言颇有感慨地道:“马超小儿不死,我怕死无葬身之地矣。”可见马超的厉害。他一开始就追杀曹操,使之弃袍割须,狼狈逃窜,几乎丢了性命。然而曹操连用了几个招数,就扭转了战局,从而大败马超。向人们展示了战争中勇猛和计谋这两个决定因素的相互演变和转换,前期,马超的勇猛使人热血沸腾;后期,曹操的运智又让人钦佩不已。历史的舞台,给予我们的是无穷的赞叹与感慨!

十九　献帝亦不知命在何时

【注文】

《曹瞒传》曰:公遣华歆勒兵入宫收后①,后闭户②匿壁中。歆坏户发壁,牵后出。帝时与御史大夫郗虑③坐,后被发徒跣④过,执帝手曰:“不能复相活耶?”帝曰:“我亦不自知命在何时也。”帝谓虑曰:“郗公,天下宁有是[5]耶！”遂将后杀之，完[6]及宗室死者数百人。

【注释】

①“公遣”句：华歆：曾任豫章太守、御史大夫。收：拘捕。后：指汉献帝的伏皇后。

② 户：单扇门，亦泛指门户。

③ 郗虑：时为御史大夫，后文的“郗公”亦指他。史载有“公使御史大夫郗虑持节策诏”之语，说明他是受曹操派遣而来宫中的。

④ 被（pī）发徒跣：披着头发赤着脚。被即“披”。

⑤ 宁有是耶：岂能有这样的事情吗！宁：岂，难道。是：指示代词，这个，这样。

⑥ 完：指伏皇后之父伏完，曾任屯骑校尉。

【译文】

吴无名氏撰《曹瞒传》记载：曹操派遣华歆带兵进宫收捕伏皇后，皇后关闭门户藏在寝宫的墙壁内。华歆命士卒捣毁门户打开墙壁，他亲自拉出皇后。汉献帝当时与御史大夫郗虑坐在外殿，皇后披头散发、赤着双脚从他们面前经过，伏皇后拉住皇上的手道：“不能救我活下来吗？”献帝道：“我也不知我的命在何时呢。”皇上对郗虑道：“郗公啊，天下岂能有这种事情吗！”他们于是将伏皇后杀了，伏后之父伏完及伏后宗室一族被杀的有数百人。

【引述】

《三国志·魏书一·武帝纪》：“汉皇后伏氏坐昔与父故屯骑校尉完书，云帝以董承被诛怨恨公，辞甚丑恶，发闻，后废黜死，兄弟皆伏法。【注一】”这几句话大意是说：汉献帝的伏皇后因过去给曾任屯骑校尉的父亲伏完写信，说献帝因董承被杀而怨恨曹公，话说得很难听。此信被曹操发现,伏后因此被废并被处死,她的兄弟们也都被处死。这里需要把这件事情的背景简要交待一下。《后汉书·卷九》载:“曹操自为司空,行车骑将军事,百官总己以听。”他挟天子以令诸侯,权势倾主,献帝也想除掉他。建安五年(200 年),车骑将军董承、偏将军王服、越骑校尉种辑受密诏即衣带诏除灭曹操,此事被泄,曹操杀掉董承等人,并夷灭三族。董承之女董贵人是献帝的嫔妃,曹操杀董承时还要杀董贵人,献帝以贵人有身孕,几次请求赦免或等生下孩子再处死,结果都没能保住董贵人的性命。这件事让伏皇后很恐惧,便给她父亲写信想让其父从中密谋之,其父不敢有所举动,于建安十四年(209 年)去世,十九年(214 年)伏后当年之信泄露,曹操便逼皇上废黜伏后,接着杀了伏后及其两位皇子,其兄弟宗族二百余人亦皆伏诛。裴松之在此处的注文主要记叙收捕伏后的经过。可怜伏后母仪天下二十多年,一朝披发跣足被人牵出,求皇上救她一命,皇上竟说“我亦不自知命在何时”,让人不忍卒读。一朝天子,连自己的皇后和皇子都保护不了,实在可悲又可怜!从这件事足可看到曹操的凶狠和残暴!

随后曹操还宽慰献帝道:“陛下无忧,臣无异心,臣女已与陛下为贵人,大贤大孝,宜为正宫。”要把他的女儿扶正为皇后,献帝安敢不从?于建安二十年正月册立曹操之女为正宫皇后。

二十　举贤勿拘品行令

【注文】

《魏书》曰:秋八月[①],令曰:

“昔伊挚、傅说出于贱人[②]，管仲，桓公贼也[③]，皆用之以兴。萧何、曹参，县吏也[④]，韩信、陈平负污辱之名，有见笑之耻[⑤]，卒能成就王业，声著千载。吴起贪将[⑥]，杀妻自信，散金求官，母死不归，然在魏，秦人不敢东向，在楚则三晋不敢南谋。今天下得无[⑦]有至德之人放[⑧]在民间，及果勇[⑨]不顾，临敌力战；若文俗之吏，高才异质[⑩]，或堪为将守；负污辱之名，见笑之行，或不仁不孝而有治国用兵之术：其[⑪]各举所知，勿有所遗。”

【注释】

① 秋八月：指建安二十二年（217 年）的八月。建安二十一年曹操进爵为魏王。

② “昔伊挚”句：伊挚：即伊尹，商之贤相。初，耕于有莘氏之野，后助汤伐桀，灭夏，遂王（称王）天下。傅说：殷高宗之贤相。初，隐于傅岩，为胥靡版筑（为刑徒，在筑土墙），高宗梦见傅说，后得之，与语，果贤，举以为相，国大治。

③ “管仲”句：管仲名夷吾。曾射桓公中其带钩，而桓公不计前嫌，用他为相。于是桓公九合诸侯，一匡天下。贼：伤害。

④ “萧何”句：萧何：初为沛县吏掾，后跟随刘邦起兵。汉之典制律令多出其手，后为汉丞相。曹参：初为沛县狱掾。与萧何同佐高祖起兵，攻城略地，身被七十创，封为平阳侯。

⑤ “韩信”句：韩信：少贫，常钓于城下，就食于漂母，又曾受淮阴少年胯下之辱。后拜为大将，虏魏王，定赵、齐。陈平：好读书，先事项羽，后事刘邦。有谗其居家时曾盗其嫂。后与周勃合谋诛杀诸吕，刘氏汉室赖以得存。

⑥ 吴起贪将：吴起好用兵。齐人攻鲁，鲁欲用吴起，但吴起之妻为齐女，鲁疑之。吴起则杀妻以表明自己与齐无关，于是鲁国用他为将，从而大破齐国。在魏，魏文侯用他为将，击秦，拔五城；在楚，楚悼王用他为相，南平百越，北并陈燕。贪将：贪求将帅的权位。

⑦ 得无：犹岂不，能不，莫非。

⑧ 放：散失，散落。

⑨ 果勇：果断猛勇。

⑩ 异质：特殊的资质、禀赋，比喻才能出众的人。

⑪ 其：语气词，表示期望或命令。

【译文】

王沈《魏书》记载：建安二十二年秋八月，魏王曹操发布《举贤勿拘品行令》，令曰：

"昔日伊挚曾耕于有莘氏之野，傅说是服役筑墙的刑徒，二人皆系地位低下之人。管仲曾伤害过齐桓公，用箭射中他的衣带钩。但他们一经任用，都能使国家得以兴旺。萧何、曹参，都担任过县衙小吏，韩信有受胯下之辱的名声，陈平亦被人嘲笑有盗嫂的丑闻，但最终都能辅佐王侯成就帝业，名垂千载。吴起，贪求将帅的权位，杀妻以表白自己，散金而谋求官位，母亡却未奔丧，然而此人在魏国，秦人则不敢东向，在楚国，三晋则不敢南谋。如今天下难道不会有有德之人散失在民间？以及那些作战果敢勇猛、奋不顾身，临敌敢打善战的勇士；还有那些文职官员，才能出众，禀赋特殊的人士，或是具有可以担当将领才干的；或者名声有不好的，或者行为有被嘲笑的，或者有不仁不孝污点的，但却具有治国才能和用兵之术的人：期待诸君举荐如上人才，不要有所遗漏。"

【引述】

《三国志·魏书一·武帝纪》："夏四月，天子命王设天子旌旗，出入称警跸。五月，作泮宫。六月，以军师华歆为御史大夫。【注一】"这几句话大意是说：建安二十二年夏四月，汉献帝特许魏王曹操设天子旌旗,出入如皇帝一样实施警戒和清道。五月,建筑泮宫。六月,任军师华歆为御史大夫。裴注在此引注王沈的《魏书》引用了曹操的《召贤令》。

东汉时期选拔官吏,要求被选者要具有仁义孝悌等道德品质,还要有高贵的家世门第,曹操却不遵循这一套,而是强调“唯才是举”。三国是一个风云际会、人才辈出的时代,也是一个人才争夺的时代。三个国家都礼贤下士,设法广揽人才。曹操先后发布过三次召贤令。公元210年发布第一次,名为《求贤令》,214年发布第二次,名为《敕有司取士勿废偏短令》,217年发布第三次,名为《举贤勿拘品行令》。我们选的是第三次的,文中大胆地提出“负污辱之名,见笑之行,或不仁不孝”者,只要“有治国用兵之术”,他都招募。正因如此,所以在魏、蜀、吴三国中,就数曹魏集团荟集的人才雄厚。曹操思贤若渴,他爱才、惜才、广招人才,使一些有抱负的能人才俊看到一线出头的希望,也得到展现才能的机会。曹操也由于有这么多出类拔萃的谋士、战将的支撑,才得以更好地施展平生的抱负,最后走向人臣的巅峰。

二一　赡给灾民令

【注文】

《魏书》载王令曰:

“去冬天降疫疠①,民有凋伤②,军兴于外,垦田损少,吾甚忧之。其令吏民男女:女年七十已上无夫子③,若④年十二已下无父母兄弟,及目无所见,手不能作,足不能行,而无妻子父兄产业者,廪食⑤终身。幼者至十二止,贫穷不能自赡⑥者,随口给贷⑦。老耄⑧须待养者,年九十已上，复[⑨]不事，家一人。”

【注释】

①疫疠：瘟疫。

②凋伤：因疾病死亡。

③“女年”句：已上即“以上”，已通“以”。夫子：古代对男子的敬称，亦指丈夫。

④若：连词，相当于“或”。

⑤廪(lǐn)食：指公家供给口粮。

⑥赡(shàn)：赡养，供给生活所需。

⑦给贷：借给。

⑧老耄(mào)：年老，高龄。“八十曰耄”，一说“七十曰耄”。

⑨复：谓免除徭役或赋税。

【译文】

王沈《魏书》记载：建安二十三年(218年)夏四月，魏王曹操发布了《赡给灾民令》：“去年冬季天降瘟疫，百姓多有因病死亡者，朝廷又需要军人外出作战，故而垦荒种田的人有所减少，这是我最担忧的事。今命吏民男女百姓周知：凡女子年在七十以上家中无男丁的，或者年在十二以下而无父母和兄弟的，以及眼睛看不见的，双手不能劳作的，双足不能行走的，而又无妻子儿女和父兄产业的，公家皆供给他们终身的口粮。幼童未至十二岁，因贫穷无法养活自己的，公家可按人数供给他们粮食。七八十岁的老年人需他人赡养的亦然，年在九十以上的，每家可有一人免除一切赋税，不再服劳役。”

【引述】

《三国志·魏书一·武帝纪》载：“夏四月，代郡、上谷乌丸无臣氐等叛，遣鄢陵侯彰讨破之。【注一】”其大意是说：建安二十三年夏四月，代郡、上谷郡的乌丸首领反叛，魏王派鄢陵侯曹彰打败他们。裴松之在此注引了曹操颁发供给灾民粮食的《赡给灾民令》，又名《给贷令》。这个命令体现了曹操的“恤民”思想。建安九年在攻克邺城之后，他就颁布过“无出今年租赋”，建安末年遭遇灾荒，他又颁布了更加优惠的廪食政策，这都说明曹操生于乱世，奔波于战场，深知民生的艰苦，民力的难得，民心的难获，因而对百姓也即劳动力倍加关心和爱护，这是他实施经济改革的一个措施，甚得百姓欢迎，此举对政权的巩固也起着一定的推助作用。

二二　杨修与鸡肋

【注文】

《九州春秋》曰：时王欲还，出令曰“鸡肋”①，官属不知所谓。主簿杨修便自严装②，人惊问修：“何以知之？”修曰：“夫鸡肋，弃之如③可惜，食之无所得，以比汉中，知王欲还也。”

【注释】

① 鸡肋：鸡的肋骨。比喻无多大意味，但又不忍舍弃的事物。

② 严装：整理行装。

③ 如：连词，表转折关系，却。

【译文】

司马彪《九州春秋》记载：建安二十三年（218 年）三月，当时魏王曹操想从汉中撤军，当晚出示的口令是“鸡肋”，官员们不知其为何意。主簿杨修听后便独自整理行囊，人们惊问杨修：“从何得知主公要撤兵？”杨修道：“所谓鸡肋者，弃之却有点可惜，吃呢又没多少肉，正可比拟汉中这块地盘。今晚以此为口令，故知魏王将要班师了。”

【引述】

《三国志·魏书一·武帝纪》：“夏侯渊与刘备战于阳平，为备所杀。三月，王自长安出斜谷，军遮要以临汉中，遂至阳平。备因险拒守。【注一】”这几句话的大意是：魏王曹操派大将夏侯渊与刘备战于阳平，夏侯渊被刘备斩杀。三月，曹操自长安经斜谷出兵，军队扼守险要关卡逼近汉中，进而到达阳平。刘备凭藉险要地势拒守，曹军不得前进。裴松之在此的注文，是说主簿杨修从军中口令揣测曹操将要撤军以及被杀的经过。

裴注上只说“时王欲还”，没有说曹操究竟撤军了没有，倒是《三国志》上说操不久“引军还长安”，这说明杨修确实猜对了，他觉得曹公是用“鸡肋”比拟汉中这块地盘，认为不夺取有些可惜，但刘备据险固守，真要夺取确有一定的难度，还得旷日持久地苦战，有点不值，所以有“欲还”之意。这件事表明杨修果然机敏过人，但这位绝顶聪明之人却为他的恃才放旷付出了生命的代价。当曹操得知有军卒收拾行囊后，便以“惑乱军心”之名杀了杨修。前人有诗云：“身死因才误，非关欲退兵。”既然身死与猜出退兵无关，那么杀杨修的真正原因是什么呢？原因一，杨修能洞悉曹操的心思。曹操是不愿让人猜出他隐私的。书载，他怕被人暗害，曾分付左右：“吾梦中好杀人，凡吾睡着，尔等切勿近前。”一日昼寝，被子落地，一近侍给他盖被，他拔剑斩之，复上床去睡。半晌起床惊问：“何人杀吾近侍？”问得详情后极是悔恨，命厚葬之。人们都以为操果真是梦中杀人，可杨修叹道：“丞相非在梦中，君乃在梦中耳！"曹操闻知后，很是忌恨。原因二，杨修卷入争夺太子之位的漩涡。《三国志》载"（曹）植既以才见异，而丁仪、丁廙、杨修为之羽翼。太祖狐疑，几为太子者数矣。"他是曹植这一派的。而曹丕呢，"御之以术，矫情自饰，宫人左右，并为之说，故遂定为嗣。"曹丕立为太子后，曹操为保太子地位稳固，"以杨修颇有才策"，即因为杨修既有才具又有谋略，于是以罪诛修，以何罪？就以用鸡肋断言要退兵的所谓"惑乱军心"罪诛之。原因三，杨修是袁术的外甥。《后汉书·卷五四》载"且以袁术之甥，虑为后患，遂因事杀之"。虽然此时袁术已去世二十多年，但为防后患，"遂因事杀之"，因何事？因"惑乱军心"事杀之。由此可知"惑乱军心"只是一个借口而已。这件事写在《三国演义》第七十二回里，节选作中学九年级语文教材，题为"杨修之死"。京剧也有一出"曹操与杨修"，剧中突出曹操的矛盾心理，他既爱惜杨修的才华，也感到"鸡肋"一事不足构成死罪；但又忌恨他，不能容他。思前想后，最后还是把杨修杀了。

杨修，字德祖，故太尉杨彪之子。才思敏捷，机敏过人，曹操还说自己的才思不及杨修，死时才五十四岁。

二三　孙权上书称臣

【注文】

《魏略》曰：孙权上书[①]称臣，称说天命[②]。王以权书示外曰："是儿欲踞吾著炉火上邪！"侍中陈群、尚书桓阶奏曰："汉自安帝已来[③]，政去公室[④]，国统数绝，至于今者，唯有名号[⑤]，尺土一民，皆非汉有，期运[⑥]久已尽，历数久已终，非适[⑦]今日也。是以桓、灵之间，诸明图纬[⑧]

者，皆言‘汉行气尽，黄家当兴。’殿下应期[9]，十分天下而有其九，以服事[10]汉，群生注望，遐迩怨叹，是故孙权在远称臣，此天人之应[11]，异气[12]齐声。臣愚以为虞、夏不以谦辞[13]，殷、周不吝诛放[14]，畏天知命[15]，无所与让也。”

《魏氏春秋》曰：夏侯惇谓王曰：“天下咸知汉祚已尽，异代[16]方起。自古已来，能除民害为百姓所归者，即民主也。今殿下即戎三十余年，功德著于黎庶，为天下所依归，应天顺民，复何疑哉！”王曰：“‘施于有政，是亦为政[17]。’若天命在吾，吾为周文王[18]矣。”

【注释】

① 上书：向君主进呈书面意见。

② 天命：古以君权为神授，统治者自称受命于天，谓之天命，也即指上天的意旨。

③ 已来：以来。已通“以”。

④ 公室：指王室。

⑤ 名号：名称，称号。

⑥ 期运：犹机运。

⑦ 适：通“啻(chì)”，但，仅仅。

⑧ 纬：治理。《南史·文学传序》：“至于经礼乐而纬国家，通古今而述美恶，非斯则莫可也。”

⑨ 应期：顺应机运。

⑩ 服事：泛指尽臣道。

⑪ 天人之应：指天意与人事都相应。

⑫ 异气：多指非同胞兄弟姐妹或异姓之人。

⑬ 虞、夏不以谦辞：虞和夏指舜和禹。尧帝之子丹朱不肖，乃让位于舜；舜帝之子商均不肖，乃传位于禹。舜和禹都没有推辞。

⑭ 殷、周不吝诛放：殷指商朝，周指周朝。殷商时太甲即位，无道，贤相伊尹将其放逐于桐。待悔过后又迎之复位。周朝时成王即位，因年幼其叔周公摄政，周大治。

⑮ 畏天知命：谓知天命，识时务。

⑯ 异代：后代，不同世代。

⑰ 施于有政，是亦为政：《论语·为政》：或谓孔子曰："子奚不为政？"子曰："《书》云'孝乎惟孝，友于兄弟，施于有政'。是亦为政，奚其为为政？"曹操引用这两句话，意在表明他已参政了。

⑱ 吾为周文王矣：周文王姓姬名昌，殷商时为西伯侯。积善行仁，诸侯多归之。三分天下有其二，仍尊奉殷。曹操言此是表示他要像周文王一样尽臣道于汉。

【译文】

鱼豢《魏略》记载：孙权向魏王曹操上书称臣，说这种称谓是上天的意旨。曹操把孙权的书信向外公示道："孙权这小儿是想将我放置在炉火之上来烤啊！"侍中陈群、尚书桓阶齐奏道："汉朝从安帝以来，政权远离王室，国统几乎断绝，直到如今，只空有称号而已。国内的每尺土地，每个草民，皆非汉朝所有，国家的机运久已消失，帝位的承继难以为续，这种情况并非今日才如此。所以在桓、灵二帝时，那些公开图谋改朝换代的，就宣扬"汉朝气运已消失，黄天应当兴起"。殿下您顺应机运，天下十分已占据了其九，还尽臣道于汉，众人有所期望，远近有所叹息。孙权虽处偏远之地却亦称臣，表明天意和人事都已有所感应，异姓之人也发出同样的声音。臣等以为舜和禹都未推辞禅让的帝位，殷商的贤相可放逐已即位的太甲，周朝的周公能为国平叛止乱，这便是识时务、知天命，殿下没有什么可推辞的。"

孙盛《魏氏春秋》记载：夏侯谆对魏王曹操道："天下之人皆知汉朝的国运已到尽头，后起的朝代正在兴起。自古以来，能为民除害而百姓也愿归附的，就是人民的君主。如今殿下从事征伐三十余年，功德昭著于黎民，已成为天下百姓的归依，殿下应当上应天命，下顺民心，还有什么可疑虑的呢？”曹操道：“圣人有言‘把孝悌施之于政，就是从政了’。这样说来，我已从政。假若天命应在我身上，我愿做周文王那样的人。”

【引述】

《三国志·魏书一·武帝纪》：“孙权遣使上书，以讨关羽自效。王自洛阳南征羽，未至，晃攻羽，破之，羽走，仁围解。王军摩陂。【注二】”这几句话的大意是：孙权派使者送来书信，表示以讨伐关羽来报效魏王曹操。曹操自洛阳出发亦讨关羽，大军未到，徐晃先期击败关羽，羽败走，曹仁之围得以解除。曹操便驻军摩陂。裴松之在此的注文，是说孙权上书向曹操称臣，操将此书公之于众，众官员随即纷纷表态，请曹操代汉正位。

从上文可以看到，官员们在奏请时都引古据今，剖析形势，陈述民情，声称“尺土一民，皆非汉有”，“天下皆知汉祚已尽”，那么代之而起的则应是“十分天下而有其九”，“功德著于黎庶，为天下所依归”的魏王。最后魏王曹操道：“若天命在吾，吾为周文王矣。”他为什么愿做周文王呢？周文王在殷商时为西伯侯，积善行德，推行仁政，故诸侯多来归附，故而能三分天下有其二。曹操当时的处境和权势与当年的西伯侯颇相似，有一定的可比性，在他的《短歌行》里还用“周公吐哺，天下归心”来以周公自比，重要的是西伯侯是殷商的忠臣，曹操也标榜自己是汉之忠臣。但是商纣王无道，文王之子武王伐纣成功，建立了周朝，此事为世人所称道。那么，曹操有没有想过也由他的儿子曹丕取代汉王朝而建立新政权呢？（也许心里想过）他没有说过，我们也不能妄评，但事实是其子曹丕逼汉献帝禅让，从而取代了前朝的帝位，所以人们说“武王成功伐纣，曹丕成功篡汉”。

二四　曹操生平

【注文】

《魏书》曰：太祖自统御海内，芟夷[①]群丑，其行军用师[②]，大较依孙、吴之法[③]，而因事设奇，谲敌制胜，变化如神。自作兵书十余万言，诸将征伐，皆以新书从事[④]：临事又手为节度[⑤]，从令者克捷，违教者负败。与虏对陈[⑥]，意思[⑦]安闲，如不欲战，然及至决机[⑧]乘胜，气势盈溢，故每战必克，军无幸胜。知人[⑨]善察，难眩以伪[⑩]，拔于禁、乐进于行陈之间，取张辽、徐晃于亡虏之内，皆佐命立功，列为名将；其余拔出细微[⑪]，登为牧守者，不可胜数。是以剏造[⑫]大业，文武并施，御军三十余年，手不舍书，昼则讲武策，夜则思经传，登高必赋，及造新诗，被之管弦，皆成乐章。

才力绝人，手射飞鸟，躬禽猛兽，尝于南皮一日射雉获六十三头。及造作宫室，缮治器械，无不为之法则，皆尽其意。雅性[⑬]节俭，不好华丽，后宫衣不锦绣，侍御履不二采，帷帐屏风，坏则补纳，茵蓐取温，无有缘饰。攻城拔邑，得美丽之物，则悉以赐有功，勋劳宜赏，不吝千金，无功望施，分毫不与，四方献御[⑭]，与群下共之。

【注释】

① 芟夷（shān yí）：铲除，削平。

② 用师：使用军队作战。

③ “大较”句：大较指大体，大略。孙指孙武，吴指吴起，皆兵家。

④ 从事：行事，办事。

⑤ 节度：调度，指挥。

⑥ 陈：同“阵”，下同。

⑦ 意思：神情，情绪。

⑧ 决机：根据时机采取适应的决策。

⑨ 知人：谓能鉴察人的品行、才干。

⑩ 难眩以伪：谓人不能乱其明。眩：迷惑。

⑪ 拔出细微：提拔于下层。

⑫ 刱(chuàng)造：开创，建造。

⑬ 雅性：本性。

⑭ 献御：进献的食物。

【译文】

王沈《魏书》写道：太祖曹操自统率兵马以来，铲除了各地的豪强势力和军阀。其行军作战，大抵依据孙武和吴起的兵法，同时根据客观形势设置计谋，引诱敌人，出奇制胜，可谓变化如神。他自己还撰写过十几万字的兵书，诸将出兵征战时，都按照这部兵书行事。临战之前，他又手书机要给予具体指导，凡遵从其令的皆能获胜，违背的往往败北。当与敌手对阵时，观其神态安然闲适，像是不准备打仗似的，然而等决策一经决定采取行动时，便趁着胜利的势头精神饱满、气势充盈地投入战斗，因此每战必胜，不存侥幸取胜的心理。曹操又善于察鉴他人的品行与才干，别人很难通过弄虚作假来迷惑他。他从行伍中提拔了于禁和乐进，在降将中录用了张辽和徐晃，这些人都立过大功，都被列为名将。其次还有从出身低微的人群中举荐来的，担任了州牧或郡守的文官不计其数。因为要开创大事业，就必然需要各种文武人才。曹操带兵三十余年，从来手不释卷，白天谈论军事策略，夜晚研习经传典籍。登高必赋,创作新诗,配上管乐,便成为入乐能唱的乐章。

他才力超人,能手射飞禽,亲捉猛兽,曾在南皮一日之间射杀六十三只野鸡。还会制造宫室,修缮器械,无不遵循一定的法度和准则,必要使之尽如人意。他生性节俭,不喜奢华,后宫妻妾不穿锦绣之衣,侍童婢女不登多采之履。帷帐屏风破了,整治修补再用,坐垫、床褥以取暖为度,不加镶饰。攻城拔寨所获美丽物件,全赏赐给有功的人。建功者宜受赏,赏千金亦不吝惜,无功者企望得奖,分毫不给。四方进献的佳肴美食,都与部下共同享用。

【引述】

《三国志·魏书一·武帝纪》:"庚子,王崩于洛阳,年六十六。遗令曰:'天下尚未安定,未得遵古也。葬毕,皆除服。其将兵屯戍者,皆不得离屯部。有司各率乃职。敛以时服,无藏金玉珍宝。'【注二】"这几句话大意是:建安二十五年(220年)正月二十三日,魏王曹操在洛阳去世,终年六十六岁。他遗令道:"天下尚未安定,不得遵循古时的丧葬制度。葬毕,皆脱掉丧服。凡带兵戍守在外的,都不准离开驻地。官吏要各尽其职。装敛就用平时所穿,不得放置金玉珍宝等葬品。"裴松之在此的注文,对曹操的生平作了概括的记叙。

注文先概述曹操的武略。写他统御海内,削平群雄的战绩,如击败袁绍、袁术、刘表等威震一方的诸侯;写他用兵之术,能出奇制胜,能变化如神;写他撰写兵书,诸将征伐皆依此书行事。接着叙述曹操知人善任,不拘一格收揽人才,他不论出身,不计前嫌,唯才是举,故而曹营的力量雄厚,人才济济。再接着赞扬曹操的文才。说他"手不释卷",说他"登高必赋",他的诗作气魄雄伟,"慷慨悲凉",毛泽东也赞之为"大手笔"。最后写他雅性节俭,赏罚分明,能与部下同甘共苦。

由此观之，曹操可谓“治世之能臣”矣，无怪陈寿在“评”中云：曹操最终能总揽朝政大权，完成大业，就是因为他的见解谋略是极优秀的。他可以说得上是“非常之人，超世之杰”了。

二五　爱好奇特的曹瞒

【注文】

张华《博物志》曰：汉世，安平崔瑗、瑗子寔、弘农张芝、芝弟昶并善草书，而太祖亚之。桓谭、蔡邕善音乐。冯翊山子道、王九真、郭凯等善围棋，太祖皆与埒能①。又好养性法②，亦解方药③，招引方术④之士，庐江左慈、谯郡华佗、甘陵甘始、阳城郄俭无不备至，又习啖野葛⑤至一尺，亦得少多饮鸩酒⑥。

【注释】

① 埒(liè)能：犹相等。

② 养性法：修身养心之法，也即养生之道。

③ 方药：医方和药物，借指医术，医道。

④ 方术：指道家采药、炼丹及养生之术。

⑤ 啖(dán)野葛：啖即吃。野葛是常绿灌木，根、茎、叶皆有剧毒。也叫胡蔓藤、断肠草。李时珍《本草纲目》云此草“入人畜腹内皆沾肠上，半日即黑烂”。

⑥ 鸩(zhèn)酒：毒酒。用鸩鸟有毒的羽毛浸制的酒，饮之立死。

【译文】

张华《博物志》载：汉朝时期，安平人崔瑗、瑗之子崔寔、弘农人张芝、芝之弟张昶皆擅长草书，太祖曹操草书的造诣仅次于他们。桓谭、蔡邕皆擅长音乐(曹操也喜欢音乐)。冯翊人山子道、王九真、郭凯等擅长围棋，曹操能与他们下个棋逢对手。曹操又喜好养生之道，也了解一些医药医术，还招引各地的方术之士，如庐江人左慈，谯郡人华佗、甘陵人甘始、阳城人郄俭无不备至。曹操还竟然喜欢咀嚼毒草野葛，能吃掉一尺来长。还经常饮少量的用鸩羽浸制的毒酒。

【引述】

从《博物志》的记载看，曹操是一个爱好广泛、多才多艺的人。另外，他又吃毒草，又喝毒酒，说明他还是一个怪人。其草书可与当时的草圣相比，围棋敢与当时的名流对弈。他既懂音乐又解方药，还把一些特殊人才招致到自己身边，如懂补导之术的左慈、名闻华夏的神医华佗、善行导引术的甘始、能辟谷的郄俭，与他们探讨切磋养生之道。人们还把他们之间的交往编辑成故事搬上舞台。如 20 世纪 30 年代香港电影公司就拍摄过《左慈戏曹操》，事据葛洪《抱朴子·金丹篇》所记，说操欲得松江之鲈鱼，左慈用铜盘贮水便给他钓上来一条。后来曹操想杀他，他逃入墙壁间没抓住，后复见于阳城，抓他时他又隐入羊群中，吏卒也辨不清哪一只羊是左慈变的，“卒不可得”的趣事。1984 年前后，上海电影制片厂还拍过一部《华佗与曹操》的影片。事据《后汉书·卷八二》，说华佗为操医头风病，后华佗思归回家，托妻有病，过期不返，曹操大怒，收捕入狱。众人为之求情，操不听，杀之。佗临死，拿出一卷医书要给狱吏，说此书可救人，狱吏畏法不敢收，华佗便索火烧掉了毕生的医案。华佗之死，让世人痛惜。建安十三年，曹操的爱子曹冲病死，年仅十三岁。曹操当时叹息道：“吾悔杀华佗，令此儿强死也。”一代神医，死于曹操之手，连医案都未留下，此乃曹瞒之大罪过。

二六　酷虐变诈的曹瞒

【注文】

《曹瞒传》曰：太祖为人佻易无威重[①]，好音乐，倡优[②]在侧，常以日达夕。被服轻绡，身自佩小鞶囊[③]，以盛手巾细物，时或冠帢帽[④]以见宾客。每与人谈论，戏弄言诵，尽无所隐，及欢悦大笑，至以头没杯案中，肴膳皆沾污巾帻，其轻易[⑤]如此。然持法峻刻，诸将有计画[⑥]胜出己者，随以法诛之，及故人旧怨，亦皆无余。其所刑杀，辄对之垂涕嗟痛[⑦]之，终无所活。初，袁忠为沛相，尝欲以法治太祖，沛国桓邵亦轻之，及在兖州，陈留边让言议颇侵太祖，太祖杀让，族[⑧]其家，忠、邵俱避难交州，太祖遣使就太守士燮尽族之。桓邵得出首[⑨]，拜谢于庭中，太祖谓曰："跪可解[⑩]死邪？"遂杀之。

常[⑪]出军，行经麦中，令"士卒无败麦[⑫]，犯者死"。骑士皆下马，付麦以相持，于是[⑬]太祖马腾入麦中，敕主簿议罪；主簿对以《春秋》之义，罚不加于尊。太祖曰："制法而自犯之，何以帅下？然孤为军帅，不可自杀，请自刑[⑭]。"因援剑割发以置地。又有幸姬常从昼寝，枕之卧，告之曰："须臾觉我[⑮]。"姬见太祖卧安，未即寤，及自觉，棒杀之。常讨贼，廪谷[⑯]不足，私谓主者曰："如何?"主者曰："可以小斛[⑰]以足之。"太祖曰："善。"后军中言太祖欺众，太祖谓主者曰："特当借君死以压众，不然事不解。"乃斩之，取首题徇[⑱]曰："行小斛，盗官谷，斩之军门。"其酷虐[⑲]变诈，皆此类也。

【注释】

①为人：指做人处世接物，也指人在形貌或品性方面所表现的特征。

②倡优：古代谓歌舞艺人。

③小鞶(bán)囊：用皮革制成的小囊袋。

④帢(qià)帽：一种便帽，相传为曹操创制。

⑤轻易：轻率，随便。

⑥计画：即计策，谋略。

⑦嗟痛：嗟叹痛惜。

⑧族：灭族。古代一人犯罪，刑及亲族的刑罚。

⑨出首：自首。

⑩解：免除，解除。

⑪常：通“尝”，曾经。

⑫败麦：踏坏麦子。

⑬于是：当此时。

⑭自刑：自残肢体。

⑮觉我：叫醒我。觉：指睡醒。

⑯廪(lǐn)谷：库储之粮。

⑰斛(hú)：古量器名，也是容量单位，十斗为一斛。

⑱徇(xùn)：示众。

⑲酷虐：残酷暴虐。

【译文】

吴无名氏撰《曹瞒传》记载：太祖曹操做人不够沉稳，缺乏威仪。他喜欢音乐，经常将歌舞艺人留在身边，从早到晚乐声不绝。他穿轻纱缝制的衣服，身上佩带着革制的小皮袋，用来装手巾等细小物件。他有时戴着便帽就去会客。每与宾客谈论，出语戏谑，毫不隐晦内心的情感，及至说到开怀时哈哈大笑，一头扎在几案上，以致菜肴的油渍都沾污了头巾，他就是这般地轻慢和随性。

曹操执法却十分严苛，诸将之中有谁的谋略超过自己，便假借法律诛杀其人，即使是老相识，也在劫难逃。面对诛杀之人，他往往痛苦流涕惋惜不已，但最终无人能活下来。当初，袁忠任沛县辅相时，曾想依法整治曹操，沛县的桓邵也轻视过他，及至曹操到了兖州，陈留人边让在言语上对他也有过冒犯。于是曹操杀掉边让，还族灭了边让全家。袁忠、桓邵闻知，一同逃往交州避难，曹操则派人让当地的太守士燮族灭了袁忠全家。桓邵赶来自首，跪在庭院谢罪，曹操对他说“跪下道歉就能免死吗！”最后还是杀了桓邵。

曹操有次出兵，军队经过一片麦田，他下令：“士卒不得践踏麦田，违者斩。”于是骑马者都下马，用手扶着麦杆从田埂上行走。就在此时曹操的马突然受惊窜入麦田踏坏大片庄稼，曹操命主簿按事定罪，主簿便按《春秋》一书所言，说刑罚不加于最高统率，曹操道：“自己制定法律自己却冒犯，如何统率部下？然而我是全军的统帅，不可自杀，请允许我自刑。”于是抽出佩剑割下一绺头发“以发代首”丢之地下。他有一个宠姬，曾伴他昼寝，他枕着宠姬就寝，告诉道：“不一会就叫醒我。”宠姬见他睡得正好，就没叫他，等他自然睡醒后，就因没按时叫他，竟将宠姬乱棍打死。还有一次在征战中，粮食供应不足，他私下问主管官员道：“该如何办呢？”主管道：“可以改用小斛来量粮。”曹操道：“好。”后来军中传言太祖欺骗众人，操便对主管道：“我特借你的首级来堵众人之口，不然事情不好解决。”于是斩了主管，取下首级示众，告示上写道：“使用小斛，盗窃官粮，斩首军门。”曹操的残酷暴虐和权变诡诈，都像上面说的那样。

【引述】

《曹瞒传》的这部分,是写曹操的为人处世。观其内容,我们好似迈过门坎步入曹宅大院,近距离地窥视主人的言行举止、音容笑貌,颇有一种亲近感。我们首先看到的是外貌,操"佻易无威重",就是不沉稳,缺少威仪。《世说新语·容止》说他有次会见匈奴使臣,自知本人形象不佳,怕不能威慑边远小国,便让仪表堂堂的崔季珪顶替自己,他冒充护卫拿着刀站在坐榻旁。会见毕,令细作问"魏王如何?"使臣答:"魏王气度高雅非凡,然而在榻旁拿刀之人,才是英雄呢。"可见曹操虽然其貌不扬,却具有一股英雄气概。接着写他的衣着。他佩带小革囊,身穿轻绡衣,头戴小帢帽,极是随性。会见宾客时不苟礼节,随意调侃,喜笑颜开,宴席上也轻佻任性,传杯递盏,满桌狼藉,这代表了他性格洒脱的一面。

下面写的则是他性格的另一面。他嫉贤妒能,睚眦必报,而且十分残酷。像前文所叙,谁的谋略比他高明,他便设法杀掉谁。谁轻慢过他,他就灭其全家。除此,他还杀过人们尊崇的孔子二十世孙孔融,杀过帮他打赢官渡之战的许攸,杀过"朝士瞻望"、他本人也"敬惮"的崔琰,在征战中他还屠过城。在《世说新语·假谲》中也有类似的记载,说曹操常对人说,"假若有人谋害我,我立刻会心动",接着他告诉一个很亲近的侍卫:"你暗藏匕首悄悄走近我,我必说'心动了',逮你去行刑,你只不要说出是谁支使的,准没事,我一定厚礼相报。"这个侍卫相信了,并不认为暗藏匕首靠近曹操是件可怕的事,结果被斩了,这个侍卫至死也不知因何而死。但他人却对此信以为真,而那些图谋反叛之人果然气馁了,他也果然收到了预期的效果。是的,他残酷暴虐,他权变诡诈,他是一个具有多重性格的人。

二七　曹丕《告群寮令》

【注文】

《献帝传》载禅代众事曰：癸丑，宣告群寮。令曰：

“世之所不足者道义①也，所有余者苟妄②也，常人之性，贱所不足，贵所有余，故曰：‘不患无位，患所以立。’③孤虽寡德④，庶⑤自免于常人之贵。夫‘石可破而不可夺坚，丹可磨而不可夺赤’。丹石微物，尚保斯质，况吾托士人⑥之末列，曾受教于君子哉？且於陵仲子⑦以仁为富，柏成子高⑧以义为贵，鲍焦感子贡之言，弃其蔬而槁死⑨，薪者讥季札失辞，皆委重而弗视⑩。吾独何人？昔周武，大圣也，使叔旦盟胶鬲于四内，使召公约微子于共头⑪，故伯夷、叔齐⑫相与笑之曰：‘昔神农氏之有天下，不以人之坏自成，不以人之卑自高。’以为周之伐殷以暴也。

“吾德非周武而义惭夷、齐，庶欲远苟妄之失道，立丹石之不夺，迈於陵之所富，蹈柏成之所贵，执鲍焦之贞至，遵薪者之清节。故曰：‘三军可夺帅，匹夫不可夺志⑬。’吾之斯志，岂可夺哉？”

【注释】

①道义：道德和正义。

②苟妄：胡作非为。

③不患无位，患所以立：不发愁没有职位，只发愁没有自立的本领。语见《论语·里仁》。

④寡德：缺少德行或缺少德行的人。

⑤ 庶：差不多，幸而。

⑥ 士人：士大夫，儒生。

⑦ 於（wū）陵仲子：皇甫谧《高士传》载，陈仲子，齐人，其兄为国相，食禄万锺，他认为这是不义，便离开齐国到楚国居于於陵，故称於陵仲子。

⑧ 伯成子高：《庄子·天地篇》载，尧治天下，伯成子高立为诸侯。尧授舜，舜授禹，他认为禹制定了赏罚，是扰乱了民心，便辞去诸侯耕于野。

⑨ "鲍焦感子贡"两句：鲍焦是周朝隐士，廉洁自守，不作天子之臣。《新序》载，鲍焦衣弊肤见，挈畚将蔬，遇子贡于道，子贡说他"污其君而履其土，非其世而将其蔬"，他便抛掉菜蔬而槁死于洛水之上。

⑩ "薪者讥季札"两句：《韩诗外传》载，季子游于齐，见路上有丢落的金子，便呼牧者去取，牧者道："君疑我为取金者乎？"季子请问其姓名，牧者不屑于告他。

⑪ "使叔旦盟"两句：周武王让叔旦与殷之使臣膠鬲定盟于四内，又让召公与殷之卿士微子订盟于共头。四内、共头皆地名。事见《吕氏春秋》。

⑫ 伯夷、叔齐：商末孤竹君之二子。相传其父遗命立次子叔齐为继承人，叔齐让位给伯夷，伯夷不受，他二人先后逃至周，武王伐纣，他们叩马谏劝。武王灭纣，二人耻食周粟，采薇而食，饿死于首阳山。封建社会把他们当作抱节守志的典范。

⑬ "三军可夺帅"两句：一国的军队，可以使它丧失主帅，一个普通百姓，却不可逼他放弃主张。语见《论语·子罕》。

【译文】

刘芳（一作刘艾）的《献帝传》载有魏王曹丕答司马懿等大臣劝其受禅的令文，令文如下：

"世上所缺乏的是道德和正义，所多余的是胡作妄为，按常人的习性，是不重道德和正义，而崇尚胡作妄为。所以孔子云：'不愁没有职位，只愁没有担当那种职务的本领。'我虽然缺乏德行，但幸而未沾染常人崇尚的胡作妄为。常言道:‘石头可被砸碎,但却不能夺走它坚实的本性,丹砂可被磨损,但不能消除它赤红的本色。’丹砂和石头皆为微小之物,尚能保持其本质,何况我已排列于儒生之末列,又接受过君子的教诲呢?於陵仲子认为施仁就是富有,柏成子高认为守义就是高贵,鲍焦有感于子贡所说的‘污其君而履其土,非其世而将其蔬’的话,便不‘将其蔬’而扔掉采摘的菜蔬、也不‘履其土’而槁死在洛水之上。牧者讥笑季札让他拾取地上的遗金,还不屑一顾地反问‘你以为我是拾取金子的人吗?’我算什么人?昔日的周武王,可谓大圣人,他让叔旦在四内城内与殷纣的使臣膠鬲订立盟约,又让召公在共头山下和殷纣的卿士微子也订了盟约,因而伯夷和叔齐相对笑道:‘过去神农氏拥有天下,不以他人的不肖来成全自己,也不以他人卑贱便自认为高人一等。’他们认为周朝替代殷商是使用了征伐这一暴力。

“我的德行远比不上周武王,仁义也有惭于伯夷和叔齐,我愿远离违背道义的苟妄,坚定丹不可夺赤、石不可夺坚的信念,履行於陵仲子的以仁为富、重蹈柏成子高以义为贵的信条,坚持鲍焦不污其节的操守,遵从牧者不屑遗金的高洁。孔子云:‘三军可丧其主帅,普通男子却不可丧失他的志向。’我的这一志向,岂是可以放弃的吗!”

【引述】

《三国志·魏书二·文帝纪》:“汉帝以众望在魏,乃召群公卿士,告祠高庙。使兼御史大夫张音持节奉玺绶禅位,册曰……【注二】”大意是说:在建安二十五年(200年),汉献帝看到人心归附曹魏,便召集朝廷公卿百官,到高祖庙祭祀,禀告自己禅让帝位的决定。裴松之在此注引《献帝传》,引用了大量史料,记载了禅代之事。这边禅让之音刚落,那边走马灯似地一拨一拨地向时为魏王的曹丕上表劝进,无非是说“汉室衰微”，“此乃天命去就”，“天时已至而犹谦让者，舜、禹所不为也”等等，连篇累牍，注文竟达一万多字。之后，又有曹丕的各种回复，这里选取“答司马懿等众寮令”一例，以观全貌。曹丕的令文写得十分谦恭，在表白要效法古圣贤、遵崇仁义道德的同时，也流露出一些谦让的意思。

真正的三国历史，是从曹丕代汉献帝而为魏文帝开始的，这以后，才有刘备和孙权的称帝，才正式称之谓“三国”。自古以来，改朝换代，有禅让，有征伐，还有篡位。禅让就是帝王把帝位让给他人，征伐就是通过征战夺取皇位，篡位就是臣子用不正当的手段夺取君主的地位。曹丕既想夺取汉家天下，又不想承担“篡位”的名声，因此大造舆论，逼献帝让位，从而托禅让之名，行攘夺之实，史上质疑曹魏政权合法性的人很多。《三国演义》第八十回的标题就明白地写着“曹丕废帝篡炎刘”，其中写道：汉献帝觑百官哭曰：“朕想高祖提三尺剑，斩蛇起义，平秦灭楚，创造基业，世统相传，四百年矣。朕虽不才，初无过恶，安忍将祖宗大业，等闲弃了？”后来在威逼之下，“帝颤栗不已，只见阶下披甲持戈数百余人，皆是魏兵。帝泣谓群臣曰：‘朕愿将天下禅于魏王。’”文章还写到在曹丕于受禅台上接受群臣三呼万岁、并在曹丕拜谢天地之时，坛前忽然卷起一阵恶风，飞沙走石，坛上火烛尽皆吹灭，丕惊倒于坛上，百官急救，半晌方醒。毛宗岗在此评曰“此亦是祥瑞耶？”为了“绝天下之谤”，此事还被进一步美化，先是群臣劝进，曹丕上表辞让，群臣又劝进，曹丕又再辞让，固让而后筑“受禅坛”，曹丕登坛受禅，献帝亲奉玉玺给曹丕。梁启超在《戊戌政变记》中谈到此事时说“献帝屡禅，曹丕屡让，若有大不得已者。然则可谓曹丕之践祚，实由汉献之恳请乎？”这话说得何等透明痛彻，嘲讽得入木三分！是的，实为篡位，却做足了禅让的工夫，明眼人一眼便看清了个中的套路，人心难欺，曹丕应愧“禅让”二字！

二八　杨彪耻为魏臣

【注文】

《魏书》曰：乙亥，公卿朝朔旦①，并引故汉太尉杨彪②，待以客礼，诏曰："夫先王制几杖之赐，所以宾礼黄耇③褒崇元老也。昔孔光、卓茂皆以淑德高年，受兹嘉锡④。公故汉宰臣，乃祖已来，世著名节⑤，年过七十，行不逾距⑥，可谓老成人矣，所宜宠异以章⑦旧德。其赐公延年杖及冯几⑧；谒请之日，便使杖入，又可使著鹿皮冠。"彪辞让不听，竟著布单衣、皮弁⑨以见。

《续汉书》曰：彪见汉祚将终，自以累世⑩为三公，耻为魏臣，遂称足挛，不复行。积十余年，帝即王位，欲以为太尉，令近臣宣旨。彪辞曰："尝以汉朝为三公，值世衰乱，不能立尺寸之益，若复为魏臣，于国之选，亦不为荣也。"帝不夺其意。黄初四年，诏拜光禄大夫，秩中二千石，朝见位次三公，如孔光故事⑪。彪上章固让，帝不听，又为门施行马⑫，致吏卒，以优崇之。年八十四，以六年薨⑬。子修，事见《陈思王传》。

【注释】

① 朝朔旦：朝，指臣下朝见君主。朔旦，指阴历每月初一，也专指正月初一。

② 杨彪：字文先，弘农华阴（今陕西华阴县东）人。东汉末年名臣。

③ 黄耇（gǒu）：元老或年老之人。

④ 嘉锡：美好的赏赐。锡，一作"赐"。

⑤ 名节：名誉和节操。

⑥ 逾矩：超越法度。

⑦ 章:表彰,显扬。

⑧ 冯(pīng)几:用来凭靠的几案。冯,又同"凭"。

⑨ 皮弁(biàn):用皮革做成的一种帽子。

⑩ 累世:接连几代。杨彪与其父、祖皆曾官至太尉。

⑪ 故事:旧事,先例。

⑫ 行马:拦阻人马通行的木架子,以为路障。

⑬ 薨(hōng):古代诸侯王死叫薨。杨彪袭父爵为晋阳侯,故可用"薨"。

【译文】

王沈《魏书》记载:乙亥日,满朝公卿大臣在初一这天朝会,并邀昔日汉朝的太尉杨彪来朝,待以宾客之礼。文帝曹丕下诏曰:"先王制定给予冯几和手杖的赏赐,是用来赞扬和推崇元老或年高之人的礼物。过去孔光、卓茂因既具美德且年事亦高,都受过这美好的奖赏。杨公是昔日汉朝重臣,自尔祖以来,皆具美好的声誉和节操。尔年过七十,行止从不超越法度,可谓年高有德之人,应受特殊的荣耀以表彰你的德高望重。兹赐予杨公延年杖及冯几。从拜谒之日起,便可持杖进宫,又可戴鹿皮冠。"杨彪辞让不听,穿着布单衣、戴着皮弁入见。

司马彪《续汉书》记载:杨彪见汉室国统将终,自感他家接连几代皆官居三公,耻作魏臣,于是声称有足挛,不再外出理事。这样度过十几年,及至曹丕称帝,想让杨彪任太尉,先令近臣去宣旨。杨彪辞谢道:"在下曾任汉朝三公,正值世道衰乱,未能给朝廷出过丝毫之力,若再作魏臣,就人选而言,并非荣耀之事。"曹丕便没有勉强他。黄初四年,诏授杨彪为光禄大夫,俸禄二千石,朝见时位列仅次三公,如同过去孔光的事例一样。杨彪上章坚决辞让,曹丕没有答应,还在他府门前安放行马路障,并置吏卒保护,给杨彪优厚的待遇来尊崇他。杨彪活了八十四岁,黄初六年去世。其子名修,事见《陈思王传》即曹植传。

【引述】

《三国志·魏书二·文帝纪》:“冬十月,授杨彪光禄大夫。【注一】”从裴松之在此的两段注文可以看出,曹丕虽已称帝,但毕竟不是光明正大的承袭,他知道自己难以摆脱“篡汉”的帽子,也知道自己资历浅薄,难使老臣们心悦诚服,所以对旧僚耆老格外关照,意在博得他们的好感和支持,于是又封官加爵,又赏赐几杖。对内如此,对外亦然,就在同年的八月,他派遣太常邢贞手持符节去任命孙权为大将军,并封为吴王,加以九锡(古代天子赐给诸侯、大臣的九种器物)的最高礼遇。

杨彪因家族中几代都任汉朝三公,耻作魏臣。曹丕想任他为太尉,被他辞掉了。后又授他光禄大夫,他虽坚决推辞但曹丕未予应允,就算是勉强接受了,还接受了赏赐的几杖和门前的行马。对杨彪的其人其事,人们有不同的看法,褒贬不一。有的(如袁宏)说他在董卓之乱时,能跟随皇上颠沛流离,经历了很多艰难困苦,并敢于斥责董卓,能够“以身卫主”,得到天下人的尊重。有的(如爱新觉罗·弘历)则说他口称耻为魏官,却接受了光禄大夫之职,接受了赏赐的几杖,接受了安放行马,真是“恬不知耻”。正是见仁见智,千秋功过任凭后人去评说吧。

二九　略论为君之道

【注文】

《魏书》曰:帝初在东宫,疫疠①大起,时人凋伤②,帝深感叹。与素所敬者大理王朗书曰："生有七尺之形，死唯一棺之土[3]，唯立德[4]扬名，可以不朽，其次莫如著篇籍。疫厉数起，士人凋落，余独何人，能全其寿？"故论撰所著《典论》、诗赋，盖百余篇，集诸儒于肃城门[5]内，讲论大义，侃侃无倦。常嘉汉文帝之为君，宽仁玄默[6]，务欲以德化民，有贤圣之风。时文学诸儒，或以为孝文虽贤，其于聪明，通达国体[7]，不如贾谊[8]。帝由是著《太宗论》[9]曰："昔有苗不宾，重华舞以干戚[10]，尉佗称帝，孝文抚以恩德[11]，吴王不朝，锡之几杖以抚其意[12]，而天下赖安，乃弘三章[13]之教，恺悌[14]之化，欲使曩时累息[15]之民，得阔步高谈[16]，无危惧之心。若贾谊之才敏，筹画国政，特贤臣之器，管、晏[17]之姿，岂若孝文大人之量哉[18]？"三年之中，以孙权不服，复颁《太宗论》于天下，明示不愿征伐也。他日又从容言曰："顾我亦有所不取于汉文帝者三：杀薄昭[19]；幸邓通[20]；慎夫人衣不曳地，集上书囊为帐帷[21]。以为汉文俭而无法，舅后之家，但当养育以恩而不当假借[22]以权，既触罪法，又不得不害矣。"其欲秉持中道[23]，以为帝王仪表[24]者如此。

【注释】

①疫疠：瘟疫。

②凋伤：凋丧，丧亡。与下文"凋落"义同。

③一棺之土：《御览》"棺"作"抔"。

④立德：树立德业。

⑤肃城门：《御览》"城"作"成"。后即以"肃成"作太子讲学处之称。

⑥宽仁玄默：宽厚仁慈、清静深沉。

⑦国体：指大臣辅助国君，犹如人之有股肱，故称之为国体。

⑧贾谊：班固在《汉书》中赞之曰：刘向称"贾谊言三代与秦治乱之意，其论甚美，通达国体，虽古之伊、管（伊尹、管仲）未能远过也。"

⑨《太宗论》：此处的太宗指汉文帝，因其庙号为太宗。亦称《汉文帝论》。

⑩“昔有苗”两句:《文献通考·封建考》载:有苗氏制五虐之刑,杀戮无数,舜摄政后把他们逐之边地,又命禹平定之。有苗,古国名。不宾,不归顺。重华,即舜,因舜眼睛系重瞳,故称。干戚,盾和斧,古兵器,故指动武。

⑪“尉佗称帝”两句:尉佗即赵佗,南越王。他僭号称帝,文帝未予征讨,而是加恩于他的兄弟,后尉佗归服称臣。

⑫“吴王不朝”两句:吴王刘濞,是汉文帝的族兄。因隙称病不朝,文帝赏赐延年杖和冯几表示安抚。

⑬三章:三条法律。汉高祖刘邦率兵入咸阳,与父老约法三章:杀人者死,伤人及盗抵罪。

⑭恺悌:和乐孝悌。

⑮累息:屏气,因恐惧而不敢喘息。

⑯阔步高谈:迈着大步高声谈论,形容言行自由。

⑰管、晏:管仲、晏婴。

⑱岂若孝文大人之量哉:《御览》引《典论》道文帝气度云:文帝慈孝宽宏,仁厚躬修,玄默以俭帅下,美声塞于宇宙,仁风畅于四海。

⑲杀薄昭:薄昭是皇太后之弟。《汉书·卷四》载:薄昭杀了汉朝廷的使者,文帝不忍加诛,使群臣穿丧服往哭之,薄昭便自尽了。

⑳幸邓通:《汉书·卷九三》载:文帝梦见有一个衣带后穿的黄发郎把他推上了天,醒后见邓通像梦中之人,于是赠辄过万,官至上大夫,还赐予铜山铸钱,邓氏钱布天下。

㉑集上书囊为帐帷:把书囊聚集起来做成帐子。

㉒假借:授予,给予。

㉓中道:合乎道义。

㉔仪表:准则,楷模。

【译文】

王沈《魏书》记载:魏文帝曹丕在东宫作太子时,有次瘟疫大作,死了很多人，他深有感触，给平素敬重的、担任大理的王朗写信道："人活着具七尺身躯，死后唯需一抔黄土。要想留下不朽之名，首先是立德，其次莫如著书立说。瘟疫多次来袭，许多亲朋好友一时俱逝，我是何人，怎能独全其寿？"于是收集论著如《典论》、诗赋，大约一百余篇，集中了一些儒生在肃成门内，讲论典籍的要义，侃侃而谈，乐此不疲。众人常赞赏汉文帝刘恒的为君之道，认为他宽厚仁慈，清静沉稳，务求用德政教化人民，有古圣贤之风范。当时文学诸儒中，有人认为汉文帝虽是贤能，但在如何明智而洞察地辅佐国君方面，不如贾谊。曹丕为此撰写了《太宗论》，称道："过去有苗氏拒不归顺，舜帝用盾斧驱逐他们到边远之地，后又命禹讨平了他们。南越王尉佗擅自称帝，文帝厚遇他的兄弟，遂使尉陀谢罪称臣。吴王刘濞不入宫朝拜，文帝赐予冯几和延年杖，来安抚感化他。天下赖此得到安宁，接着又弘扬约法三章的律法，推行和乐孝悌的教化，让过去噤若寒蝉的人们，得以迈着大步高谈阔论，消除畏惧心理。贾谊才思敏捷，能筹划国家政事，具有贤臣的资质，又有管仲、晏婴的才干，难道具有汉文帝那样大人大量的恢宏气度吗？"三年之间因孙权不肯降服，曹丕便重新颁发《太宗论》，明确表示不愿再征战了。一日，他从容地说道："但是我也有三点不会采用汉文帝的做法：不会轻率地杀掉薄昭；不会过分地宠幸邓通；不会吝惜地使慎夫人衣裙都不能曳地，自己的帷帐还是用书囊连缀而成。"他认为："汉文帝节俭得过头了。舅氏之家，只应看重养育之恩而不应授予权柄，因为假如一旦触犯了刑律，就不得不祸及全家。"曹丕想坚持道义，认为帝王的准则就应该如此。

【引述】

《三国志·魏书二·文帝纪》："初，帝好文学，以著述为务，自所勒成垂百篇。又使诸儒撰集经传，随类相从，凡千余篇，号曰《皇览》。【注一】”这几句话大意是：起初，魏文帝喜好文学，专心著述，写成作品将近百篇。又让众儒生从经传中收集资料，分类排列，共一千多卷，名为《皇览》。

裴松之在此处的注文首先从曹丕作太子时“疫疠大作”谈起。曹丕认为人生无常，而要身后扬名，除立德之外便是著书立说，因此早年他“以著述为务”。接着写诸儒盛赞汉文帝有古“圣贤之风”，曹丕为此还写了《太宗论》，于是文章转而大谈为君之道。认为为君就要像汉文帝一样宽仁玄默，以德化民，对不安分者“抚以恩德”，对不尊重自己的“锡以几杖”，要有“大人之量”。对舅后之家，强调“但当养育之恩而不当假借以权”。窦婴，是汉文帝皇后从兄之子，因战功封为魏其侯，田蚡，是汉景帝皇后的同母弟，封为武安侯，二人都先后任过丞相。正如太史公在《史记》中说的“魏其、武安皆以外戚重”，然最终窦婴获罪，弃市渭城，田蚡命亦不延。前车之鉴，当引为戒。此论，当看作是曹丕给自己标树的为君之借鉴模式，也是为自己划定了为君的警戒红线。

三十　曹丕《典论·自叙》

【注文】

《典论》帝《自叙》曰：初平之元①，董卓杀主鸩后②，荡覆王室。是时四海既困中平之政③，兼恶卓之凶逆，家家思乱，人人自危。山东牧守，咸以《春秋》之义，“卫人讨州吁于濮④”，言人人皆得讨贼。于是大兴义兵，名豪大侠，富室强族，飘扬云会⑤，万里相赴；兖、豫之师战于荥阳，河内之甲军于孟津。卓遂迁大驾⑥，西都长安。而山东大者⑦连郡国，中者婴城邑，小者聚阡陌，以还相吞灭。会黄巾盛于海岱[8]，山寇暴于并、冀，乘胜转攻，席卷而南，乡邑望烟而奔，城郭睹尘而溃，百姓死亡，暴骨如莽[9]。

余时年五岁，上以世方扰乱[10]，教余学射，六岁而知射，又教余骑马，八岁而能骑射矣。以时之多故，每征，余常从。建安初，上南征荆州，至宛，张绣降。旬日而反，亡兄孝廉子修、从兄安民遇害，时余年十岁，乘马得脱。夫文武之道[11]，各随时而用，生于中平之季，长于戎旅[12]之间，是以少好弓马，于今不衰；逐禽辄十里，驰射常百步，日多体健，心每不厌[13]。建安十年，始定冀州，濊、貊贡良弓，燕、代献名马[14]。时岁之暮春，勾芒司节[15]，和风扇物，弓燥手柔，草浅兽肥，与族兄子丹猎于邺西，终日手获麞鹿九，雉兔三十。后军南征次[16]曲蠡，尚书令荀彧奉使犒军[17]，见余谈论之末，彧言："闻君善左右射，此实难能。"余言："执事[18]未睹夫项发口纵，俯马蹄而仰月支也[19]。"彧喜笑曰："乃尔！"余曰："埒有常径，的有常所[20]，虽每发辄中，非至妙也。若驰平原，赴丰草，要狡兽[21]，截轻禽，使弓不虚弯，所中必洞[22]，斯则妙矣。"时军祭酒张京在坐，顾彧拊手[23]曰"善"。余又学击剑，阅师多矣，四方之法各异，唯京师为善。桓、灵之间，有虎贲王越善斯术，称[24]于京师。河南史阿言昔与越游，具得其法，余从阿学之精熟。尝与平虏将军刘勋、奋威将军邓展等共饮，宿闻展善有手臂，晓五兵[25]，又称其能空手入白刃。余与论剑良久，谓言将军法非也，余顾尝好之，又得善术，因求与余对。时酒酣耳热，方食芊蔗[26]，便以为杖，下殿数交，三中其臂，左右大笑。展意不平，求更为之。余言吾法急属，难相中面，故齐臂耳。展言愿复一交，余知其欲突以取交中也，因伪深进，展果寻前，余却脚鄛[27]，正截其颡[28]，坐中惊视。余还坐，笑曰："昔阳庆使淳于意去其故方[29]，更授以秘术，今余亦愿邓将军捐弃故伎，更受要道也。"一坐尽欢。

夫事不可自谓己长,余少晓持复[30],自谓无对;俗名双戟为坐铁室[31],镶楯[32]为蔽木户;后从陈国袁敏学,以单攻复,每为若神,对家不知所出,先日若逢敏于狭路,直决耳!余于他戏弄之事少所喜,唯弹棋[33]略尽其巧,少为之赋。昔京师先工[34]有马合乡侯、东方安世、张公子,常恨不得与彼数子者对。

上雅好[35]诗书文籍,虽在军旅,手不释卷,每每定省[36]从容,常言"人少好学则思专,长则善忘,长大而能勤学者,唯吾与袁伯业耳"。余是以少诵诗、论,及长而备历五经、四部[37],《史》、《汉》、诸子百家之言,靡不毕览。

【注释】

① 初平之元:初平是汉献帝的年号。元,开始。

② 董卓杀主鸩后:董卓杀死汉少帝,毒死少帝之母何太后。

③ 中平之政:中平是汉灵帝的年号。中平末,因十常侍干政,朝政极为混乱。

④ "卫人"句:《左传·隐公四年》载:春秋时,卫国的州吁杀掉国君篡位自立,国人不服,在濮那里把州吁杀掉。

⑤ 飘扬云会:比喻迅速地聚集起来。

⑥ 卓遂迁大驾:指董卓胁持皇上到长安定都。

⑦ 山东大者:山东,指太行山以东各州郡。"大者",与下文的"中者""小者"皆指各路人马的势力而言。

⑧ 海岱:东海与泰山之间的地区,古为青州,即今山东等地。

⑨ 莽:指野草。

⑩ 上以世方扰乱:上,指曹操,是曹丕对曹操的称呼。扰乱,指混乱。

⑪ 文武之道:指周文王、周武王治国之道和西周的礼乐文章。

⑫ 戎旅:军旅。

⑬ 日多体健,心每不厌:《御览》作"日夕体倦"。厌,满足。

⑭“濊貊(wèi mò)”两句:濊、貊是北方的部族。貊地产良弓名貊弓。燕、代,是战国时燕国和代国所在地。泛指今河北西北部和山西东北接近内蒙古的地区,产名马。

⑮勾芒司节:勾芒,古代传说中主管树木之神。司节,主管节令。

⑯次:驻扎。

⑰犒(kào)军:犒劳军队。

⑱执事:对对方的敬称,类今之“阁下”。

⑲俯马蹄而仰月支:马蹄和月支皆指箭靶或用箭射靶。俯和仰皆指射箭时身体的动作。曹植《白马篇》有“控弦破左的,右发摧月支”之句。

⑳“埒有”两句:埒,矮墙。径,指路径。的,箭靶的中心。所,处所。

㉑要狡兽:《御览》“要”作“逐”。

㉒洞:窟窿。

㉓拊手:拍手。

㉔称:称道,闻名。

㉕五兵:五种兵器,所指不一。《周礼》有车之五兵,有步卒之五兵。按《汉书》之注则为矛、戟、弓、剑、戈。

㉖芊(qiān)蔗:甘蔗。

㉗余却脚鄛:却脚,倒退。鄛,用脚横扫。

㉘颡(sǎng):额头。

㉙“昔阳庆”句:《史记·仓公传》载:淳于意喜好医术,师从阳庆。阳庆让他丢弃旧处方,把自己的秘方全部给他,使他医术趋于精湛。

㉚持复:一种挥舞双戟的武技名。

㉛铁室:指遮蔽全身的铁甲。

㉜楯(shǔn):栏杆的横木。栏杆纵者称栏,横者称楯。

㉝弹棋:古代博戏之一。《世说新语·巧艺》载:弹棋始自魏宫内,用妆奁戏。文帝于此戏颇妙。《艺文类聚》载有曹丕的《弹棋赋》。

㉞先工:工于此道的先辈。

㉟ 雅好：平素爱好。

㊱ 定省：《礼记·曲礼上》："昏定而晨省"，因称子女早晚向父母问安为定省。

㊲ 四部：古代图书分类名称。分为经、史、子、集四类，称四部。

【译文】

魏文帝曹丕在《典论》的《自叙》中云：

汉献帝初平年间，董卓作乱杀了皇上并鸩杀了太后，企图颠覆王室。当时海内百姓既困窘于汉灵帝中平末年的政治昏暗，又憎恶董卓的凶残悖逆，家家惧怕战乱，人人但求自安。山东各州郡的州牧、太守，皆遵循《春秋》的道义，像卫国人声讨弑君的州吁一样，声扬人人皆可讨伐逆贼董卓。于是大兴义兵，有名的豪门、侠客、富家、强族，风起云涌，不远万里，竞相聚集，声讨董卓。兖州、豫州的师旅在荥阳开战，河内一带的军队在孟津阻击。董卓于是挟持圣驾迁都长安。山东起兵的各头领，势力大的据有州郡，势力中等的把持城邑，势力小的聚集在乡镇，相互间还攻打、吞并。就在此时，农民起义军黄巾在东海与泰山之间兴盛起来，山寇也在并州和冀州一带日益猖獗。他们乘胜前进，向南席卷而来，乡邑间望到硝烟急忙逃散，城郭间看到烟尘便知兵败城陷，百姓在战乱中无辜死亡，尸骨弃野如同草芥一般。

我当时五岁，父亲考虑到时局不安定，教我射箭，六岁便学会了。又教我骑马，八岁便能骑马射箭了。因时局动乱，每次出征我都跟随。建安初年，父亲南征荆州，路经宛城，宛城太守张绣投降，过了十多天却又反叛，时为孝廉的子修兄和从兄安民都在此次遇难，我当时十岁，骑马随军幸而脱险。周文王、周武王的治国修身之道，是任何时候都用得上的。我出生在中平动荡年间，成长于军旅之中，所以从小就喜好搭弓骑马，至今乐此不疲。追逐禽兽常越十里之遥，骑马射击亦常百步命中,日久天长体魄随之强健,心下每感尚不满足。建安十年,冀州刚刚平定,濊、貊之人进贡良弓,燕、代地区奉献名马。正值暮春时节,司节之神勾芒让树木一片葱笼,和煦的春风扇动着万物,弓箭干燥手指灵活,草没马蹄野兽正肥,我与族兄子丹到邺城之西去打猎,一天捕获了九头獐鹿,三十只野鸡野兔。后来军队南征驻扎在曲蠡,尚书令荀彧奉皇上使令前来犒劳军队,见到我谈话快结束时,荀彧道:“闻君擅长左右开弓,实属难得。”我道:“阁下未曾见我将弓弦拉过脖颈猛力发箭时,俯身可射中马蹄靶,仰首能击破月支的。”荀彧笑叹道:“果真如此!”我道:“平日练射,射向墙壁有固定的路线,靶子又有固定的场所,即使每发必中,也不能说明射技高超。若是驰骋于平原之上,去到草丰树密的处所,或追逐狡黠的野兽,或拦截轻捷的飞禽,使弓不虚发,但凡射中必打个窟窿,这才叫高妙呢。”当时军祭酒张京也在座,回头对荀彧拍手道:“好啊!”我又学过击剑,见过很多大师,各地剑法不尽相同,唯京城最好。在桓、灵二帝时,有一虎贲大将名王越的擅长剑术,名闻京师。河南的史阿说他曾与王越交游,学到了全部的招数,我跟随史阿学剑达到精熟的程度。有一次,我与平虏将军刘勋、奋威将军邓展等人一同饮酒,平素听说邓展手臂上的功夫很是了得,通晓五兵器械,又听说他能赤手空拳夺取白刃。我与他谈论了很长时间的剑术,对他道,将军的剑法并未见佳,我也喜欢此道,又得到真传,于是他要求与我交手。当时都已喝得酒酣耳热,正嚼着甘蔗,便用甘蔗作剑,下得殿堂经过几番较量,三次击中他的臂膀,左右之人哈哈大笑。邓展不服气,要求再次交锋。我说我的剑法属于急招,很难选中面部,故取齐肩部位。邓展说愿意再打一回合。我知道他想突然直取我的正中部位,便假装要全力进攻,邓展果然随即前进,我却向旁一闪后退一步,用脚横扫过去,手中甘蔗正击中他的额头,全座之人尽皆惊视。我回到座位上笑道:“过去医师阳庆让徒弟淳于意丢弃旧处方，另给他新秘方，如今我也望邓将军丢弃旧法，接纳新招。”在座之人无不开心。

凡事不可自视过高。我年轻时懂得持复这种舞双戟的武技。自认无人可比，俗话说，挥舞双戟如同身处铁室之中，又像门窗上加了栏杆。后来跟随陈国的袁敏学习，袁敏能以单戟进攻双戟，出招若神，使对手不知所措，假若早先与袁敏狭路相逢，我定会径直与他对决的！其他游戏之类我很少喜欢，只有弹棋还能略尽其妙，年轻时还写过一篇《弹棋赋》。昔日京城工于此道的先辈有马合乡侯、东方安世、张公子，常引以为憾的是没有能与这几位对决过。

父亲平素爱好诗书文籍，即使是在军旅之中，也手不释卷，每每早晚向长辈请安时，父亲从容地讲：“人在少年时好学，思维专一则记得牢靠，年龄大了记忆力差，则容易忘却。年纪大又勤学的，恐怕只有我和袁伯业吧。”所以我自小就诵读诗书，及至长大则通读五经，还有四部，故而《史记》、《汉书》、诸子百家，没有我不览阅的。

【引述】

《三国志·魏书二·文帝纪》：“评曰：文帝天资文藻，下笔成章，博闻强识，才艺兼该。【注一】”其大意是：陈寿评曰：魏文帝曹丕具有文学天赋，能下笔成章，学识渊博记忆力强，才艺兼备。裴松之在此注引的是曹丕《典论》中的《自叙》。《典论》是曹丕撰写的一部学术著作，共二十篇，全书已亡佚，今仅存《论文》和《自叙》完整的两篇。《论文》是我国最早的一篇文学批评专著，见于萧统的《文选》，而《自叙》则见于《三国志》的裴注。

《自叙》是曹丕自己叙述他的经历和个人的爱好。写他五岁学射箭，六岁学骑马，八岁可骑射，十岁竟能乘马逃脱险境。写他从小就跟随父亲出征，在军旅中成长，故而娴于弓马。他爱好之一为骑射，“善左右射”,能“俯马蹄而仰月支”。爱好之二为击剑,在与邓展的交锋中,三次击中其臂一次击中其颡。爱好之三为持复,自谓没有对手。爱好之四为弹棋,能“极尽其巧”。《太平御览》则有“弹棋始自魏文帝宫内装奁戏也”的记载。在叙写爱好时,还不失时机地炫耀一下自己的水平。最后写他因受父亲的影响,从小酷爱诗书,长大之后四书五经,诸子百家“靡不毕览”。看过此文,虽也感到曹丕有自我夸耀的味道,但从邺城暮春打猎的描述中,倒是可以看到他深厚的文字功底。另外,也不失率真的一面,全文娓娓道来,有点像闲谈似的,从而体现了建安时期的质朴文风。

三一 警惕佞幸之徒

【注文】

《魏略》以朗与孔桂俱在“佞幸篇”。桂字叔林,天水人也。建安初,数为将军杨秋使诣太祖,太祖表拜骑都尉。桂性便辟①,晓博弈、踏鞠②,故太祖③爱之,每在左右,出入随从。桂察④太祖意,喜乐之时,因言次曲有所陈,事多见从,数得赏赐,人多馈遗⑤,桂由此侯服玉食⑥。太祖既爱桂,五官将⑦及诸侯亦皆亲之。其后桂见太祖久不立太子,而有意于临菑侯⑧,因更亲附临菑侯而简于五官将,将甚衔之⑨。及太祖薨,文帝即王位,未及致其罪。黄初元年,随例⑩转拜驸马都尉。而桂私受西域货赂⑪,许为人事⑫。事发,有诏收问⑬,遂杀之。

鱼豢⑭曰:为上者不虚授⑮,处下者不虚受,然后外无伐檀⑯之叹,内无尸素⑰之刺,雍熙⑱之美著,太平之律显矣。而佞幸⑲之徒,但姑息⑳人主,至乃无德而荣,无功而禄,如是焉得不使中正日朘㉑,倾邪㉒

滋多乎！以武皇帝之慎赏，明皇帝[23]之持法，而犹有若此等人，而况下斯者乎？

【注释】

① 便辟：指谄媚逢迎。

② 踏鞠：古代一种用于习武、娱乐和健身的踢球运动。鞠即古时的球，用革制成，装以毛发。

③ 太祖：与后文的“武皇帝”皆指曹操。

④ 察：仔细体察。

⑤ 馈遗(kuì wèi)：赠送。

⑥ 侯服玉食：服王侯之衣，食珍美之食，形容生活豪华奢侈。

⑦ 五官将：与后文的“文帝”皆指曹丕。

⑧ 临菑侯：曹植。

⑨ 衔之：怀恨他。

⑩ 随例：随成例，随惯例。

⑪ 货赂：犹贿赂。

⑫ 人事：说情请托之事。

⑬ 收问：拘捕问罪。

⑭ 鱼豢(huàn)：《魏略》一书的作者，晋初史学家。

⑮ 虚授：谓授职给德才不相称的人。下句的“虚受”指无德无才而接受官位。

⑯ 伐檀：《诗·魏风·伐檀》小序曰：“伐檀刺贪也。”

⑰ 尸素：又作“尸位素餐”，谓身居高位，食禄而不尽其职。

⑱ 雍熙：和乐升平。

⑲ 佞(nìng)幸：善于谄谀以博得君王的宠幸。

⑳ 姑息：谓无原则的宽容。

㉑ 日朘(juān)：逐日缩减。

㉒ 倾邪:邪僻不正。

㉓ 明皇帝:指曹叡。

【译文】

鱼豢《魏略》把秦朗和孔桂载入《佞幸篇》。孔桂字叔林,天水人。建安初年,多次作为将军杨秋的使者晋谒太祖曹操,曹操启奏朝廷封他为骑都尉。孔桂喜好谄媚逢迎,懂得博戏、围棋、踏鞠之类的娱乐,因此曹操很喜欢他,常留在身边,出入都跟随着。孔桂很会体察他人的心思,当曹操喜乐之时,他便乘机拐弯抹角地陈辞进言,有不少意见亦被采纳,故而获得多次赏赐,也有不少人给他馈赠,因此过着服王侯之衣、食美味佳肴之奢侈生活。曹操既然喜欢他,五官将曹丕及一些官员也来亲近他。后来,孔桂见曹操迟迟不确立太子,而且感到曹操有意立临菑侯曹植为太子,于是便亲近依附临菑侯而怠慢五官将曹丕,曹丕怀恨在心。及至曹操去世,曹丕即位为魏文帝,未来得及整治孔桂。黄初元年,随惯例孔桂转为驸马都尉。但孔桂不知收敛,竟私自接受西域的贿赂,还答应为他们承办说情之事。事情暴露,文帝下令收捕问罪,于是被斩。

史学家鱼豢道:身居高位的君主不要把职位授给德才不相称的人,身处低层而无德无才的人不要接受不相称的官位,这样做了,对外则无《伐檀》中所说的无功而受禄的现象,对内也不会有尸位素餐者出现,和乐升平的气象就会昭著,安宁太平的日子也会显扬。而那些谄谀的佞幸之徒,徒使君主姑息他们,以至于无德而获得荣耀,无功却享受厚禄,这样的话,怎能不使忠直的正道日益削弱,邪僻不正之风日趋增多呢!以武皇帝曹操的慎重对待赏赐,明皇帝曹叡的严格执行法规,身边还有如孔桂之类的人存在,更何况自身还不如曹操、曹叡的君主呢,能不格外警惕吗?

【引述】

《三国志·魏书三·明帝纪》:“冬十月,步度根部落大人戴胡阿狼泥等诣并州降,朗引军还。【注一】”其大意是说:在青龙元年(233 年)的冬十月,鲜卑族的步度根部落首领到并州投降,魏将秦朗便率军返回。裴注对秦朗和孔桂都做了绍介,这里只选了孔桂一人。

纵观孔桂所走的道路,正是现实版的阿谀奉承之徒所走的升官发财的捷径。他们善于察言观色,又巧舌如簧能言善语,知道什么时候该说什么样的话,懂得投主子的所好,于是“好风凭借力,送我上青天”,便扶摇直上地红了起来。接着官帽来了,厚禄来了,美女来了,“侯服玉食”好不快活。处于如此地位,有的人欲壑难填的劣根性并未除掉,反倒觉得有了资本,有了靠山,胆子也更大了,更会看风使舵了。就像孔桂,竟敢走近太子之争的漩涡,竟敢怠慢曹丕,竟敢为外族办说情之事,野心膨胀的后果只能是死路一条!所以文章一再告诫当权者不要把职位授予那些德才与之不相称的人,文章还一再告诫那些论才干、论精明还不如曹操和曹睿的当权者,定要提高警惕,谨防身边的佞幸之人。

这篇短文,对如今的反腐倡廉,建设一支合格的值得人民信赖的干部队伍,是有一定借鉴意义的。

三二　不问戎事　唯问寝食

【注文】

《魏氏春秋》曰:亮①既屡遣使交书,又致巾帼妇人之饰,以怒宣王[2]。宣王将出战，辛毗仗节奉诏[3]，勒[4]宣王及军吏已下，乃止。宣王见亮使，唯问其寝食及其事之烦简，不问戎事。使对曰："诸葛公夙兴夜寐[5]，罚二十已上，皆亲览焉；所啖食不过数升。"宣王曰："亮体毙[6]矣，其能久乎？"

【注释】

① 亮：诸葛亮。

② 以怒宣王：用"致巾帼妇人之饰"来激怒宣王。宣王指司马懿。

③ 辛毗仗节奉诏：辛毗，曹魏的大臣，官卫尉。此次诸葛亮屯兵渭南，魏明帝派辛毗仗节为大将军司马懿的军师。

④ 勒：强制。

⑤ 夙兴夜寐：早起晚睡，形容勤劳。

⑥ 毙：疲惫之极。

【译文】

孙盛《魏氏春秋》记载：诸葛亮既已多次派遣使者递交战书，又送去巾帼妇人穿戴的衣物装饰来嘲笑司马懿如女流之辈，想以此激怒司马懿从而逼他应战。司马懿正准备出战，辛毗奉诏手持符节立于军门，强制司马懿及军吏以下人等不得越出军门，人们便退了回去。司马懿见到诸葛亮的使者，只询问诸葛亮的睡眠、饮食、事务的繁简情况，不问军事。使者回答道："诸葛公起得很早睡得很晚，凡是处以杖二十大板以上的事务，都要亲自过问。每日饭食不过几升。"司马懿道："诸葛亮身体太疲惫了，像这样子能维持久长吗？"

【引述】

《三国志·魏书三·明帝纪》："是月，诸葛亮出斜谷，屯渭南，司马宣王率诸军拒之。诏宣王:'但坚壁拒守以挫其锋,彼进不得志,退无与战,久停则粮尽,虏略无所获,则必走矣。走而追之,以逸待劳,全胜之道也。'【注一】"这段话大意是说:青龙二年(234年)夏四月,蜀汉丞相诸葛亮率兵出斜谷,进驻渭水南岸,大将军司马懿率魏兵迎战。魏明帝诏告宣王:"我军只需坚壁拒守,以挫对方的锐气,使他们想进攻却无法如愿,想退却但未曾交战,时日持久粮食吃尽,虏掠又无所获,必自动退兵。待其撤退之际大举追杀,由于我方以逸待劳,必获全胜。"裴松之在此加了上述之"不问戎事唯问寝食"的注文。

这里想谈三点。第一,蜀将姜维听说辛毗仗节来军,对诸葛亮说:"辛毗仗节至,贼不复出矣。"亮曰:"彼本无战心,所以固请者,以示武于其众耳。将在外,君命有所不受,苟能制吾,岂千里而请战邪!"意思是司马懿本来就没有出战的想法。他的"将出战"是做给众军将看的,仅做做样子而已。而且他也知道,当他做出"将出战"的架式时,辛毗必来阻拦,他也可以顺势收场,既表达了出战的勇气,又表达了听从阻劝的谦逊,这便是司马懿的狡诈之处。第二,司马懿率诸军抵御蜀军时,按志书所记,是魏明帝"诏宣王",要他坚壁拒守,等蜀兵撤退时再追杀。为将者,贵在根据战场的情势随机应变,便宜行事,岂有预先君臣就定下战与不战、何时再战的基调,用先期的预定捆绑主帅的意志。而且时为大将军的司马懿已是侍奉三朝的元老,岂是明帝能捆绑得住的吗?是故"诏宣王"之举也是做给别人看的,其实是司马懿不敢交战罢了。第三,两军对垒,司马懿坚持不交战,故从四月一直相持了一百多天,不料八月,诸葛亮在五丈原病卒。对此,胡三省说:"懿所惮者,亮也。"其问使者"寝食及其事之烦简,以觇寿命之久近耳"。卢弼对此持不同见解,他说:"懿问戎事使者必不见答,唯问寝食及事之烦简,以觇其动静,非谓觇其寿命也,是时武侯年止五十四,不能以八月病卒,遂谓懿之先见也。"卢弼之见甚是。当司马懿听说诸葛亮去世蜀军撤退时，匆忙去追赶。《三国演义》第一百零四回这样写道：懿自引军当先，奋力追赶。忽然山后一声炮响，喊声大震，只见蜀兵俱回旗返鼓，树影中飘出中军大旗，上书一行大字“汉丞相武乡侯诸葛亮”，懿大惊失色。定睛看时，只见中军数十员大将，拥出一轮车来，上面端坐孔明：纶巾羽扇，鹤氅皂绦。懿大惊曰：“孔明尚在！吾轻入重地，堕其计矣！”急勒回马便走。背后姜维大叫：“贼将休走！你中我丞相之计矣！”魏兵魂飞魄散，弃甲丢盔，抛戈撇戟，各自逃命，自相践踏，死者无数。司马懿奔走了五十余里，背后两员魏将赶上，扯住马嚼环叫曰“都督勿惊”，懿用手摸头曰：“我有头否？”二将曰：“都督休怕，蜀军去远了。”原来车上的孔明，是个木人。是孔明生前做好的安排，算定司马懿必来追赶，特用来吓唬他的，所以民谚有云“死诸葛吓走活仲达”。司马懿连真假孔明都分辨不清，焉能预测诸葛寿命之久近乎？

三三　言出必死　死亦不惧

【注文】

《魏略》曰：是岁，徙长安诸钟虡[①]、骆驼、铜人、承露盘[②]。盘折，铜人重不可致，留于霸城。大发[③]铜铸作铜人二，号曰翁仲，列坐于司马门外。又铸黄龙、凤凰各一，龙高四丈，凤高三丈余，置内殿前。起土山于芳林园西北陬[④]，使公卿群僚皆负土成山[⑤]，树松竹杂木善草于其上，捕山禽杂兽置其中[⑥]。

《魏略》载司徒军议掾河东董寻上书谏曰：“臣闻古之直士，尽言[⑦]于国，不避死亡。故周昌比高祖于桀、纣[⑧]，刘辅譬赵后于人婢[⑨]。天生忠直，虽白刃沸汤[10]，往而不顾者，诚为时主[11]爱惜天下也。建安以来，野战死亡，或门殚户尽[12]，虽有存者，遗孤老弱。若今宫室狭小，当广大之，犹宜随时，不妨农务，况乃作无益之物，黄龙、凤凰，九龙、承露盘，土山、渊池，此皆圣明之所不兴也，其功参倍[13]于殿舍。三公九卿侍中尚书，天下至德，皆知非道而不敢言者，以陛下春秋[14]方刚，心畏雷霆。今陛下既尊群臣，显以冠冕[15]，被以文绣[16]，载以华舆，所以异于小人[17]；而使穿方[18]举土，面目垢黑，沾体涂足，衣冠了鸟[19]，毁国之光以崇无益，甚非谓也。孔子曰：'君使臣以礼，臣事君以忠。'无忠无礼，国何以立！故有君不君，臣不臣，上下不通，心怀郁结，使阴阳不和，灾害屡降，凶恶之徒，因间而起，谁当为陛下尽言事者乎？又谁当干万乘以死为戏[20]乎？臣知言出必死，而臣自比于牛之一毛，生既无益，死亦何损？秉笔流涕，心与世辞。臣有八子，臣死之后，累陛下矣！"将奏，沐浴。既通，帝曰："董寻不畏死邪！"主者奏收寻，有诏勿问。后为贝丘令，清省得民心。

【注释】

① 钟虡（jù）：饰以猛兽形象悬挂乐钟的架子。

② 承露盘：汉武帝迷信神仙，在神明台上立铜人捧一铜盘承接丹露，企望饮之延年。

③ 发：开发，挖掘。

④ 陬（zōu）：角落。

⑤ "使公卿"句：《三国志·高堂隆传》：公卿以下至于学生，莫不展力，帝乃躬自掘土以率之。

⑥ "捕山禽"句：《拾遗记》：明帝即位二年起灵禽之园，远方之国所献异鸟珍兽皆畜此园。昆明国献嗽金鸟，帝得此鸟，饴以珍珠，饮以龟脑。

⑦ 尽言：竭尽其言。

⑧ “故周昌”句：《汉书·周昌传》：周昌尝向汉高祖奏事，高祖方拥戚姬，昌还走。高祖逐得，骑昌项上，问曰：“我何如主也？”昌仰曰：“陛下即桀纣之主也。”

⑨ “刘辅”句：《汉书·刘辅传》：成帝欲立倢伃为皇后，辅上书言，里语曰：“腐木不可以为柱，卑人不可以为主。”

⑩ “虽白刃”句：虽，即使。沸汤，指鼎镬，古代烹人的一种酷刑。

⑪ 时主：当代的君主。

⑫ 门殚户尽：谓全家死亡。

⑬ 参(sān)倍：三倍。

⑭ 春秋：指年龄。

⑮ 冠冕(miǎn)：古代帝王、官员所戴的帽子。比喻官宦。

⑯ 文绣：刺绣华美的丝织品或衣服。

⑰ 小人：指平民百姓，被统治者。

⑱ 穿方：挖土为立方。

⑲ 了鸟：本作一正一反的两个“了”字，因不好书写便借用了一个“鸟”字，意谓颠倒。

⑳ 戏：战斗。《左传》：楚成得臣，与晋文公遇曰：“请与君之士戏”注，戏者兵也，犹言以兵相见也。

【译文】

鱼豢《魏略》载：魏明帝景初元年(237 年)，迁移故都长安的各种钟虡、骆驼、铜人和承露盘。盘子弄折了、铜人沉重不易搬动，就留在了霸城。接着便大规模地开发铜矿铸了两个铜人，名叫翁仲，排列在皇宫的司马门外。还铸了黄龙、凤凰各一个，龙高四丈，凤高三丈多，安放在内殿之前。在芳林园西北角堆起一座土山，让朝中的公卿士大夫和群僚一同运土堆山。在山上种植松竹杂树及各种奇花异草，把各处进贡的山禽珍兽放在园中饲养。

《魏略》还记载了时任司徒军议掾的河东人氏董寻向魏明帝上书，他切谏道:“臣董寻听说自古耿介之士，对国家大事都能竭尽其言,不避生死。因此,周昌敢把高祖比作桀纣,刘辅敢将赵倢伃譬为婢女。我董寻天性忠诚耿直,即使面对刀斧鼎镬,也一往无前义无反顾,这实在是因为爱惜当朝皇上的天下啊！自建安以来,战争频仍,致使百姓死亡惨重，有的人家竟门殚户尽，即使有幸存者也多为孤寡老弱。如今朝廷广建宫殿,若嫌原先的狭小,欲扩大之,也应遵循农时,不应妨碍农业生产。况且所制作的都为无用之物,像黄龙、凤凰,九龙、承露盘,土山、渊池之类,都是英明圣哲之君所不提倡的,其工程量比建造殿堂要大三倍。三公九卿侍中尚书,皆天下有德之人,都知道这样做不恰当但又不敢进谏,是因为陛下正是年轻气盛的年龄,怕陛下大发雷霆。如今陛下既尊重群臣,让他们戴显赫的官帽,穿刺绣的官服,乘华丽的车子,用此以区别于平民百姓,但又让他们挖方运土,脸沾污垢,浑身泥土,衣冠歪斜不整,毁掉国家的荣光而崇尚无益的事物,是很不合适的。孔子曰:‘君支使臣要待之以礼,臣侍奉君要尽之以忠。’没有了礼和忠,国家将如何存在呢!因此就会出现君不像君、臣不像臣,上下不沟通,心怀烦怨的现象。也会导致内外不协调,灾害屡降临,凶恶之徒乘机兴风作浪的局面。届时,有谁为陛下直言进谏阐明国事呢?又有谁能为万乘之君效死战斗呢?臣知道此言一出必遭死罪,但臣好比九牛之一毛,活着对国家无益,死了对国家又有何损?手执笔杆泪流满面,心已与世长辞。臣有八子,臣死之后,把他们托付给陛下了。”董寻上书前,先行沐浴。奏章呈上,明帝道:“董寻是不怕死啊!”主管官员奏请逮捕董寻,诏书谓不必问罪。后董寻任贝丘县令,为政清廉简约,甚得百姓拥戴。

【引述】

《三国志·魏书三·明帝纪》:(景初二年)“己未,有司奏文昭皇后立庙京都。分襄阳郡之鄀叶县属义阳郡。【注二】”裴注于此引《魏略》,叙述魏明帝大兴园林、广建宫殿及大臣冒死进谏等事。

大臣董寻明知此次进谏“言出必死”,但他“天生忠直”,即使面对“白刃沸汤”也在所不顾,所以上书之前,先行沐浴,与世诀别。由于抱着赴死的决心,所以敢于大胆陈辞,他指出时政的几个弊端,一是由于战乱百姓伤亡惨重,而朝廷却不顾农时大修宫室;二是圣明之君不提倡建造黄龙土山之类的无益之物,而朝廷却大发铜矿肆意制作;三是“君使臣以礼”,而皇上却让公卿大臣皆负土堆山甚为不宜;四是董寻还进一步指出,这样做会导致“君不君、臣不臣”和“灾害屡降”的后果。从董寻的面折廷争中,可以看到他一片忠君为国的赤子之心,他指出的为政弊端也是所有当权者都应引以为戒的。

三四　执帝手强作之

【注文】

《汉晋春秋》曰:帝以燕王宇[①]为大将军,使与领军将军夏侯献、武卫将军曹爽、屯骑将军曹肇、骁骑将军秦朗等对辅政[②]。中书监刘放、令孙资久专权宠[③],为朗等素所不善[④],惧有后害,阴图间之[⑤]。而宇常在帝侧,故未得有言。甲申,帝气微,宇下殿呼曹肇有所议,未还,而帝少间[⑥],惟曹爽独在。放知之,呼资与谋。资曰:“不可动也。”放曰:“俱入鼎镬[⑦],何不可之有[⑧]?”乃突前见帝,垂泣曰:“陛下气微,若有不讳[9]，将以天下付谁？”帝曰：“卿不闻用燕王耶？”放曰：“陛下忘先帝诏敕，藩王[10]不得辅政。且陛下方病，而曹肇、秦朗等便与才人[11]侍疾者言戏。燕王拥兵南面，不听臣等人，此即竖刁、赵高[12]也。今皇太子幼弱，未能统政，外有强暴之寇，内有劳怨之民，陛下不远虑存亡，而近系恩旧。委祖宗之业，付二三凡士，寝疾数日，外内壅隔，社稷危殆，而己不知，此臣等所以痛心也。”帝得放言，大怒曰：“谁可任者？”放、资乃举爽代宇，又白“宜召司马宣王使相参[13]”，帝从之。放、资出，曹肇入，泣涕固谏，帝使肇敕停。肇出户，放、资趋而往，复说止帝，帝又从其言。放曰：“宜为手诏[14]。”帝曰：“我困笃[15]，不能。”放即上床，执帝手强作之，遂赍[16]出，大言曰：“有诏免燕王宇等官，不得停省中[17]。”于是宇、肇、献、朗相与泣而归第。

【注释】

① 燕王宇：武帝曹操之庶子。明帝病笃，拜宇为大将军，属以后事。后又罢归封地。

② 对辅政：共同辅政。对：共，合。

③ “中书监”句：魏国初建，刘放、孙资俱为秘书郎，后改称中书，放为监，资为令，掌管机密，极有权势。

④ 不善：不亲善，不和协。

⑤ 阴图间之：暗中图谋离间。

⑥ 少间：病情有些好转。

⑦ 鼎镬（huò）：古代用鼎镬烹人的一种酷刑。

⑧ 何不可之有：即“有何不可”，将宾语提前起加强语气的作用。

⑨ 不讳：死亡的婉辞。

⑩ 藩王：藩国之王。藩，指封建王朝的属国。

⑪ 才人：宫中女官名。

⑫ 竖刁、赵高：竖刁：春秋齐人，颇得齐桓公宠信。齐相管仲云：竖刁“自宫以适君，非人之常情。他于自身都不爱，将何有益于公。”桓公卒，果与易牙乱齐国。赵高：秦国宦官。与丞相李斯矫诏害死秦始皇长子扶苏而立次子胡亥，又诬杀了李斯独揽朝政，后又弑胡亥而立子婴。

⑬ “宜召”句：司马宣王：司马懿。相参：参加。

⑭ 手诏：帝王亲手写的诏书。

⑮ 困笃：病重，病危。

⑯ 赍(jī)：出，送出。

⑰ 省中：指宫禁之中，即宫中。

【译文】

习凿齿《汉晋春秋》记载：景初二年(238年)十二月魏明帝曹叡病重，便任命燕王曹宇为大将军，让他与领军将军夏侯献、武卫将军曹爽、屯骑将军曹肇、骁骑将军秦朗等共同辅佐朝政。可是中书监刘放和中书令孙资向来掌管机要，又甚得皇上宠信，与秦朗等人平素又不和协，深怕这些人辅政后对他们不利，便暗中图谋离间。但燕王曹宇经常在明帝身边，所以没有机会说话。甲申这日，明帝出现气息微弱现象，燕王忙下殿招曹肇商议事情，尚未归来，恰在此时明帝病情稍有好转，身边只有曹爽在。刘放得知这一情况，急招孙资谋划对策。孙资道：“不可轻举妄动。”刘放道：“人都进了沸水锅了，还有什么事不可干的呢？”于是二人急忙扑向明帝，流着眼泪道：“陛下出现过气微现象，假若有什么不测的话，将把天下托付给谁呢？”明帝道：“你们没听说我任用燕王了吗？”刘放道：“陛下忘记先帝的遗诏了吗，藩王是不能辅政的。而且陛下正病着，曹肇、秦朗等便与来侍奉的才人言谈戏笑。燕王一向带兵在南方，不会听信我等的，曹肇、秦朗等就是当今的竖刁、赵高之流的人物。如今皇太子年幼，不能马上执政，外有强暴的贼寇，内有劳怨的百姓，陛下不思虑国家的存亡，却挂念旧日的恩情，将祖宗的大业，托付给两三个凡夫俗子。陛下卧病数日，内外消息阻隔，社稷已很危急，陛下却不自知。这正是臣等痛心疾首的缘故啊！”明帝听了刘放的话，大怒道：“那谁可担当此任？”刘放、孙资便举荐曹爽代替燕王曹宇，接着又道：“应该召回司马宣王参予辅政。”明帝同意了。刘放、孙资出来后，曹肇忙进去，泪流满面地坚持劝谏，明帝便告曹肇先停写诏书，曹肇刚出门，刘放、孙资忙跑进去再三劝阻，明帝便又听从了他们的意见。刘放道：“陛下应写下手诏。”明帝道：“我病重，不能写。”刘放不由分说登上龙床，握着明帝的手勉强写成。然后捧着手诏出去大声宣读道：“有诏书免去燕王等人的官职，尔等不得再停留在宫中。”曹宇、曹肇、夏侯献、秦朗只好相对流涕，各自回家去了。

【引述】

《三国志·魏书三·明帝纪》载：景初二年“十二月乙丑，帝寝疾不豫。……以燕王宇为大将军，甲申免，以武卫将军曹爽代之。【注一】”裴松之在此注引《汉晋春秋》，说明燕王宇刚任命三天就被免职的原因，并叙述在明帝病重时，权臣竟然登上龙床，强执帝手让他书写手诏的过程。

注文记叙刘放和孙资怕明帝安排的辅政官员，可能会让他们失去往日的权势，便设法离间破坏。提出让曹爽代替燕王宇，并召回司马懿参政，帝竟“从之”听从了他们的意见。然而据《刘放传》载：“放、资既出，帝意复变，诏止宣王勿使来。”可当曹肇刚“出户”，刘放和孙资急趋帝前哭诉，使“帝又从其言”。而且刘放竟不顾君臣之礼，登上龙床，“执帝手强作之”让明帝写下手诏，于是骤然之间朝廷的人事安排起了变化：燕王宇与其他几位官员被免职，曹爽代替燕王宇，司马懿回朝辅政。他们推荐曹爽是为拉拢他，也是因为他“庸懦”，后来果然在谒高平陵时，司马懿一举收捕了曹爽兄弟及其党羽并诛之。他们举荐司马懿，是因为他们“早已与司马氏有因缘矣”，从而给司马氏开启了秉政的方便之门。另外，作为魏文帝的曹丕也在用人上犯了一个大错误，那就是猜忌骨肉，疑心太重，排挤兄弟，留下“藩王不得辅政”的诏敕，刘放则把它作为阻挡燕王参政的依据。所以裴松之明确地指出：“放、资称赞曹爽，劝召宣王，魏国之亡，祸基于此。”说得对极了。《晋书·宣帝纪》记载，曹操早就察觉司马懿有雄豪志，因此对太子丕道：“司马懿非人臣也，必预汝家事。”但他们却不早做警惕，还让他掌权，最后便将曹魏的天下变成司马的天下，改朝换代为晋矣。

三五　司马师引咎自责

【注文】

《汉晋春秋》曰：毋丘俭、王昶闻东军[①]败，各烧屯走。朝议欲贬黜[②]诸将，景王[③]曰：“我不听公休[④]，以至于此。此我过也，诸将何罪？”悉原之。时司马文王[⑤]为监军，统诸军，唯削文王爵而已。是岁，雍州刺史陈泰求敕[⑥]并州并力讨胡，景王从之。未集，而雁门、新兴二郡以为将远役，遂惊反。景王又谢朝士[⑦]曰：“此我过也，非玄伯之责！”于是魏人愧悦[⑧]，人思其报。

习凿齿曰：司马大将军引二败以为己过，过消而业隆[⑨]，可谓智矣。夫民忘其败，而下思其报，虽欲不康，其可得邪？若乃[⑩]讳败推过，归咎万物[⑪]，常执其功而隐其丧，上下离心，贤愚解体，是楚再败而晋再克也[⑫]，谬之甚矣！君人[⑬]者，苟统斯理以御国，则朝无秕政[⑭]，身靡留愆[15],行失而名扬,兵挫而战胜,虽百败可也,况于再乎!

【注释】

① 东军:魏军击吴,吴将迎战于东关,东关在最东,故称该地之队伍为东军。

② 贬黜(chù):降职或免去官爵。

③ 景王:即司马师。时为曹魏大将军、抚军大将军。景王是晋国初建时追尊之号。

④ 公休:诸葛诞的字。

⑤ 司马文王:即司马昭。

⑥ 敕(chì):皇帝的命令或诏书。

⑦ 谢朝士:向朝廷的官员道歉。谢即告诉,道歉。

⑧ 愧悦:惭愧而又悦服。

⑨ 业隆:事业兴隆。

⑩ 若乃:至于。用在句子开头,表示另起一事。

⑪ 万物:众人。

⑫ 是楚再败而晋再克:楚晋城濮之战,晋军胜在上下和睦,君臣同心,退避三舍而后赢得战机;楚军则是楚成王欲知难而退,主帅却刚愎自用要出战,导致战败。

⑬ 君人:为人之君,国君。

⑭ 秕政:不良的政治措施。

⑮ 愆(qiān):过失。

【译文】

习凿齿《汉晋春秋》记载:齐王曹芳嘉平四年(252 年),魏将毋丘俭、王昶听说东关的魏军大败,便各自烧掉驻扎地的多余物资撤退了。朝廷议论准备贬黜这些将领,时任大将军的景王司马师道:“是我没有听从诸葛公休(诞)的意见,以致出现这种情况。这是我的过失,各将领又有何罪?"因此全都得到宽恕。当时文王司马昭为监军,统领诸军,只削去他的爵位作罢。同年,雍州刺史陈泰请求下诏和并州合力一同讨伐胡人,司马师同意了。但还未等聚集起来,并州雁门郡和新兴郡的人还以为要到远方去征战,便反叛了。司马师又向朝廷的主管官员道歉说:"这是我的过失,不是陈玄伯(泰)的责任。"于是曹魏的一些官员既惭愧又悦服,人人寻思能予以报答。

习凿齿云:大将军司马师把东关军败和并州二郡反叛这两件事的过失责任都承担了起来,不仅减轻了过失的程度,而且还会使他的功业得到昌盛,可说得上是个明智之人。因为这样一来,人们会忘掉他的过失,反而想着他的好处愿替他效力,虽然他未尝想借此使事业昌盛,但又怎能不昌盛呢?假若他们讳言失败推托责任,把过错归咎于他人,占据功劳而隐瞒损失,就会造成上下之间离心离德,统帅与将士的密切关系解体,这就像城濮之战中楚国因上下离心而再次失败、晋国因君臣同心而再次取胜一样,这说明过错的后果很严重。作为国君,假如能明白这个道理,而能用它去治理国家,那么,朝中就不会出现不良的政治措施,本人也不会留下过错和遗憾。像司马师行动上虽说失误了,但引咎自责的美名却得以显扬,军事上虽说受到挫折,但战略上取得了胜利,那么战败多次也是可以的,何况仅败过两次呢!

【引述】

《三国志·魏书四·三少帝纪》:"冬十一月,诏征西大将军王昶、征东将军胡遵、镇南将军毋丘俭等征吴。十二月,吴大将军诸葛恪拒战,大破众军于东关,不利而还。【注二】"这几句话的意思是:嘉平四年冬,诏三路攻吴,王昶攻南郡,毋丘俭攻武昌,胡遵、诸葛诞率众十万攻东兴。吴派大将军诸葛恪率兵迎战，在东关大败魏军，魏军失利撤军。裴注云司马师把这次的失败归咎于自己，并引用《汉晋春秋》的作者习凿齿的话说他“可谓智矣”。说得倒也对。而《资治通鉴音注》的作者胡三省说得更是深刻，他说：“司马师承父懿之后，大臣未附，引咎自责，所以愧服天下之心而固其权耳，盗亦有道，况盗国乎？”其父司马懿早年就有雄豪之志，知汉运方微，不欲屈就曹操，“辞以风痹”不出仕，后曹操逼之，才“惧而就职”，历经曹操、曹丕、曹叡，直至曹芳，凡四代，司马懿的根基可谓雄厚，又屡受诏为辅主之臣，晚年以“久疾不任朝请，每有大事，天子亲幸第以咨访焉”，何等地荣宠！司马懿死后，长子司马师继其父以抚军大将军辅政。为巩国他的权势和地位，为收买人心，引咎自责只是一种手段罢了，故胡三省一针见血地指出：“盗亦有道，况盗国乎？”《晋书·景帝纪》记载司马师为盗国早就作了准备，他当初“阴养死士三千，散在人间”，在诛杀对手曹爽时，一声号令，“至是一朝而集，众莫知所出也。”这说明他果然如同其父一样奸诈。胡三省所言不谬，司马父子果真都是窃国大盗。

三六　斗智胜于斗力

【注文】

《汉晋春秋》曰：是时姜维[①]亦出围狄道。司马景王问虞松[②]曰：“今东西有事，二方皆急[③]，而诸将意沮[④]，若之何？”松曰：“昔周亚夫坚壁昌邑而吴楚自败[⑤]，事有似弱而强，或似强而弱，不可不察也。今恪悉其锐众[⑥]，足以肆暴，而坐守新城，欲以致[⑦]一战耳。若攻城不拔，请战不得，师老众疲，势将自走，诸将之不径进，乃公之利也。姜维有重兵而县军应恪，投食[8]我麦，非深根之寇也。且谓我并力于东，西方必虚，是以径进。今若使关中诸军倍道[9]急赴，出其不意，殆[10]将走矣。”景王曰：“善！”乃使郭淮、陈泰悉关中之众，解狄道之围；敕毋丘俭等按兵自守[11]，以新城委吴。姜维闻淮进兵，军食少，乃退屯陇西界。

《魏略》曰：特字子产，涿郡人。先时领牙门[12]，给事镇东诸葛诞，诞不以为能也，欲遣还护军。会毋丘俭代诞，遂使特屯守合肥新城。及诸葛恪围城，特与将军乐方等三军众合有三千人，吏兵疾病及战死者过半，而恪起土山急攻，城将陷，不可护。特乃谓吴人曰：“今我无心复战也。然魏法，被攻过百日而救不至者，虽降，家不坐[13]也。自受敌以来已九十余日矣。此城中本有四千余人，而战死者已过半，城虽陷，尚有半人不欲降，我当还为相语之，条名别[14]善恶，明日早送名，且持我印绶去以为信。”乃投其印绶以与之。吴人听其辞而不取印绶。不攻。顷之，特还，乃夜彻诸屋材栅，补其缺为二重。明日，谓吴人曰：“我但有斗死耳！”吴人大怒，进攻之，不能拔，遂引去。朝廷嘉之，加杂号将军，封列侯，又迁安丰太守。

【注释】

① 姜维：字伯约，蜀汉名将，官至大将军。

② “司马”句：司马景王：司马师。虞松：曹魏的太守。

③ 二方皆急：一方指吴国太傅诸葛恪围攻淮南郡的新城，一方指蜀国大将军姜维围攻陇西郡的狄道。

④ 意沮(jǔ)：心志沮丧。

⑤ “昔周亚夫”句：周亚夫：西汉名将。汉景帝三年，吴楚反，亚夫不出战坚壁而守，使轻骑断其粮道，吴楚粮绝，引兵还。亚夫出精兵追击，大破吴王濞。

⑥ 锐众：精锐部队。

⑦ 致：犹致师。

⑧ 投食:就食,求食。

⑨ 倍道:兼程。

⑩ 殆:副词,当,必。

⑪ 自守:自为守卫。

⑫ 牙门:牙门将。

⑬ 不坐:不牵连定罪。

⑭ 条名别:即条别,指区分,辨别。

【译文】

习凿齿《汉晋春秋》记载:齐王嘉平五年(253年),(吴国太傅诸葛恪出兵围攻魏国的新城,)蜀国卫将军姜维也出兵围攻其狄道。景王司马师询问虞松道:“如今东西两路的战事都很吃紧,可诸将领心志沮丧,如何是好?”虞松道:“过去西汉时周亚夫采取坚壁固守的策略,反叛的吴楚由于乏粮便自行撤退。所以事情有时似处弱势但实际强大,有时似处强势但实际弱小,这种情况不可不予辨别。如今诸葛恪率领全部精锐部队,足可横行无阻,面对新城,想通过一战而夺取下来。假若城池攻不下来,请战而我方又不交手,时间一久,军卒就疲惫困顿,为形势所逼自会撤兵,各将领不想进攻,正好对尊公有利。姜维那边拥有重兵好似应和诸葛恪,其实从他在我方就地取粮,就说明他根基不深。况且他认为我们正全力应付东部的战局,西部必然空虚,因此快速进攻。如若使关中各军日夜兼程前来解围,出其意外,他们必将撤退。”司马师道:“好!”便让郭淮、陈泰将关中的部队开来,解狄道之围;又令毋丘险等按兵不动自我守卫,把新城放弃给吴国。姜维闻听郭淮进兵,而军队乏粮,便退兵驻扎在陇西境内。

鱼豢《魏略》记载:张特字子产,涿郡人。早先为牙门将,供职于镇东将军诸葛诞幕下,诸葛诞不认为他有什么才能,想把他退给护军。

恰巧毋丘俭代替诸葛诞之职，毋丘俭就派张特驻守合肥的新城。赶上诸葛恪围攻新城，张特与将军乐方等三军合兵一处共三千人，官吏和兵卒因疾病及战斗而死亡的超过一半，诸葛诞在城外高筑土山抓紧攻城，城池眼看就将沦陷，无法保卫了。张特便告吴人道：“如今我已无心再交战了，然魏国法律规定：被围超过一百天仍无援兵的话，即便投降，家属不会受牵连。自受攻击以来，已有九十多日。新城原有四千余人，战死者已过半，城池即使攻陷，尚有一半人不愿投降，我应回去告知他们，应分辨好歹及早投降，明早将名单送来，现拿我的印绶作为信物。”便把印绶送了出来，吴人听信他的话并未收取印绶。但不再攻城。很快，张特回去，连夜让各家拆除木材和栅栏，用来修补工事的缺口，并把工事加厚为两层。次日，他对吴人说：“我决心跟尔等战斗到死！”吴人大怒，急忙进攻，但攻不下来，便撤兵了。朝廷嘉奖他，升为杂号将军，封为列侯，后又升迁为安丰太守。

【引述】

《三国志·魏书四·三少帝纪》：嘉平五年“五月，吴太傅诸葛恪围合肥新城，诏太尉司马孚拒之。秋七月，恪退还。【注二】”事情发生在公元253年五月，当时吴国诸葛恪大发州郡二十万众，意欲耀威淮南，在回军路上包围了魏国的新城。裴注写到，与此同时，蜀国的姜维也率重兵围攻狄道，两路兵马皆极强势。魏国该当如何应对？司马师与虞松协商后，决定用当年周亚夫坚壁固守和断粮的策略，再加上让关中的兵马来援救这一招，结果没费一枪一弹逼走了姜维，解了狄道之困。至于新城，原打算要放弃的，因为兵力悬殊太大。《孙子·谋攻》云：“故用兵之法，十则围之，五则攻之，倍则分之，敌则能战之，少则能逃之，不若则能避之。”魏之于吴，显然“不若”，只能“避之”。故不出应战，用拖的办法直拖了九十余日，想把对方拖垮，待其师老众疲，然后撤军。”但诸葛恪太强势了，他“悉其锐众，足以肆暴”，守城将领张特便采用了缓兵之计，先稳住对方使其暂时不再攻城，他利用间隙的有利时机加固、加厚防卫工事，使对方难以攻破，最后只好撤兵。新城之围也是运用智谋逼走诸葛恪的。从以上两场战例就可说明斗智远胜于斗力。

三七　司马昭与高贵乡公

【注文】

《汉晋春秋》曰：帝见威权日去①，不胜②其忿。乃召侍中王沈、尚书王经、散骑常侍王业，谓曰：“司马昭之心，路人所知也③。吾不能坐受废辱，今日当与卿[等]自出讨之。”王经曰：“昔鲁昭公不忍季氏④，败走失国，为天下笑。今权在其门，为日久矣，朝廷四方皆为之致死⑤，不顾逆顺之理，非一日也。且宿卫空阙，兵甲寡弱，陛下何所资用，而一旦如此，无乃欲除疾而更深之邪⑥！祸殆不测，宜见重详⑦。”帝乃出怀中版令投地，曰：“行之决矣。正⑧使死，何所惧？况不必死邪！”于是入白太后，沈、业奔走告文王，文王为之备。帝遂帅僮仆数百，鼓噪而出。文王弟屯骑校尉伷入，遇帝于东止车门，左右呵之，伷众奔走。中护军贾充又逆帝战于南阙下⑨，帝自用剑。众欲退，太子舍人成济问充曰：“事急矣，当云何⑩？”充曰：“畜养⑪汝等，正谓今日。今日之事，无所问也。”济即前刺帝，刃出于背。文王闻，大惊，自投于地曰：“天下其谓我何！”太傅孚奔往，枕帝股⑫而哭，哀甚，曰：“杀陛下者，臣之罪也。”

【注释】

①“帝见”句：帝，指高贵乡公曹髦。日去：日渐消失。

② 不胜(shēng):无法承受。

③ 司马昭之心,路人所知:司马昭继其兄司马师任魏之大将军,专国政,日谋篡位,其心路人皆知。后因以喻人所共知的野心。

④ “昔鲁昭公”句:鲁昭公是春秋时鲁国的国君。因事讨伐季氏,结果反被季氏击败,只得出奔到齐国。

⑤ 致死:以死相报。

⑥ “无乃”句:无乃:相当于莫非,恐怕是,表委婉测度的语气。疾:嫌怨。

⑦ 重详:再加审度考虑。

⑧ 正:作连词用,纵然,即使。

⑨ “逆帝”句:逆:迎着。阙:皇宫前面两边的楼台,中间有路可行。

⑩ 云何:如何,怎么办。

⑪ 畜养:私养。亦指饲养牲口。

⑫ 枕帝股:让帝枕于大腿之上。

【译文】

习凿齿《汉晋春秋》记载:高贵乡公曹髦眼见皇室的威势日渐消失,无法承受心中的愤懑。便召集侍中王沈、尚书王经、散骑常侍王业,对他们道:“司马昭谋篡的野心,连路人都知晓。吾不能坐等废黜的羞辱,今当与尔等出殿亲自讨伐他。”王经言道:“昔日鲁昭公因不能容忍季氏,结果兵败出走,丢失了国家,被天下人耻笑。如今朝中大权尽在司马门下,这种情况为时已久,朝廷各方人士都愿为他们效死,也不顾道理是对还是错,此事也非一日。况且值宿的警卫不多,兵甲既少又弱,陛下凭借什么来行事呢?而且一旦付诸行动,恐怕本想消除隔阂反而积怨会更深!祸患难以预料,应该再加审度才好。”高贵乡公便从怀中拿出手版投掷于地,道:“行动已经决定,纵然是死,又有何惧?何况不一定就死呢!”于是进后宫告诉了太后,这时王沈、王业趁机跑去将情况通报给文王司马昭，司马昭便做好了应对准备。接着高贵乡公率领几百僮仆，呐喊鼓噪而出。司马昭之弟屯骑校尉司马伷进宫，在东止车门前遇到皇上高贵乡公，皇上身边的人予以呵斥，司马伷及随行人等匆忙逃散。中卫军贾充却迎着皇上战于南阙门下，皇上亲自拔剑在手。众人正要退下，太子舍人成济询问贾充道："事情紧急，应当怎么办？"贾充道："平日养活你们，正是为了今日，今日之事，没有什么可问的！"成济随即冲上去猛刺皇上，刀刃直从皇上背部刺出。司马昭听说后，大惊，跌坐在地，道："天下人将如何说我呢！"太傅司马孚奔往现场，让皇上枕在他腿上大哭不止，哭得十分悲哀，说道："陛下被杀，是为臣我的罪过啊！"

【引述】

《三国志·魏书四·三少帝纪》：（甘露五年，公元260年）"五月己丑日，高贵乡公卒，年二十。【注一】"从上文的"卒"字可看出高贵乡公当时的身份。古代称帝王死为"崩"，称侯、王死为"薨"，而他什么都不是。按曹髦，系文帝曹丕之孙，东海定王曹霖之子。齐王曹芳被废，公卿议迎立曹髦。他即位后，立刻大赦天下，减少乘舆服饰及后宫用度，停止尚方府工匠制作无用的物件。司马师当时私下问锺会：皇上是怎样的一个主子呢？锺会回答道："才同陈思，武类太祖。"说他才思可比曹植，武略类似曹操，评价很高，由此看来，曹髦是一位想有所作为的君主。执政后，他能体恤战士，如洮西战役后，他下诏曰：朕以寡德，不能式遏寇虐。将士死亡，吾深痛愍。令官员到战死者家中抚恤慰问，免除其赋役，不得有所遗漏。又下诏让树立三代风尚，倡导养老兴教，尊重老人，崇尚温良恭俭的古礼，这些都是很得民心的措施。然他却与野心勃勃的司马昭同世，加上曹髦轻率、急躁的个性，这场悲剧便不可避免地发生了。书上说他"自蹈大祸"，个别人说他"莽撞找死”。但我们认为他是一个有胆识的勇士。作为一国之君,他无法忍受司马氏入朝不趋,带剑上殿;无法忍受他下诏让司马昭留守许昌,而司马昭抗旨不遵却率军还京;无法忍受司马昭在往淮南征讨时,竟“挟太后及帝俱行”。他走到忍无可忍的地步,要么苟延残喘忍气吞声,要么玉石俱焚奋起抗争,曹髦选择了后者,于是便出现了震惊三国史上的皇上被刺惨案。

可悲的是皇上身边被视为亲信的大臣王忱、王业,竟乘机偷偷跑去给司马昭通风报信。可悲的还有郭太后在那种情势下,发了一篇皇太后令(也许出于不得已),将曹髦说得十分不堪,最后提出将其“废为庶人”,这才会出现“高贵乡公卒”的“卒”字。

曹髦的遭遇在当时以及后世都得到广泛的同情,陈寿在《三国志》中所运用的春秋笔法也得到了史学界的高度赞扬。陈寿作为晋朝的史官,却能冒着巨大的风险,通篇都是记载曹髦如何关心官兵,如何体恤百姓,如何推行政教等正面信息,真不愧是一位正直的有节操的“良史”。

三八　卞太后节俭

【注文】

《魏书》曰:后①性约俭,不尚华丽,无文绣②珠玉,器皆黑漆。太祖常得名珰③数具,命后自选一具,后取其中者,太祖问其故,对曰:“取其上者为贪,取其下者为伪,故取其中者。”

《魏书》又曰:太后每随军征行,见高年白首,辄住车呼问,赐与绢帛,对之涕泣曰:“恨④父母不及我时也。”太后每见外亲⑤,不假以颜色[6]，常言："居处当务节俭，不当望赏赐，念自佚[7]也。外舍当[8]怪吾遇之太薄，吾自有常度故也。吾事武帝四五十年，行俭日久，不能自变为奢，有犯科禁[9]者，吾且能加罪一等耳，莫望钱米恩贷[10]也。"帝为太后弟秉起第，第成，太后幸[11]第请诸家外亲，设下厨，无异膳。太后左右，菜食粟饭，无鱼肉。其俭如此。

【注释】

① 后：指曹操的夫人卞氏。曹丕即位后，尊为皇太后。

② 文绣：刺绣华美的丝织品或衣服。

③ 名璫：名贵的耳环。

④ 恨：遗憾。

⑤ 外亲：犹外戚，即皇后家族，下文"外舍"亦此。

⑥ 颜色：指显示出严厉的脸色或行动。

⑦ 自佚：自图安逸。佚，通"逸"。

⑧ 当：官本作"常"。

⑨ 科禁：禁令。

⑩ 恩贷：施恩宽宥，多指于帝王。

⑪ 幸：特指皇上或皇后到某处去。

【译文】

王沈《魏书》载：卞后生性简约俭省，不崇尚富丽华贵，不穿刺绣华丽的衣裳，不佩戴珍珠宝玉，器物多漆为黑色。太祖曹操曾获得一些名贵的耳环，命卞后自选一件，卞后便选取一件中等成色的。问其缘故，回答道："选最好的是贪婪，选最差的是虚伪，所以选中等的。"

《魏书》又载：卞太后每常随军出征在途中，见有年高白发的老者，总让停下车来亲切问候，并赐给他们丝绸布帛，流着眼泪道："遗憾的是父母看不到我们此刻的情形了。”太后每见到娘家的亲戚，从不流露傲慢的神色，常对亲戚们说：“处家过日子应务求节俭，不应企望官家的赏赐，贪图安逸。娘家亲戚可能怪我对待他们有点吝啬，这是我自有常规的缘故。我跟随太祖四五十年，一直都厉行节俭，不能突然变得很奢侈。亲戚有犯禁令的，我还要给他罪加一等呢，不要想望皇上的钱米等恩赐。”皇上为太后之弟卞秉建造了一座宅第，建成后，太后亲临新宅邀请娘家各门亲戚前来，安排的菜肴，没有特殊的食材。平日太后及随从人员，都只是素菜米饭，不备鱼和肉，她就是如此的节俭。

【引述】

《三国志·魏书五·后妃传》：“二十五年，太祖崩，文帝即王位，尊后曰王太后，及践阼，尊后曰皇太后，称永寿宫。【注一】”这几句话大意谓：建安二十五年（220 年），太祖曹操去世，文帝曹丕即魏王之位，尊卞后为王太后，及即皇帝之位，则尊为皇太后，称永寿宫。永寿宫是曹魏皇太后的代称，这是袭用汉制为皇太后取的代称。这种代称是一种官称，不是她们居住宫殿的名字。在董卓之乱时，曹操曾外出避难，不久传来曹操的死讯，跟随他的一些人想各自回家，卞氏劝阻道：“曹君是凶是吉，还不知道，如果还活着，将来还有什么脸面再相见？”大家便留了下来。操得知后十分赞赏卞氏的这一举止。建安初，卞后长子曹丕立为太子，有人建议从府库拿些银两作赏赐之用，卞后道：“只是因为他年龄大才立为太子，有什么理由要赏赐？”这都说明卞后很有见识。卞后，出身艺人家庭，所以懂得生活的艰辛，知道勤俭，很平民化，富有同情心，对母系亲属能严格要求，这都是极好的。所以在拜为王后之后，人们说她有“母仪之德”。

三九　伍孚勇刺董卓

【注文】

谢承《后汉书》曰：伍孚字德瑜，少有大节[①]，为郡门下书佐[②]。其本邑长有罪，太守使孚出教[③]，敕曹下督邮收之[④]。孚不肯受教，伏地仰谏曰："君虽不君[⑤]，臣不可不臣，明府[⑥]奈何令孚受教，敕外收本邑长乎？更乞授他吏。"太守奇而听之。后大将军何进辟为东曹属，稍迁侍中、河南尹、越骑校尉。

董卓作乱，百僚震栗。孚著小铠[⑦]，于朝服裹挟佩刀见卓，欲伺便刺杀之。语阕[⑧]辞去，卓送至阁中，孚因出刀刺之。卓多力，退却不中，即收孚。卓曰："卿欲反邪？"孚大言曰："汝非吾君，吾非汝臣，何反之有？汝乱国篡主，罪盈恶大，今是吾死日，故来诛奸贼耳，恨不车裂[⑨]汝于市朝以谢天下。"遂杀孚。

【注释】

① 大节：高远宏大的志向。

② 门下书佐：门下：指门下省，官署名。书佐：主办文书的佐吏。

③ 出教：发布教令。

④ "敕曹下"句：着令管辖部门的督邮逮捕他。

⑤ 君：古代大夫以上据有土地的各级统治者的通称，可指帝王诸侯，也可指太守郡守，这里指邑长。

⑥ 明府：即明府君，指太守。

⑦ 小铠(kǎi)：防身内甲。铠：古代打仗时穿的一种缀有金属片的战衣。

⑧ 阕：终了，停止。

⑨ 车裂：古时的一种酷刑，即五马分尸。

【译文】

谢承《后汉书》载：伍孚，字德瑜，少年时就有远大的志向，后担任郡门下省主管文书的佐吏。他乡里的邑长犯了罪，太守让伍孚发布教令，并下令让管辖部门的督邮去收捕邑长。伍孚不肯接受这一任务，跪在地下抬头向太守进谏道："邑长虽然犯了罪不像邑长，但做臣子的不可不像臣子，明府君为何令伍孚我发布教令，让我通知外部的人来拘捕本乡的长官呢？请将此任务交给其他官员吧。"太守感到他的想法挺奇怪，但还是听从了他的意见。后来大将军何进任用他为东曹属，不久，升为侍中、河南尹、越骑校尉。

后遭董卓乱政，百官震惊。一日，伍孚内穿防身小铠甲，外穿朝服，在朝服内裹挟着尖刀去见董卓，想寻找机会刺杀他。当他把话说完辞退时，董卓送他到阁楼下，伍孚见机会来了，拔出尖刀向董卓刺去，董卓气力很大，伍孚受阻没能刺中，反被拘捕了。董卓道："你想造反吗？"伍孚大声道："你不是我的君主，我不是你的臣子，有什么造反可言？你祸国殃民，废黜主上，罪恶滔天，恶贯满盈，今日是我的死期，特来诛杀你这奸贼。我恨不得让你在街市上受车裂之刑，用此来向天下人谢罪！"伍孚最后被杀。

【引述】

《三国志·魏书六·董卓传》："初，卓信任尚书周毖、城门校尉伍琼等，用其所举韩馥、刘岱、孔伷、(张资)[张咨]、张邈等出宰州郡。而馥等至官，皆合兵将以讨卓。卓闻之，以为毖、琼通情卖己，皆斩之。【注一】"志书这段话大意是：董卓当初信任周毖、伍琼，并任用他们推荐的官员，而这些官员合兵一处准备讨伐董卓，董卓认为毖、琼是出卖自己，便把他们都杀了。裴注在此引《后汉书》，叙述越骑校尉伍孚刺杀董卓的经过。

伍孚，生性刚毅，勤于职守，勇壮仁义，忠于朝廷。对董卓的种种恶行，早就义愤填膺，决心亲手除掉他。他准备了护身小铠及尖刀，在董卓送他到阁楼之下时，见眼前只他二人，又比较隐蔽，是个极好的机会，忙拔出利刃向董卓刺去，不料董卓力大，未能得手，反遭杀害。伍孚，是一位敢于直面强暴的猛士，忠于汉室的良臣。

这段文字载入《三国演义》第四回，书中有诗赞曰：

汉末忠臣说伍孚，冲天豪气世间无。朝堂杀贼名犹在，万古堪称大丈夫。

四十　董卓十恶不赦

【注文】

《续汉书》曰：太尉黄琬、司徒杨彪、司空荀爽俱诣卓，卓言："昔高祖都关中，十一世后中兴，更都洛阳。从光武至今复十一世，按《石苞室谶》，宜复还都长安。"坐中皆惊愕，无敢应者。彪曰："迁都改制①，天下大事，皆当因民之心，随时之宜。昔盘庚五迁，殷民胥怨，故作三篇以晓之②。往者王莽篡逆③，变乱五常④，更始赤眉⑤之时，焚烧长安，残害百姓，民人流亡，百无一在。光武受命，更都洛阳，此其宜也。今方建立圣主，光隆汉祚⑥，而无故捐宫庙，弃园陵，恐百姓惊愕，不解此意，必糜沸蚁聚⑦以致扰乱。《石苞室谶》，妖邪之书，岂可信用？"卓作色曰："杨公欲沮⑧国家计邪？关东⑨方乱，所在贼起。殽函⑩险固，国之重防。又陇右[11]取材，功夫[12]不难，杜陵南山下有孝武故陶处，作砖瓦，一朝可办。宫室官府，盖何足[13]言！百姓小民，何足与议。若有前却，我以大兵驱之，岂得自在。”百僚皆恐怖失色。琬谓卓曰：“此大事。杨公之语，得无[14]重思！”卓罢坐，即日令司隶奏彪及琬，皆免官。大驾[15]即西。卓部兵烧洛阳城外面百里。又自将兵烧南北宫[16]及宗庙[17]、府库[18]、民家，城内扫地殄尽。又收诸富室，以罪恶没入其财物，无辜而死者，不可胜计。

《献帝纪》曰：卓获山东兵[19]，以猪膏涂布十余匹，用缠其身，然后烧之，先从足起。获袁绍豫州从事李延，煮杀之。卓所爱胡，恃宠放纵，为司隶校尉赵谦所杀。卓大怒曰：“我爱狗，尚不欲令人呵之，而况人乎！”乃召司隶都官挞杀之。

《英雄记》曰：卓侍妾怀抱中子，皆封侯，弄以金紫[20]。孙女名白，时尚未笄[21]，封为渭阳君。于郿城东起坛[22]，从[23]广二丈余，高五六尺，使白乘轩金华青盖车，都尉、中郎将、刺史二千石在郿者，各令乘轩簪笔[24]，为白导从，之坛上，使兄子璜为使者授印绶。

【注释】

①迁都改制：更换都城，改变体制。

②“盘庚”二句：盘庚，是殷第十七代王，为改变动荡的政局和避免水灾，迁都至殷（今河南安阳西北殷墟地）。遵汤之德，行汤之政，诸侯来朝，故而得以中兴，在位二十八年。

③王莽篡逆：西汉末年，王莽篡汉自立为帝，国号为新，是谓新朝。

④五常：指五种伦常道德，即父义、母慈、兄友、弟恭、子孝。也指仁、义、礼、智、信。

⑤更始赤眉：赤眉是西汉末年著名农民起义军之一。因其将眉毛涂成红色以示区别，故称。他们拥宗室刘玄为帝，年号更始，史称更始政权。

⑥ 祚(zuò):同“阼”,指某一封建王朝的国统。

⑦ 糜(mí)沸蚁聚:比喻世事混乱之甚,如同糜粥沸于锅内,如同蚂蚁聚集之乱。

⑧ 沮(jǔ):阻止,败坏。

⑨ 关东:指函谷关和潼关以东地区。

⑩ 殽函:殽山和函谷关的并称,相当于今陕西潼关县以东至河南新安县一带。

⑪ 陇右:古泛指陇山以西地区。

⑫ 功夫:指工程夫役。

⑬ 何足:犹言哪里值得。

⑭ 得无:亦作“得毋”“得亡”,犹言岂不,莫非。

⑮ 大驾:指皇帝出行。

⑯ 南北宫:《太平御览》引《续汉书》曰:“卓烧南北宫、雒阳城,无只瓦尺木。”

⑰ 宗庙:古代帝王、诸侯祭祀祖宗的庙宇。

⑱ 府库:旧指国家贮藏财物、兵甲的处所。

⑲ 山东兵:董卓作乱时,山东大兴义兵,十路兵马共讨董卓,故董卓恨之。

⑳ 金紫:金印紫绶。

㉑ 未笄:指女子未成年。笄:盘头发用的簪子,女子盘头表示成年。

㉒ 坛:土筑的高台,用于朝会、盟誓和祭祀等。

㉓ 从:同纵横的“纵”。

㉔ 簪笔:把毛笔插于冠前,谓之插笔为礼。

【译文】

司马彪《续汉书》载:太尉黄琬、司徒杨彪、司空荀爽一同去见董卓。董卓道:“过去高祖建都关中,经过十一世而后中兴,于是迁都洛阳。从光武帝到如今又过了十一世,按《石苞室谶》所言,应该迁回长安。”座中大臣莫不惊愕,没有敢回应的。司徒杨彪道:“迁移都城,改变体制，这是国家大事，应顺应民心，切合时宜。殷商时盘庚五次迁都，殷地之民甚有怨言，故而盘庚写了三篇诰示，让臣民知晓迁都之利与不迁都之害。后王莽篡汉，造成五常伦理道德的混乱，直到更始赤眉起义攻入长安，焚烧宫室，残害百姓，民人流亡，百无一存。光武帝在那种情况下受命登极，迁都到洛阳，那是非常适宜的。如今圣主刚即位，正应安定政局，致力汉统的昌隆，却反而无缘无故废弃现有的宫殿庙堂，远离祖上的园陵墓地，恐怕百姓也会惊恐，不知因何迁都，必会像煮沸的米粥那样动荡、像聚集的蚂蚁一般慌乱。《石苞室谶》本属妖邪之书，哪里可作凭信？”董卓听罢变了脸色道：“杨公是想阻止国家大计的实施吗？如今关东一带正有动乱，所到之处时有贼寇。迁都长安，则有险固的殽山和函谷关可作朝廷的屏障。另外，能到陇右一带采运建筑材料，工程夫役的雇佣也不困难。杜陵南山下有孝武帝当年烧制陶器的处所，要烧砖瓦一朝可办。修建宫殿官府也不值一提！百姓系小民，哪里值得与他等议论。假若有不知进退之人，我用大兵驱赶他们，看他们还能自在吗？”官员们一听大惊失色。太尉黄琬道：“迁都是大事，杨公之言，明公能否重新考虑。”董卓从座位上站起，当日命司隶呈上奏折，免去杨彪和黄琬的官职。董卓于是挟持皇上前往长安。董卓的部卒焚烧了洛阳城外一百多里内的商铺和房舍，董卓又亲自率兵焚烧了南北宫殿和皇家的宗庙、国家的府库、百姓的住宅，城内像扫过的地面一般被洗劫一空。接着又收寻各富豪家，给他们加上各种罪名而后没收其财物，无辜而死的人，不计其数。

刘艾（一说刘芳）《献帝纪》载：董卓抓到山东的义兵，便把十几匹布涂抹上猪油，用此布缠裹其身，然后残忍地点燃，把人倒立于地，先从足部烧起。抓到袁绍的部下豫州从事李延，竟用开水活活地煮死。董卓有个喜欢的胡人，依恃受宠到处横行霸道，被司隶校尉赵谦杀掉。董卓大怒道：“我的爱犬，尚不愿让人呵斥，何况是人呢？”于是召来司隶都官将赵谦乱棍打死。

王粲《英雄记》载:董卓将侍妾怀里抱着的小孩子,都封了侯,把金印紫绶当作玩具。他有个孙女名白,当时还未成年,便封为渭阳君。在郿坞东筑起土坛,土坛纵横各长两丈有余,高五六尺,让孙女董白乘坐金华青盖车,命令凡在郿城的都尉、中郎将、刺史等官员各乘轩车,头插簪笔,作董白的前导或后从。董白登坛后,董卓让其兄之子董璜作为使者给董白授予金印和紫绶。

【引述】

《三国志·魏书六·董卓传》:"初平元年二月,乃徙天子都长安。焚烧洛阳宫室,悉发掘陵墓,取宝物。【注一】卓至西京,为太师,号曰尚父。……卓弟旻为左将军,封鄠侯;兄子璜为侍中中军校尉典兵;宗族内外并列朝廷。【注三】"志书这段话大意是说:初平元年(190 年)二月,董卓把天子迁都到长安,烧毁洛阳宫殿,挖掘陵墓,获取大量珍贵物品。到了西京长安,董卓自任太师,号称尚父。……董卓之弟董旻当了左将军,还封了侯;其兄子董璜也当了官,主管军事;董氏宗族内外之人都做了朝官。裴松之在此注引《续汉书》等书,揭露了董卓的种种倒行逆施,可谓十恶不赦!汉末三国时才女蔡文姬在《悲愤》诗中写道:"汉季失权柄,董卓乱天常。志欲图篡弑,先害诸贤良。……"写尽了董卓及西凉兵祸乱国家残害百姓的野蛮行径。

董卓将皇上迁至长安,则在长安附近的郿坞营筑了自己的安乐窝,其城墙与长安一样高,在内存储了三十年的粮谷,说:"事成,雄踞天下,不成,守此足以毕老。"让尚书以下官吏到他的府里去汇报事务。董卓从率军进京到操纵中央政权,给东汉末年的政局造成极大的混乱,给社会稳定带来极大的破坏。东汉政权因之日趋衰败,最终走向倾覆,当然,其覆灭是有多种原因的,但是,董卓之乱无疑加快了其灭亡的进程。

裴松之说道："桀、纣无道，秦、莽纵虐，皆多历年所，然后众恶乃著。董卓自窃权柄，至于陨毙，计其日月，未盈三周，而祸崇山岳，毒流四海。其残贼之性，寔豺狼不若。"

四一　王允挟天子上城门

【注文】

张璠《汉纪》曰：布兵败[1]，驻马青琐门[2]外，谓允曰："公可以去。"允曰："安国家，吾之上愿[3]也，若不获，则奉身以死。朝廷幼主恃我而已，临难苟免，吾不为也。努力[4]谢关东诸公，以国家为念。"傕、汜[5]入长安城，屯南宫掖门，杀太仆鲁馗、大鸿胪周奂、城门校尉崔烈、越骑校尉王颀。吏民死者不可胜数。司徒王允挟天子上宣平城门[6]避兵，傕等于城门下拜，伏地叩头。帝谓傕等曰："卿无作威福，而乃放兵纵横，欲何为乎？"傕等曰："董卓忠于陛下，而无故为吕布所杀。臣等为卓报仇，弗敢为逆也。请事竟，诣廷尉受罪。"允穷逼出见傕，傕诛允及妻子宗族十余人。长安城中男女大小莫不流涕。允字子师，太原祁人也。少有大节，郭泰见而奇之，曰："王生一日千里[7]，王佐[8]之才也。"泰虽先达，遂与定交。三公并辟[9]，历豫州刺史，辟荀爽、孔融为从事，迁河南尹、尚书令。及为司徒，其所以扶持王室，甚得大臣之节，自天子以下，皆倚赖焉。卓亦推信[10]之，委以朝廷。

华峤[11]曰：夫士以正立，以谋济，以义成，若王允之推董卓而分其权，伺其间而弊[12]其罪。当此之时，天下之难解[13]矣，本之皆主于忠义也，故推卓不为失正，分权不为不义，伺间不为狙诈，是以谋济义成，而归于正也。

【注释】

① 布兵败：布指吕布。董卓被杀，其部将收罗余部攻进京城长安，吕布与之战于城中，兵败。

② “驻马”句：驻马：停下马来。青琐门：门上雕刻花纹用青色涂之称青琐。

③ 上愿：最大的愿望。

④ 努力：勉力，尽力。

⑤ 傕、汜：董卓的部将李傕、郭汜。

⑥ 宣平城门：《三辅黄图》载，长安东面上北头门号称宣平门。

⑦ 一日千里：形容马跑得快，引申为形容进步或发展迅速。

⑧ 王佐：辅佐帝王创业治国的人才。

⑨ 三公并辟：三公都想聘用他。东汉时以太尉、司徒、司空为三公。

⑩ 推信：推重信服。

⑪ 华峤：晋时史学家。

⑫ 弊：裁决，定罪。

⑬ 难解：《后汉书》“难”作“悬”。裴松之注引《庄子》“斯所谓帝之悬解”，悬解喻安泰也。

【译文】

张璠《汉纪》记载：吕布的兵马在与李傕、郭汜的交战中败下来，驻扎在青琐门外，他对司徒王允道：“王公可与我一同离开这里。”王允道：“上安国家，是我最大的心愿，如若不能，我则以身殉国。皇上年幼还需依恃于我，面对国难苟安逃避，我是不会去干的。请拜托关东诸公定要尽力，要以国家为念。”董卓的部将李、郭二人攻进长安城，驻军南宫掖门，杀害了太仆鲁馗、大鸿胪周奂、城门校尉崔烈、越骑校尉王颀。官吏和百姓被杀的不计其数。司徒王允用胳膊架着皇上登上宣平城门躲避兵患，李傕等人在城门之下伏地叩拜皇上。献帝对李傕等道："卿等不要作威作福了，像这样放纵士卒到处横行，想要干什么呢？"傕等回道："董卓忠于陛下，却无故被吕布杀死。臣等是为董卓来报仇，不敢行叛逆之事。事情完毕，情愿到廷尉处领罪。"因为诛杀董卓是王允出的主意，他于是出面见李傕，李傕杀掉王允及其妻、子以及同族共十余人。长安城内男女老少没有不为之流泪的。王允字子师，太原祁（今山西祁县）人。少时就有高远宏大的志向，同郡的郭泰见到他，大为赏识，说："王生像快马似地可日行千里，将来是辅佐帝王的人才。"郭泰虽是先贤前辈，但与他结为知交。三公都愿征召他为属官。他历任豫州刺史，曾辟荀爽、孔融为从事，后升迁为河南尹、尚书令。及至担任了司徒，更致力于扶持汉室，具有做大臣的节操，自皇上以下，都依赖于他，就连董卓也推重信服他，把朝廷大事交付他处理。

华峤云：作为卿士，要以正确的准则来立身，要以足够的智谋来济世，要以忠贞的仁义来成事。像王允借推重董卓而分揽他的大权，侦伺董卓的空隙而判定他的罪孽。在那个时候，天下暂且处于安稳的局面，能有此局面根本还在仁义二字，所以推重董卓不是丧失正确的准则，分揽大权不是有失大义，侦伺空隙不是伺机作诈。这就是用智谋来济世，赖仁义促成功，最终归结于有正确的准则。

【引述】

《三国志·魏书六·董卓传》："十日城陷，与布战城中，布败走。傕等放兵略长安老少，杀之悉尽，死者狼藉。诛杀卓者，尸王允于市。【注二】"这段话大意是：十日之后，长安城被李傕、郭汜攻破，他们与吕布在城中大战，吕布兵败出走。李傕等人放纵士卒在长安城中抢掠，百姓几乎被杀戮殆尽，尸体遍地。他们追杀曾杀过董卓的人，把王允的尸体陈放在大街上。裴松之在此注引《汉纪》,追述了李郭进犯长安、王允挟天子上城避难以及王允以身殉国的经过。

事情发生在汉献帝初平三年(192年)。从志书及注文皆可看到,王允尽心竭力想"安国家",为此,他"矫情屈意,每相承附"从而分揽董卓的大权,使董卓"亦推信之,委以朝廷"。他"伺其间"而暗暗记下董卓的罪行要给他判刑,他在危急时刻挟天子登城避难。他为扶持王室苦心经营,他为保卫皇上献出一片赤心。还值得一提的是他对汉代图书、档案等文化典籍的保护。董卓迁都长安时,王允特意把兰台、石室两个藏书馆所藏图书全部收集整理,并收集他处书籍,装箱运往长安,故云汉朝"经籍俱存,允有力焉"。因此王允被杀,"天子感恸","长安城中男女大小莫不流涕",但《通鉴辑览》却道:"诛首恶,赦胁从,非特自安,亦所以安朝廷也。允不审权变,自复骄傲,且议赦议罢,毫无断制,以致酿成乱阶(指祸端),无足深惜。"此论甚是,功过理应分明。从《后汉书》王允传可了解到王允是一个性格刚强、疾恶如仇的人,他"不审权变"。在诛董卓之后,对董卓的余党不是"诛首恶,赦胁从",而是最初认为"此辈无罪,从其主耳",初议为"赦之";继而又认为非"安之之道",又议为"不赦"。余党认为"既无赦书",遂合谋为乱,攻进长安。从而导致了生灵涂炭的局面,因余党"放兵略长安老少,杀之悉尽";又导致了朝廷的权柄旁落,因进城后李傕自称车骑将军、郭汜为后将军,专擅朝政,一片混乱;还导致了天子蒙难、百官流离,因李傕、郭汜两派争权夺利在城内厮杀,竟胁持天子,"李傕质天子于其营","郭汜复欲胁天子还都郿",后天子辗转到洛阳,宫室被烧,百官只得"依丘墙间"。所以说,王允既是捍卫王室、保护皇上的忠臣,又是酿成傕、汜犯长安事件的始作俑者。

从这里得出一个教训,那就是当权者在制定政策时,一定要慎之再慎,一旦不慎,就可能走向初衷的反面。王允之鉴,不可不引以为戒！

四二　绞粪汁饮之

【注文】

《典略》曰：傕数①设酒请汜，或留汜止宿。汜妻惧傕与汜婢妾而夺己爱，思有以离间之。会傕送馈，妻乃以豉为药，汜将食，妻曰："食从外来，倘或有故②！"遂摘药示之，曰："一栖不二雄③，我固疑将军之信李公也。"他日傕复请汜，大醉。汜疑傕药④之，绞粪汁饮之乃解⑤。于是遂生嫌隙，而治兵相攻。

【注释】

① 数(shuò)：屡次。

② 有故：有意外，是暗害的婉辞。

③ 一栖不二雄：以鸡为喻，一窝鸡若有二雄则必斗。

④ 药：用药毒杀。

⑤ "绞粪汁"句：传说粪汁能解毒。绞：挤压，拧。

【译文】

鱼豢《典略》载：李傕多次备酒请郭汜赴宴，有时还留郭汜在家过夜。郭汜的妻子担心李傕会给郭汜送去婢女小妾而夺了自己的专宠，就思谋着离间他们。恰巧李傕送来酒食，汜妻便在豆豉中放进毒药。郭汜正待要吃，其妻阻拦道："食物从外送来，倘或有何意外。"说着便挑出有药的豆豉(喂狗致死)给丈夫看，道："一窝鸡容不下两只公鸡，我原本就怀疑李公对将军你的信任。”一日李傕又请郭汜，喝得酩酊大醉。郭汜怀疑是李傕给他下了毒药，忙把粪挤出粪汁喝下才感到解了毒。于是二人产生了仇怨，进而以兵相攻。

【引述】

《三国志·卷六·董卓传》:“汜与傕转相疑，战斗长安中。【注二】”这里没有说二人因何“相疑”，裴注说了，是因为郭汜的妻子吃醋导致二人相疑，于是大动干戈，直在长安城内厮杀了好几个月，造成了社会极大的动荡，惨死了无数无辜的百姓，这场让人悲愤莫名的残杀，起因却是妇人的妒忌，真是荒唐！

四三　臭不可食

【注文】

《献帝起居注》曰：初，汜谋迎天子幸①其营，夜有亡②告傕者，傕使兄子暹将数千兵围宫，以车三乘迎天子。杨彪曰：“自古帝王无在人臣家者。举事③当合天下心，诸君作此，非是也。”暹曰：“将军计定矣。”于是天子一乘，贵人伏氏一乘，贾诩、左灵一乘，其余皆步从。是日，傕复移乘舆④幸北坞，使校尉监坞门，内外隔绝。诸侍臣皆有饥色，时盛暑热，人尽寒心⑤。帝求米五斛，牛骨五具以赐左右，傕曰：“朝餔⑥上饭，何用米为？”乃与腐牛骨⑦，皆臭不可食。帝大怒，欲诘责之。侍中杨琦上封事⑧曰：“傕，边鄙之人，习于夷风，今又自知所犯悖逆，常有怏怏之色，欲辅车驾幸黄白城⑨以纾其愤。臣愿陛下忍之，未可显其罪也。”帝纳之。初，傕屯黄白城，故谋欲徙之。傕以司徒赵温不与己同，乃内温坞中。温闻傕欲移乘舆，与傕书曰："公前托为董公报仇，然实屠陷王城，杀戮大臣，天下不可家见而户释也。今争睚眦[10]之隙，以成千钧之仇，民在涂炭，各不聊生，曾不改寤[11]，遂成祸乱。朝廷仍下明诏，欲令和解，诏命不行，恩泽日损，而复欲辅乘舆于黄白城，此诚老夫所不解也。于《易》，一过为过，再为涉，三而弗改，灭其顶[12]，凶。不如早共和解，引兵还屯，上安万乘，下全生民，岂不幸甚！"傕大怒，欲遣人害温。其从弟应，温故掾也，谏之数日乃止。帝闻温与傕书，问侍中常洽曰："傕弗知臧否[13]，温言太切，可为寒心。"对曰："李应已解之矣。"帝乃悦。

华峤《汉书》曰：汜飨公卿，议欲攻傕。杨彪曰："群臣共斗，一人劫天子，一人质公卿，此可行乎？"汜怒，欲手刃[14]之，中郎将杨密及左右多谏，汜乃归之。

【注释】

① 幸：封建时代称帝王亲临为幸。

② 有亡：即有亡者，即有逃出来的人。

③ 举事：行事，办事。

④ 乘舆：指皇上乘的车子，此处指皇上。

⑤ 寒心：担心，恐惧。

⑥ 朝餔：犹朝晡，即早饭。

⑦ 腐牛骨：章怀注引《献帝纪》：因当初不让携带谷米，进入北坞，又不得外出购买，皇上便向李傕索米及牛骨给官吏、宫人充饥，而"傕不与米，取久（放置了很久）牛肉牛骨给，皆已臭虫（都已腐臭还生了虫子）不可啖食。"

⑧ 封事：密封的奏章。

⑨ 黄白城：在池阳境内，时封李傕为池阳侯，故欲帝幸黄白城。

⑩ 睚眦（yá zì）之隙：怒视，瞪眼看人，借指微小的怨恨。

⑪ 改寤：亦作“改悟”，醒悟改过。

⑫ 灭其顶：简作“灭顶”，指水没过头顶，多喻灾祸严重，能令人死亡。

⑬ 臧否（zāng pǐ）：善恶，得失。

⑭ 手刃：亲自杀掉。《后汉书》董卓传载：郭汜欲杀掉杨彪，杨彪道：“卿尚不奉国家，吾岂求生耶！”

【译文】

《献帝起居注》记载：最初，郭汜谋算接皇上到他的营寨，夜间有人跑去把此事告诉了李傕，李傕便让其兄之子李暹率领数千兵卒包围了皇宫，用三辆车子去接皇上。司徒杨彪道：“自古以来皇上从不在臣子那里居留。办事要符合天意民心，你们这样做，是不对的。”李暹道：“李将军的计策就是这么定的。”于是皇上乘一辆，贵人伏氏乘一辆，贾诩、左灵共乘一辆，其余官吏、宫人都徒步跟随到达李傕营中。当天，李傕又把皇上他们转移到北坞。派校尉监守坞门，内外隔绝。诸侍臣面露饥色，时值盛夏酷暑，人人皆心寒胆颤。皇上向李傕索求五斛米、五具牛骨想赐予随从之人，李傕道：“早上用饭，要米干什么？”送来一些腐牛骨，都已腐臭得不能食用。皇上大怒，准备呼来斥责。侍中杨琦忙呈上密封的奏章，奏道：“李傕，是边远之人，习惯少数民族的风俗，如今又自知犯下忤逆之罪，所以常有不快之意，想将皇上迁往黄白城来排解他的愤懑。臣愿陛下暂且忍耐，先不要揭露他的罪行。”皇上采纳了他的建议。起初，李傕驻扎在黄白城，故而思谋着让皇上迁移到那里。李傕因为司徒赵温不和他持相同意见，便将赵温关在北坞中。赵温闻听李傕欲迁移圣驾到黄白城，便给他写信道：“李公以前托言为董卓公报仇才起兵，然而实际是通过屠杀攻陷了京城，接着又杀戮了很多大臣，天下有些事是无法挨家挨户地去解释的。如今你们二人只因睚眦小怨，发展成为千钧之重的仇恨，导致生灵涂炭，民不聊生，至今不知醒悟改过，从而酿成祸乱。朝廷已颁布明诏，令你双方和解，可你等不执行诏命，有损皇上的恩泽，却还想让皇上移驾黄白城，这确是老夫我难于理解的。《易经》上说：犯一次过错为之‘过’，再犯为之‘涉’，三犯而不改则有‘灭顶’之灾，卦象为‘凶’。因此不如及早和解，带兵返回原驻地，这样上安皇上，下全百姓，岂不是好事吗！”李傕看罢大怒，想派人去杀赵温。其堂弟李应，是赵温旧日的掾吏，劝谏了数日这才作罢。皇上听说赵温给李傕写信，向侍中常洽问道：“李傕是不知好歹之人，赵温的言辞过于严厉，真让朕担心啊。”常洽答道：“李应已解决了此事。”皇上才放了心。

华峤《汉书》载：郭汜招待各公卿，议论欲进攻李傕，杨彪道：“群臣相斗，一个劫持天子，一个将公卿作人质，这怎么可以呢？”郭汜大怒，要亲自斩杀杨彪，中郎将杨密及好多官员再三劝谏，郭汜才把杨彪放了回去。

【引述】

《三国志·魏书六·董卓传》：“傕质天子于营，烧宫殿城门，略官寺，尽收乘舆服御物置其家。【注三】”这几句话的大意是：李傕把皇上作为人质置于营中，烧毁宫殿、城门，抢略官署，将那里的车马、衣服和皇上的用品全都搬回他家。此处的裴注引自《献帝起居注》。

无论从志书还是注文都可看到，李傕、郭汜与十恶不赦的董卓一样无恶不作，他们求赦不成，竟聚众杀向长安。他二人原只是喽罗，郭汜还干过盗马的勾当，后随董卓当了将军。他们进入长安，不仅向皇上索要官职，还自封为高官，滥杀无辜，混乱朝政。后来二人反目为仇，引发了一场恶狼相争，累及皇室的混战，他们竟把皇上和公卿当作人质，挟持到自己的营寨备受折磨。后来此二人沦为草寇，接着被杀，他们虽然了结了罪恶的一生，但他们带给社会的是大动乱，带给国家的是国统倾颓，李傕、郭汜之乱是中国历史上悲剧的一页！

四四　天子落难

【注文】

《献帝起居注》曰：初，天子出到宣平门[①]，当度桥，汜兵[②]数百人遮桥问“是天子邪”，车不得前。傕兵数百人皆持大戟在乘舆[③]车左右，侍中刘艾大呼云：“是天子也。”使侍中杨琦高举车帷。帝言诸兵：“汝不却[④]，何敢迫近至尊[⑤]邪？”汜等兵乃却。既度桥，士众咸呼万岁。

《献帝纪》曰：初，议者欲令天子浮河东下[⑥]，太尉杨彪曰：“臣弘农人，从此已东，有三十六滩，非万乘[⑦]所当从也。”刘艾曰：“臣前为陕令，知其危险，有师[⑧]犹有倾覆，况今无师，太尉谋是也。”乃止。及当北渡，使李乐具[⑨]船。天子步行趋河岸，岸高不得下，董承等谋欲以马羁[⑩]相续以系帝腰。时中宫[⑪]仆伏德扶中宫，一手持十匹绢，乃取德绢连续为辇。行军校尉尚弘多力，令弘居前负帝，乃得下登船[⑫]。其余不得渡者甚众，复遣船收诸不得渡者，皆争攀船，船上人以刃栎[⑬]断其指，舟中之指可掬。

《魏书》曰：乘舆时居棘篱[⑭]中，门户无关闭。天子与群臣会，兵士伏篱上观，互相镇压[⑮]以为笑。诸将专权，或擅笞杀[⑯]尚书。司隶校尉出入，民兵抵掷[⑰]之。诸将或遣婢诣省阁[⑱]，或自赍[⑲]酒啖，过天子饮，侍中不通，喧呼骂詈，遂不能止。又竞表拜诸营壁[⑳]民为部曲，求其礼遗[㉑]。医师、走卒，皆为校尉，御史刻印不供，乃以锥[㉒]画，示有文字，或不时得也。

【注释】

①“天子”句：李傕和郭汜在长安相互厮杀，并将天子与公卿劫持到营内。张济来此为二人和解，天子才得出营。东出宣平门，准备迁都去洛阳。

②汜兵：指郭汜的兵卒。

③乘舆：天子乘坐的车子。

④却：退却，退后。

⑤至尊：《荀子·正论》：“天子者执位至尊。”此指天子。

⑥“议者”句：当时跟随皇上的羽林军不满百人，而李傕、郭汜的兵马甚多，他二人又绕营呼叫，吏士皆失色，故有人建议抄东路过砥柱而行。但按《水经注》：“自砥柱而下至五户滩，其间一百二十里，有十九滩，水流湍急，破舟船，自古所患。”

⑦万乘：周制，天子地方千里，能出兵车万乘，故“万乘”亦指天子。

⑧有师：“师”指精通某种技艺的人，这里指河上的摆渡人。

⑨具：准备。

⑩马羁(jī)：马笼头。

⑪中宫：是皇后居住的处所，因以借指皇后。

⑫乃得下船：《袁宏纪》曰：“傕见河北(河之北岸)有火，遣骑侯之适见上(皇上)渡河，呼曰：‘汝等将天子去邪！’董承惧射(惧怕对方射箭)之，以被为幔，既渡，幸李乐营。”

⑬栎(lì)：打，击。

⑭棘篱：用荆棘作成的篱笆。

⑮镇压：你倚着我，我压着你。

⑯笞杀：拷打致死。

⑰抵掷：投掷。

⑱诣省阁：《后汉书·董卓传》章怀注引此作“诣省问”。周寿昌曰：“天子居棘篱中，尚有何省阁可诣乎？”“省问”即存问。

⑲ 赍(jī):怀抱着,带着。

⑳ 营壁:营垒。借指屯守营垒的士卒。

㉑ 礼遗(wèi):指馈赠礼物。

㉒ 锥:锥子。

【译文】

《献帝起居注》载:当初,天子从李傕的军营出来到宣平门外,将要过桥,郭汜的兵卒有数百人遮挡在那边桥上问"是天子吗?"皇上的车驾根本到不了桥头,这边李傕的兵卒也有数百人,都举着兵器大戟不离皇上的车驾左右,侍中刘艾高声喊道:"是天子啊!"并让侍中杨琦把车上的帘帷举高表明是天子,献帝对兵卒们道:"尔等何不退下!怎敢逼近皇上?"郭汜等人的兵卒这才退去。过了桥,士卒们都高呼"皇上万岁"!

刘芳(一说刘艾)《献帝纪》载:(在去洛阳的路上,)起初,商议如何渡过黄河时,有人主张让天子乘船从东路的砥柱走,太尉杨彪道:"我是弘农人,知道从这里往东,要路经三十六处险滩,不是皇上应选的路线。"刘艾也道:"我以前作过陕令,深知此路的危险,有摆渡师跟随尚有翻船的可能,何况如今还没有呢,太尉的考虑是对的!"于是决定不从东路走。从北面渡河,让李乐备办船只。天子步行到黄河岸边,岸高水低下不去,卫将军董承等想着把马笼头连接起来系在皇上腰间缒下。此时正见皇后的仆人伏德一手搀扶着皇后,另一手抱着十匹绢,便取过绢连接成绢索。行军校尉尚弘气力大,则令尚弘在前背着皇上,才缒下船去。其余无法乘船的甚多,然后再将船开过来接未渡之人。许多人争着攀船,船上的人就用刀击,船中被击断的手指都可捧起来。

王沈《魏书》载:天子当时居处在临时用荆棘筑成的篱笆之间,无门无窗无法关闭。天子与群臣会聚议事，军卒们便扒在篱笆上观看，你靠着我、我压着你地相互嘻笑取乐。李傕和郭汜专权，擅自将尚书拷打致死，司隶校尉进出，都会遭士卒用石头瓦块投掷。他们的将领有的打发侍婢到天子处存问一下，有的抱着酒坛子吃喝，打从天子跟前经过，也不知回避通报侍中一声，到处是一片喧闹嬉笑叫骂的声音，想制止也制止不住。他们又竞相向皇上上表，声称营垒里许多人已升为部曲官吏，要求给予赏赐。一些医师、走卒都拜为校尉，御史不停地刻官印也供应不上，最后就用锥子尖刻画，表示有文字而已，就这，也不是即刻就能拿到。

【引述】

《三国志·魏书六·董卓传》："张济自陕和解之，天子乃得出，至新丰、霸陵间。【注一】……傕等纵兵杀公卿百官，略宫人入弘农。天子走陕，北渡河，失辎重，步行，唯皇后、贵人从，至大阳，止人家屋中。【注三】奉、暹等遂以天子都安邑，御乘牛车。太尉杨彪、太仆韩融近臣从者十余人。……遣融至弘农，与傕、汜等连和，还所略宫人公卿百官，及乘舆车马数乘。是时蝗虫起，岁旱无谷，从官食枣菜。【注四】"这一段有三个裴注，其大意是：张济自陕来为李傕、郭汜调解，献帝才得脱身，来到丰县、霸陵二县间。……李傕等放任兵卒杀害公卿百官，抢略宫人进入弘农地界。天子逃到陕县，自北渡过黄河，辎重车马尽丢失，只好步行，唯有皇后和贵人随从，到大阳县，住在百姓家中。杨奉、韩暹等人侍奉献帝暂在安邑定都，皇上乘坐的是牛车。身边只有太尉杨彪、太仆韩融等十几个近臣。……皇上派韩融去弘农，与李傕、郭汜等连和，他二人归还了劫掠的宫人、百官及乘舆车马数辆。当时蝗灾肆虐，岁旱，五谷不收，随行官员只能以青枣野菜充饥。裴注在此有不少引文，我们只选取了上面的三段注文，题之为"天子落难"。

汉献帝刘协是一个多灾多难的末代皇帝。他经历过十常侍的乱政，见识过少帝登基未坐稳便发生了董卓之乱，目睹了兄长被废、与其母何太后同时被杀的皇室大乱。当时少帝只有十四岁，他才九岁，任由董卓摆布，战战兢兢地被扶上了皇位，从此，战战兢兢穷其一生，先有董卓的胁持专权，继有傕、汜的混战杀戮，再后，又有曹操的挟天子以令诸侯。他自始至终生存在他们的犀利目光之下，他如坐针毡，如芒在背，痛苦地煎熬着。他也奋发过，想中兴汉室，但无能为力。也曾谋划过，想除掉曹操，反被曹操杀了伏皇后及两个皇子。当汉纪衰败之际，历史的车轮是不依人们的意志为转移的，最后曹丕逼他禅让，他也只好把大汉王朝四百年的基业亲手捧给他人，成为汉王朝的掘墓人，刘氏的不肖子孙。不过客观地说，献帝在朝政极度混乱，各诸侯相互混战的情况下，尽力运用朝廷的有限权势，调和各势力间的关系，苦心经营，把东汉政权维持了二十多年，还是很不容易的。他的一生，既可怜，又可悲，却又万般无奈！

四五　袁绍拔刀

【注文】

《英雄记》曰：绍生而父死，二公爱之。幼使为郎，弱冠[①]除濮阳长，有清名[②]。遭母丧，服竟[③]，又追行父服，凡在家庐[④]六年。礼毕，隐居洛阳，不妄通宾客，非海内知名，不得相见。又好游侠[⑤]，与张孟卓、何伯求、吴子卿、许子远、伍德瑜等皆为奔走之友[⑥]。不应辟命。中常侍赵忠谓诸黄门曰："袁本初坐作声价[⑦]，不应呼召而养死士[⑧]，不知此儿欲何所为乎？"绍叔父隗闻之，责数绍曰："汝且破我家！"绍于是乃起应大将军[⑨]之命。

《献帝春秋》曰：卓欲废帝，谓绍曰："皇帝冲暗[10]，非万乘之主。陈留王犹胜，今欲立之。人有少智，大或痴，亦知复何如，为当且尔[11]；卿不见灵帝乎？念此令人愤毒[12]！"绍曰："汉家君天下四百许年，恩泽深渥[13]，兆民戴之来久。今帝虽幼冲，未有不善宣闻天下，公欲废适立庶[14]，恐众不从公议也。"卓谓绍曰："竖子[15]！天下事岂不决我？我今为之，谁敢不从？尔谓董卓刀为不利乎！"绍曰："天下健者[16]，岂唯董公？"引佩刀横揖而出[17]。

【注释】

① 弱冠(guàn)：古时以男子二十岁成人，初加冠，因体犹未壮，故曰"弱冠"。

② 清名：清美的名声。

③ 服竟：服完服丧之期。

④ 冢(zhǒng)庐：墓旁守丧者住的小草屋。

⑤ 游侠：古称豪爽好结交，轻生重义，勇于排难解纷的人。

⑥ 奔走之友：彼此尽力相助的挚友。

⑦ 声价：名声与身价。

⑧ 死士：效死的勇士。

⑨ 大将军：指时为大将军的何进。

⑩ 冲暗：年幼蒙昧。

⑪ 且尔：犹言且如此耳。

⑫ 愤毒：愤恨。毒，恨也。

⑬ 深渥(wò)：谓恩泽深厚。

⑭ 废适(dí)立庶：适，同"嫡"。古代宗法制度，将正妻所生之子称嫡子，妾所生之子称庶子。

⑮ 竖子：小子，对他人的蔑称。

⑯ 健者：勇猛刚强者。

⑰“引佩刀”句:引,抽取,执持。揖,拱手为礼。

【译文】

王粲《英雄记》载:袁绍出生时其父已亡故,二公甚是疼爱他,年少时便使他任郎官,二十岁官拜濮阳长,颇有美好的名声。后遭母丧,他服完母亲之丧后,又追服父亲之丧,在墓旁的冢庐里连住了六年。然后隐居于洛阳,不随便交结宾客,不是海内知名之士,则难得与他相见。他为人豪爽,又愿为人排忧解难,与张孟卓、何伯求、吴子卿、许子远、伍德瑜等结为倾力相助的挚友,不接受征召。中常侍赵忠对黄门官员道:“袁本初(绍)不声不响坐获美誉,不应朝廷征召却养着一些敢死之士,不知这年轻人想干什么?”袁绍之叔袁隗听到后,责备袁绍道:“你将会败破我们这个家!”袁绍于是接受了大将军的任命。

袁暐《献帝春秋》载:董卓欲废黜少帝,对袁绍道:“皇上年幼蒙昧,不是当天子的主子,陈留王则很优秀,如今欲立他为帝。有的人小时聪明,长大反痴呆了,也知道这是没有办法的事,只好听其如此罢了,袁公不见灵帝就是这样的吗?每念及此令人愤恨不已。”袁绍道:“汉家君临天下已四百余年,恩泽深厚,万民拥戴由来已久。当今皇上虽然年幼,但没有不当之事闻之于天下,董公欲废嫡子而立庶子,恐怕众人不会认同吧。”董卓竟对袁绍道:“小子!天下大事难道不取决于我吗?我想办的事,谁敢不从?你以为我董卓的刀不锋利吗!”袁绍应道:“天下勇猛刚强之人,难道只有你董公一人吗?”说着拔出佩刀横握在手,拱手而出。

【引述】

《三国志·魏书六·袁绍传》:“董卓呼绍,议欲废帝,立陈留王。是时绍叔父隗为太傅,绍伪许之,曰:‘此大事,出当与太傅议。’卓曰:

'刘氏种不足复遗。'绍不应，横刀长揖而去。【注一】"其大意是：董卓叫来袁绍，与他商议废少帝、立陈留王的事。时袁绍叔父袁隗身为太傅，袁绍假意应承，说"这是大事，要与太傅相议"。董卓说："刘氏皇族不值得保留了。"袁绍不回答，横握佩刀拱手离去。据此，故题为"袁绍拔刀"。

董卓进了京城，要树立个人威信，莫过于擅行废立。所以就有了与袁绍议废少帝立陈留王的情节，袁绍提出异议，董卓竟然骂他"竖子"！还说："我今为之，谁敢不从？"进而恐吓道："尔谓董卓刀为不利乎！"一副暴戾凶恶、动辄杀伐的无赖嘴脸跃然纸上。在这种杀气腾腾的场合下，袁绍还敢顶撞时为相国的董卓，其底气何在呢？原来袁绍是原司徒袁逢之子，太傅袁隗之侄，袁家四代居三公之位，门生故吏遍及天下，堪称第一豪门。袁绍虽然年轻，却已官居中军都尉，在京城是公认的年轻领袖。《后汉书·袁绍传》注曰："绍揖卓去，坐中惊愕。卓新至，见绍大家，故不敢害。"正因如此，董卓不敢像对待其他官员一样也"拔剑欲刺"，而只是吓唬说：我董卓的刀可锋利呢。袁绍也不含糊，拔刀出鞘道："天下健者，岂唯董公？"意谓：我袁绍的刀也很锋利，然后扬长而去。董卓也没能把他怎么样，倒是在他人的劝解下，"乃拜绍渤海太守，封邟乡侯"。经过这一场较量，士人们便把袁绍看作是正义的风向标，所以在十八路诸侯联合成立反董盟军时，一致推举袁绍为盟主。也正因为他具有盟主的政治优势，从而成为汉末土地最广、势力最强的一方诸侯。

四六　战乱像恶魔

【注文】

谢承《后汉书》曰：班[①]，王匡之妹夫，董卓使班奉诏到河内，解释[②]义兵。匡受袁绍旨，收班系狱，欲杀之以徇军[③]。班与匡书云："自古以来，未有下土诸侯举兵向京师者。《刘向传》曰'掷鼠忌器'[④]，器犹忌之，况卓今处宫阙[⑤]之内，以天子为藩屏[⑥]，幼主在宫，如何可讨？仆与太傅马公、太仆赵岐、少府阴修俱受诏命。关东诸郡，虽实嫉卓，犹以衔奉王命[⑦]，不敢玷辱。而足下独囚仆于狱，欲以衅鼓[⑧]，此悖暴[⑨]无道之甚者也。仆与董卓有何亲戚，义岂同恶[⑩]？而足下张虎狼之口，吐长蛇之毒，恚卓迁怒[⑪]，何甚酷哉！死，人之所难，然耻为狂夫所害。若亡者有灵，当诉足下于皇天。夫婚姻者祸福之机[⑫]，今日著矣。曩为一体，今为血仇[⑬]。亡人子二人，则君之甥，身没之后，慎勿令临仆尸骸也。"匡得书，抱班二子而泣。班遂死于狱。

【注释】

① 班：胡母班，字季友，时任执金吾。

② 解释：解除，解散。关东各诸侯组成讨董卓的盟军，袁绍为盟主，董卓利用他的相国身份让皇上下诏书，让袁绍解散盟军。

③ 徇(xùn)：传首示众。

④ 掷鼠忌器：投掷东西打老鼠，又怕打坏了近旁的器物。

⑤ 宫阙(què)：古时帝王所居宫门前有双阙，所以将宫殿称为宫阙。

⑥ 藩屏：比喻屏障。

⑦ 衔奉王命:奉行帝王的命令。

⑧ 衅(xìn)鼓:古时作战,杀人或杀牲以血涂于鼓上来行祭。

⑨ 悖(bèi)暴:背理凶暴。

⑩ 同恶:指共同作恶。

⑪ 迁怒:谓把对甲的怒气发泄到乙身上。

⑫ 机:指事物的关键。

⑬ 血仇:有亲人被杀害的仇恨。

【译文】

谢承《后汉书》载:执金吾胡母班,是河内太守王匡的妹夫,董卓派胡母班奉诏书到河内去见义军盟主袁绍,让他解散义军。王匡受袁绍的指令,拘捕胡母班捆绑起来投进牢狱,准备杀掉传首示众。胡母班给王匡写信说:"自古以来,从未有下面的诸侯发兵进攻京城的。《刘向传》里云'掷鼠忌器',打老鼠还怕打坏近旁的器物,何况董卓如今就在宫内,把天子当作掩护自己的屏障,幼主尚在宫中,如何可以讨伐?我与太傅马融、太仆赵岐,少府阴修都是接受了皇上的诏命才来这里的。关东各郡诸侯,虽都憎恨董卓,但因我等是奉王命而来,故而不敢无礼。而只有足下独把我囚禁入狱,还想杀我衅鼓祭旗,这也太残暴无道了吧。我与董卓无亲无故,怎会与他同流合污?可足下竟张开虎狼之口,吐出毒蛇之舌,把对董卓的愤怒发泄到我身上,何其残酷啊!死,是人之所必然,然而我耻于被狂夫所害。假若死后魂灵有知,我将向皇天控诉你。婚姻关系本是祸福相联的纽带,今日看明白了。以前我们亲如一家,今后成了有血仇的人。我有两个儿子,也就是你的外甥,我死之后,切勿让他们见到我的尸骸。"王匡收到书信,抱着胡母班的两个儿子痛哭。胡母班最后死在狱中。

【引述】

《三国志·魏书六·袁绍传》:“卓遣执金吾胡母班、将作大匠吴修赍诏书喻绍,绍使河内太守王匡杀之。【注二】”文中提到的胡母班,出身于泰山郡的望族,少时与山阴人度尚、东平人张邈等八人,并轻财赴义,赈济穷人,世称“八厨”, 他也是一员悍将。讨董之战开始后,董卓派他们几个人奉诏去作瓦解工作, 胡母班正是河内太守王匡的妹夫,王匡奉盟主之命,只得将妹夫抓了起来,胡母班那封痛斥王匡的书信,也使王匡非常痛苦,而胡母班的死使两家成了仇人。谢承《后汉书》载“班亲属不胜愤怒”,后借助曹操之手杀了王匡才算了事。战乱像恶魔,给国家带来祸患,给百姓带来灾难,也给亲人之间带来不应有的仇怨。

四七　机安可失　失不再来

【注文】

《献帝传》曰:沮授说①绍云:“将军累叶辅弼②,世济忠义。今朝廷播越③,宗庙毁坏,观诸州郡外托义兵,内图相灭,未有存主恤民④者。且今州城粗定,宜迎大驾⑤,安宫邺都,挟天子而令诸侯⑥,畜士马以讨不庭⑦,谁能御之!”绍悦,将从之。郭图、淳于琼曰:“汉室陵迟⑧,为日久矣,今欲兴之,不亦难乎!且今英雄据有州郡,众动万计,所谓秦失其鹿⑨,先得者王。若迎天子以自近,动辄表闻,从之则权轻,违之则拒命,非计之善者也。”授曰:“今迎朝廷,至义也,又于时宜大计也,若不早图，必有先人者也。夫权不失机[10]，功在速捷，将军其图之！”绍弗能用。

《献帝春秋》曰：绍耻班[11]在太祖下，怒曰：“曹操当死数矣，我辄救存之，今乃背恩，挟天子以令我乎！”太祖闻，而以大将军让[12]于绍。

《九州春秋》载授谏辞曰：“世称一兔走衢[13]，万人逐之，一人获之，贪者悉止，分定[14]故也。且年均以贤，德均则卜，古之制也。愿上惟先代成败之戒，下思逐兔分定之义。”绍曰：“孤欲令四儿各据一州，以观其能。”授出曰：“祸其始此乎[15]！”

【注释】

① 说(shuì)：劝说别人听取自己的意见。

② 累叶辅弼：接连几代辅佐皇室。

③ 播越：流离失所，指流亡在外。

④ 存主恤(xù)民：使君主的社稷稳定，能体恤人民的疾苦。

⑤ 大驾：指皇上。

⑥ 挟(xié)天子以令诸侯：挟制天子，并用其名义号令诸侯。

⑦ 不庭：不朝拜朝廷者。

⑧ 陵迟：衰败。

⑨ 秦失其鹿：《史记·淮阴侯列传》：“秦失其鹿，天下共逐之。”裴骃《集解》引张晏曰“以鹿喻帝位也”。失鹿即失去天下。

⑩ 权不失机：取得权柄的机会不可丢失。

⑪ 班：指官位排列的次序。

⑫ 让：把好处让给他人。

⑬ 一兔走衢(qú)：走：跑。衢：四通八达的道路。

⑭ 分(fèn)定：名分确定。章怀注引《左传》：王后无嫡则择立长，年均以德，德均以卜。

⑮ 祸其始此乎：其：用于疑问代词前后，起强调作用。

【译文】

《献帝传》载：谋士沮授劝说袁绍道："将军一家几代辅佐皇室，以忠义称著于世。如今天子四处流离，帝王宗庙也遭毁坏。遍观各州郡对外都打着义兵的旗号，实际暗中相互歼灭，无人真心实意地想使君主的社稷安稳，而去体恤百姓的疾苦。况且如今冀州城已大体安定，将军应该去迎接皇上，把皇宫定都在邺城，这样就可以挟天子以令诸侯，而后储备兵马讨伐不朝拜朝廷的人，有谁敢抵御呢！"袁绍听了很高兴，准备照此办理。谋士郭图、淳于琼则道："汉室衰微，为时已久，如今想使之重新振兴，不也很难吗！而且各路英雄都占据有州郡，动辄能聚众上万，这局面就像所说的秦国丢失了天下，谁先得到谁就是'王'。如若迎来天子，倒是离自己近了，但动不动就要上奏天子，服从天子则自身权力太轻，不服从则是违抗皇命，这不是好计策。"沮授道："如今迎接天子，是极合乎道义之举，也是极符合时机的大谋略，若不早动手，必定有抢占先机的人。执掌权柄的机遇万万不可失掉，要想成功就需加快速度，望将军及早谋划。"袁绍没能采纳。

袁暐《献帝春秋》载：袁绍耻于官位排在曹操之后，怒道："曹操几次面临死亡，我动不动就援救他，如今却背恩负义，想挟天子来命令我吗！"曹操听到后把大将军的职位让给了袁绍。

司马彪《九州春秋》载：沮授对袁绍劝谏道："世人称有只兔子跑到四通八达的路上，有一万个人在追逐，最后有一人得到，其他想得到的人全都作罢，因名分已定的缘故。（立继承人的名分也是如此，）若年龄相仿就看谁最贤能，若才德相仿就看占卜的结果，这是自古以来的制度。望将军从大处应考虑前代所以成败的警诫，从小处应考虑追逐兔子确定名分的道理。" 袁绍道："我想让四个孩子各治理一个州，以便观察他们的才能。” 沮授出来道:“祸乱恐怕就从这里开始了！”

【引述】

《三国志·魏书六·袁绍传》:“图还说绍迎天子都邺,绍不从。【注一】会太祖迎天子都许,收河南地,关中皆附。绍悔,欲令太祖徙天子都鄄城以自密近,太祖拒之。天子以绍为太尉,转为大将军,封邺侯,【注二】绍让侯不受。顷之,击破瓒于易京,并其众。【注三】出长子谭为青州,沮授谏绍:‘必为祸始。’绍不听,曰:‘孤欲令诸儿各据一州也。’【注四】”以上这段话大意是:郭图从天子那里归来后劝袁绍迎天子到邺城建都,袁绍不听。(志书说郭图劝袁绍迎天子,裴注说沮授劝袁绍迎天子,估计二人都劝说过。)后来曹操迎天子定都许昌,夺得黄河以南的地盘,关中一带都归附于他。袁绍后悔没有先迎天子,便想让曹操将天子迁都到靠近自己的鄄城，曹操拒绝了。天子任命袁绍为太尉,转为大将军,封邺侯,袁绍不接受封侯。不久,袁绍在易京打败了公孙瓒,吞并了他的残部。命长子袁谭任青州刺史,沮授劝袁绍:“这样会引来祸端。”袁绍不听,说“我想让儿子们各据一州。”当时,天子颠沛流离,处在危难时刻,谁能挺身迎天子,安家邦,谁就占了先机,从而可以挟天子以令诸侯,无敌于天下。沮授劝袁绍“若不早图,必有先入者也”。袁绍不听,果然,曹操成为“先入者”,“迎天子都许”，此时“绍悔”，但悔之晚矣！他想让皇上迁都到离他较近的鄄城,曹操不仅拒绝了,还让皇上下诏责其:地广兵多专自树党,不闻勤王之师。真是“机不可失”，失不再来,错过了一步则受制于人矣。

袁绍有子三人:谭、熙、尚,还有个外甥叫高干。谭长而惠,尚少而美,绍偏爱之,欲使传嗣,便让谭出任青州刺史。沮授以“万人逐兔”为喻,说如若不改,祸其始此。后来谭与尚果然结怨,相互争斗,最后皆被曹操所杀。

史学家何焯说：袁绍“不从迎天子之谋，所以先败，不听出长子之谏，所以速亡”。这两点是《袁绍传》之纲。其实，袁绍在当时是地盘最大、势力最强的诸侯，曹操在《己亥令》中也说他“孤自度势，实不敌之”。但经官渡一战，被曹操扭转了局面，袁绍则“自军败后发病”，后忧愤而死。如果深究袁绍失败的原因，正如《后汉书》所云：“绍外宽雅有局度，忧喜不形于色，而性矜愎自高，短于从善，故至于败。”就是说，他有他的长处，短处在于不善于集思广益，不采纳良好的建议，而是自视过高，刚愎自用，最后导致败亡。孙子曰：“故知兵之将，民之司命，国家安危之主也。”是说懂得用兵的将帅，是民众生死攸关的“司命”，是国家安危的主宰。所以作为军事长官，不仅要会用兵，还必须要修身。

四八　谗言可畏

【注文】

《献帝传》曰：绍将南师①，沮授、田丰谏曰：“师出历年②，百姓疲弊，仓庾③无积，赋役方殷④，此国之深忧也。宜先遣使献捷天子，务农逸民；若不得通，乃表曹氏隔我王路。然后进屯黎阳，渐营河南，益作舟船，缮治器械，分遣精骑，钞⑤其边鄙，令彼不得安，我取其逸。三年之中，事可坐定⑥也。”审配、郭图曰：“兵书之法，十围五攻，敌则能战。今以明公之神武，跨河朔之强众，以伐曹氏，譬若覆手⑦，今不时取，后难图也。”授曰：“盖救乱诛暴，谓之义兵，恃众凭强，谓之骄兵。兵义无敌，骄者先灭。曹氏迎天子安宫许都，今举兵南向，于义则违。且庙胜[8]之策，不在强弱。曹氏法令既行，士卒精练，非公孙瓒坐受围者也。今弃万安之术，而兴无名[9]之兵，窃为公惧之！”图等曰：“武王伐纣，不曰不义，况兵加曹氏而云无名！且公师武臣（竭）力，将士愤怒，人思自骋，而不及时早定大业，虑之失也。夫天与弗取，反受其咎[10]，此越之所以霸，吴之所以亡也。监军之计，计在持牢[11]，而非见时知机[12]之变也。”绍从之。图等因是谮授“监统内外，威震三军，若其浸盛，何以制之？夫臣与主不同者昌，主与臣同者亡，此《黄石》[13]之所忌也。且御众于外，不宜知内。”绍疑焉，乃分监军为三都督，使授及郭图、淳于琼各典一军，遂合而南。

【注释】

①绍将南师：指袁绍将向南出兵攻打许都。

②师出历年：指袁绍近年讨伐公孙瓒等事。

③仓庾（yǔ）：储藏粮食的仓库。

④殷：众多，频繁。

⑤钞：掠夺，此处指扰乱，骚扰。

⑥坐定：很容易地平定。

⑦覆手：把手掌往下一翻，比喻事情容易办成。

⑧庙胜：指预先制定的克敌制胜的谋略。

⑨无名：指没有名义，没有正当理由。

⑩“天予弗取”二句：《国语·越语下》：“时不再来，天予不取，反为之灾。”天予，即天与。

⑪持牢：固守。

⑫见时知机：看到时运的推移而预知事情变化的先兆。

⑬《黄石》：指黄石公的兵书《黄石公三略》，胡三省注：“即张良在下邳所得之书也。”

【译文】

《献帝传》载：袁绍将要出兵南下，沮授、田丰劝谏道："我军连年征战，百姓疲惫不堪，仓库粮食匮乏，赋税差役繁多，这是国家最担忧的。我们应先派使者向天子报捷，致力农耕休养生息，假若不能通达于天子，就呈表上奏曹操阻隔我通达天子之路。然后进驻黎阳，逐步经营黄河以南地区，多造舟船，整治器械，分派精悍的骑兵，骚扰对方的边境，使其不得安宁，我方则以逸待劳，三年之间，就可安坐而定天下。"审配、郭图道："兵书上的打法是，十倍则包围、五倍则进攻，势力相当就可交战。如今以袁公的神明威武，握有河朔间的强兵劲旅，以此讨伐曹操，易如反掌，若今不及时攻取，以后就难收拾了。"沮授道："大凡拯救战乱铲除强暴，就称为义兵，自恃人多凭藉强权，就称为骄兵。仁义之师天下无敌，骄逸之兵先被破灭。曹操迎天子建宫于许都，如今举兵去攻，就是违背道义。再且克敌制胜的策略，不一定在于兵力的强弱。曹操的法令得以推行，士卒精锐干练，不像公孙瓒等着被包围。如今我们放弃了万全的谋略，而发动无正当理由的攻势，我私下为袁公感到恐惧。"郭图等人道："武王伐纣，无人说不义，况且派兵攻打曹操还能说师出无名吗！而且袁公的军队勇猛奋力，将士奋勇善战，人人都想建功，若不及时早定大业，便是失策。便是上天赐予而不接纳，反会受到上天的责备，这就是越国所以称霸，吴国所以灭亡的原因。监军沮授的计谋，在于稳妥牢靠，却不是根据时运的变化而见机行事。"袁绍采纳了郭图的意见。郭图等借此机会进谗言，说沮授"监管内外，威震三军，如若逐渐强势，如何控制他呢？一般来说大臣与主公权力不同则昌盛，主公与大臣权力等同则灭亡，这是《黄石》兵书中所忌讳的。况且在外统领军队的，不该知晓内部情事"。袁绍也产生了疑心，把沮授的职权分由三人都督，让沮授及郭图、淳于琼各掌管一军,合兵一处向南进发。

【引述】

《三国志·魏书六·袁绍传》:(袁绍有)"众数十万,以审配、逄纪统军事,田丰、荀谌、许攸为谋主,颜良、文丑为将率,简精卒十万,骑万匹,将攻许。【注五】"这几句话的大意是:袁绍的部队达数十万人,由审配和逄纪统管军事,田丰、荀谌、许攸作为谋士,颜良、文丑乃为大将,挑选精锐部卒十万,战马一万,准备进攻许昌。裴注引《献帝传》,叙述战前谋士们对进军许昌的不同意见,不同见解者背后所进的谗言,及主帅的处理办法。

古代用兵之前在祖庙举行一定的仪式,讨论和决定作战的计划叫"庙算";估算主客观条件,预制克敌制胜的谋略叫"庙胜"。战前进行双方力量对比,测算胜负几率是十分必要的。通过不同见解的陈述,最后一锤定音的是主帅。主帅如何采纳正确的意见从而取胜呢?《孙子兵法》上提出五条,曰:"知可以战与不可以战者胜,识众寡之用者胜,上下同欲者胜,以虞待不虞者胜,将能而君不御者胜。此五者,知胜之道也。"袁绍除最后一条"君不御"外,其他几条都未能操胜券,在这种情势下,仓促上阵,乃属兵家大忌。另外,沮授所言极是,天子已建都许昌,袁绍作为汉朝臣子,而"举兵南向,于义则违。"更紧要的是临战之际,袁绍竟听信郭图等人的谗言,削减主将的职权,这更是兵家之大忌。此次与曹操的战斗即历史上有名的官渡之战,这是两大军事集团争霸的一场决定性战役,战前双方力量对比悬殊,袁绍远胜过曹操。曹操还想撤兵不打了,但众人鼓舞着他,而袁绍又有种种失误,便使曹操取得了以弱胜强、以少胜多的战例,扭转了双方格局,一世英杰的袁绍从此一蹶不振,忧郁而卒。由此观之,谗言绝不可进,谗言亦绝不可信,故题之为"谗言可畏",以儆世人!

四九　陈琳《为袁绍檄豫州》

【注文】

《魏氏春秋》载绍檄州郡文①曰：

"盖闻明主图危以制变②，忠臣虑难以立权③。曩④者强秦弱主，赵高执柄⑤，专制朝命，威福由己，终有望夷之祸⑥，污辱至今。及臻吕后，禄、产专政⑦，擅断万机，决事省禁，下陵上替⑧，海内寒心。于是绛侯、朱虚兴威奋怒，诛夷逆乱⑨，尊立太宗⑩，故能道化兴隆，光明显融⑪，此则大臣立权之明表也。

"司空曹操，祖父腾，故中常侍，与左悺、徐璜并作妖孽⑫，饕餮⑬放横，伤化虐民。父嵩，乞匄⑭携养，因赃假位，舆金辇璧⑮，输货权门，窃盗鼎司⑯，倾覆重器。操赘阉遗丑⑰，本无令德⑱，僄狡锋侠⑲，好乱乐祸。幕府昔统鹰扬⑳，扫夷凶逆㉑。续遇董卓侵官㉒暴国，于是提剑挥鼓㉓，发命东夏㉔。方收罗英雄，弃瑕录用㉕，故遂与操参咨策略，谓其鹰犬㉖之才，爪牙可任。至乃愚佻短虑㉗，轻进易退，伤夷折衄㉘，数丧师徒㉙。幕府辄复分兵命锐，修完补辑㉚，表行东郡太守、兖州刺史，被以虎文㉛，授以偏师，奖蹙威柄，冀获秦师一克之报㉜。而操遂乘资跋扈，肆行酷烈，割剥元元㉝，残贤害善。故九江太守边让㉞，英才俊逸，天下知名，以直言正色，论不阿谄，身[首]被枭县㉟之戮，妻孥㊱受灰灭之咎。自是士林㊲愤痛，民怨弥重，一夫奋臂，举州同声，故躬破于徐方，地夺于吕布，彷徨东裔，蹈据无所。幕府唯强干弱枝之义，且不登叛人之党，故复援旌擐甲，席卷赴征，金鼓响震，布众破沮㊳，拯其死亡之患，复其方伯㊴之任，是则幕府无德于兖土之民，而有大造㊵于操也。

“后会銮驾东反[41]，群虏乱政。时冀州方有北鄙之警，匪遑离局[42]，故使从事中郎徐勋就发遣操，使缮修郊庙，翼卫幼主。而便放志专行，胁迁省禁[43]，卑侮王官，败法乱纪，坐召三台[44]，专制朝政，爵赏由心，刑戮在口。所爱光五宗，所恶灭三族[45]，群谈者蒙显诛，腹议[46]者蒙隐戮，道路以目[47]，百寮钳口，尚书记朝会，公卿充员品而已。

“故太尉杨彪，历典三司，享国极位，操因睚眦[48]，被以非罪，榜楚并兼，五毒俱至，触情放慝，不顾宪章。又议郎赵彦[49]，忠谏直言，议有可纳，故圣朝含听[50]，改容加锡，操欲迷夺[51]时权，杜绝言路，擅收立杀，不俟报闻。又梁孝王，先帝母弟，坟陵尊显，松柏桑梓，犹宜恭肃，而操率将校吏士亲临发掘，破棺裸尸，略取金宝，至令圣朝流涕，士民伤怀。又署[52]发丘中郎将、摸金校尉，所过堕突[53]，无骸不露。身处三公之官，而行桀虏之态，殄国虐民，毒流人鬼。加其细政[54]苛惨，科防[55]互设，缯缴[56]充蹊，坑阱[57]塞路，举手挂网罗，动足蹈机陷，是以兖、豫有无聊[58]之民，帝都有吁嗟之怨。历观古今书籍，所载贪残虐烈无道之臣，于操为甚。

“幕府方诘外奸，未及整训，加意含覆，冀可弥缝[59]。而操豺狼野心，潜苞祸谋[60]，乃欲挠折栋梁，孤弱汉室，除灭中正，专为枭雄。往岁伐鼓北征，讨公孙瓒，强御桀逆，拒围一年。操因其未破，阴交书命[61]，欲托助王师，以相掩袭，故引兵造河，方舟北济。会其行人[62]发露，瓒亦枭夷，故使锋芒挫缩，厥图不果。屯据敖仓，阻河为固，乃欲以螳螂之斧，御隆车之隧。幕府奉汉威灵，折冲宇宙，长戟百万，胡骑千群，奋中黄、育、获之材[63]，骋良弓劲弩之势，并州越太行，青州涉济、漯，大军泛黄河以角[64]其前，荆州下宛、叶而掎[65]其后，雷震虎步，并集虏庭[66]，若举炎火以焫[67]飞蓬，覆沧海而沃熛炭[68]，有何不消灭者哉？当今汉道陵迟，纲弛纪绝。操以精兵七百，围守宫阙，外称陪卫，内以拘执，惧其篡逆之祸，因斯[69]而作。乃忠臣肝脑涂地之秋，烈士立功之会也，可不勖[70]哉！”

【注释】

① 檄(xī)文：古代用于征召或声讨等的文书。本篇是陈琳为袁绍撰写的征讨曹操的文书，亦名《袁绍檄州郡文》，选自裴注《魏氏春秋》。《后汉书》亦载此，文字略有出入。

② 制变：犹应变。

③ 立权：建树功勋。

④ 曩(nǎng)：过去，从前。

⑤ 执柄：掌权。

⑥ 望夷之祸：指公元前207年的秦朝末年，赵高令其婿逼秦二世胡亥在望夷宫自杀。这里指代秦朝灭亡。

⑦ “及臻吕后”二句：吕后名雉，是汉高祖刘邦的皇后，刘邦死后，她封侄子吕禄、吕产为王、为相国，掌管朝政。

⑧ 下陵上替：在下的凌驾于上，在上的废弛无所作为，指上下失序。

⑨ “于是绛侯”二句：绛侯指刘邦的大臣周勃，朱虚是刘邦之孙刘章，封朱虚侯。他们和陈平共同在吕雉死后，一举消灭了吕氏势力，保住了刘氏政权。

⑩ 尊立太宗：拥立刘邦四子刘恒为帝，是为汉文帝，庙号太宗。

⑪ 显融：显明，显著。

⑫ 妖孽：邪恶的人或事，喻祸害。

⑬ 饕餮(tāo tiè)：传说中的一种贪吃的怪兽，比喻贪得无厌者。

⑭ 乞匄(gài)：即乞丐。有施与、给予的意思。

⑮ 舆金辇璧：用车载运金玉宝货。

⑯ 鼎司：鼎为权力的象征，指重臣的位置。

⑰ 赘阉(zhuì yān)遗丑：对曹操的骂语。操父嵩本姓夏侯，作了宦官中常侍曹腾的养子，冒姓曹，以此来诋曹操出身卑微。

⑱ 令德：美好的德行。

⑲ 僄（biào）狡锋侠：敏捷勇敢，仗势欺人，“言如其锋之利也”。

⑳ “幕府”句：幕府本指将军在外的营帐，后亦泛指军政大吏的府署，这里指大将军袁绍。鹰扬：《诗·大雅·大明》“维师尚父，时维鹰扬。”指勇猛的将领。

㉑ 扫夷凶逆：指袁绍杀尽宫中宦官一事。

㉒ 侵官：超越权限而侵犯其他官员的职权。

㉓ 挥鼓：擂鼓。古代作战擂鼓为前进，敲打金属称鸣金为撤退，故有“一鼓作气”“鸣金收兵”的说法。

㉔ 东夏：中国称华夏，董卓当时在长安、洛阳，反董联军在其东部的白马一带，故称东夏。

㉕ 弃瑕（xiá）录用：谓不计较缺点、过失而录用人才。瑕指玉上面的斑点，喻缺点。

㉖ 鹰犬：行猎时，追捕禽兽的鹰和狗，比喻可受指使并能效力的人。

㉗ 愚佻（tiāo）短虑：愚昧轻佻，眼光短浅。

㉘ 伤夷折衄（nǜ）：受到创伤，遭到失败。

㉙ 师徒：士卒，亦借指军队。

㉚ 修完补辑：整修而使之完好，补充兵员而使之安定。

㉛ 被以虎文：被：同“披。”虎文：汉代武官服。

㉜ 冀获秦师一克之报：典出秦晋《殽之战》。春秋时，秦国大夫孟明视领兵与晋交战，战败了，秦穆公未加惩罚，希望他能报仇，后来，他果在殽山战役中大败晋军。

㉝ 割剥元元：侵夺百姓。

㉞ 边让：《后汉书·边让传》：“其乡人有构让（陷害边让）于操，操告郡就杀之。”

㉟ 枭县：将首级悬挂示众。县同“悬”。

㊱ 妻孥（nú）：妻子儿女。

㊲ 士林：指文人士大夫阶层。

㊳ 破沮(jǔ):因战败而丧失士气。

㊴ 方伯:泛指地方长官。这里指曹操围吕布于濮阳,被吕布击破投靠袁绍,袁绍给兵五千,还让他重得兖州,为一方方伯。

㊵ 大造:大恩德,大功劳。

㊶ 鸾驾东反:指汉献帝从长安返回洛阳。

㊷ 匪遑(huáng)离局:匪遑:来不及。离局:远离自已的部署,即离开职守。

㊸ 胁迁省禁:指曹操胁迫汉献帝迁都到许昌事。省禁:宫中,借指朝廷。

㊹ 三台:古代天子有灵台、时台、囿台,汉承秦制,以尚书为中台,御史为宪台,谒者为外台,合称三台。

㊺ "所爱"二句:五宗:指高祖、曾祖、祖、父、已身五代。三族:指父族、母族、妻族。

㊻ 腹议者:犹"腹诽",谓口不言而心恶之者。

㊼ 道路以目:路上相见,以目示意,不敢交谈。表明政治黑暗暴虐。

㊽ 睚眦(yá zì):瞋目怒视,瞪眼看人,指微小的怨恨。当时袁术僭乱,曹操托言杨彪与袁术有婚姻关系,诬以欲图废置,捕之入狱,百般拷问。

㊾ 议郎赵彦:指赵彦在许都时,看到汉献帝身边都是曹操的亲信,便为献帝陈言时策,结果被曹操杀害。

㊿ 含听:倾听采纳。

51 迷夺时权:犹惑乱时政。

52 署:安排,任命。

53 堕(huī)突:毁坏。

54 细政:苛细烦杂的法令。

55 科防:用禁令刑律加以防范。

56 缯缴(zēng zhuó):猎取飞鸟的射具,缴是系在箭上的丝绳。比喻陷害他人的手段。

57 坑阱(kēng jǐng):用以捕兽或擒敌的陷坑,常比喻害人的圈套。

58 无聊:此指贫穷无依靠。

㊾ “加意”二句：含覆：含容庇护。冀：希望。弥缝：缝合，补救。

㊿ 潜苞祸谋：潜苞：犹包藏。祸谋：恶计。

61 阴交书命：阴交：私下交结。书命：犹书信。指曹操暗地欲借机攻击袁绍。

62 行人：负有某种使命被派出外联络、交涉的人员。

63 奋中黄、育、获之材：中黄：亦称中黄伯，曾说“余左执太行之犹而右搏彫虎”；育：指周朝的夏育；获：指战国时的乌获。皆古代大力士，语出《战国策》。

64 角（jué）：喻张开的两角，比喻从两旁夹攻。杨伯峻曰：“引伸之，凡当面迎击谓角，从后牵引为掎。”

65 掎（jǐ）：牵引，拖住。

66 虏庭：古时对少数民族所建政权的贬称。

67 焫（ruò 又读 rè）：焚烧。

68 沃熛（biāo）炭：扑灭燃烧的炭火。

69 斯：指示代词，指这篇檄文。

70 勖（xù）：勉励。

【译文】

孙盛《魏氏春秋》载有袁绍的《檄州郡文》，檄文言道：

“大凡圣明的君主对付危机则是制定应变的策略，忠诚的臣子在灾难降临时则要思虑建树功勋。从前秦国强大君主却很软弱，丞相赵高执掌大权，控制着朝廷的政局，任由他一人作威作福，终于酿成在望夷宫逼死秦二世的祸乱，至今背负骂名。及至到了汉朝的吕后，让其侄子吕禄、吕产专权，擅自决断国事，随意省减禁令，本处下位却凌驾于上，使上位者难以施政，致使天下之人无不寒心。于是绛侯周勃、朱虚侯刘章愤怒震威，诛平吕氏势力，拥立刘恒为太宗皇帝，从而使得国家兴隆昌盛，他们个人也光照史册，这便是大臣立功的表率。

“司空曹操，其祖父曹腾，过去官居中常侍，与宦官左悺、徐璜等同为祸害，贪得无厌，横行霸道，损害教化，肆虐百姓。其父曹嵩，乃系养子，借助曹腾的权位，用车载运金玉宝货，贿赂豪门权贵，窃取高官，颠覆重任。曹操是阉人养子的后代，本无良好品德，又狡猾任侠，仗势欺人，是个喜好制造混乱惹是生非的人。而大将军袁绍则率领着勇猛的将领，铲除了宫中的奸佞。接着遭遇董卓侵害官员、祸国殃民，于是袁绍又手执宝剑，擂响战鼓，从东夏发起讨伐董卓的联军。他收罗英雄，不计较过去的过失而予以任用，因此便让曹操参予商议讨董策略，原以为曹操具有可用之才，可堪重用。岂料他愚昧轻佻见识短浅，轻易发动进攻，很快败退下来，损兵折将损失惨重，屡遭败绩。袁绍立即又分给他兵力，让他休整队伍，补充兵员，又向皇帝上表令其担任东郡太守，继而升迁为兖州刺史，穿上武官的虎文服，授予偏师的头衔，给他奖惩的权利，希望他能像殽之战的秦将一样获取捷报。然而曹操却乘机飞扬跋扈，肆虐酷暴，侵夺百姓，残害忠良。前九江太守边让，英才俊逸，天下知名，为人正直，从不阿谀奉承，却被曹操杀戮，悬挂首级示众，妻子儿女全被杀害。从此文人士大夫对曹操愤怒痛狠，民怨鼎沸，只要一夫振臂高呼，整个州郡都会响应，因此曹操部队被徐方击破，土地被吕布夺取，他徘徊不定，逃回东郡，居无定所，无处安身。袁绍本着“加强本干削弱枝叶”的意愿，不与善于叛变的吕布同党，又举起旌旗，穿上胄甲，发兵征讨，吕布战败，这是拯救曹操于死亡的边沿，还恢复了他方伯的官职，这表明袁绍就算对兖州百姓没有恩德，而对曹操却有大恩大德。

后来正值皇上的都城从长安迁至洛阳，群贼乱政。当时冀州正有北方少数民族进犯，故而袁绍顾不得离开职守，派从事中郎徐勋出使到曹操那里，令曹修缮洛阳的宗庙，并负责保护年幼的皇上。而他却趁此放纵专行，胁迫皇上迁都许昌，轻慢百官，败坏法纪，高高在上，召见三台要员，专擅朝政，封爵、赏赐由他一人心定，判罪、杀戮由他一口裁决，他所喜欢的便惠及五代，他所厌恶的则夷灭三族。聚在一起议论的遭公开枪杀，背地腹诽的被秘密处死。道路相遇，只敢用眼示意，百官钳口，不敢相互交谈。尚书只是召集朝会，众公卿充其量也只充当摆设罢了。

“前任太尉杨彪，历任司徒、司空、太尉，享有国家最高官爵，曹操竟因有些小怨，以莫须有的罪名治罪，棒打鞭抽，用尽各种酷刑，百般折磨，不顾宪章的约束。还有议郎赵彦，为人耿直，敢于直谏，他的建议值得采纳，故而朝议予以倾听，并加以奖励，曹操欲惑乱时政，阻塞言路，竟擅自收捕并立即杀害了他，都等不得上报皇上。还有梁孝王，是先帝之母弟，陵墓十分显贵，植有松柏桑梓，显得庄严肃穆，而曹操竟率领军卒亲临现场予以挖掘，开棺裸尸，掠走棺中金银宝货，致使皇上落泪，士民伤怀。曹操为发墓还任命了发丘中郎将、模金校尉等官职，所过之处无不遭到毁坏，所有坟墓无不尸骸外露。他身处三公高位，却干着强盗的勾当。祸国殃民，连死鬼都不放过。加之苛细烦杂的法令极其暴虐，又用禁令刑律严加防范，罗网遍布田间，陷阱充塞道路，人们一举手就触到罗网，一抬脚就踏进陷阱；所以兖、豫二州尽是贫穷无依之民，京都充满长吁短叹之怨。遍观古今书籍，所记载的贪婪残暴无道的臣子，曹操是最突出的一个。

“袁绍在外讨伐叛乱，未来得及教诲曹操，却加意包容庇护，希望能调和补救。然而曹操狼子野心，包藏不可告人的奸计，竟然想摧毁国家的栋梁，孤立削弱汉皇权柄，除灭忠贞之士，以便独为枭雄。去年袁绍伐鼓北征，讨伐公孙瓒，强攻这忤逆，整围困了一年。曹操趁未破公孙瓒之机，私下书信交结，欲借助王师出动，来偷袭袁绍，所以把队伍开到黄河边上，准备从北面渡河行事。恰好行藏败露，此时公孙瓒也被袁绍击杀，因而使曹操锋芒受挫，他的图谋未能实现。如今他屯驻在敖仓，以黄河作屏障，想用螳螂的板斧，阻挡大车前进。袁绍承大汉的神威,纵横宇宙,麾下有持戟的雄兵百万,骁勇的胡骑千群,还有像中黄伯、夏育、乌获那般强悍的猛士,用拉满良弓劲弩的势头,从并州横越太行山,从青州涉过济、漯二河,前有大军飞渡黄河作为先锋,后有荆州攻取宛、叶予以牵制作为后援,威武的虎步如雷贯耳,一齐聚集在敌虏的朝堂,就像举起烈火焚烧蓬草,又像倾覆沧海之水扑灭燃烧的炭火,有什么不可以消灭的呢?当今汉廷国统衰微,纲纪废弛。曹操用七百精兵围守皇宫,对外声称陪护皇上,在内实为拘禁皇上,因为担忧他篡逆的野心随势发作,故而写了这篇檄文,昭示各州各郡,表明现今正是忠臣肝脑涂地为国竭力尽忠之时,也是给予具有气节的勇士为国立功立业之机。我等能不勉励吗!”

【引述】

《三国志·魏书六·袁绍传》:“太祖至,击破备;备奔绍。【注一】”裴松之在“刘备被打败后投奔了袁绍”这句话之后的注文里,援引了这篇檄文。

这是一篇文采飞扬的名篇,也是一篇晓谕刘备(备时为左将军领豫州刺史)及各州郡配合此次伐曹的檄文。作者陈琳,字孔璋,东汉末年著名文学家,“建安七子”之一,当时在袁绍幕下典文学,军中文书,多出其手。由他捉刀的这篇讨曹檄文,写于有名的官渡之战前夜。当时曹操位居司空,但因有“挟天子以令诸侯”的背景,故而执掌着朝廷的实权。袁绍为大将军,控有冀、青、并、幽四州,势力庞大,兵力厚雄,又曾为伐董卓的十八镇诸侯联军的盟主,出身名门望族,声望极高,士多附之。

战前,袁绍使陈琳撰文以造声势,于是这千古名篇便横空出世,在两千多年的历史长河中永不褪色地熠熠生辉,成为那个时代的不朽之作。作者以袁曹二人的对比作出发点,准确地把握社会主流价值观及士大夫阶层的普遍心理,祭出“师出有名”的大旗,着力于正确与错误、正义与非正义的界定。文章开宗明义点出大秦帝国的宰相赵高执掌朝政指鹿为马,最后落个灭族的下场,大汉高祖之吕后不遵“非刘姓不封王”的遗诏,也落了个“诛夷逆暴”的结局,暗示曹操也难逃同样下场。然后分条析理地通过事实说了几点,每一点都点中要害。

首先,揭露曹操卑微的出身。曹操乃宦官的后代,这为士丈夫所不齿,也是他本人的切肤之痛,这在文章中加以透明化、放大化了。在那个讲究门第出身的门阀社会,这使曹操很掉身价。而袁绍则出身于四世三公的名门望族, 就凭这一点, 足可把一些人拉到袁的阵营中来。

其次,揭露曹操是个忘恩负义之人。文章叙述曹操所以能发迹,全靠袁绍的提携。一开始认为他有“鹰犬之才”,但他“轻进易退”,损兵折将,屡打败仗。袁绍伸出援手给他补充兵员,还表他为东郡太守、兖州刺史。后被吕布打败无处安身时,袁绍又“拯其死亡之患,复其方伯之任”。对如此的大恩大德,他不思回报,却暗地利用王师,企图掩袭袁绍,意欲除之。像这样的人,值得追随吗?敢于信赖吗?这点可起到孤立曹操的作用。

再次,揭露曹操的“不臣”劣迹。他飞扬跋扈,残害忠良。诛边让,拘杨彪,杀赵彦,发梁孝王陵,并破棺裸尸。他专擅朝政,“爵赏由心,刑戮在口”。更有甚者,他“以精兵七百,围守宫阙,外称陪卫,内以拘执”。“历观古今书籍,所载贪残虐烈无道之臣,于操为甚”。

至此,一个乱臣贼子的形象凸显出来,无怪曹操在病榻上,一面览文一面冷汗直冒,头痛之疾顿愈。文章到此,毋庸置疑,师出有名矣!官渡战后,陈琳被俘,曹操谓之曰:“汝前为本初作檄,但罪状孤可也,何辱及祖父耶?”琳答曰:“箭在弦上,不得不发耳。”左右劝曹杀之,曹爱其才,赦之,命为从事。我们从檄文的犀利笔触中,可以领略到建安文学铺张扬厉、气势刚健的又一特色。

五十 田丰亮直

【注文】

《先贤行状》曰：丰字元皓，钜鹿人，或云勃海人。丰天资瓌杰，权略①多奇，少丧亲，居丧尽哀，日月虽过，笑不至矧。博览多识，名重州党。初辟太尉府，举茂才，迁侍御史。阉宦擅朝，英贤被害，丰乃弃官归家。袁绍起义，卑辞厚弊以招致②丰，丰以王室多难，志存匡救，乃应绍命，以为别驾。劝绍迎天子，绍不纳。绍后用丰谋，以平公孙瓒。逢纪惮丰亮直③，数谗之于绍，绍遂忌④丰。绍军之败也，土崩奔北，师徒略尽，军皆拊膺⑤而泣曰："向令⑥田丰在此，不至于是也。"绍谓逢纪曰："冀州人闻吾军败，皆当念吾，惟田别驾前谏止吾，与众不同，吾亦惭见之。"纪复曰："丰闻将军之退，拊手⑦大笑，喜其言之中也。"绍于是有害丰之意。初，太祖闻丰不从戎⑧，喜曰："绍必败矣。"及绍奔遁，复曰："向使绍用田别驾计，尚未可知也。"

【注释】

① 权略：权谋，谋略。

② 招致：召致，收罗。

③ 亮直：诚实正直。

④ 忌：猜忌，憎恶。

⑤ 拊膺（yīng）：捶胸，表示哀痛或怨愤。

⑥ 向令：犹向使，假使。

⑦ 拊手：拍手，表示高兴或惊讶。

⑧ 从戎：投身军旅，这里指跟随军旅。

【译文】

《先贤行状》记载：田丰字元皓，钜鹿人，一说是勃海人。田丰天资聪慧，多有奇谋。小时丧亲，居丧期间极尽孝道，时过境迁，但仍笑不露齿。他博览群书，学识渊博，得到乡邻和州郡的器重。最初被太尉府征召，推荐为茂才，后迁升为侍御史。因愤恨宦官专权，贤臣被害，便弃官回了家乡。袁绍起兵时，拿着厚礼、非常谦恭地招揽田丰，田丰也因为王室多难，自己亦心存匡正补救的愿望，便接受了袁绍的任命，任为别驾。田丰劝袁绍迎奉天子，袁绍没有采纳，不过，袁绍采纳田丰的谋略，平定了公孙瓒。逢纪惧怕田丰的诚实与正直，多次对袁绍说他的坏话，袁绍于是对田丰有所猜忌。后来袁绍的军队败退，一路土崩瓦解，失散殆尽，将士们皆捶胸落泪道："假使田丰在此，不至于落到这种地步。"袁绍对逢纪道："冀州百姓听到我军失败，都应当惦念我。战前只有田别驾劝谏阻止我，与众不同，我也愧于见他。"逢纪又进谗言道："田丰闻听将军兵败，拍手大笑，心喜他的话言中了。"袁绍于是有了杀田丰的想法。最初，太祖曹操听说田丰未能跟随队伍出发，高兴地说："袁绍必定要失败了。"及至袁绍溃逃时，曹操又说："假使袁绍采用田别驾的计策，谁胜谁负还未可知呢。"

【引述】

《三国志·魏书六·袁绍传》："丰恳谏，绍怒甚，以为沮众，械系之。绍军既败，或谓丰曰：'君必见重。'丰曰：'若军有利，吾必全，今军败，吾其死矣。'绍还，谓左右曰：'吾不用田丰言，果为所笑。'遂杀之。【注一】"这段话的大意是说：出兵前田丰再次恳切进谏阻止，袁绍很生气，以他破坏士气为名，带上镣铐关押起来。袁绍兵败后，有人对田丰说:“你将会被重用的。”田丰道:“若是军队打胜了,我就可保全性命,如今打败了,我恐怕该死了。”袁绍回来后,对身边的人道:“我不用田丰的计策,果会被他耻笑。”于是杀了田丰。裴注在此引《先贤行状》,简介田丰生平,追叙他被杀的原因。

田丰为人诚恳正直,被谋士逢纪忌恨,就在袁绍耳边进谗言,而袁绍竟也听信了,从而疏远猜忌于他。偏偏田丰是一个刚直敢犯上的人,在出兵前还再三恳谏,以致被投进牢狱。田丰足智多谋,他曾劝袁绍迎天子,“绍不纳 ”,而曹操迎天子后他却后悔了。建安五年曹操攻刘备,后方空虚,田丰劝突袭其后方,绍又“不许”,气得田丰以杖击地,惋惜失掉了千载难逢的机会。官渡战前,田丰又献策,还是“绍不从”,结果溃败逃回。田丰与另一谋士沮授遭遇相同,都是良谋不被采纳,都是被谗而受到猜疑。史学家孙盛曰:“观田丰、沮授之谋,虽良、平(张良、陈平)何以过之?故君贵审才,臣尚量主;君用忠良,则霸王之业兴,臣奉暗后,则覆亡之祸至;存亡荣辱,常必由兹。”田丰明知袁绍将败,败则自己必死,但他甘冒虎口以尽忠规,说明恳谏之前,早把生死置之度外了。罗贯中在《三国演义》中写道:

昨朝沮授军中失,今日田丰狱中亡。河北栋梁皆折断,本初焉不丧家邦!

五一　卿为坐客　我为执虏

【注文】

《魏氏春秋》曰:陈宫①谓布曰:“曹公远来,势不能久。若将军以步骑出屯,为势②于外,宫将余众闭守于内,若向将军,宫引兵而攻其背,若来攻城,将军为救于外。不过旬日,军食必尽,击之可破。”布然之。

布妻曰："昔曹氏待公台[3]如赤子，犹舍而来。今将军厚公台不过于曹公，而欲委全城，捐[4]妻子，孤军远出，若一旦有变，妾岂得为将军妻哉！"布乃止。

《九州春秋》曰：初，布骑将侯成遣客牧马十五匹，客悉驱马去，向沛城，欲归刘备。成自将骑逐之，悉得马还。诸将合礼贺成，成酿五六斛酒，猎得十余头猪，未饮食，先持半猪五斗酒自入诣布前，跪言："间蒙将军恩，逐得所失马，诸将来相贺，自酿少酒，猎得猪，未敢饮食，先奉上微意[5]。"布大怒曰："布禁酒，卿酿酒，诸将共饮食作兄弟，共谋杀布邪？"成大惧而去，弃所酿酒，还诸将礼。由是自疑，会[6]太祖围下邳，成遂领众降[7]。

《献帝春秋》曰：布问太祖："明公何瘦？"太祖曰："君何以识孤？"布曰："昔在洛，会温氏园。"太祖曰："然。孤忘之矣。所以瘦，恨不早相得故也。"布曰："齐桓舍射钩，使管仲相[8]；今使布竭股肱[9]之力，为公前驱，可乎？"布缚急[10]，谓刘备曰："玄德，卿为坐客，我为执虏，不能一言以相宽乎？"太祖笑曰："何不相语，而诉明使君乎？"意欲活之，命使宽缚。主簿王必趋进曰："布，勍虏也。其众近在外，不可宽也。"太祖曰："本欲相缓，主簿复不听，如之何？"

【注释】

①陈宫：字公台，是吕布的谋士。

②为势：为声势。

③曹氏待公台：公台是陈宫的字。曹操当初逃离京城路过中牟时被拘，陈宫为县令，得知曹操的志向后，便弃官相随，在曹杀了无辜的吕伯奢并说"宁我负人，毋人负我"后，即弃曹投吕布。

④捐：放弃，舍弃。

⑤ 微意：微薄的心意，常用作谦词。

⑥ 会：正好，恰巧。

⑦ 成遂率众降：侯成于是与诸将共执陈宫，率其部众投降曹操。

⑧ “齐桓”二句：春秋时，管仲曾射中公子小白（即齐桓公）的带钩，但小白不计前嫌，以管仲为相，九合诸侯，一匡天下。

⑨ 股肱：大腿和胳膊，比喻辅佐和捍卫。

⑩ 布缚急：《三国志·吕布传》：布曰：“缚太急，小缓之。”太祖曰：“缚虎不得不急也。”急：紧。

【译文】

孙盛《魏氏春秋》载：（曹操进攻吕布时，）陈宫对吕布道：“曹公远道而来，根据情势不会久战。假若将军率领骑兵出城驻扎，在外制造声势，我带领其余的兵卒在内闭城坚守，曹军如向将军进攻，我领兵攻击其后背，若进攻城池，将军在外援救。过不了十天，其军粮必尽，届时乘机进攻可破曹军。”吕布同意了。吕布之妻道：“过去曹公待公台如孩童般关怀备至，他还弃之来投将军，如今将军对公台的厚恩超不过曹公，却欲把城池委托给他，置妻子儿女于不顾，孤军远出，若一旦有何变化，妾身还能是将军的妻子吗！”吕布便作罢。

司马彪《九州春秋》载：最初，吕布的骑兵将领侯成，派客户放牧十五匹战马，客户竟将马全部带向沛城去，是想归顺刘备。侯成亲自骑马追赶，将马全部追回，各将领送礼祝贺，侯成便自酿五六斛酒，又猎得十几头猪，未敢吃喝，而是先拿了半头猪和五斗酒送到吕布面前，跪下道：“承蒙将军恩惠，将丢失的马匹全部追回，诸将来贺，故自酿了一点酒，又猎得猪，未敢饮食，先奉上将军略表微薄的心意。”吕布大怒道：“我禁酒，卿酿酒，与诸将饮食共作兄弟，是想共谋杀我吗？”侯成一听大惊失色，慌忙离开，抛弃所酿之酒，退回诸将之礼。由此便各自猜疑,正遇曹操围攻下邳,侯成便率领部众投降了曹操。

袁暐《献帝春秋》载:吕布问曹操:"明公为何消瘦了?"曹操道:"你何以认得我?"吕布道:"昔日在洛阳,于温氏园中见过。"曹操道:"是去过,但已忘却了。我所以瘦,是气恼未能早日得到你的缘故。"吕布道:"齐桓公能舍弃射钩之嫌,任用管仲为相;今日吕布我愿竭尽股肱之力辅佐明公,为明公作前驱,可以吗?"当时吕布被捆得很紧,他对刘备道:"玄德兄,卿为坐上客,我为阶下囚,不能替我进一言相宽恕吗?"曹操笑道:"为何不说话,而诉之明使君呢?"心想宽宥吕布,便命人为他松绑。主簿王必急忙上前道:"吕布是个强劲的俘虏,其军卒近在咫尺,不可松绑。"曹操道:"本想放松些,但主簿不听,怎么办?"

【引述】

《三国志·魏书七·吕布传》:"太祖堑围之三月,上下离心,其将侯成、宋宪、魏续缚陈宫,将其众降。【注三】……布请曰:'明公所患不过于布,今已服矣,天下不足忧。明公将步,令布将骑,则天下不足定也。'太祖有疑色。刘备进曰:'明公不见布之事丁建阳及董太师乎!'太祖颔之。布因指备曰:'是儿最叵信者。'【注四】于是缢杀布。"志书这一段的大意是:曹操挖堑壕围攻下邳达三个月,吕布军中上下离心,其部将侯成、宋宪、魏续等捆绑了陈宫,率众降曹。……吕布请求道:"明公所担心的不过是吕布,今我已降服,没有可担忧的了。明公率领步兵,让我率领骑兵,天下不难平定。"曹操显出犹豫的神色,刘备道:"明公不记得吕布对待丁建阳和董卓的事情吗!"曹操点头。吕布指着刘备道:"这小子最不可信。"于是吕布被勒死。

吕布,字奉先,东汉末年名将。他最初在并州刺史丁原(字建阳)处任骑都尉,董卓入京,诱使吕布杀掉丁原成为董卓的左膀右臂,司徒王允则利用董卓和吕布之间的矛盾,合谋杀掉董卓,后吕布占据徐州，成为举足轻重的一方势力。吕布擅长骑射，膂力过人，号称“飞将”，时人赞称“人中吕布，马中赤兔”，“三英战吕布”被传为佳话，所以吕布乃一时之猛将，但却未能成就一番事业，这除了诸多外因，其主观占据了极大的因素。本传中说他“布虽骁猛，然无谋而多猜忌，不能制御其党”。陈寿在志书的“评曰”中更明确地说：“吕布有虓虎之勇，却无英奇之略，轻狡反覆，唯利是视。”最后导致上下离心，束手就擒。这段故事写入《三国演义》第十九回：“下邳城曹操鏖兵，白门楼吕布殒命。”写吕布要杀送酒和猪肉的侯成，虽被诸将求告饶过，但还打了五十大板。这几员大将认为吕布无仁无义，便想投奔曹操，一个盗了他的赤兔马，一个盗了他的方天画戟，还捆绑了吕布，开门献城。当曹操犹豫不决想留下吕布时，刘备的“不见布之事丁建阳及董太师乎”这一重锤，判定了吕布的命运。可惜一代骁将，只在三国历史的天空，像一颗闪耀的流星，霎那间划空殒落了。

五二　陈宫刚直烈壮

【注文】

鱼氏《典略》曰：陈宫字公台，东郡人也。刚直烈壮[①]，少与海内知名之士皆相连结[②]。及天下乱，始随太祖，后自疑，乃从吕布，为布画策，布每不从其计。下邳败，军士执布及宫，太祖皆见之，与语平生，故布有求活之言。太祖谓宫曰：“公台，卿平常自谓智计有余，今竟何如？”宫顾指布曰：“但坐[③]此人不从宫言，以至于此。若其见从，亦未必为禽[④]也。”太祖笑曰：“今日之事当云何？”宫曰：“为臣不忠，为子不孝，死自分也。”太祖曰：“卿如是，奈卿老母何？”宫曰：“宫闻将以孝治天下者不害人之亲，老母之存否，在明公也。”太祖曰：“若卿妻子何？”宫曰：“宫闻将施仁政于天下者不绝人之祀，妻子之存否，亦在明公也。”太祖未复言。宫曰：“请出就戮，以明军法。”遂趋出，不可止。太祖泣而送之，宫不还顾。宫死后，太祖待其家皆厚如初。

【注释】

① 刚直烈壮：刚强正直，勇敢有气节。

② 连结：指交结。

③ 坐：因为，由于。

④ 禽：同“擒”。

【译文】

鱼豢《典略》载：陈宫字公台，东郡人氏。为人刚强正直，勇敢而有气节，年轻时与海内知名人士都有来往。及至天下大乱，便跟随曹操欲匡扶汉室，后因对其作为有看法，则改随了吕布，为吕布出谋划策，但吕布常不听从他的谋略。下邳失败后，军士拘捕了吕布和陈宫，曹操与他二人相见，谈及旧日的情谊，所以才有吕布求活的言语。曹操对陈宫道：“公台，足下平日自谓足智多谋，今日如何落到这般地步？”陈宫回头指着吕布道：“就因此人不听我的计谋，才落得如此，假若能采纳我的建议，也未必被擒。”曹操笑道：“今日之事该如何处置？”陈宫道：“作为臣子未能尽忠，作为儿子未能尽孝，死是应该的。”操道：“足下去死，老母怎么办？”宫答：“我听说将以孝道治理天下的人，不会伤害他人的父母，老母能否生存，全在明公。”操又问：“足下妻子儿女呢？”宫答：“我还听说将施仁政于天下的人，不会断绝他人的后嗣，妻子儿女能否存活，也在明公。”曹操无话可说。陈宫道：“请让我出去受刑，以正军法。”说着就疾步退出，挡也挡不住，曹操流着眼泪送他，他却连头也不回。陈宫死后，曹操还和当初一样厚待他的家属。

【引述】

《三国志·魏书七·吕布传》："太祖之禽宫也，问宫欲活老母及女不，宫对曰：'宫闻孝治天下者不绝人之亲，仁施四海者不乏人之祀，老母在公，不在宫也。'太祖召养其母终其身，嫁其女。【注一】"志书这段话大意是：曹操捉拿了陈宫后，问陈宫想不想让老母及子女活命，陈宫答道："我听说以孝治天下的人，不会伤害他人的父母，施仁政于四海的人，不会断绝他人的后嗣。老母的存亡在于曹公而不在我。"曹操后来把陈宫的老母接来供养终身，又将陈宫的女儿嫁了个好人家。裴注在此引《典略》，彰显陈宫的刚强正直和不屈的气节。

曹操有时十分残忍，但对陈宫一家还是仁慈的，陈宫死后，他将其老母接来奉养，直至寿终，把他女儿许配了好人家。但对孔融一家就不是这样了。收捕孔融时，融请求饶恕两个年幼的孩子，二子不辍游戏说"覆巢之下焉有完卵"，果然两个孩子同时被杀。胡三省说，曹操原谅了陈宫的子女，却不肯让孔融留下后代，必是认为陈宫的后代不会威胁到他，不会给他带来后顾之忧。后来司马师在收捕侍中尚书中领军张允时，就派亲信锺会去观察张允的二子，并说："若才艺德能及父，当收；若否则赦之。"可见奸诈之人所见也略同。

五三　陈登破吴兵

【注文】

《先贤行状》曰：登忠亮高爽，沈深有大略，少有扶世济民①之志。

博览载籍，雅有文艺，旧典文章，莫不贯综[2]。年二十五，举孝廉，除东阳长，养耆育孤，视民如伤[3]。是时，世荒民饥，州牧陶谦表登为典农校尉，乃巡土田之宜，尽凿溉之利[4]，秔稻丰积。奉使到许，太祖以登为广陵太守，令阴合众以图[5]吕布。登在广陵，明审赏罚，威信宣布[6]。海贼薛州之群万有余户，束手归命。未及期年，功化以就[7]，百姓畏而爱之。登曰："此可用矣。"太祖到下邳，登率郡兵为军先驱。时登诸弟在下邳城中，布乃质执登三弟，欲求和同。登执意不挠，进围日急。布刺奸[8]张弘，惧于后累，夜将登三弟出就登。布既伏诛，登以功加拜伏波将军，甚得江、淮间欢心，于是有吞灭江南之志。

孙策遣军攻登于匡琦城。贼初到，旌甲[9]覆水，群下咸以今贼众十倍于郡兵，恐不能抗，可引军避之，与其空城。水人[10]居陆，不能久处，必寻引去。登厉声曰："吾受国命，来镇此土。昔马文渊[11]之在斯位，能南平百越，北灭群狄，吾既不能遏除凶慝[12]，何逃寇之为邪！吾其出命[13]以报国，仗义以整乱，天道与顺，克之必矣。"乃闭门自守，示弱不与战，将士衔声，寂若无人。登乘城望形势，知其可击。乃申令将士，宿整兵器，昧爽[14]，开南门，引军诣贼营，步骑钞其后。贼周章[15]，方结陈[16]，不得还船。登手执军鼓，纵兵乘之，贼遂大破，皆弃船迸走。登乘胜追奔，斩虏以万数。贼忿丧军，寻复大兴兵向登。登以兵不敌，使功曹陈矫求救于太祖。登密去城十里治军营处所，令多取柴薪，两束一聚，相去十步，纵横成行，令夜俱起火，火然[17]其聚。城上称庆，若大军到。贼望火惊溃，登勒兵追奔，斩首万级。迁登为东城太守[18]。

【注释】

① 扶世济民：辅佐世道，救助百姓。

② 贯综：融会贯通。

③ 视民如伤：《良吏传》为"视民如子"。

④ 尽凿溉之利：大兴水利，灌溉田亩。《寰宇纪》卷百三十三载，江都县西十五里凿有陈登塘。《方舆纪要》卷三十二载，所凿陈公塘，在扬州府西周迴九十余里，散为三十六汊，为利甚溥。

⑤ 图：谓设法对付。

⑥ 宣布：指流布。

⑦ 功化以就：完成的功业与教化。

⑧ 刺奸：按《续百官志》，刺奸主管罪法。

⑨ 旌甲：旌旗与铠甲。

⑩ 水人：水乡之民；习水之人。

⑪ 马文渊：马援字文渊，时为伏波将军。

⑫ 凶慝(tè)：凶恶，亦指凶恶之人。

⑭ 昧爽：拂晓，黎明。

⑮ 周章：惊恐，遑遽。

⑯ 结陈：即结阵，陈同“阵”。

⑰ 然：同“燃”。

⑱ 东城太守：一说无东城，应为东郡太守。

【译文】

《先贤行状》记载：陈登为人忠诚坚贞、高洁爽朗，沉稳而又有谋略，年轻时就有扶世济民的志向。他博览群书，颇具文艺气质，旧时典籍、当世文章，莫不融会贯通。二十五岁举为孝廉，后任东阳县令，能赡养老者抚育幼者，视民若子。当时世道荒乱，人民饥馁，徐州州牧陶谦表荐他担任典农校尉。他于是巡察全州土地，根据情况大力开发水利，使农田得以灌溉，做到谷丰粮积。曾奉命出使到许都，曹操以他为广陵太守，让他暗地聚拢人众设法对付吕布。陈登在广陵，处事审慎，赏罚分明，威信得到流传。薛州海盗有一万余户，皆束手归顺了朝廷，不到一年，便成功地使百姓得到教化，百姓对陈登很是敬爱。陈登说："这些人可以使用了。"曹操进攻下邳时，陈登率领本郡兵马作先锋。当时陈登的几个弟弟尚在下邳城中，吕布便抓其三弟作人质，想讲和。陈登却拒不屈服，围攻反更急迫。吕布的刺奸叫张弘，怕日后受连累，乘夜把其三弟缒出城外去投陈登。吕布被诛后，陈登因功加拜伏波将军，在江、淮一带甚得民心，于是他便有了进军江南的志向。

孙策派兵进攻陈登于匡琦城，孙军初到，旌旗铠甲覆盖了水面，大家都认为吴军比本郡兵力多十倍，怕寡不敌众，建议领兵躲避，给对方留一座空城，对方惯在水上生活乍居陆地，不能持久，必然退回。陈登厉声道："我受国家任命，来镇守此地。昔日马文渊任此职，能平定南部的百越，歼灭北部各狄族，我虽不能铲除凶恶的敌寇，但怎能临阵逃避呢！我将豁出性命誓死报国，主持正义整治叛乱，天道顺遂民心，定能取得胜利。"于是关闭城门固守，示弱于敌不与交战，将士悄无声息，寂静得像座空城。陈登上城观察形势，发现有可乘之机，便号令将士连夜整饬兵器，及至拂晓，打开南门，率兵直指敌营，又派步兵和骑兵抄其后路。贼兵惊慌，才开始集结队伍，又无法回到船上。陈登亲自擂鼓助威，纵兵冲杀，敌兵大败，皆弃船逃命。陈登乘胜追击，斩获上万。孙策之军因失利而愤怒，集结大部队又向陈登进攻。陈登因兵力不足，一面让功曹陈矫去向曹操求救，一面秘密在离城十里处整治军营，让士卒多积柴草，将柴草每两捆作一堆，每堆相距十步，纵成队、横成行，令在夜间同时点火，火炬横成行、纵成排地燃起，城上欢呼庆祝，如同大军来到一般。吴军望见火阵以为是援军，惊慌溃退，陈登乘势追杀，斩首万余。后陈登升迁为东城太守。

【引述】

《三国志·魏书七·吕布传》："陈登者，字元龙，在广陵有威名。又掎角吕布有功,加伏波将军,年三十九卒。……备因言曰:‘若元龙文武胆志,当求之于古耳,造次难得比也。’【注一】”这段话大意谓:陈登任广陵太守时颇具威名,又因牵制吕布有功,封为伏波将军。刘备说过:“元龙的文武兼备和胆识志向,只能在古贤者身上找到,当今很难找到与他相匹比的人。此处的裴注着重叙述陈登在匡琦城与东吴的两次战斗。

孙策用兵,类似项羽,几乎所向无敌,但两次攻打陈登,皆以失败告终。其实陈登乃一文臣,但在匡琦反击战中,运用了出其不意攻其不备和兵不厌诈等谋略出奇制胜,说明他又是一位合格的武将,是广陵战线上的一支劲旅。在《三国演义》中,有关陈登的文字也不少 。如刘备伐袁术时,他协助张飞守徐州;曹操讨吕布时,他配合夺取了下邳、徐州;吕布败亡后,他协助关羽赚城斩车胄;等等。《世说新语》中也有关于他的记载。所以说,他也是那个时代一位具有文韬武略的活跃人物。

五四　司马懿装聋卖傻

【注文】

初[①],宣王以爽魏之肺腑[②],每推先之,爽以宣王名重,亦引身卑下,当时称焉。丁谧、毕轨等既进用,数言于爽曰:“宣王有大志而甚得民心,不可以推诚[③]委之。”由是爽恒[④]猜防焉。礼貌虽存,而诸所兴造,皆不复由宣王。宣王力不能争,且惧其祸,故避之[⑤]。

《魏末传》曰:爽等令胜[⑥]辞宣王,并伺察焉。宣王见胜,胜自陈无他功劳,横蒙特恩,当为本州,诣阁拜辞,不悟加恩,得蒙引见。宣王令两婢侍边，持衣，衣落；复上指口，言渴求饮，婢进粥，宣王持盃饮粥，粥皆流出沾胸。胜愍然[⑦]，为之涕泣，谓宣王曰："今主上尚幼[⑧]，天下恃赖明公，然众情谓明公方旧风疾[⑨]发，何意尊体乃尔[⑩]！"宣王徐更宽言，才令气息相属[⑪]，说："年老沈疾，死在旦夕。君当屈并州，并州近胡，好善为之，恐不复相见，如何！"胜曰："当还忝[⑫]本州，非并州也。"宣王乃复阳为昏谬[⑬]，曰："君方到并州，努力自爱！"错乱其辞，状如荒语。胜复曰："当忝荆州，非并州也。"宣王乃若微悟者，谓胜曰："懿年老，意荒忽[⑭]，不解君言。今还为本州刺史，盛德壮烈，好建功勋。今当与君别，自顾气力转微，后必不更会，因欲自力，设薄主人，生死共别。令师、昭兄弟结君为友，不可相舍去，副懿区区之心。"因流涕哽咽。胜亦长叹，答曰："辄当承教[⑮]，须待敕命。"胜辞出，与爽等相见，说："太傅语言错误，口不摄杯，指南为北。又云吾当作并州，吾答言当还为荆州，非并州也。徐徐与语，有识人时，乃知当还为荆州耳。又欲设主人祖送[⑯]。不可舍去，宜须待之。"更向爽等垂泪云："太傅患不可复济，令人怆然。"

【注释】

① 初：陈景云曰："初"上失书名，后诛爽注又重出《魏略》，疑此处脱文《魏略》。

② "宣王"句：宣王指时为太傅的司马懿。爽指时为大将军的曹爽。肺腑：比喻帝王的宗室近亲。

③ 推诚：以诚相待。

④ 恒：作副词，经常，常常。

⑤ 故避之：明帝崩，齐王曹芳即位，司马懿和曹爽并受遗诏辅佐少主。曾爽听信丁谧等人之计，专擅朝政，让天子发诏任司马懿为太傅，明升实降，二人有了嫌

隙。司马懿便称病不参予朝政,以避祸患。

⑥ 胜:指李胜,将往荆州上任刺史。李胜系南阳人,南阳隶属荆州,故称为“本州”。

⑦ 愍(mǐn)然:怜悯的样子。愍同“悯”。

⑧ 主上尚幼:据《魏氏春秋》载,齐王曹芳时年八岁。

⑨ 风疾:风痹病。

⑩ 乃尔:犹言如此。

⑪ 相属(zhǔ):相连接。

⑫ 忝(tiǎn):辱,有愧于。

⑬ 昏谬:糊涂乖谬,荒谬。

⑭ 荒忽:虚妄。

⑮ 承教:谦词,即接受教诲。

⑯ 祖送:犹饯行。

【译文】

(鱼豢《魏略》载)当初,宣王司马懿认为大将军曹爽是曹魏的宗室近亲,处事常把他推为首位,曹爽则认为司马懿名高位重,也很谦让,此风颇受朝野称道。后来丁谧、毕轨等人被进用,他们多次对曹爽道:“司马懿其志不小又甚得民心,你不可开诚布公地待他。”后来曹爽果真经常猜疑提防于他。表面的礼仪虽一如既往, 但各种建造等事,都不再由司马懿作主了。司马懿知道这不是力争之事,同时惧怕带来灾祸,便告病说旧疾复发,不参予朝政。

《魏末传》载:曹爽等让李胜在上任前去向太傅司马懿辞行,借机伺察司马懿的真实情况。司马懿见了李胜,李胜首先陈述自己于国未有功劳,却蒙朝廷加恩,赴任本州,特此前来拜辞,得蒙引见,不胜感激。司马懿令两个女婢在左右侍奉,拿衣要穿,衣服滑落掉地,又以手指口，表示口渴想喝水，女婢端来米粥，司马懿拿着杯子喝，竟喝不到嘴里，米粥流出沾湿前胸。李胜看着心生怜悯，不禁流下眼泪，说道："如今主上年幼，天下大事全赖明公。众人仅以为明公不过是旧疾复发，哪料贵体竟至如此！"司马懿想说些宽心话，先喘息着，像是让气息连接上似地，然后说："我年老体衰又有旧病，死在旦夕。你屈就并州，并州离胡人很近，要善自为之，恐不会再见面了，怎么办呀！"李胜道："是回到本州，不是并州。"司马懿还装作糊涂的样子道："你才到并州，要努力自爱。"语辞错乱，像说胡话一般。李胜又道："我是去任荆州，不是并州。"司马懿这才好像略有领悟似的，对他道："我老啦，心里荒荒忽忽的，不知你说些什么。今日回本州任刺史，要传播盛德，建立功勋。今日与君告别，自觉气力衰微，日后必无相会之日，因而想努力，设置薄宴尽主人之谊，作生死之别。让司马师、司马昭兄弟与君结为朋友，不可舍他们而去，辜负了我一片殷切的心意。"说着流涕哽咽。李胜也长吁短叹，答道："承蒙阁下教诲，还须听候朝廷敕命。"李胜辞出，与曹爽等相见，道："太傅语言颠倒，口不衔杯，指南为北。又说我当作并州，我回答说当为荆州，不是并州，慢慢地与他说话，也有认识人的时候，才知道我是回荆州。还想设宴为我饯行。说不可舍去，应等待机会。"接着又向曹爽等流泪道："太傅所患之病怕是无力回天了，令人悲伤。"

【引述】

《三国志·魏书九·曹爽传》："初，爽以宣王年德并高，恒父事之，不敢专行。及晏等进用，咸共推戴，说爽以权重不宜委之于人。乃以晏、飏、谧为尚书，晏典选举，轨司隶校尉，胜河南尹，诸事希复由宣王。宣王遂称疾避爽。【注一】……九年冬，李胜出为荆州刺史，往诣宣王。宣王称疾困笃，示以羸形。胜不能觉，谓之信然。【注二】”这段话大意是：当初，曹爽因为司马懿德望很高，便像对待父亲那样敬重他，不敢独断专行。及至任用了何晏等人，他们劝曹爽不能把大权交给别人。曹爽便任何晏、邓飏、丁谧等为尚书，何晏主管官员选拔，毕轨为司隶校尉，李胜为河南尹，许多政事不再通过司马懿。司马懿便称病回家避开曹爽。……正始九年(246 年)冬，李胜出任荆州刺史，去辞别司马懿。司马懿称自己病情严重，并装出一副虚弱的样子。李胜未能察觉，还认为这是真的。

从裴注看，司马懿装得挺像，穿衣，衣落地；喝粥，粥沾胸；喘息，上气不接下气；说话，错乱其辞。李胜都被骗过，信以为真。司马懿可谓装病高手，他是三国时把装病作为政治斗争手段的第一人。当初，曹操征召他时，他知“汉运方微，不欲屈节曹氏”，就称患有风疾不应召。后曹为丞相，称“若复盘桓便收之”，他“惧而就职”。服务于曹氏，历经魏太祖曹操、魏文帝曹丕、魏明帝曹叡、受诏与曹爽共辅佐齐王曹芳。开始，曹爽还不敢专政，及至何晏等人劝他不要把权柄委于他人，他便逐渐排挤司马懿，表请迁其为太傅，明升暗降夺其军政大权。司马懿这次又装病，骗过李胜，有意麻痹曹爽等人，实际却在积极作筹划。

正始十年(247 年)正月，乘曹爽等人陪幼主离开洛阳城到高平陵为明帝扫墓之机，司马懿发动政变。派长子司马师屯兵司马门据守要害地点，自己和太尉蒋济屯洛水浮桥，阻断曹爽归路，放出被曹爽软禁的郭太后(明帝皇后)，由郭太后下令废除曹爽兄弟的官职，再派人送奏章给皇上，要求罢免曹氏兄弟官职。曹爽为了活命，交出军政大权，以“侯”的身份还家。数月后，司马懿则以谋反罪族灭了曹爽兄弟及其亲信何晏等人。从此，曹魏政权落入司马集团之手，这就是有名的高平陵事件。写在《三国演义》里的第一百零六回“司马懿诈病赚曹爽”及一百零七回“魏主归政司马氏”。曹操戎马一生煞费苦心，南征北战好不容易打下的江山，子孙们还未坐稳，便让他征召来的司马懿的子孙们去坐了。

五五　许允之妻贤而丑

【注文】

《魏氏春秋》曰：允为吏部郎[①]，选郡守。明帝疑其所用非次[②]，召入，将加罪。允妻阮氏跣[③]出，谓曰：“明主可以理夺，难以情求。”允颔之而入。帝怒诘之，允对曰：“某郡太守虽限满文书先至，年限在后。[某守虽后][④]，日限在前。”帝前取事视之，乃释遣出。望其衣败，曰：“清吏也。”赐之。……允妻阮氏贤明而丑，允始见愕然，交礼[⑤]毕，无复入意。妻遣婢觇[⑥]之，云“有客姓桓”，妻曰：“是必桓范，将劝使入也。”既而范果劝之。允入，须臾便起，妻捉裾[⑦]留之。允顾谓妇曰：“妇有四德[⑧]，卿有其几？”妇曰：“新妇所乏唯容。士有百行，君有其几？”许曰：“皆备。”妇曰“士有百行[⑨]，以德为首，君好色不好德，何谓皆备？”允有惭色，知其非凡，遂雅相亲重。生二子，奇、猛，少有令闻[⑩]。允后为景王[⑪]所诛，门生[⑫]走入告其妇，妇正在机，神色不变，曰：“早知尔耳。”门生欲藏其子，妇曰：“无预诸儿事。”后移居墓所，景王遣锺会看之，若才艺德能及父，当收。儿以语母，母答：“汝等虽佳，才具[⑬]不多，率胸怀与会语，便自无忧，不须极哀，会止便止。又可多少问朝事。”儿从之。会反命，具以状对，卒免其祸，皆母之教也。虽会之识鉴[⑭]，而输贤妇之智也。

【注释】

① 允:指许允,曾为吏部郎,主管官员的遴选及任免。

② 非次:指不按班次顺序选官,犹破格超迁。

③ 跣(xiǎn):赤脚。

④ [某守虽后]:《御览》二百十六:在"年限在后"句下有"某守虽后"四字,故补上。

⑤ 交礼:婚礼上的交拜礼。

⑥ 觇(chān):窥视。

⑦ 捉裾(jū):犹牵衣,裾是衣服的大襟。

⑧ 四德:封建礼教指妇女应有的四种德行,即妇德、妇言、妇容、妇功。

⑨ 百行(xǐng):各种品行。

⑩ 令闻:美好的声誉。

⑪ 景王:指司马师。

⑫ 门生:东汉时指再传弟子。其亲授业者为弟子,转相传授者为门生

⑬ 才具:才能。

⑭ 识鉴:识别人才的能力。

【译文】

孙盛《魏氏春秋》载:许允为吏部郎,遴选郡守官员。魏明帝怀疑选拔时没有按班次顺序而有破格行为,召他进宫准备治罪。许允之妻阮氏急忙赤脚跑出,叮咛道:"在圣明的君主面前只可用理说服,不可以情相求。"许允点头而去。皇上怒责他,他答道:"某郡太守虽年限已满文书先到,但年限在后。某郡太守虽文书在后,但年限在前。"皇上取过记事簿察看,果是如此,便放了他,看到他衣服破旧,道"廉吏

啊”,赐予新衣。……许允之妻贤明而丑陋,许允初见时惊诧莫名,婚礼上夫妻交拜后,便没有再进洞房的意思。新妇派婢女出外察看,说“来了一位姓桓的客人”,新妇道:“必定是桓范,定会劝他进来的。”不一会桓范果然相劝。陈允进屋,停留片刻便要走,新妇拉住他的衣襟挽留,陈允回头对新妇道:“妇有四德,卿有其几?”新妇道:“新妇缺乏的惟有容貌。读书人应具百行,君有其几?”允道:“皆都具备。”新妇道:“士之百行,以德为首,君好色不好德,怎能说都具备?”陈允面有惭色,知道新妇见识非凡,于是相互尊重亲近起来。生有二子,名奇、猛,少时就获得好名声。陈允后来被景王司马师诛杀,门生跑来告知消息,阮氏正在织布,神色不变,道:“早知会是这样的。”门生想将两个孩子藏起来,阮氏说:“这与二儿无关。”阮氏后来移居到墓地,景王派锺会去察看情况说,假若二子才艺德能如同其父,就拘捕。儿子把此话告诉母亲,其母答道:“你们虽然甚佳,但才具不突出,畅开胸怀与锺会交谈,不要有所担忧,不要显出过于悲哀的神态,锺会前来,他停止吊唁你们便停止。又可多少问及一点朝廷中事。”二子从命。锺会返回,具实相告,二子免于遭难,这都是其母指教的结果。虽然锺会有识别人才的能力,却输给了贤妇的聪明才智。

【引述】

《三国志·魏书九·夏侯玄传》:“后丰等事觉,徙允为镇北将军,假节督河北诸军事。未发,以放散官物,收付廷尉,徙乐浪,道死。【注一】”这段话大意是:后来李丰等人的事被发觉,许允当时调任为镇北将军,假节督河北诸军事。还未出发,因乱发财物,被送往廷尉受审,后流放到乐浪,死于途中。李丰等人的事是何事?这事与许允有何关系?

原来，在嘉平六年(254)二月，中书令李丰联络皇后之父张缉等人，想借皇帝参加册封贵人去露台的机会，在宫内设下伏兵，准备诛杀大将军司马师，让夏侯玄代替他的职务。不料被司马师得知，先杀了李丰，又上奏朝廷，逮捕了夏侯玄、张缉等多人，最后都被斩杀并夷三族。

许允，乃冀州名士，虽未参予此事，但与李丰、夏侯玄极为友善。在李丰等未出事前，有人假作皇上尺诏，上云：任夏侯玄为大将军，许允为太尉。是一个身份不明的人，在天未亮时骑马把假诏交给许允的看门人，说了声“有诏”就骑马而去。许允当即将假诏烧掉，未交给司马师。后来李丰等人的事败露，许允受到牵连，所以门生告阮氏说许允被诛时，她说“早知尔耳”。裴注着重叙写的是阮氏虽丑却贤，她相夫教子，帮助丈夫应对皇上的责问，帮助儿子摆脱面临的危险，后来二子皆官居要职，子孙绵延。此事亦载于《世说新语》。

《三国志》第二册
（中华书局标点本五册平装·卷十至卷二十·魏书二）

五六　祢衡击鼓骂曹

【注文】

张衡《文士传》曰：孔融数荐衡[①]于太祖，欲与相见，而衡疾恶[②]之，意常愤懑。因狂疾[③]不肯往，而数有言论。太祖闻其名，图欲辱之，乃录为鼓(吏)[史][④]。后至八月朝，大宴，宾客并会。时鼓(吏)[史]击鼓过[⑤]，皆当脱其故服，易着新衣。次衡，衡击为渔阳参挝[⑥]，容态不常，音节殊妙。坐上宾客听之，莫不慷慨[⑦]。过不易衣，吏呵之，衡乃当太祖前，以次脱衣，裸身而立，徐徐乃著裈帽毕，复击鼓参过，而颜色不怍。太祖大笑，告四坐曰："本欲辱衡，衡反辱孤。"至今有渔阳参挝，自衡造也。融深责数衡，并宣太祖意，欲令与太祖相见。衡许之，曰："当为卿往。"至十月朝，融先见太祖，说"衡欲求见"。至日晏，衡著布单衣，(疏巾)[綀布]履[⑧]，坐太祖营门外，以杖捶地，数骂太祖。太祖敕外厩急具精马三匹，并骑二人，谓融曰："祢衡竖子，乃敢尔！孤杀之无异于雀鼠，顾[⑨]此人素有虚名，远近所闻，今日杀之，人将谓孤不能容。今送与刘表,视卒当何如?”乃令骑以衡置马上,两骑扶送至南阳。

【注释】

① 数(shuò)荐衡:屡次推荐祢衡。

② 疾恶:憎恶坏人坏事。

③ 狂病:指疯癫病。

④ 鼓(吏)[史]:圆括号内表原本的字、应删;方括号内表校改的字、应增。下同。

⑤ 通:此处作量词,用于击鼓,相当于一阵。如擂鼓三通。

⑥ 渔阳参挝(càn zhuā):鼓曲名。李贤注:参挝是击鼓的方法。

⑦ 慷慨:情绪激昂。

⑧ 綀(shū)布履:粗麻布做的鞋。

⑨ 顾:但是。

【译文】

张衡《文士传》载:孔融多次向太祖曹操推荐祢衡,曹操想与他见面,但祢衡厌恶曹操,心里烦闷,借口有疯癫病不肯去见,但却屡有不满的言词。曹操闻得祢衡颇有名声,便想羞辱他,录用他为鼓史。后来到八月朝会时,曹操大宴宾客。当时鼓史们击过一通鼓,都应脱去旧衣,换上新衣。轮到祢衡,他正击“渔阳参挝”,神态不凡,鼓音特妙。座上宾客听后,莫不情绪激昂。祢衡走过时未换新衣,官吏呵责他,他便当着曹操之面,依次脱掉旧衣,裸身而立,然后才慢慢地穿戴完鼓史的裤帽,又敲击了一通“渔阳参挝”,并无羞惭之色。曹操大笑,告周围的宾客道:“我本想羞辱祢衡,祢衡反倒羞辱了我。”至今留存的“渔阳参挝”,就是祢衡创作的。

孔融狠狠地责备了祢衡,并传达了曹操的意思,欲令他与曹操相见。祢衡答应了,说:“应当为你前往。”及至十月朝会时,孔融先见过曹操，说“祢衡想求见明公”。但直至天色已晚，祢衡才穿着布单衣，登着粗麻布鞋，来坐在曹操的营门外，用手杖捶着地面，大骂曹操。曹操令宫外马厩赶忙准备好马三匹，并两个骑手，对孔融道：“祢衡这小子，竟敢如此！我杀他如同弄死雀鼠一般，但此人素有名声，远近皆知，今日若杀了他，人们会说我无容人之量。今将他送与刘表，看他将如何处置？”乃令将祢衡置于马上，由两名骑兵扶持着送至南阳刘表那里去了。

【引述】

《三国志·魏书十·荀彧传》：“太祖虽征伐在外，军国事皆与彧筹焉。【注二】”裴松之在此处的【注二】之下介绍了祢衡的不少事迹。《后汉书·卷十·文苑传下》也谈及祢衡“少有才辩，而尚气刚傲，好矫时慢物”。他唯与孔融及杨修交往密切。孔融多次向曹操推荐他，但祢衡却不肯相见，加之有不屑之言，致使曹操想羞辱他，也才有了“击鼓骂曹”的故事，祢衡时年才二十四岁。因志书记载不详，所以裴松之引《文士传》《典略》《傅子》等书予以诠释、补充，这里选的是《文士传》中的一段。

这段文字写入《三国演义》第二十三回“祢正平裸衣骂贼”，把原来的击鼓和骂曹两件事合写在了一起。写道：衡乃徐徐着裤，颜色不变。操叱曰：“庙堂之上，何太无礼？”衡曰：“欺君罔上乃谓无礼。吾露父母之形，以显清白之体耳！”操曰：“汝为清白，谁为污浊？”衡曰：“汝不识贤愚，是眼浊也；不读诗书，是口浊也；不纳忠言，是耳浊也；不通古今，是身浊也；不容诸侯，是腹浊也；常怀篡逆，是心浊也！吾乃天下名士，用为鼓史，是犹阳货轻仲尼，臧仓毁孟子耳！欲成王霸之业，而如此轻人耶？”好一顿痛骂。曹操不想落个不容人，想借刀杀人，将祢衡送到刘表那里，刘表也学曹操，将祢衡转送到黄祖那里，结果被黄祖杀了。这样一来,曹操逃脱了罪责了吗?没有!若问“祢衡是谁杀的”?必皆曰“曹操借刀杀的”,或直接说“是曹操”。

五七　太祖馈荀彧食盒

【注文】

《彧别传》曰:太祖又表曰:“昔袁绍侵入郊甸,战于官渡。时兵少粮尽,图欲还许,书与彧议,彧不听臣。建宜住之便,恢进讨之规,更起臣心,易其愚虑,遂摧大逆,覆取其众。此彧覩胜败之机,略不世[①]出也。及绍破败,臣粮亦尽,以为河北未易图也,欲南讨刘表。彧复止臣,陈其得失,臣用反斾[②],遂吞凶族,克平四州。向[③]使臣退于官渡,绍必鼓行[④]而前,有倾覆之形,无克捷之势。后若南征,委弃兖、豫,利既难要[⑤],将失本据[⑥]。彧之二策,以亡为存,以祸致福,谋殊功异,臣所不及也。是以先帝贵指纵[⑦]之功,薄搏获[⑧]之赏;古人尚帷幄[⑨]之规,下攻拔之捷。前所赏录,未副彧巍巍之勋,乞重平议,畴其户邑。”彧深辞让,太祖报之曰:“君之策谋,非但所表二事。前后谦冲[⑩],欲慕鲁连[⑪]先生乎?此圣人达节[⑫]者所不贵也。昔介子推[⑬]有言,‘窃人之财,犹谓之盗’。况君密谋安众,光显于孤者以百数乎!以二事相还而复辞之,何取谦亮之多邪!”太祖欲表彧为三公,彧使荀攸深让,至于十数,太祖乃止。

《魏氏春秋》曰:太祖馈彧食,发之乃空器[⑭]也,于是饮药而卒。咸熙二年,赠彧太尉。

《彧别传》曰:彧自为尚书令,常以书陈事,临薨,皆焚毁之,故奇策密谋不得尽闻也。是时征役草创,制度多所兴复,彧尝言于太祖曰:

"昔舜分命禹、稷、契、皋陶以揆庶绩[15]，教化征伐，并时而用。及高祖之初，金革[16]方殷，犹举民能善教训者，叔孙通习礼仪于戎旅之间，世祖有投戈讲艺[17]、息马论道[18]之事，君子无终食之间违仁[19]。今公外定武功，内兴文学，使干戈戢睦[20]，大道流行，国难方弭，六礼俱治，此姬旦[21]宰周之所以速平也。既立德立功[22]，而又兼立言[23]，诚仲尼述作[24]之意；显制度于当时，扬名于后世，岂不盛哉！若须武事毕而后制作，以稽治化，于事未敏。宜集天下大才通儒[25]，考论六经，刊定传记，存古今之学，除其烦重，以一圣真[26]，并隆礼学，渐敦教化，则王道两济。"彧从容与太祖论治道，如此之类甚众，太祖常嘉纳之。彧德行周备，非正道不用心[27]，名重天下，莫不以为仪表[28]，海内英隽咸宗焉。

【注释】

① 不世：非一世所能有，多谓非凡。

② 反旆：回师。

③ 向：假使，假令。

④ 鼓行：击鼓而行进，言无所畏惧。

⑤ 要（yāo）：探求，求取。

⑥ 本据：原本所占据的地盘。

⑦ 指纵：发踪指示，比喻指挥谋划。高祖既杀项羽，论功行封，以萧何为最，功臣多不服。高祖曰，诸君知猎乎？夫猎，追杀兽者，狗也，而发纵指示兽者，人也。诸君徒能追得兽耳，功狗也。至若萧何发纵指示，功人也。

⑧ 搏获：犹捕获。

⑨ 帷幄：军中将帅的幕府，指首领决策的处所。

⑩ 谦冲：谦虚。后文"谦亮"亦此意。

⑪ 鲁连：《史记》载，赵欲尊秦为帝，鲁连止之，平原君乃欲封鲁连，连笑曰："所贵于天下之士，为排患释难解纷而无取也，即有取者是商贾之士也，而连不忍

为也。”

⑫ 达节:明达世情,识时务。

⑬ 介之推:春秋时晋之臣子。

⑭ 空器:无物之器。

⑮ 揆(kuí)庶绩:掌管各种事功。

⑯ 金革:金指戈兵之属,兵指甲胄之属,借指战争。

⑰ 讲艺:讲论六艺。

⑱ 论道:议论治国的政令。

⑲ 君子无终食之间违仁:君子没有一餐饭的时间离开仁德。自《论语·里仁》。

⑳ 戢睦(jí mù):安宁和睦。

㉑ 姬旦:即周公。

㉒ 立德立功:建树德业和功勋。

㉓ 立言:指著书立说。

㉔ 述作:孔子曰“述而不作”,后以述作指撰写著作。

㉕ 大才通儒:指通晓古今、学识渊博的儒者。

㉖ 圣真:谓儒学的真谛。

㉗ 用心:留意,使用心力。

㉘ 仪表:准则,楷模。

【译文】

《彧别传》载:太祖曹操又向皇上呈表道:“昔日袁绍侵入到我朝近郊,与我军战于官渡。当时我方兵少粮尽,便欲退还许都,臣致书荀彧商议此事,荀彧不赞同臣的意见,建议应当趁着已驻军官渡之利,扩大进讨的谋划,从而启发了臣的心志,改变原来愚昧的顾虑,结果摧毁了逆贼袁绍,还俘获了众多士卒。这正表明荀彧能看到胜败的变数,其谋略可谓世上罕有。及至袁绍兵败,我方军粮告罄,臣认为黄河之北的土地，未能轻易获得，欲南下征讨刘表。荀彧又阻止臣，陈述得失利害，臣用其计回师北上，于是吞灭了敌寇，扫平冀、青、幽、并四州。假令让臣当时在官渡退兵，袁绍必击鼓前进，我方则只有倾覆的后果，不会出现取胜的态势。而后来如果南征刘表，则会丢弃兖、豫二州，利益既难谋得，还将失去原有地盘。荀彧的这两个策略，是从败亡中求生存，变祸患为福祉，谋略高超，功勋卓著，是臣所不及的。所以先帝看重指挥谋划的功劳，看轻捕获俘虏的奖赏，古人亦尊重出谋划策的规划，轻视攻城拔寨的捷报。之前给予荀彧的赏赐，未能与他的赫赫功勋相符，乞望重新评议，增加封邑。”荀彧再三辞让，曹操回复他道：“你的谋略，不只表上提到的这两件事。前后你总这般谦虚，是想学鲁连先生获取清名吗？这不是识时务者所崇尚的。春秋时晋国的介之推说：‘偷看他人的财宝，也可称之谓盗。’何况你的谋略能安定众人，仅荣显于我面前的何止一百件呢？我只不过拿此二事再次叙述罢了，你又何必有那么多的谦虚呢！”曹操还欲上表推荐荀彧为三公，荀彧让荀攸向曹操表达推辞之意竟达十几次，曹操这才作罢。

孙盛《魏氏春秋》记载：太祖曹操馈赠荀彧一盒食品，打开一看竟是空盒子，荀彧便饮药自尽了。咸熙二年（265 年），追赠荀彧为太尉。

《彧别传》还记载：荀彧自任尚书令以来，常用书信陈述政事，临死前，他全部焚烧了，因而那些奇策密谋，我们都不得而知了。当初征伐刚开始，许多制度才兴建恢复。他对太祖曹操道：“过去舜分别命禹、稷、契、皋陶掌管各事，教化与征伐，同时并举。到高祖初年，战事频繁，仍能让人民受到教育，孙叔通就在军旅中教习礼仪，光武帝有放下戈矛讲论六艺、停下马来论述治国之道的故事，君子不应该有一餐饭的时间离开仁德。如今明公在外致力武功，在内倡导文学，化干戈为安定和睦，使正道传布运转，国难匿迹，六礼盛行，这便是周公姬旦事奉周朝使天下迅速平定的做法。这样,既树立德业又建立功勋,再兼著书立说,即仲尼所谓的述作之意;可显法度于当时,又扬名声于后世,岂不是盛事之举吗!假使等待武事已毕而后再做这些,从而制定治化准则,于事不是太缓慢了吗?而今即应召集天下知识渊博并通晓古今的通才大儒,考查论证六经,修改审定传记,使古今之学得以保存,剔除其中的繁杂与重复,恢复儒家学说的真谛,使礼学继续兴隆,让教化渐趋敦厚,则王道可以完成。"荀彧经常与太祖谈论治国之道,像上述之类的谈论甚多,太祖常予嘉奖并予采纳。荀彧品德完备,不属正道之事则不留意,名重天下,人们无不以他做楷模,甚得海内才俊的尊奉。

【引述】

《三国志·魏书十·荀彧传》:"十七年,董昭等谓太祖宜进爵国公,九锡备物,以彰殊勋,密以谘彧。彧以为太祖本兴义兵以匡朝宁国,秉忠贞之诚,守退让之实;君子爱人以德,不宜如此。太祖由是心不能平。会征孙权,表请彧劳军于谯,因辄留彧,以侍中光禄大夫持节,参丞相军事。太祖军至濡须,彧疾留寿春,以忧薨,时年五十。谥曰敬侯。明年,太祖遂为魏公矣。【注一】"这段话的大意是:建安十七年(212年),董昭等人认为曹操应进爵为国公,应得到九锡之赏,以表彰他特殊的功勋,他们就此事秘密地咨询荀彧。荀彧认为太祖当初兴义兵的本意是为了匡扶汉室安定国家,秉承忠义的诚意,坚持谦让的品德;君子爱人要以德为重,所以不应如此去做。曹操因此对荀彧很是忌恨。此时正值征伐孙权,曹操便上表朝廷请荀彧到谯县来慰劳军队,他乘机将荀彧擅自留了下来,以侍中光禄大夫的名义持节,参予军事。曹操还将军队开往濡须,荀彧因病留在寿春,忧郁而亡,时年五十。谥为敬侯。第二年,曹操便成魏公了。这里,我们选取了裴松之引用《彧别传》和《魏氏春秋》的两段注文，可用来作对比。

《彧别传》主要通过曹操的陈述简介荀彧的功绩，间接说明曹操对他的赏识和重用。荀彧字文若，二十九岁就投奔了曹操，是曹的首要谋士，被曹称为“吾之子房”。他为曹操规划制定了统一北方的蓝图和军事路线；他还曾多次修正曹操的作战方略并获得曹的赞赏；他劝曹操迎献帝迁都许县，使曹获得奉天子以令诸侯的政治优势；他在官渡之战时给曹操摆明利弊，使曹转退为进打了一个以少胜多的漂亮仗；曹操曾说：“与君共事以来，立朝廷，君之相为匡弼，君之相为建计，君之相为密谋，亦以多矣。”“天下之定，彧之功也。”因而曹操上表盛赞荀彧，并为他请封邑，请官爵。还将女儿许配给荀彧的长子。

《魏氏春秋》则一反正常的轨迹，写曹操对荀彧的态度大变。为什么？因为荀彧不同意他称魏公。“太祖由是心不能平”，于是曹操首先上表让荀彧来“劳军”，从而把这位汉室的尚书令调到自己身边；接着“辄留彧”，即擅自把荀彧扣留下来；再接着呢，志书上说，“彧疾留寿春，以忧薨”。写他并非因疾病而亡而是因“忧”亡，是什么忧虑而竟能使人丧命呢？这里写得很隐晦，似有隐情不便明言，倒是孙盛在《魏氏春秋》里揭露了底细，是曹操送去一个空饭盒。荀彧是何等聪明洞彻之人，知道这是暗示要他自行了断，亦知这也是在劫难逃，决定服毒自尽。读到此处，深感曹操无情无义，十分可憎。连司马懿都说：“吾自耳目所从闻见，逮百数十年间，贤才未有及荀令君（即荀彧）者也。”对这样的人，曹操竟然能这般狠毒地对待，全然不顾二十多年来为他出谋划策的宗宗功绩。《后汉书·荀彧传》亦载：“操馈之食，发视，乃空器也，于是饮药而卒。时年五十。”此事写在《三国演义》的第六十一回里。

还是裴松之说得对：荀彧“亡身殉节，以申素情，全大正于当年，布诚心于百代，可谓任重道远，志行义立”。

五八　袁涣爱书胜爱财

【注文】

《袁氏世纪》曰：布之破也[①]，陈群父子时亦在布之军，见太祖皆拜。涣独高揖[②]不为礼，太祖甚严惮[③]之。时太祖又给众官车各数乘[④]，使取布军中物，唯其所欲。众人皆重载，唯涣取书数百卷，资粮[⑤]而已。众人闻之，大惭。涣谓所亲曰："脱[⑥]我以行陈，令军发足以为行粮而已，不以此为我有。由是厉名也，大悔恨之。"太祖益以此重焉。

【注释】

① 布之破也：布指吕布。建安三年（198 年）吕布在下邳，曹操来攻，吕布兵败，被诛。

② 涣独高揖：涣指袁涣。高揖：双手抱拳高举过头作揖，古代作为告别时的礼节。

③ 严惮：畏惧，害怕。

④ 乘（shèng）：量词，古代一车四马叫"乘"，此处指"辆"。

⑤ 资粮：按规定发给的粮食。

⑥ 脱：连词，假使。

【译文】

《袁氏世纪》记载：吕布战败被诛，陈群与其父当时皆在吕布军中，见到太祖曹操都行跪拜礼，唯独袁涣双手抱拳行高揖之礼而不跪拜，曹操反倒对他很敬重。当时曹操给各官员几辆马车，让他们去取吕布军中的物资，想拿什么都可以。众人都满载而归，只有袁涣拿了几百卷书籍及规定的米粮而已。众人闻听，十分惭愧。袁涣对亲近的人说："假使我在军中，命士卒发粮也只是行军时的粮食罢了，其余的不会归我所有。由于这件事使我名声远扬，我深感不自在。"曹操因此更看重于他。

【引述】

《三国志·魏书十一·袁涣传》："布诛，涣得归太祖。【注一】"在此，裴松之作了注。注文很简短，围绕"书"说明了三点。其一说明袁涣是一位高洁自律、爱书胜爱财之人。别人取贵重物资，唯独他取书，书使他具有书卷气，书滋养了他的人品。他在吕布军中时，吕布有次让他作书辱骂刘备，他不写，布再三强迫，他还是不写，布大怒，拔出刀来威胁道："写了让你活命，不写就死。"袁涣面不改色，笑道："我听说只有高尚的品德可以使别人自感羞惭，没有听说用辱骂让人感到羞辱的。如果刘备是个君子，对将军的辱骂不屑一顾；如果刘备是个小人，就会回骂将军，这样被羞辱的是你而不是他。"一席话说得吕布"惭而止"。归了曹操之后，也是劝曹"鼓之以道德，征之以仁义，兼抚民而除其害"。其二说明曹操是一位喜欢爱书之人的人。他因袁涣独取书而"益以此重焉"，拜涣为沛南部都尉。实际曹操本人就是爱书之人，他御军三十余年，手不舍书。其三说明吕布也是一位爱书之人。有人说"布军中有书可取，亦奇事"。一般人印象吕布乃一介武夫，武功可首屈一指，但缺少文才，人也鲁莽，可袁涣从他行军打仗的军营中竟取出"数百卷"书籍来，表明吕布并不是一个胸无点墨不学无术之人。

五九　邴原苦学成才

【注文】

《原别传》曰：原十一而丧父，家贫，早孤[①]。邻有书舍，原过其旁而泣。师问曰："童子何悲？"原曰："孤者易伤，贫者易感。夫书者，必皆具有父兄者，一则羡其不孤，二者羡其得学，心中恻然而为涕零也。"师亦哀原之言而为之泣曰："欲书可耳！"答曰："无钱资。"师曰："童子苟有志，我徒相教，不求资也。"于是遂就书。一冬之间，诵《孝经》、《论语》。自在童龀[②]之中，嶷然[③]有异。及长，金玉其行。

欲远游学[④]，诣安丘孙崧。崧辞曰："君乡里郑君，君知之乎？"原答曰："然。"崧曰："郑君学览古今，博闻强识，钩深致远[⑤]，诚学者之师模也。君乃舍之，蹑屣[⑥]千里，所谓以郑为东家丘[⑦]者也。君似不知而曰然者，何？"原曰："先生之说，诚可谓苦药良针矣，然犹未达仆之微趣[⑧]也。人各有志，所规不同，故乃有登山而采玉者，有入海而采珠者，岂可谓登山者不知海之深，入海者不知山之高哉！君谓仆以郑为东家丘，君以仆为西家愚夫邪？"崧辞谢焉。又曰："兖、豫之士，吾多所识，未有若君者；当以书相分[⑨]。"原重其意，难辞之，持书而别。原心以为求师启学，志高者通，非若交游待分而成也。书何为哉？乃藏书于家而行。原旧能饮酒，自行之后，八九年间，酒不向口。单步负笈[⑩]，苦心持力，至陈留则师韩子助，颍川则宗陈仲弓，汝南则交范孟博，涿郡则亲卢子干。临别，师友以原不饮酒，会米肉送原。原曰："本能饮酒，但以荒思废业，故断之耳。今当远别，因见贶饯[⑪]，可一饮宴。"于是共坐饮酒，终日不醉。归以书还孙崧，解不致书之意。后为郡所召，署功曹主簿。

【注释】

①早孤:幼年失去父亲称“孤”。

②童龀(chèn):童年。龀指小儿换牙的年龄。

③嶷(yí)然:形容年幼聪慧;卓异的样子。

④游学:指离开本乡去外地求学。

⑤钩深致远:谓能钩取深处之物和招致远处之物。

⑥蹑屣(niè xǐ):谓奔波。屣:鞋。

⑦东家丘:《孔子家语》载,孔子的西邻,不知孔丘的才学出众,轻蔑地称他为“东家丘”。常用为才高不被世人所识的典故。

⑧微趣:谦称自已的志趣。

⑨以书相分:“分”字在此处于文义较晦,《册府元龟》中分作“介”。意谓孙崧与兖、豫之士多相识,用书信先为之作介绍。下文“非若交游待分而成也”中的分字亦当作“介”。

⑩负笈(jí):背着书箱。

⑪贶(kuàng)饯:饯行。

【译文】

《原别传》载:邴原十一岁时,父亲去世成了孤儿,家境很贫寒。比邻有一书馆,邴原经过时在旁哭泣。先生问道:“童子因何悲伤?”邴原答道:“孤苦的人易生悲伤,贫穷的人易发感慨。在这里读书的,必定都是有父兄的,我一来羡慕他们不是孤儿,二来羡慕他们能在这里读书,心里悲伤就不禁哭泣了。”先生听后不由地为他落泪,道:“想读书就来吧。”邴原答道:“家中无钱付资。”先生则道:“童子若有志气,我愿教导,不收资费。”于是邴原便在此就读了。仅一个冬天,就读完了

《孝经》和《论语》,在孩童中,显得比较聪慧刻苦。长大后,品行也极好。

邴原想到外地继续求学。到安丘去拜谒孙崧,孙崧辞谢道:"你家乡的郑君,你知道吗?"邴原道:"知道。"孙崧又道:"郑君览古通今,博学多识,又能探索深奥的真知,确是学者的楷模。你舍弃了他,却千里奔波至此,正所谓以郑君为'东家丘'了。我以为你不知郑君而你却说知道,那又为何舍近就远呢?"邴原答道:"先生的说法,可谓苦药良针,然先生并不了解我的志趣。人各有志,所谋也各不同。所以有登高山而寻求宝玉的,有入大海而探求珍珠的,难道说登山之人不知海之深广,入海之人不知山之高峻吗!先生认为我把郑君当作'东家丘',那先生认为我是西家愚夫吧?"孙崧辞谢了他。不过又道:"兖州和豫州间的人士,很多我都认识,没有像你这般学识的;我当写信相介绍。"邴原感到盛情难却,拿上书信告别了。邴原认为寻求名师在于对自己有所启发,心志高远者必能通达,不像一般交游而需介绍才行。书信有何用?便将信藏在家里上路了。他旧日颇能饮酒,自出门游学,八九年间,滴酒不沾。身背书箱徒步前行,尽心竭力刻苦求学,到了陈留则拜韩(卓)子助为师,到了颍川则师从陈(寔)仲弓,到了汝南则结交范(滂)孟博,到了涿郡则亲近卢(植)子干。临别时,师友们以为邴原不饮酒,便用米饭与肉为他送行。邴原道:"我本能饮酒,因恐荒废学业,故而戒掉了。今日远别,又是为我饯行,可开戒共饮。"于是共坐畅饮,一天都没喝醉。回去之后把书信还给孙崧,解释未投送的缘由。后邴原被郡里征召,任功曹主簿。

【引述】

《三国志·魏书十一·邴原传》:"太祖征吴,原从行,卒。【注二】"在此句末,裴松之加了注,注文引自《原别传》,较长,这里只节选了有关苦学的这一小部分。它给我们的启示有三。其一是想要成功就要勇于战胜自己的缺点。饮酒算不得缺点，但邴原怕荒思废业，当时把它看作缺点戒掉了，专心致力于学业，从而脚踏实地地奔向预期目标。其二是要想真正掌握知识就得下苦功。他在乡学馆就比别的孩童刻苦，所以学得也较多。游学时不借助车马，而是“单步负笈，苦心持力”地经营学业，有“苦其心志，劳其筋骨”的精神，将来才能担当重任。后来曹操辟他为东阁祭酒。在北伐单于的一次宴会时，门下通报邴原来到，曹操竟揽履而起远出迎原曰：“孤谓君将不能来，而远自屈，诚副饥虚之心。”当他谒讫而出时，“军中士大夫诣原者数百人”（见《原别传》）。可见一时之声望。其三是想使学识扎实渊博就须博采众长。邴原的老师有陈留大儒韩子助，有“荷天下重名”的陈仲弓，有“慨然有澄清天下之志”的范孟博，有汉末经学家卢子干。集众高师之门下，必能博通古今，所以本传云：“原在辽东，一年中往归原居者数百家，游学之士，教授之声，不绝。”邴原可谓学而不厌，诲人不倦者矣。

六十　一个盗牛人的启示

【注文】

《先贤行状》曰：烈通识达道①，秉义不回②。以颍川陈太丘③为师，二子为友。时颍川荀慈明、贾伟节、李元礼、韩元长皆就陈君学，见烈器业④过人，叹服所履，亦与相亲。由是英名著于海内。道成德立，还归旧庐，遂遭父丧，泣泪三年。遇岁饥馑，路有饿殍⑤，烈乃分釜庾⑥之储，以救邑里之命。是以宗族称孝，乡党归仁。以典籍娱心，育人为务，遂建学校，敦崇庠序⑦。其诱人也，皆不因其性气⑧，诲之以道，使之从善远恶。盗者不自觉，而大化[9]隆行，皆成宝器。门人出入，容止可观，时在市井，行步有异，人皆别之。州闾成风，咸竞为善。

时国中有盗牛者，牛主得之。盗者曰："我邂逅[10]迷惑，从今已后将为改过，子既已赦宥，幸勿使王烈知之。"人有以告烈者，烈以布一端遗之[11]。或问："此人既为盗，畏君闻之，反与之布，何也？"烈曰："昔秦穆公[12]，人盗其骏马食之，乃赐之酒。盗者不爱其死，以救穆公之难。今此盗人能悔其过，惧吾闻之，是知耻恶。知耻恶，则善心将生，故遗布劝为善也。"间年之中，行路老父担重，人代担行数十里，欲至家，置而去，问姓名，不以告。顷之，老父复行，失剑于路。有人行而遇之，欲置而去，惧后人得之，剑主于是永失，欲取而购募[13]，或恐差错，遂守之。至暮，剑主还见之，前者代担人也。老父揽其袂，问曰："子前者代吾担，不得姓名，今子复守吾剑于路，未有若子之仁，请子告吾姓名，吾将以告王烈。"乃语之而去。老父以告烈，烈曰："世有仁人，吾未之见。"遂使人推之，乃昔时盗牛人也。烈叹曰："韶乐九成[14]，虞宾[15]以和：人能有感，乃至于斯也！"

【注释】

① 烈通识达道：烈：指王烈。通识达道：学识渊博，彻悟道理。

② 不回：正直，不行邪僻。《诗·大雅·旱麓》："岂弟君子，求福不回。"高亨注："回，邪僻，此言君子以正道求福。"

③ 陈太丘：指陈寔，字仲弓，为太丘长，故称陈太丘。长子陈纪，次子陈谌，皆以品德名于世，时称"三君"。

④ 器业：指才能学识。

⑤ 饿殍(piǎo)：饿死的人。

⑥ 釜庾(fǔ yǔ)：均为古量器名，引申为数量不多。

⑦ 庠(xiáng)序：古代乡学的名称。

⑧ 性气：性情脾气。

⑨ 大化：广远深入的教化。

⑩ 邂逅(xiè hòu)：偶然。

⑪ 一端遗(wèi)之：端：帛类的长度单位，二丈为一端。遗：赠送。

⑫ “昔秦穆公”句：《史记·秦本纪》载：秦穆公亡善马，岐下野人共得而食之者三百余人，吏逐得，欲法之。穆公曰：“君子不以畜产害人，吾闻食善马肉不饮酒伤人。”乃皆赐酒赦之。三百人闻秦击晋，皆求从，报食马之德，于是穆公虏晋君以归。

⑬ 购募：悬赏招募。

⑭ 韶乐九成：韶乐：指舜乐，《论语·八佾》：“子谓《韶》，尽美矣，又尽善也。”九成：乐曲终止叫“成”，“每曲一终，必变更奏”，故九成即九奏。

⑮ 虞宾：指尧的儿子朱丹，因虞以宾礼待之故称虞宾。朱丹不肖，使国家灭亡，后因以喻失位之君。

【译文】

《先贤行状》载：王烈学识渊博、通达事理，坚守仁义，为人正直。拜颍川的陈(寔)太丘为师，与其二子陈纪、陈谌为友。当时颍川的荀慈明、贾伟节、李元礼、韩元长都在陈寔门下就学，看见王烈才识过人，叹服他的品行，也与他很亲近。因此王烈的名声便享誉海内。学业完成品德建树之后，他又回到家乡的旧屋。后遭遇父丧，他为父泣泪三年。又遭饥荒，路上竟有饿死之人。他将为数不多的储粮拿出，来救乡人的性命。所以同族人称他为孝子，同乡人赞他有仁德。他览阅书籍以娱悦心境，把育人当作自己的事业，兴办乡学，崇尚教育。他的育人方法，是不由自我的脾性来决定，而是用道理来教诲，使他们能从善举义远离坏事。让受益者在不知不觉中，得到深入的教化，从而成材。他的弟子进进出出，行为都很规范，走在街市上，都和别人不一样，一看就能辨别出来。全州蔚然成风，人人争做好事。

当时家乡有个人偷了别人的牛，后又送还失主，失主得到牛后，偷者告他说："我一时糊涂盗了牛，今后定要改过，你既然宽恕了我，请不要让王烈知道。"有人将此事告诉了王烈，王烈便拿出一匹布赠予盗牛人。有人问："此人既已为盗，还怕你知道，你反倒送布给他，这是为何？"王烈道："春秋时的秦穆公，有人盗了他的骏马杀了吃，他听说吃骏马肉不饮酒会伤身，就赐酒给盗马人。后来盗马人都不顾个人安危去援助秦穆公。如今这盗牛人能悔过，说明他已知耻恶。知道耻恶，善心则会萌生，赠布是为劝其做善事。"隔了一年，有位老者在路上挑着重担，有个人过去帮他挑了几十里，将到家门口，放下担子离去，老者问他姓名，他未告知。不多天，老者又外出，不意将剑丢失在路上。有人拾到这把剑，想置于原地而离开，却怕有人拿了去，剑主找不回来，想拿去然后招领，又怕会出差错，于是守候在原地，直至日暮，剑主过来寻找，看到守候的人正是前次代他挑担子的人。老者拽着他的衣袖，道："你前次替我挑担，未曾问得姓名，今日又在路上守剑，没有像你这般讲仁义的，请告我姓名，我将告给王烈。"这人告知后离去。老者将事情经过告诉了王烈。王烈道："世上有这般仁德之人，我却未见面。"让人推断，认为就是过去那个盗牛人。王烈感叹道："在'韶'乐的演奏下，连朱丹那样不肖的人都会被感动。人之被感化，竟能达到如此的效果啊！"

【引述】

《三国志·魏书十一·管宁传》："王烈者，字彦方，于时名闻在原、宁之右。辞公孙度长史，商贾自秽。太祖命为丞相掾，征事，未至，卒于海表。【注一】"这几句话的大意是：当时王烈的名声在邴原、管宁之上。他辞掉了公孙度委任的长史之职，用经商自我轻贱。曹操任命他为丞相掾、征事，还未到任，就死在海外了。原文仅四十个字，附在《管宁传》中。

裴松之在此引《先贤行状》，介绍了王烈的为人和品德，通过盗牛人的小故事，说明德教潜移默化的效果。据载，王烈家乡的百姓，凡有争讼曲直之事，都请王烈排难解纷，断定是非。有的走至半途，忽然愿意放弃争执，和解而归。有的望见王烈的屋舍，就感到惭愧，相让而回。可见王烈的盛德感化甚至胜过刑罚的力量。《三国演义》开篇词曰："滚滚长江东逝水，浪花淘尽英雄。"是的，多少英雄人物在青史上也只留得几行姓名，王烈能在《三国志》中留有四十字的小传，也足以名传千古，实属难得。同时也说明裴注对正史的补充作用。

六一　两兄弟争入狱

【注文】

融字文举。《续汉书》曰：融，孔子二十世孙也。高祖父尚，钜鹿太守。父宙，太山都尉。融幼有异才①。时河南尹李膺②有重名，敕门下简通宾客，非当世英贤及通家③子孙弗见也。融年十余岁，欲观其为人，遂造膺门，语门者曰："我，李君通家子孙也。"膺见融，问曰："高明④父祖，尝与仆⑤周旋乎？"融曰："然。先君孔子与君先人李老君，同德比义而相师友，则融与君累世通家也"众坐奇之，佥⑥曰："异童子也。"太中大夫陈炜后至，同坐以告炜，炜曰："人小时了了⑦者，大亦未必奇也。"融答曰："即如所言，君之幼时，岂实慧乎！"膺大笑，顾谓曰："高明长大，必为伟器⑧。"

山阳张俭，以中正为中常侍侯览所忿疾，览为刊章⑨下州郡捕俭。

俭与融兄褒有旧，亡投褒，遇褒出，时融年十六，俭以其少，不告也。融知俭长者，有窘迫[10]色，谓曰："吾独不能为君主邪！"因留舍藏之。后事泄，国相以下密就掩捕，俭得脱走，登时收融及褒送狱。融曰："保纳藏舍者融也，融当坐[11]之。"褒曰："彼来求我，罪我之由，非弟之过，我当坐之。"兄弟争死，郡县疑不能决，乃上谳[12]，诏书令褒坐焉。融由是名震远近。与平原陶丘洪、陈留边让、并以俊秀，为后进冠盖。融持论经理不及让等，而逸才宏博过之。司徒大将军[13]辟举高第，累迁北军中候、虎贲中郎将、北海相，时年三十八。承黄巾残破之后，修复城邑，崇学校，设庠序[14]，举贤才，显儒士。以彭璆为方正，邴原为有道，王修为孝廉。告[15]高密县为郑玄特立一乡，名为郑公乡。又国人无后，及四方游士有死亡者，皆为棺木而殡葬之。郡人甄子然孝行知名，早卒，融恨不及之，乃令配食[16]县社。其礼贤如此。在郡六年，刘备表融领青州刺史。建安元年，征还为将作大匠，迁少府。每朝会访对[17]，辄为议主[18]，诸卿大夫寄名[19]而已。

【注释】

①融幼有异才：指孔融四岁能让梨，《御览》载他十几岁时，与名士李膺谈论百家经史，应答如流，膺不能下之。

②李膺：字元龙，负有盛名，反对宦官专权。《世说新语·德行》云：后起之秀"有升其堂者，皆以为登龙门。"

③通家：谓世交。

④高明：对他人的敬称。

⑤仆：对自己的谦称。

⑥佥：全，都。

⑦了了：聪慧；通晓事理。

⑧伟器：大器，谓堪任大事的人。

⑨ 刊章：删去告发人姓名的捕人文书。

⑩ 窘迫：谓处境困急。

⑪ 坐之：入狱定罪。

⑫ 上谳(yàn)：上报朝廷，请求定案。

⑬ 大将军：指何进，时为大将军，主持朝政。

⑭ 庠序：指古代的乡学。

⑮ 告：请求。

⑯ 配食：配享，祭祀。

⑰ 访对：回答皇上的咨询。

⑱ 议主：立说倡议的人。

⑲ 寄名：犹挂名，列名。

【译文】

孔融字文举。司马彪《续汉书》载：孔融是孔子第二十世孙。高祖父名尚，官拜钜鹿太守，父名宙，官拜太山都尉，孔融幼时就有突出的才干。当时河南尹李膺极负盛名，告诉守门人要减少来客的通报，不是名士贤达和世交子弟都不接见。孔融当时只有十几岁，想看一看李膺的为人，便去了李府，对守门人道："我，是李君的世交子弟。"通报后李膺见到孔融，问道："高明的父、祖，曾与我有旧交吗？"孔融道："是的。我的先君孔子与李君的先人李老君，同德比义相为师友，那么孔融和李君便是好几代的世交了。"在座之人听后无不惊奇，都说："真是个不寻常的孩子。"太中大夫陈炜后到，同座有人把此事告诉给他，陈炜道："人小时候聪慧，长大后未必奇出。"孔融立即答道："如先生所言，看来先生幼时，确实很聪慧吧？"李膺哈哈大笑，回过头对孔融道："高明长大后，必定能成大器。"

山阴人张俭，因耿介正直被中常侍侯览忌恨，侯览将删去告发人姓名的捕人文书发至州郡逮捕张俭。张俭与孔融之兄孔褒有旧交，便逃到孔褒那里，恰遇孔褒外出，当时孔融十六岁，张俭认为他年少，便未告知他事由。孔融知道张俭是位正直的长者，又见他有窘迫的神色，便道："我难道不能为先生做主吗？"于是留他在家中藏匿起来。后来事情泄露，鲁国国相下面有人秘密掩护，张俭得以逃脱，而孔融和孔褒立刻被收捕入狱。孔融道："把张俭收留并藏匿的是我，应该定我的罪。"孔褒也道："张俭是来求我的，罪过由我引起，不是弟弟之过错，应定我的罪。"兄弟二人争抵死罪，郡县犹疑不能决，于是呈报上司，请求定案，后诏书下达，定了孔褒的罪。孔融由此名震遐迩。

孔融与平原人陶丘洪、陈留人边让，都为一时之俊，是年轻人的榜样。孔融在持论立论和对经典解析方面不及边让等人，但在才华和学识渊博方面却超过他们。司徒大将军何进因他考核优等举荐他，屡迁为北军中侯、虎贲中郎将、北海相，当时三十八岁。后遇黄巾战乱州郡残破，孔融便致力于修复城邑，推广教育，设立乡学，举荐贤才，显扬儒士。他以彭璆为方正，邴原为有道，王修为孝廉。要求高密县为郑玄特设一个乡叫郑公乡。另外凡北海郡中无后嗣的，及四方游士有亡故的，他都替他们置办棺木并安顿殡葬。同郡甄子然是有名的孝子，早亡，他遗憾未能遇上，便命将他的牌位放在社庙里同享祭祀。孔融就是如此地礼遇贤者。在郡六年，刘备上表改任青州刺史。建安元年，朝廷征召他为将作大匠，接着升迁为少府。每当朝会回答皇上的咨询时，他常为立说倡议之人，各位卿大夫像是列名而已。

【引述】

《三国志·魏书十二·崔琰传》："初，太祖性忌，有所不堪者，鲁国孔融【注一】、南阳许攸、娄圭【注二】，皆以恃旧不虔见诛。【注三】"这段话的大意是：当初，曹操生性爱忌恨人，他不能容忍的有鲁国的孔融、南阳的许攸、娄圭，他们都因与曹操是故旧而言语不敬，最终被杀。裴松之在孔融之下引用了好几段注文，这里选的是《续汉书》中的一段。写孔融小小年纪便敢去拜见鼎鼎大名的李膺；敢把正直的逃犯藏在家中；被捕后与兄长争着抵罪；写他的才华出众和学识渊博；写他的关爱百姓和礼遇贤士，为我们勾勒出孔融的全貌。但是我们不得不说孔融缺乏“政治头脑”，他经常“狎侮太祖”，比如曹操下令禁酒，他却作书调侃：“天有酒旗之星，地列酒泉之郡，人有旨酒之德，故尧不饮千钟，无以成其圣。”曹操攻下邺城，其子曹丕纳袁绍儿媳甄氏为妻，他便写信道：“武王伐纣，以妲己赐周公。”曹操不明白这是对他们父子的嘲讽，还问此事出于何典，所以曹操对孔融早已忌恨在心，建安十三年(208 年)，托以他罪，孔融被弃市，妻子儿女同时遇害。

不错，曹操有求贤、用贤的一面，但“太祖性忌”，他又有生性好忌、嫉贤妒能的一面，多少名士如孔融、杨修、崔琰、华佗、祢衡等等，皆死于他手。这是曹操的可恶之处！

六二　孔融救杨彪不死

【注文】

《续汉书》曰：太尉杨彪与袁术婚姻，术僭号①，太祖与彪有隙②，因是执彪，将杀焉。融闻之，不及朝服，往见太祖曰：“杨公累世清德，四叶重光③，《周书》‘父子兄弟，罪不相及’，况以袁氏之罪乎？《易》称‘积善余庆④’，但欺人耳。”太祖曰：“国家之意⑤也。”融曰：“假使成王欲杀召公，则周公可得言不知耶⑥？今天下缨緌搢绅⑦之士所以瞻仰明公者，以明公聪明仁智，辅相汉朝，举直措枉⑧，致之雍熙耳。今横杀无辜，则海内观听，谁不解体[9]？孔融鲁国男子，明日便当褰衣[10]而去，不复朝矣。”太祖意解，遂理出彪。

【注释】

① 术僭号(jiàn hào)：术指袁术。僭号：冒用帝王的称号。

② 隙(xì)：指墙交界处的裂缝，喻感情上有隔阂。

③ 四叶重光：四叶：指四代。重光：喻累世盛德，辉光相承。

④ 积善余庆：谓积德行善之家，恩泽及于子孙。语出《易·坤》：“积善之家，必有余庆。”

⑤ 国家之意：这里的“国家”指“皇上”。

⑥ 假使句：周成王即位时尚年幼，由其叔周公摄政，召公是周公之弟。

⑦ 缨緌(ruí)搢绅(jìn shēn)：缨緌：冠带与冠饰，借指官位。搢绅：谓插笏于绅，绅指古代官员或儒者围在腰间的大带子，后作为官宦及儒者的代称。

⑧ 举直措枉：起用正直者，罢黜奸邪者。

⑨ 解体：比喻人心离散。

⑩ 褰(qiān)衣：提起衣裳。

【译文】

司马彪《续汉书》载：太尉杨彪与袁术有姻亲关系，袁术冒称帝号。曹操与杨彪曾有隔阂，便借此抓捕了杨彪，准备杀掉。孔融听到此事，顾不得换上朝服，急忙去见曹操，道：“杨公世代清白仁德，近四代亦然传承荣光。《周书》上说‘父子兄弟，罪不相连’。何况这是袁术的罪过呢？《易经》的坤卦说：‘积善之家，必有余庆。’这话是骗人的吗！”曹操道：“这是皇上的意思。”孔融便道：“假使周成王想杀掉召公，那摄政的周公可以说不知其事吗？如今天下官吏或儒者之所以敬仰明公你，是因明公聪明仁智，能辅佐汉室，又能起用正直之人，罢黜奸邪者，想治理出一种升平的局面。今日你却要滥杀无辜，天下看到或听到此事者，谁能不离心离德？孔融是鲁国一男子，明日便撩衣离去，不再上朝了。”曹操听罢打消了原先的想法，收理案卷放了杨彪。

【引述】

《三国志·魏书十二·崔琰传》：“初，太祖性忌，有所不堪者，鲁国孔融。【注一】”裴松之在此处有关孔融的注文引用的资料很多，我们选取的《续汉书》便是写“孔融救杨彪不死”这个故事的。

《后汉书·杨震传》里，在杨震传后，附有子秉、孙赐、曾孙彪、玄孙修的传记，记载了杨震、杨秉、杨赐、杨彪这四代人都曾官拜太尉之职，且以清白称焉，这就是孔融所说的“累世清德，四叶重光”。在杨彪传里，记载了当董卓因惧怕反董义兵要迁都时，百官无敢言者，而杨彪却敢提出反对意见。后及李傕、郭汜之乱时，杨彪又“尽节卫主，崎岖危难之间，几不免于害”。像这样的官员，曹操是如何对待的呢？那是建安元年，天子因新迁都大会公卿，“兖州刺史曹操上殿，见彪色不悦”，意思是说他上殿时看见杨彪脸色不悦，就怀疑对他将不利，便心生嫌隙，图谋杀掉杨彪。当时袁术僭用帝号，曹操便“托彪与术婚姻，诬以欲图废置，奏收下狱，劾以大逆”。这才有孔融不及朝服，往劝曹操，并以“不复朝矣”相逼，才救得杨彪不死。岂料后来杨彪之子杨修，又被曹操所杀。一次，曹操见到杨彪，问道：“公何瘦之甚？”杨彪对曰：“愧无日磾先见之明，犹怀老牛舐犊之爱。”明白地告诉他：“我没有金日磾的先见之明，我是因为想念儿子才这般消瘦的。”曹操听了十分尴尬。

六三　曹瞒量小　荀攸忘形

【注文】

《魏略》曰：攸①字子远，少与袁绍及太祖善。初平中随绍在冀州，尝在坐席言议②。官渡之役，谏绍勿与太祖相攻，语在《绍传》。绍自以强盛，必欲极③其兵势。攸知不可为谋，乃亡诣太祖。绍破走，及后得冀州，攸有功焉④。攸自恃勋劳，时与太祖相戏，每在席，不自限齐⑤，至呼太祖小字，曰："某甲⑥，卿不得我，不得冀州也。"太祖笑曰："汝言是也。"然内嫌之⑦。其后从行出邺⑧东门，顾谓左右曰："此家⑨非得我，则不得出入此门也。"人有白⑩者，遂见收之。

《魏略》曰：娄圭字子伯，少与太祖有旧。初平中在荆州北界合众，后诣太祖。太祖以为大将，不使典兵⑪，常在坐席言议。及河北平定，随在冀州。其后太祖从诸子出游，子伯时亦随从。子伯顾谓左右曰："此家父子，如今日为乐也。"人有白者，太祖以为有腹诽⑫意，遂收治之。

【注释】

① 攸：指许攸。谋士，先随袁绍，后投曹操。

② 言议：议论，言论。《墨子·公孟》："因左右而献谏，则谓之言议。"

③ 极：顶点，引申为最高限度。

④ 攸有功焉：指官渡之战时，许攸向曹操献计，火烧袁绍在乌巢的粮草，致使袁绍败北从而夺得冀州事。

⑤ 限齐：检束。

⑥ 某甲：指曹操，操一名吉利，小字阿瞒，这里用"某甲"代替，是史家的隐讳。

⑦ 内嫌之:心里厌恶这种说法。

⑧ 邺:在今河北省临漳县城西。

⑨ 此家:犹此人。

⑩ 白:禀报,上告。

⑪ 典兵:统领军队。

⑫ 腹诽(fěi):口里不言,心中讥笑,专制时代有所谓“腹诽之法”。

【译文】

鱼豢《魏略》载:许攸字子远,年轻时与袁绍和曹操都很友好。汉献帝初平年间跟袁绍驻守冀州，在帐下为袁绍出谋献策。官渡之战时,他劝袁绍不要与曹操对抗,这些话载于《袁绍传》中。袁绍自认为非常强盛,定要极大限度地出动兵力要与曹操决一雌雄。许攸知道难与他共事，便投奔了曹操。官渡之战袁绍的败逃及曹操得以占据冀州,许攸是有功劳的。但他自恃有功,时不时地与太祖相嬉戏,在宴席上,不知检束自己,以至直呼太祖小字道:“阿瞒,你要不是得到我,也不会获得冀州。”曹操笑道:“你说的极是。”但内心很厌恶这话。之后又曾跟随曹操等人走过邺城东门，他回头对身边的人道:“此人不是得到我,则无法出入此门。”有人将此话禀报了曹操,许攸便被捕了。

《魏略》又载:娄圭字子伯,年轻时与曹操很有交情。汉献帝初平年间在荆州北部聚众御敌,后投奔曹操,被任为大将,却不让他带兵,常在座席间献计进谏。黄河以北地区平定之后,他跟着到了冀州。有次曹操与几个儿子外出游猎,娄圭也随同前往,他对身旁的人道:“这家父子,如今经常游乐。”有人将此话上告了,曹操认为有腹诽之嫌,便将娄圭逮捕治了罪。

【引述】

《三国志·魏书十二·崔琰传》:“初,太祖性忌,有所不堪者,鲁国孔融【注一】、南阳许攸【注二】、娄圭,皆以恃旧不虔见诛【注三】。”

成语有“得意忘形”,一个人事业如日中天时,切记不要忘乎所以。石油大王洛克菲勒说过:“当我的石油事业蒸蒸日上时,每晚睡觉前总是拍拍自己的额头说:‘别让自然的意念,搅乱了你的脑袋。’我那沾沾自喜、自鸣得意的情绪,便可平静下来了。”许攸是位极有见识的谋士,也立过大功,但就因得意而忘形,反送了自己的性命,世人真该引以为戒。

成语有“宽宏大量”,曹操有时表现得还算宽宏,但只要一触犯到他个人的权势和威信,甚或心情,便格杀勿论了。祢衡骂他,杀了。许攸奚落他,杀了。荀彧不支持他作魏王,给个空饭盒让自行了结了。娄圭说了句不关紧要的话判作“腹诽”杀了。所以说,曹操度量很小,他不是君子,他乃奸雄耳!

六四　一女不戮二门

【注文】

干宝《晋纪》曰:曾①字颖考。正元中为司隶校尉。时毋丘俭②孙女适③刘氏,以孕系廷尉④。女母荀,为武卫将军荀顗所表活,既免,辞诣廷尉,乞为官婢⑤以赎女命。曾使主簿程咸为议,议曰:“大魏承秦、汉之弊,未及革制。所以追戮已出之女,诚欲殄⑥丑类之族也。若已产育,则成他家之母。于防则不足惩奸乱之源,于情则伤孝子之思,男不御罪于他族，而女独婴戮[7]于二门，非所以哀矜女弱，均法制之大分[8]也。臣以为在室之女，可从父母之刑，既醮之妇，使从夫家之戮。”朝廷从之，乃定律令。

【注释】

① 曾：何曾，时为司隶校尉，太傅何夔之子。

② 毌丘俭：毌丘俭曾任豫州刺史，与扬州刺史文钦于正元二年（255 年）矫太后诏，列举司马师十一条罪状，举兵反，后被击破，夷三族。

③ 适：与后文的“醮（jiào）”均谓女子出嫁。

④ 廷尉：官名，掌刑狱。这里借指牢狱。下句的廷尉指官员。

⑤ 官婢：古时因犯罪被没入官府作奴婢之谓。

⑥ 殄（tiǎn）：消灭，灭绝。

⑦ 婴戮：遭杀戮。

⑧ 大分（fèn）：大体，大要。

【译文】

干宝《晋纪》记载：何曾字颖考。高贵乡公正元年间任魏司隶校尉。当时毌丘俭的孙女嫁给刘家，因受毌丘俭之罪的牵连，虽怀有身孕也被投入牢狱。孙女的母亲荀氏，因族兄武卫将军荀顗向皇上呈表才活了下来。既免去了死罪，她便面见廷尉，乞求进官府当奴婢，想以此来赎罪换取女儿的性命。何曾便让主簿程咸去议论处置办法。议论的结果是：“我魏国承袭秦、汉以来刑法上的弊病，尚未来得及改革，这便是要追杀已出嫁女子的原因，意在灭绝那一族的败类。假若该女子已经生育，则成为他人之家的母亲。若要再杀，并不能防止或惩戒奸乱的源头，在情理上还会伤害孝子之心。男子不因他族而获罪，女子却独独要遭受两个家族的牵连而被杀戮，这不是怜悯女子的弱势，而是一律对待才合乎法制的大要。程咸认为：未嫁之女，随父家判刑，已嫁之女，则随夫家获罪。”朝廷同意程咸的意见，于是按此修定了律法。

【引述】

《三国志·魏书十二·何夔传》：（太傅何夔）“薨，谥曰靖侯。子曾嗣，咸熙中为司徒。【注二】”此处的裴注引自《晋纪》，使我们得知在何曾的建议之下，一女戮二门的法律得到了修改。《晋书·刑法志》及《何曾传》都记载魏国之法，犯大逆者诛及已出嫁的女子。毋丘俭被诛时，其子毋丘甸及甸妻荀氏都应连坐处死。因荀氏的族兄及族父与魏景帝姻通，一齐上表魏帝，诏听离婚即通过离婚的办法才免于死罪。荀氏所生之女是毋丘俭的外孙女，当时嫁给颍川太守刘子元，也应连坐处死，只因怀孕暂且入狱。荀氏去乞恩，何曾哀怜之，便令重新议定，这才有了主簿程咸的那段话，也才有对秦、汉以来的弊端实施改革，也才形成男女平等的律令。

新的律令不仅使受益者获得生命，还给研究法律的史学家提供了可贵的资料。

六五　教化与刑法并重

【注文】

袁宏曰：夫民心乐全①而不能常全，盖利用②之物悬于外，而嗜欲③之情动于内也。于是有进取贪兢④之行，希求放肆之事。进取不已，不能充其嗜欲，则苟且侥幸⑤之所生也；希求无厌，无以惬其欲，则奸伪忿怒[⑥]之所兴也。先王知其如此,而欲救其弊,或先德化以陶[⑦]其心;其心不化,然后加以刑辟[⑧]。《书》曰:“百姓不亲,五品不逊[⑨]。汝作司徒而敬敷五教[⑩]。蛮夷猾夏[⑪],寇贼奸宄。汝作士,五刑[⑫]有服。”然则德、刑之设,参而用之者也。三代相因,其义详焉。《周礼》:“使墨者守门,劓者守关,宫者守内,刖者守囿。”此肉刑之制可得而论者也。荀卿亦云,杀人者死,伤人者刑,百王之所同,未有知其所由来者也。夫杀人者死,而相杀者不已,是大辟可以惩未杀,不能使天下无杀也。伤人者刑,而害物者不息,是黥、劓可以惧未刑,不能使天下无刑也。故将欲止之,莫若先以德化。夫罪过彰著,然后入于刑辟,是将杀人者不必死,欲伤人者不必刑。纵而弗化,则陷于刑辟。故刑之所制,在于不可移之地。

礼教则不然,明其善恶,所以潜劝其情,消之于未杀也,示之耻辱,所以内愧其心,治之于未伤也。故过微而不至于著,罪薄而不及于刑。终入罪辟者,非教化之所得也,故虽残一物之生,刑一人之体,是除天下之害,夫何伤哉!率[⑬]斯道也,风化可以渐淳,刑罚可以渐少,其理然也。苟不能化其心,而专任刑罚,民失义方[⑭],动罹刑网,求世休和[⑮],焉可得哉?周之成、康,岂按三千[⑯]之文而致刑错[⑰]之美乎?盖德化渐渍,致斯有由也。汉初惩酷刑之弊,务宽厚之论,公卿大夫,相与耻言人过。文帝登朝,加以玄默[⑱]。张武受赂,赐金以愧其心;吴王不朝[⑲],崇礼以训其失。是以吏民乐业,风流笃厚[⑳],断狱四百,几致刑措,岂非德刑兼用已然之效哉?

世之欲言刑罚之用,不先德教之益,失之远矣。今大辟之罪,与古同制。免死已下,不过五岁,既释钳锁[㉑],复得齿于人伦。是以民无耻恶,数为奸盗,故刑徒多而乱不治也。苟教之所去,罚当其罪,一离刀锯,没身不齿,邻里且犹耻之,而况于乡党乎?而况朝廷乎?如此,则夙沙、赵高[㉒]之俦,无施其恶矣。古者察其言,观其行,而善恶彰焉。然则君子之去刑辟，固已远矣。过误不幸，则八议[23]之所宥也。若夫卞和、史迁之冤[24]，淫刑之所及也。苟失其道，或不免于大辟，而况肉刑哉！《汉书》："斩右趾及杀人先自言告，吏坐受赇[25]，守官物而即盗之，皆弃市[26]。"此班固所谓当生而令死者也。今不忍刻截之惨，而安剿绝之悲，此最治体[27]之所先，有国所宜改者也。

【注释】

①乐全：以完美为乐。

②利用：借助外物以达到某种目的。

③嗜欲：嗜好和欲望。多指贪图身体感官方面享受的欲望。

④进取贪兢：求取，贪婪。

⑤苟且侥幸：不循礼法，企求非分。

⑥奸伪忿怒：诡诈虚伪，愤怒怨恨。

⑦陶：陶冶，化育。

⑧刑辟（bì）：刑法，刑律。

⑨五品不逊：指五常不顺。五常即父义、母慈、兄友、弟恭、子孝。

⑩五教：即五常的伦理道德教育。

⑪蛮夷猾夏：语出《书·舜典》，谓华夏受蛮夷祸乱的影响。

⑫五刑：指墨、劓、剕、宫、大辟。

⑬率（shuài）：遵循，沿着。

⑭义方：行事应该遵守的规范和道理。

⑮休和：安定和平。

⑯三千：《书·吕刑》："墨罚之属千，劓罚之属千，剕罚之属五百，宫罚之属三百，大辟之罚属二百。五刑之属三千。"后因以"三千"指古代所有的刑罚。

⑰刑错：置刑法而不用，意谓民不犯法，故无所置刑。

⑱玄默：清静无为。

⑲吴王不朝：吴王刘濞，是汉文帝族兄，因有嫌隙故而称病不上朝，文帝赐延

年杖及凭几，使他自惭过失。

⑳ 风流笃厚：忠实厚道的风尚得以流传。

㉑ 钳锁：古代两种刑具，用来束颈，锁身。

㉒ 夙沙、赵高：夙沙：复姓，指夙沙卫，春秋时齐人，襄公命他伐莱，他取赂而还。赵高：秦二世的宠臣，杀丞相李斯自为丞相，后又杀了二世胡亥，卒致秦亡。

㉓ 八议：议亲、议故、议贤、议能、议功、议贵、议勤，议宾。为判罪减免的八议。

㉔ 卞和、史迁：卞和：即得到和氏璧的卞和。史迁：即著《史记》的司马迁。

㉕ 受赇(qiú)：接受贿赂。

㉖ 弃市：本指让受刑之人在街头示众，使民众共鄙弃，后指死刑。

㉗ 治体：治国的纲领、要旨。

【译文】

袁宏云：百姓的心理都以完美为乐，但又不能常获得完美，原因是外部有可利用的利益在诱惑着，内部有嗜好和欲望在煽动着。于是就产生谋取财利的行为，干出贪得放肆的事情。不断的牟取，当牟得的财利不能满足其嗜好和欲望时，不循礼法的事便会发生；无休止的贪婪，当贪得的财富无法填满欲壑时，诡诈怨怒就会兴起。先王知道这是事物发展的必然，为挽救这一弊端，便先用仁德教化来陶冶人们的心灵；假若其心仍顽固不化，然后再加之以刑法。《尚书·舜典》上说："舜命契道：'百姓不亲睦，五常不顺畅，你作为司徒，应该推行五常伦理道德的教化。'舜又命皋陶道：'国家遭受蛮夷的骚扰，发生抢劫杀人、为乱内外之事，你作为士，应该用五刑进行治理。'"然则德教与刑法的设置，是要相互兼用的啊。夏、商、周三代都如此沿袭，其含义已很详尽。

《周礼》上说："让受过墨刑的人看守城门，受过劓刑的人把守关隘，受过宫刑的人处于宫内，受过刖刑的人看守园囿。"这是肉刑制度能够加以论述的。荀卿也说:杀人者死,伤人者刑,历代帝王皆按此行事,无人知晓此说法的由来。若杀人者死,而有人相互不断地残杀,应在未杀之前用死罪来加以惩戒,但不能使天下再无杀戮。伤人者刑,而有人相互不停地伤害他人,应在未刑之前用黥、劓进行恐吓,但不能使天下再无刑犯。因此想要阻止杀戮和犯法,莫如先给予德教的化育。罪过特别显著的,再进入刑罚,这样可使将要杀人的不一定必死,想要伤人的不一定必刑。若放纵而不教化,则会陷于刑法。所以刑法的制定,处于不可动摇的境地。

礼教则不然,礼教阐明什么是善,什么是恶,通过潜移默化使人感化,从而在未杀之前消除念头;礼教告诉什么是耻,什么是辱,使人内心有所愧疚,从而在未伤人之时便予遏止。这样,过错轻微的不至于发展为显著,罪行不大的不至于达到判刑。最终构成死罪的,是教化不过来的人。所以即便有一人被戮,有一人判刑,这是为天下除害,会有什么损失呢!遵循这条道理,风气可逐渐淳厚,刑罚可逐渐减少,这是顺理成章的。假使不化育其心,而专一滥用刑罚,百姓就会失去道德规范,动辄遭遇刑罚的罗网,那样想求得天下安定,哪能办得到呢?周朝成王、康王盛世,难道是按照古代三千文的刑罚而取得民不犯法美好局面的吗?其实德育能逐步濡染,才是导致美好局面的缘由。汉朝初年苦于执行酷刑的弊病,从而致力于宽厚的政策,公卿士大夫以谈他人的过失为耻。汉孝文帝当政时,以清静无为执政,大臣张武收受贿赂,便赐给他金银,让他有愧于心;吴王称病不朝,则赐予几杖,使他自惭过错。因此吏民都安居乐业,笃厚的风尚得以流传,审判狱案四百件,几乎没有多少获罪的,这难道不是德教与刑法兼用达到的效果吗?

世人说到刑罚,不先从德教中得益,真可谓走得太远了。如今的大辟死刑,与古代相同。免死以下的囚徒,过不了五年,既已解除了钳锁等刑具，便又恢复了过去的生活，因此人们没有羞耻感和罪恶感，屡屡为非作歹，所以刑徒较多的乱象得不到治理。假若教导他们哪些是该扬弃的，犯了罪量罪判刑，一旦离开刀锯刑具，终身不齿于人，邻里都感到耻辱，何况乡亲呢？又何况朝廷呢？倘能如此，则春秋时的夙沙卫、秦朝的赵高之流就无法实施其恶行了。自古考察一个人，不仅要听其言论，还要看其行动，这样谁善谁恶就十分明显了。作为君子离刑罚本就很远，不幸有了过失或错误，可通过"八议"条款得到宽宥或减免。至于献和氏璧的卞和及撰写《史记》的司马迁的冤案，是滥用刑罚的结果。假使不遵循大道，有的都不免于死罪，何况肉刑呢！《汉书·刑法志》上讲：犯有"斩右趾及杀人罪能预先自首的可减免罪行，但官吏明知故犯的贪赃枉法，官物看守自盗的，皆处以死罪"。这就是班固所说的"可以活而令其死"的话。当今有不忍心于墨刑和截足的凄惨，却安心于死刑灭绝的悲痛，这最是治国要旨应考虑的，也是执掌权柄者应予改革的。

【引述】

《三国志·魏书十三·锺繇传》记载：起初，太祖曹操下令，"使平议死刑可宫割者"，但议者认为虽然是用肉刑代替了死刑，但非悦民之道，便搁置下来了。到文帝曹丕时，又诏谓"大理欲复肉刑"，让诸公卿当善共议，但议未定时，正遇有军事行动，便又搁置起来了。及至明帝曹叡太和年间，时为太傅的锺繇又旧事重提，可见曹魏对过去律法中的弊端是决意要改革的，想通过改革达到国泰民安。

锺繇上书提出，如能使犯死罪者，允许用斩右脚趾来代替，每年可活三千人。司徒王朗认为，这是让死人变成活人，是很好的。但肉刑太惨酷，不宜恢复，不如把要减轻的死罪，改为髡刖之刑，如嫌太轻，可让服役的时间加倍。《三国志·卷十三·锺繇传》："议者百余人，与朗同者多。帝以吴、蜀未平,且寝。【注一】”大意是说:参加评议的一百余官员大都赞同王朗的观点。但后来因为吴和蜀未曾讨平,评议之事就搁置起来了。裴松之在此处的注文未标书名,直接写“袁宏曰”,应该引自《袁宏集》。注文提出德教与刑法兼用的观点,并强调德教的重要性。说三代以来皆相沿袭,汉朝也曾出现过“断狱四百,几致刑错”的大好局面。说明德刑并重是治国之法宝,纵观历史,古今中外概莫能外。

六六　救人要救彻

【注文】

华峤《谱叙》曰:歆①少以高行显名。避西京②之乱,与同志③郑泰等六七人,闲步出武关。道遇一丈夫独行,愿得俱,皆哀欲许之。歆独曰:“不可。今已在危险之中,祸福患害,义④犹一也。无故受人,不知其义。既以受之,若有进退⑤,可中弃乎!”众不忍,卒与俱行。此丈夫中道堕井,皆欲弃之。歆曰:“已与俱矣,弃之不义⑥。”相率共还出之,而后别去。众乃大义之。

【注释】

① 歆:指华歆,字子鱼。东汉桓帝时,累官尚书令,入魏,官至太尉。

② 西京:西汉建都长安,东汉改都洛阳。因称洛阳为东京,长安为西京。

③ 同志:志趣相同或志向相同的人。

④ 义:指符合正义的道德和行为。

⑤ 进退:举止行动,变化。

⑥ 相率：相继，一个接一个。

【译文】

华峤《谱叙》记载：华歆年轻时以品德高尚闻名。为躲避董卓制造的西京之乱，他与郑泰等六七个志同道合的人，一同步出武关。路上遇到一个独自逃难的男子，希望和他们同行，大家出于同情便想答应，只有华歆道："不可。如今正处于危难之中，遇到的祸福患难，理应一同承担。无缘无故接纳一个人，又不知其人品。既接纳了人家，若其间有意外变化，能中途舍弃吗！"众人不忍拒绝，最终结伴而行。这个男子半路不慎掉进井中，众人想丢下不管，华歆道："既已同行，弃之不管不合道义。"于是一个接一个地下井把人打捞上来，那人而后告别离去。众人都认为这样做是合乎道义的。

【引述】

《三国志·魏书十三·华歆传》："董卓迁天子长安，歆求出为下邽令，病不行，遂从蓝田至南阳。【注三】"刘义庆的《世说新语·德行》中也有一段类似的记载："华歆、王朗俱乘船避难，有一人欲依附，歆辄难之。朗曰：'幸尚宽，何为不可？'后贼追至，王欲舍所携人。歆曰：'本所以疑，正为此耳。既已纳其自托，宁可以急相弃邪？'遂携拯如初。世以此定华、王之优劣。"卢弼认为："案此与《谱叙》所载当即一事，而传闻小异耳。"既多处有此记载，说明流传较广。这件事传递的是中华民族的优良传统，即能帮人时尽力帮，且要一帮到底，故有"救人要救彻"的俗语，这便是如今倡导的助人为乐精神，愿这种精神发扬光大，彰显其对和谐社会的推动力。

六七　忠臣出自孝子门

【注文】

徐众《评》[①]曰：允[②]于曹公，未成君臣。母，至亲也，于义应去。昔王陵母为项羽所拘，母以高祖必得天下，因自杀以固陵志[③]。明心无所系，然后可得成事人尽死[④]之节。魏公子开方仕齐[⑤]，积年不归，管仲以为不怀其亲，安能爱君，不可以为相。是以求忠臣必于孝子之门，允宜先救其亲。徐庶母为曹公所得，刘乃遣庶归，欲为天下者恕[⑥]人子之情也。曹公亦宜遣允。

【注释】

① 徐众句：徐众：赵一清说“众”字是“爰”字之伪。《评》指《三国评》。

②允：指时任兖州范县的县令勒允。

③ “因自杀”句：《汉书·王陵传》：项羽取王陵之母欲以此招致王陵，王陵母私下对汉使者道：“请替我告诉王陵，让他‘善事汉王刘邦’”，遂伏剑而死。

④ 尽死：犹效死。

⑤ 魏公子开方：《韩非子·卷十五》：管仲对齐桓公曰：“愿君远卫公子开方。开方事君十五年，齐卫之间，不容数日行，弃其母久宦不归，其母不爱，安能爱君！”

⑥ 恕：推己及人。《论语·卫灵公》：子贡问曰：“有一言而可以终身行之者乎？”子曰：“其恕乎！已所不欲，勿施于人。”

【译文】

徐众的《三国评》记载：范县的县令勒允，与时任兖州刺史的曹操未构成君臣关系。母亲,是自己的至亲,从道义上说靳允理应离开驻地去救母亲。过去,项羽为招致王陵拘留了王陵之母,其母认为高祖刘邦必能夺得天下，便伏剑自杀以此坚定王陵的心志，让他心无牵挂,然后可以用效死的节操促成大事。魏国的公子开方在齐国做官,十五年都不回家。管仲认为他连自己的亲人都不怀念,怎能爱君,告诉齐桓公不可任他作相。所以说只有在孝子之门才能求得忠臣,靳允应该先去救亲人才对。谋士徐庶的母亲被曹操弄到曹营,刘备便遣徐庶去归顺曹操,这说明想要获得天下就应有推己及人之心,应考虑作为人子的心情。曹操也应派靳允去救亲人。

【引述】

《三国志·魏书十四·程昱传》:“昱乃归,过范,说其令靳允曰:‘闻吕布执君母弟妻子,孝子诚不可为心!……君必固范,我守东阿,则田单之功可立也。孰与违忠从恶而母子俱亡乎? 唯君详虑之! ’允流涕曰:‘不敢有二心。’时氾嶷已在县,允乃见嶷,伏兵刺杀之,归勒兵守。【注一】”事情是这样的:曹操当时讨伐徐州,让程昱、荀彧留守兖州,而兖州各郡县纷纷叛归吕布,只有三个城池还坚守着,靳允的范县便是其中之一。这时程昱从留守地回来,路过范县便劝说县令靳允道:“听说吕布囚禁了您的母亲、弟弟、妻子、儿女,这是孝子所不能容忍的。”又说吕布是匹夫之勇,曹操有不世之才,智者应择主而事。接着又劝靳允道:“你定要固守范县,我也固守东阿,是共同立大功呢,还是违忠从恶而导致母子俱亡呢? 请君深思! ”靳允流着眼泪说:“不敢有二心。”此时吕布的部将氾嶷正在范县,靳允备礼约见氾嶷,设伏兵杀了他,又挥兵守城。

裴松之在此注引《三国评》,作者徐众对上述之事提出自己的看法。他首先说“允于曹公,未成君臣”。既非君臣关系,就不存在忠君与不忠君的问题,那么也就不存在“违忠”之说。故而程昱此时不应在勒允面前用“违忠”来说事,也不该在母弟妻子被囚的情况下要勒允留下“固守范县”。其次说:“母,至亲也,于义应去。”说勒允应去救亲人,并通过魏公子之事说明忠臣出自孝子之门。当初管仲劝齐桓公,说他死后让桓公远离此三人,即:不爱其子的易牙、不爱其身的竖刁、不爱其母的开方。说这三个人连自己的儿子、自己的身体、自己的母亲都不爱,还能爱你桓公吗?“而桓公弗行,及桓公死,虫出尸不葬”。由于他未摒弃此三人,导致五霸之首的齐桓公在死后蛆虫爬出户外都无人安葬他。注文还说“徐庶母为曹公所得,刘备乃遣庶归”,那么当今“曹公亦宜遣允”。这是对曹操的谴责。作为一个掌权者,要有“己所不欲,勿施于人”推己及人的宽广胸怀才行。

六八　郭嘉十败十胜论

【注文】

《傅子》曰:太祖谓嘉[①]曰:“本初[②]拥冀州之众,青、并从之,地广兵强,而数为不逊[③]。吾欲讨之,力不敌,如何?”对曰:“刘、项[④]之不敌,公所知也。汉祖唯智胜;项羽虽强,终为所禽。嘉窃料之,绍有十败,公有十胜,虽兵强,无能为也。绍繁礼[⑤]多仪,公体任自然,此道胜一也。绍以逆动,公奉顺以率天下,此义胜二也。汉末政失于宽,绍以宽济宽,故不摄,公纠之以猛而上下知制,此治胜三也。绍外宽内忌,用人而疑之，所任唯亲戚子弟，公外易简[6]而内机明，用人无疑，唯才所宜，不间远近，此度胜四也。绍多谋少决，失在后事，公策得辄行，应变无穷，此谋胜五也。绍因累世之资，高议揖让以收名誉，士之好言饰外者多归之，公以至心待人，推诚而行，不为虚美，以俭率下，与有功者无所吝，士之忠正远见而有实者皆愿为用，此德胜六也。绍见人饥寒，恤念之形于颜色，其所不见，虑或不及也，所谓妇人之仁[7]耳，公于目前小事，时有所忽，至于大事，与四海接，恩之所加，皆过其望，虽所不见，虑之所周，无不济也，此仁胜七也。绍大臣争权，谗言惑乱，公御下以道，浸润[8]不行，此明胜八也。绍是非不可知，公所是进之以礼，所不是正之以法，此文胜九也。绍好为虚势[9]，不知兵要[10]，公以少克众，用兵如神，军人恃之，敌人畏之，此武胜十也。"太祖笑曰："如卿所言，孤何德以堪[11]之也！"嘉又曰："绍方北击公孙瓒，可因其远征，东取吕布。不先取布，若绍为寇，布为之援，此深害也。"太祖曰："然。"

【注释】

① 嘉：指曹操的谋士郭嘉。

② 本初：袁绍字本初，其高祖安为汉司徒，从安以下四世皆居三公位，由是势倾天下。

③ 数(shuò)为不逊：屡次傲慢无礼。

④ 刘、项："刘"和下句的"汉祖"皆指刘邦。"项"指项羽。

⑤ 繁礼：繁琐的礼节。

⑥ 易简：平易简约，亦谓宽和。

⑦ 妇人之仁：谓趋小惠而不识大体。

⑧ 浸润：《论语·颜渊》："浸润之谗。"后遂以"浸润"喻谗言。

⑨ 虚势：虚假的声势。

⑩ 兵要：用兵的要术。

⑪ 堪：承受，胜任。

【译文】

傅玄的《傅子》记载：太祖曹操对谋士郭嘉道："袁绍拥有冀州之众，青州、并州也竞相追随，他地广兵强，且屡次对我傲慢无礼。我想讨伐他，但实力又远不敌，如何是好？"郭嘉答道："刘邦当初不敌项羽，这是主公所知晓的。但刘邦能以智取胜，项羽虽强盛，但最终被围乌江自刎。我暗自揣度，袁绍有十败，主公有十胜，他兵马虽多，也不起什么作用。袁绍注重繁琐的礼仪；主公崇尚协和大局，这是在道义上胜过他的第一点。袁绍是逆潮流而动；主公是顺应天下一统而动，这是在义理上胜过他的第二点。汉末政令失于宽松，袁绍继之以宽补宽，故而缺乏威慑力；主公以严猛加以纠偏，使上下人等知道制约自己，这是在体制上胜过他的第三点。袁绍外表宽厚内心却多所顾忌，用人而疑，任用的都是自己的亲戚和子弟；主公外表宽和内心精明，用人不疑，唯才是举，不问关系远近，这是在度量上胜过他的第四点。袁绍能多谋但缺乏决断，总失败于出手缓慢；主公计策既定立即行动，执行中又变化无穷，这是在谋略上胜过他的第五点。袁绍有家世显赫的背景，常以高谈阔论、繁文缛节来博得名声，因此士人中善于言谈者和喜好修饰者多归附于他；主公真挚待人，开诚布公，不文过饰非，用勤俭作表率，奖赏有功者毫不吝啬，士人中忠诚正直有远见者和有真才实学者皆愿为主公所用，这是在德操上胜过他的第六点。袁绍见有人受饥寒，怜悯之心形之于色，但对看不见的，就考虑不到了，这就是所谓的妇人之仁；主公对眼前的小事，常有所忽略，但对大事则与四海相连，给予他人的恩惠，都超过他们原来的想望，有的虽未曾亲见，但考虑很周全，因而没有照顾不到的，这是在仁爱上胜过他的第七点。袁绍的大臣争权夺利，进谗言扰乱视听；主公治理有方，谗言无法流传，这是在明智上胜过他的第八点。袁绍似乎不大知晓是非对错；主公是凡对的则以礼进用，凡错的则以法纠正，这是在礼仪上胜过他的第九点。袁绍喜好虚张声势，不懂用兵要术；主公能以少胜多，用兵如神，能给将士以依赖，能使敌方恐惧，这是在武略上胜过他的第十点。”曹操听罢笑道：“如卿所言，我有何德何能来承受这许多呢！”郭嘉道：“袁绍正在北方进攻公孙瓒，趁他远征，可东取吕布，不先攻取吕布，若袁绍前来侵犯，吕布作他的援军，则后患极深。”曹操道：“是的。”

【引述】

《三国志·魏书十四·郭嘉传》：“召见，论天下事。太祖曰：‘使孤成大业者，必此人也。’嘉出，亦喜曰：‘真吾主也。’表为司空军祭酒。【注二】”这几句话的大意是说，曹操召见郭嘉，一起讨论天下大事。曹操暗想：“助我成大事的，必定是此人。”郭嘉退出后，也高兴地说：“这才是我真正的主人。”裴注的十败十胜论即加于此处。

郭嘉字奉孝，是曹操早期的得力谋士，可惜只活了三十八岁。曹操在其表文中曰：“自从征伐，十有一年，每有大议，临敌制变。臣策未决，嘉辄成之。平定天下，谋功为高。”他的十胜论，几乎涉及兵法思想的各个方面，言简意赅，切中要害。中国兵法认为国无谋士不强，君无谋士不立。郭嘉的十胜论是对孙子兵法在宏观战略思想、具体实战谋划、统帅者应具备的素质等方面的具体陈述与体现。从效果来说，这是史上有名的官渡战役前的重要进言，也是郭嘉对敌我双方统帅的详细剖析。当时曹操信心不足，而袁绍则踌躇满志，通过剖析，曹操增强了信心，加上其他因素，最终取得以少胜多的辉煌战绩。毛泽东在党的八届七中全会上曾说过希望大家看看《郭嘉传》，说郭嘉是以他的十胜论和三次大的战略决策闻名于世的，给予他极高的评价。

六九　刘备来奔

【注文】

《魏书》曰：刘备来奔，以为豫州牧。或谓太祖曰："备有英雄志，今不早图，后必为患。"太祖以问嘉，嘉曰："有是，然公提剑起义兵①，为百姓除暴，推诚仗信以招俊杰，犹惧其未也。今备有英雄名，以穷归己而害之，是以害贤为名，则智士将自疑，回心②择主，公谁与定天下？夫除一人之患，以沮③四海之望，安危之机，不可不察！"太祖笑曰："君得之矣。"

《傅子》曰：初，刘备来降，太祖以客礼待之，使为豫州牧。嘉言于太祖曰："备有雄才而甚得众心。张飞、关羽者，皆万人之敌也，为之死用。嘉观之，备终不为人下，其谋未可测也。古人有言'一日纵敌，数世之患。'宜早为之所。"是时，太祖奉天子以号令天下，方招怀④英雄以明大信，未得从嘉谋。会太祖使备要击⑤袁术，嘉与程昱俱驾而谏太祖曰："放备，变⑥作矣！"时备已去，遂举兵以叛。太祖恨⑦不用嘉之言。

【注释】

① 义兵：指义师，古时指以恢复被推翻的王朝为宗旨而组织的军队。此处指反董盟军。

② 回心：改变心意。

③ 沮(jǔ)：阻止，败坏。

④ 招怀：招抚；怀柔。

⑤ 要击：拦击；截击。

⑥ 变:指变化;兵变。

⑦ 恨:失悔;遗憾。

【译文】

王沈《魏书》记载:刘备前来投奔曹操,曹操任他为豫州牧。有人劝曹操道:“刘备有英雄之志,今日不早除了他,必为后患。”曹操以此咨询郭嘉,郭嘉道:“是这样的。然而主公当初手提宝剑大兴义兵,为的是替百姓铲除凶暴,并推心置腹地诚招天下俊杰,即使如此尚恐他们不来,如今刘备具英雄之名,因困窘来投主公却遭到杀害,则留下害贤之名,那么明智之士将会犹疑,改变主意另择主人,这样主公将与何人平定天下呢?如因担忧而除掉一人,却阻止了四海之士的期望,其中的优劣,主公不可不察!”曹操笑道:“卿言之有理。”

傅玄《傅子》记载:当初,刘备来归降曹操,曹操以宾客之礼相待,让他担任豫州牧。郭嘉对曹操说道:“刘备具有雄才大略且又深得人心,张飞、关羽都有万夫不敌之勇,又都愿为他效死尽力。依我看,刘备最终不会屈居他人之下,他的图谋难以推测。古人有言‘一旦放了敌寇,数世受其祸患’,应及早给他安排个去处。”当时,曹操已奉天子而号令天下,正招抚各地英雄来表明自己的诚信,便未采纳郭嘉的谋略。后恰逢要派刘备去拦击袁术,郭嘉与程昱一同驾车去劝谏曹操道:“放走刘备,变故将会发生!”当时刘备已经离开,于是举兵叛曹。曹操失悔没有采纳郭嘉的建议。

【引述】

《三国志·魏书十四·郭嘉传》:“征吕布,三战破之,布退固守。时士卒疲倦,太祖欲引军还,嘉说太祖急攻之,遂禽布。语在《荀攸传》。

【注一】”这段话的大意是：曹操讨伐吕布，通过三次战斗就打败了他，吕布退至城内固守。当时曹军已很疲惫，曹操想回军，郭嘉劝急攻，急攻之下擒获了吕布。此事记录在《荀攸传》里。

《先主传》中记载：“先主还下邳，复合兵得万余人，吕布恶之，自出兵攻先主，先主败走归曹公。曹公厚遇之，以为豫州牧。”这段记载与裴注正相吻合，是说刘备在下邳被吕布逼得走投无路，便去投奔了曹操。需要提及的是，人们认为刘备乃一代豪杰，胸有大志，且甚得人心，又不甘久居人下。那么，对这样的一个人是留还是杀，曹操与他的谋士们是颇费心思的。杀之，背“害贤之名”，留之，则“后必为患”。而出人意料的是曹操在《魏书》中主张留下刘备要重用，在《傅子》中则后悔未杀掉他。郭嘉更是在一则中劝留，在另一则劝杀，而且都振振有词。二书所载内容相反，至于真实情况是何，就只有当事人知道了。裴松之将不同的记载都拿来公之于众，正是他在《上三国志注表》中所说的“或同说一事而辞有乖离，或出事本异，疑不能判，并皆抄内以备异闻”。至于作何判断，唯读者自择。这正是裴注的一大特色。

七十　诸葛在南郑

【注文】

《资别传》曰：诸葛亮出在南郑①，时议者以为可因大发兵，就讨之，帝②意亦然，以问资③。资曰：“昔武皇帝征南郑，取张鲁，阳平之役，危而后济。又自往拔出④夏侯渊军，数言‘南郑直为天狱⑤中，斜谷道为五百里石穴耳’，言其深险，喜出渊军之辞也。又武皇帝圣于用兵，察蜀贼栖于山岩，视吴虏窜于江湖，皆绕而避之，不责将士之力，不争一朝之忿，诚所谓见胜而战，知难而退也。今若进军就南郑讨亮，道既险阻，计用精兵又转运镇守南方四州遏御水贼，凡用十五六万人，必当复更有所发兴[⑥]。天下骚动，费力广大，此诚陛下所宜深虑。夫守战之力，力役参倍[⑦]。但以今日见兵[⑧]，分命大将据诸要险，威足以震摄强寇，镇静疆场，将士虎睡，百姓无事。数年之间，中国日盛，吴蜀二虏必自罢弊。"帝由是止。

【注释】

① 南郑：故城在今陕西南郑县东二里。蜀汉时刘备攻克汉中，称汉中王，都南郑，即此。

② 帝意亦然：帝指魏明帝曹叡。

③ 资：指孙资，字彦尤，时为散骑常侍。

④ 拔出：摆脱。

⑤ 天狱：天然的牢狱，喻地形险要。

⑥ 发兴：发兵兴师。

⑦ 力役参(sān)倍：力役：以武力征战。参倍：三倍。

⑧ 见兵：现有的士兵。

【译文】

《资别传》记载：诸葛亮进驻南郑。当时议论者认为正好趁此机会发动大军去讨伐，魏明帝的意思也是如此。明帝就此事询问散骑常侍孙资，孙资道："过去武皇帝(指曹操)征伐南郑，攻取张鲁，经历了阳平之役，起初很危急，后来才脱险，接着又亲自去解救夏侯渊。屡次言及此，都说'南郑简直是天然的牢狱，从斜谷道走去，五百里全是石穴'，极言其深幽险阻，这是在高兴地带出夏侯渊军队时说的话。再者武皇帝精于用兵，察看过蜀兵栖居在高山崖壁间，视察过吴虏流窜于江海湖泊上，都绕开他们避而远之，不责备将士是否卖力，不因一朝之忿动兵，这便是所谓的能胜即战，知难而退的策略。如今若进军到南郑去讨伐诸葛亮，道路既艰难险阻，必得派出精兵，还要转运粮草物资，镇守南方四州的士卒，还需遏制水上的贼兵。估计共需派出十五六万人，还应当再征兵予以补充，这样天下不得安宁，费用消耗巨大，这些都是陛下须深思的。用武力去征战所用的人力财力是守城者的三倍，如果用现有的兵力，分别命令各将领据守要塞，其威势足可以震慑敌寇，安定疆场，将士可得安卧，百姓可得无事。数年之后，我国日益强盛，吴、蜀必会困顿衰败。”明帝于是不出兵了。

【引述】

《三国志·魏书十四·刘放传》：“明帝即位，尤见宠任，同加散骑常侍，进放爵西乡侯，资乐阳亭侯。【注二】”这几句话大意是：明帝即位后，他们更加受到宠信，刘放、孙资同时升为散骑常侍，进封刘放爵位为西乡侯，孙资为乐阳亭侯。

诸葛亮出在南郑，魏国想乘机袭击也属意料中事，但想达到目的却并不那么容易。通过孙资对南郑和斜谷道地理环境的介绍，特别是“圣于用兵”的曹操亲临其境，说道“南郑直为天狱”，斜谷道为“五百里石穴耳”，让人听之胆寒、思之生畏。连曹操都尽可能“绕而避之”，何况他人呢？再加之需出兵十五六万，还需是精兵，还需得继续补充兵源，除此还得转运粮草器械，得消耗巨大的人力财力，如此等等，所以明知诸葛亮出在南郑，也只好作罢不去讨伐了。诸葛亮好似蜀汉的图腾，只能敬畏，不可捉拿。

七一　李孚出入重围

【注文】

《魏略列传》：建安中，袁尚领冀州，以孚[①]为主簿，后尚与其兄谭争斗，尚出军诣平原，留别驾审配守邺城，孚随尚行。会太祖围邺，尚还欲救邺。行未到，尚疑邺中守备少，复欲令配知外动止[②]，与孚议所遣。孚答尚言："今使小人往，恐不足以知外内，且恐不能自达。孚请自往。"尚问孚："当何所得？"孚曰："闻邺围甚坚，多人则觉，以为直当将[③]三骑足矣。"尚从其计。

孚自选温信[④]者三人，不语所之，皆敕使具脯粮[⑤]，不得持兵仗，各给快马。遂辞尚来南，所在止亭传[⑥]。及到梁淇，使从者斫问事杖[⑦]三十枚，系著马边，自著平上帻[⑧]，将三骑，投暮诣邺下。是时大将军虽有禁令，而刍牧者多。故孚因此夜到，以鼓一中，自称都督，历北围，循表[⑨]而东，从东围表，又循围而南，步步呵责守围将士，随轻重行其罚。遂历太祖营前，径南过，从南围角西折，当章门[⑩]，复责怒守围者，收缚之。因开其围，驰到城下，呼城上人，城上人以绳引，孚得入。配等见孚，悲喜，鼓噪称万岁。守围者以状闻，太祖笑曰："此非徒得入也，方且[⑪]复得出。"孚事讫欲得还，而顾[⑫]外围必急，不可复冒。谓己使命当速反，乃阴心计，请配曰："今城中谷少，无用老弱为也，不如驱出之以省谷也。"配从其计，乃复夜简别得数千人，皆使持白幡，从三门[⑬]并出降。又使人人持火，孚乃无何[⑭]将本所从作降人服，随辈夜出。时守围将士，闻城中悉降，火光照曜。但共观火，不复视围。孚出北门，遂从西北角突围得去。其明，太祖闻孚已得出，抵掌[⑮]笑曰："果如吾言也。"孚比见尚,尚甚欢喜。

【注释】

① 孚:李孚,字子宪,时为冀州牧袁尚的主簿。

② 动止:行动,动静。

③ 将:带领,携带。

④ 温信:温和诚实。

⑤ 脯粮:干肉和干粮。

⑥ 亭传:古代供旅客和传递公文之人途中歇宿的处所。

⑦ 问事杖:刑杖。即问事所执之杖,问事指执杖行刑的役卒。

⑧ 平上帻:一种上部呈扁平的武吏头巾。

⑨ 表:指围城所立的标表。

⑩ 章门:邺城共有七个门,正南称章门,亦称中阳门。

⑪ 方且:还要,将会。

⑫ 顾:这里作副词用,表轻微的转折,相当于而、不过。

⑬ 三门:指邺城南门的凤阳门、中阳门、广阳门。

⑭ 无何:不多时,不久。

⑮ 抵掌:击掌。指人在谈话时的高兴神情。

【译文】

鱼豢《魏略列传》记载:汉献帝建安年间,袁尚统领冀州,任李孚为主簿。后来袁尚与其兄袁谭相互争斗,袁尚出兵前往平原,留下别驾审配驻守邺城,李孚随袁尚同行。正巧太祖曹操前来围攻邺城,袁尚回兵想援救。还未到达时,袁尚怀疑邺城防御设施不足,又想让审配知道他们在外的行动,便与李孚商议派何人进城通报。李孚答道:“当今派一般人前往,恐怕说不清楚里边和外边的情况,还怕进不了城,请让我亲自前往吧。”袁尚问:“应做何准备?”李孚道:“听说邺城包围得很严实,人多了易被发觉,我认为带三个骑兵足够了。”袁尚听从他的安排。

李孚亲自挑选了三个温顺而诚实的兵卒,不告诉去哪里,只告他们带上干肉和干粮,不得携带兵器,每人一匹快马。于是告别袁尚朝南出发,所过之处都在亭传中歇宿。及至到达梁淇,让随从砍了三十根问事杖,系在马匹身边,自己也戴上武官的平上帻,带着三个骑兵,黄昏时分到达邺城的城外。当时大将军虽已下过禁令,但割草放牧的百姓很多,李孚借此趁夜晚在一更鼓响时分进入曹营,李孚自称都督,经过北面的包围圈,沿着所竖立的标表向东前行,从东面的标表又沿着包围圈向南行进,每过一处都呵责守围的长官和士卒,并随其过失的轻重用问事杖惩罚。接着到达太祖的营门前,他转向南拐,从南围角往西折,正好是邺城南面的章门,李孚又怒责守围者,并将其捆绑起来,从而在这儿打开了包围圈。他们骑马直驰城墙跟下,呼喊城上的人,城上的人用绳索拉拽,李孚等人进了城。审配等见了李孚,悲喜交集,直呐喊万岁。守围者把李孚的情状禀报给曹操,曹操笑道:“此人不但能进来,还会再出去的。”

李孚将事情办完准备返回,心想这时外围防守必然会更加严密,不可再次冒充。但使命完成还须从速返回,李孚暗自盘算后,去见审配道:“如今城中粮少,留下年老体弱之兵无用,不如把他们赶出去节省粮谷。”审配从其计,连夜挑选了数千人,让他们都举着白旗,从三个城门一齐出去向曹营投降,又让人人都举着火把,李孚让跟从他的人很快换上降卒的衣服,随着这群人乘夜出城。当时守围的将士听说城中士卒全来投降,火光耀眼,便只顾观火,不顾防守了。李孚等随人群出了北门,从西北角突围离去。比及天明,曹操听说李孚已经出城,击掌笑道:“果然如我所料!”李孚见了袁尚,袁尚特别高兴。

【引述】

《三国志·魏书十五·贾逵传》:"充,咸熙中为中护军。【注三】"这句话是说:贾逵的儿子贾充,在咸熙年间升为中护军。这与李孚没有多大关系,只是《三国志》里没有李孚的传记,有关李孚的记载见于《贾逵传》中裴松之的【注三】,【注三】引自《魏略列传》,引文很长,而且还有其他人的内容,这里只节选了李孚出入曹军包围圈的精彩片段。

李孚只带了三个手无寸铁的随从便上路了,沿途住在公设的馆驿里,入夜时分到达邺城城外,然后大摇大摆地进了曹营,自称都督,接着一路去"巡查"。按曹军所设的标表"历北""而东""从东""而南""历太祖营前""径南""西折"到正南的"章门",最后驰到"城下",简直如入无人之地。而且沿途以都督身份"步步呵责将士",用问事杖惩罚他们。到达章门,又"怒守围者,收缚之",从而轻易地打开包围圈的缺口,进入城中。连曹操都暗自称赞并估计他道:"此人非徒得入也,方且复得出。"果然在严密的层层包围之下,他出城复命去了。由此可见,李孚是一个有智有勇有谋略,能随机应变且胆大心细的好主簿,无怪乎后来曹操任命他为阳平太守。

七二　杜畿不媚于灶

【注文】

《杜氏新书》曰:平虏将军刘勋,为太祖所亲,贵震朝廷。尝从畿①求大枣,畿拒以他故。后勋伏法,太祖得其书,叹曰:"杜畿可谓'不媚于灶[②]'者也。"称畿功美,以下州郡,曰:"昔仲尼之于颜子[③],每言不能不叹[④],既情爱发中,又宜率马以骥[⑤]。今吾亦冀众人仰高山,慕景行[⑥]也。"

【注释】

①畿:杜畿,字伯侯。时为河东太守。

②不媚于灶:不谄媚灶神。意谓不取悦他人,灶神俗称灶王爷。语出《论语·八佾》。

③颜子:孔子的学生颜回。

④不能不叹:指孔子对颜回的赞叹,如"贤哉回也!一箪食,一瓢饮,在陋巷,人不堪其忧,回也不改其乐。"又如"有颜回者好学,不迁怒,不贰过。"

⑤率马以骥:以骏马带领群马,比喻以贤者作众人的表率。

⑥仰高山,慕景行:《诗经·小雅·车舝》:"高山仰止,景行行止。"意谓对具有高尚品德者应仰慕,对行为光明正大者应效法。

【译文】

《杜氏新书》记载:平虏将军刘勋,被太祖曹操所亲近,故而地位显赫威震朝廷。他曾向同僚杜畿讨要大枣,杜畿借用其他理由回绝了他。后来刘勋因罪处死,曹操在得到杜畿回绝刘勋讨枣的书信后,感叹道:"杜畿可称得上是'连灶王爷都不巴结的人'。"称赞杜畿的功劳和美德,书写其事下发给各州郡,写道:"过去孔子每谈及颜回,总不能不加以赞叹。既有发自内心的关爱,又把他作为领群的马首来看待。如今我也期望众人把杜畿当作表率仰慕他、效法他。"

【引述】

《三国志·魏书十六·杜畿传》:"太祖下令曰:'河东太守杜畿,孔子所谓"禹,吾无间然矣"。增秩中二千石。太祖征汉中,遣五千人运,运者自率勉曰:'人生有一死,不可负我府君。'终无一人逃亡,其得人心如此。【注一】"这段话的大意是:曹操下令道:"河东太守杜畿,正像孔子所说的'禹,是完美得让我无法批评'的那种人。把杜畿的俸禄增至中二千石。太祖征讨汉中时,调遣了杜畿那里的五千人运送军粮,这些人相互勉励道:"人总有一死,可不能辜负我们的杜太守。"始终无一人逃跑,他就是这般的得人心。裴注在此主要叙述杜畿的正直和不阿谀奉承的个性。

曹操对杜畿极为赏识,杜畿也做出不少业绩。如在马超、韩遂反叛时,很多郡县都起兵响应,只有他治下的河东郡民无二心。又如曹操西征时,所需粮草全部都由他治下的河东郡供给。魏国建立后,杜畿为尚书。曹操写给他的信中说:"顾念河东郡是吾股肱要地,储备充实,有了它就足以控制天下,故烦卿前去坐镇。"杜畿在河东郡十六年,他的政绩总是全国最好的。知道了这些,对曹操给予他那么高的褒奖也就理解了。

七三　兵者诡道

【注文】

孙盛曰:夫兵固诡道[①]奇正相资[②],若乃[③]命将出征,推毂[④]委权,或赖率然[⑤]之形,或凭掎角[⑥]之势,群帅不和,则弃师之道也。至于合肥之守[⑦],县弱无援,专任勇者则好战生患,专任怯者则惧心难保。且彼众我寡,必怀贪堕[⑧];以致命[⑨]之兵,击贪堕之卒,其势必胜;胜而后守,守则必固。是以魏武推选方员[⑩],参以同异,为之密教[⑪],节宣[⑫]其用;

事至而应，若合符契[13]，妙矣夫！

【注释】

① 诡道：诡诈之术。《孙子·计》：“兵者，诡道也。”曹操注：“兵无常形，以诡诈为道。”

② 奇正相资：奇正：为古代兵法术语。古代作战以对阵交锋为正，设伏、掩袭等为奇。相资：相互凭借。

③ 推毂（gǔ）：推车前进。古代帝王任命将帅时的隆重礼遇。

④ 若乃：至于。用于句子开头，表示另起一事。

⑤ 率然：古代传说常山的一种蛇叫率然。击首则尾应，击尾则首应，击中则首尾皆应，很像作战时的阵势。

⑥ 掎角（jǐ jiǎo）：分兵牵制或夹击敌人。语出《左传·襄公十四年》：“譬如捕鹿，晋人角之，众戎掎之。”孔颖达疏：“角之谓执其角也；掎之谓戾其足也。”

⑦ “合肥之守”二句：曹操派张辽、乐进、李典率七千余人屯守合肥。他在征讨张鲁之前，交给护军一封手谕，封袋上写着“贼至乃发”。不久，孙权果带十万人马围攻合肥，张辽兵少无援，忙打开手谕，上写“张辽、李典逆击，乐进守城，护军不得参战。”众将按此行事，保住了合肥。

⑧ 贪堕：贪婪怠惰。

⑨ 致命：犹捐躯。

⑩ 方员：即“方圆”，指方略，筹划。

⑪ 教：文体的一种。为官府或长上的告谕。

⑫ 节宣：指或用裁制或用布散来进行调适，使气不散漫。

⑬ 符契：犹符节。符是古代朝廷传达命令或征调兵将用的凭证，双方各执一半，以验真假。

【译文】

孙盛道：领兵打仗要用诡诈之术。两军正面对阵交锋要和设伏、偷袭等相互使用，至于任命将帅出征，君主则会举行推车前进的推毂仪式委以军权。作战时，有的依赖率然之蛇那样首尾相应的形势来牵制，有的凭借分兵辖制或两面夹击以巧取胜。假若士卒和将帅不和，那么弃军丧师必会发生。至于合肥守卫战，当时兵力既少又无外援，若专意任用猛勇的将领，则会因好战而生出事端；若专意任用胆怯的将领，则会因恐惧而难保疆土。另外彼方人多我方人少，彼方必会产生贪婪怠惰之情，我方用甘愿捐躯的勇士，去袭击彼方的贪惰之卒，取胜是必然的。取胜之后要能守住，守住即谓固守。因此曹操在选择方略时，参照各将领的异同及特点，给他们密传手谕，并调动他们的情智，所以一交战果然与预期结果相符合，如同符契那样严实合缝。妙极了！

【引述】

《三国志·魏书十七·张辽传》："权守合肥十余日，城不可拔，乃引退。辽率诸将追击，几复获权。太祖大壮辽，拜征东将军。【注一】"这一小段大意是说，孙权围攻合肥十余日，攻不下来，便撤军了。张辽趁势率兵追击，几乎抓到孙权。曹操很赞赏张辽的英勇，便任他为辽东将军。裴注在此引用孙盛的论述，主要讲"兵者，诡道也"。

从志书记载看，张辽确是一位有智谋、讲战术、英勇善战的将帅。从裴注的合肥战例看，说明在"县弱无援""彼众我寡"的情况下，将帅应具备怎样的心态，如何利用"致命之兵"取得"必胜"之仗。可以说，曹操是这场战役的幕后操纵者，张辽是冲杀战场的指挥官，二人配合得十分默契。最后一句"妙矣夫"似神来之笔，给人以爽利快意感。

七四 为官当清、慎、勤

【注文】

王隐《晋书》曰:绪子秉[①],字玄胄,有俊才[②],为时所贵,官至泰州刺史。秉尝答司马文王[③]问,因以为《家诫》曰:

“昔侍坐于先帝,时有三长吏俱见。临辞出,上曰:‘为官长当清,当慎,当勤,修此三者,何患不治乎?’并受诏。既出,上顾谓吾等曰:‘相诫敕[④]正当尔不?’侍坐众贤,莫不赞善。上又问曰:‘必不得已,于斯三者何先?’或对曰:‘清固为本。’次复问吾,对曰:‘清慎之道,相须[⑤]而成,必不得已,慎乃为大。夫清者不必慎,慎者必且清,亦由仁者必有勇,勇者不必有仁,是以《易》称括囊无咎[⑥],藉用白茅[⑦],皆慎之至也。’上曰:‘卿言得之耳。可举近世能慎者谁乎?’诸人各未知所对,吾乃举故太尉荀景倩、尚书董仲连、仆射王公仲并可谓为慎。上曰:‘此诸人者,温恭朝夕,执事有恪[⑧],亦各其慎也。然天下之至慎,其惟阮嗣宗乎!每与之言,言及玄远,而未曾评论时事,臧否[⑨]人物,真可谓至慎矣。’吾每思此言,亦足以为明诫。凡人行事,年少立身[⑩],不可不慎,勿轻论人,勿轻说事,如此则悔吝[⑪]何由而生,患祸无从而至矣。”

【注释】

① 绪子秉:李绪之子李秉,官至泰州刺史。

② 俊才:卓越的才智。

③ 司马文王:即司马昭。

④ 诫敕:皇帝诏书的一种。《汉制度》载“帝之下诏有四,一曰策书,二曰制书,

三曰诏书，四曰诫敕……诫敕者，谓敕刺史、太守。其文曰‘有诏敕某官’。”

⑤ 相须：互相依存，互相配合。

⑥ 括囊无咎（jiù）：《易·坤》中之辞。括囊：结扎口袋，亦喻缄口不言。无咎：没有祸殃。

⑦ 藉（jí）用白茅：《易·大过》中之辞。意思是在供品的器具下垫上洁白干净的白茅草，表示慎重。

⑧ 恪（kè）：谨慎，恭敬。

⑨ 臧否（zāng pǐ）：品评；褒贬。

⑩ 立身：处世，为人。

⑪ 悔吝（lìn）：悔恨。

【译文】

王隐的《晋书》记载：李绪之子名秉，字玄胄，有卓越的才智，很受时人重视，官至泰州刺史。李秉曾回答过文王司马昭的询问，为此他写了《家诫》，言道：

“昔日曾在先帝处侍坐，恰有三位长史被召见。临辞退时，皇上道：‘作为官吏当清廉，当谨慎，当勤勉，做好这三点，还担忧治理不好吗？’三长史接旨受诏。退出之后，皇上对我等道：‘朕的告诫恰当否？’侍坐的贤臣，莫不称善。皇上又问道：‘若无法全都具备，不得已，这三点何者优先？’有人答：‘清为根本。’皇上问及我，我答道：‘清和慎从道理上说，是相互依存、相辅相成的，必不得已，臣以为慎最重要。因为清廉者不必担忧他不谨慎，谨慎者必定自己很清廉，这就像仁者必然有勇，勇者不一定必有仁。所以《易经》上说，像结扎袋囊那样缄口慎言，像在祭器下铺垫洁净的白茅那样严谨慎行，都说明谨慎的至要。’皇上道：‘爱卿说得很对。能否举出近世称得上谨慎的有谁吗？’诸人不知该如何回答，我便举出过去的太尉荀景倩、尚书董仲连、仆射王公仲，说他们都可称为谨言慎行的人。皇上道：'这几个人，一直都很温和谦恭，处事严谨勤勉，可称为谨慎者。然天下最谨慎的，恐怕要数阮嗣宗了吧！每与他交谈，谈到玄妙幽远时，他都不曾评论时事，不曾褒贬人物，可谓至慎之人了。'我常回想到这些话，这话足以作为我的明训。人们行事，少年为人，都不可不慎，不要轻易议论人，不要轻易谈论事，这样做了，悔恨将无从产生，祸患亦无法降临。"

【引述】

《三国志·魏书十八·李通传》："基兄绪，前屯樊城，又有功。世笃其劳，其为基为奉义中郎将，绪平虏中郎将，以宠异焉。【注一】"这几句话是说：李基的哥哥李绪，从前驻扎在樊城，又立过战功。李基被任命为奉义中郎将，李绪为平虏中郎将。以恩宠优待他们。裴注在此的引文，主要通过李绪之子李秉的记叙，说明为官之道。

"为官当清，当慎，当勤。"清为清正廉明，慎为谨慎诚实，勤为勤谨勉力。反之，则是贪污腐化、营私舞弊，则是滥用职权、玩忽职守，则是尸位素餐、无所作为。本文对所有的官员都具有良好的教育意义，对当今开展的反腐倡廉运动也具有积极的现实意义。老百姓厌恶、唾弃贪官污吏，欢迎清官廉吏，愿官场风清气正，愿将为人民服务的宗旨放在第一位，共建美好和谐的社会。

七五　曹植《与杨德祖书》

【注文】

《曲略》曰：杨修字德祖，太尉彪子也。谦恭才博。建安中，举孝廉，除郎中，丞相请署[1]仓曹属主簿。是时，军国[2]多事，修总知外内，事皆称意。自魏太子已下，并争与交好。又是时临菑侯植以才捷爱幸，来意投修，数与修书，书曰：

“数日不见，思子为劳[3]；想同之也。仆[4]少好词赋，迄至于今二十有五年矣。然今世作者，可略而言也。昔仲宣[5]独步于汉南，孔璋[6]鹰扬于河朔，伟长[7]擅名于青土，公干[8]振藻于海隅，德琏[9]发迹于大魏，足下[10]高视于上京。当此之时，人人自谓握灵蛇之珠[11]，家家自谓抱荆山之玉[12]也。吾王于是设天网以该之[13]，顿八紘以掩之[14]，今尽集兹国矣。然此数子，犹不能飞翰[15]绝迹，一举千里也。以孔璋之才，不闲[16]辞赋，而多自谓与司马长卿[17]同风，譬画虎不成还为狗者也。前为书啁[18]之，反作论盛道仆赞其文。夫锺期[19]不失听，于今称之。吾亦不敢妄叹者，畏后之嗤余也。

“世人著述，不能无病。仆常好人讥弹[20]其文；有不善者，应时改定。昔丁敬礼[21]尝作小文，使仆润饰之，仆自以才不能过若人，辞不为也。敬礼云：“卿何所疑难乎！文之佳丽，吾自得之。后世谁相知定吾文者邪？”吾常叹此达言[22]，以为美谈。昔尼父[23]之文辞，与人通流；至于制《春秋》[24]，游、夏[25]之徒不能错一字。过此而言不病者，吾未之见也。

“盖有南威[26]之容，乃可以论于淑媛；有龙渊[27]之利，乃可以议于割断。刘季绪[28]才不逮于作者，而好诋呵[29]文章，掎摭[30]利病。昔田巴[31]毁五帝，罪三王，呰五伯于稷下[32]，一旦而服千人，鲁连[33]一说，使终身杜口。刘生之辩未若田氏，今之仲连求之不难，可无叹息乎！人各有所好尚。兰茝荪蕙[34]之芳，众人之所好，而海畔有逐臭之夫[35]；《咸池》、《六英》[36]之发，众人所乐，而墨翟[37]有非之之论：岂可同哉！

“今往仆少小所著词赋一通相与。夫街谈巷说，必有可采，击辕之歌[38]，有应风雅[39]，匹夫之思，未易轻弃也。辞赋小道[40]，固未足以揄扬[41]大义，彰示来世也。昔扬子云[42]，先朝执戟之臣耳，犹称“壮夫不为”[43]

也；吾虽薄德，位为藩侯[44]，犹庶几[45]戮力上国，流惠下民，建永世之业，流金石之功[46]，岂徒以翰墨[47]为勋绩，辞颂为君子哉？若吾志不果，吾道不行，亦将采史官之实录，辨时俗之得失，定仁义之衷[48]，成一家之言，虽未能藏之名山，将以传之同好，此要[49]之白首，岂可以今日论乎！其言之不怍，恃惠子[50]之知我也。

“明早相迎，书不尽怀[51]。”

【注释】

①署：委任，任命。

②军国：统军治国。

③劳：苦，这里指思念程度之深。

④仆：自称的谦词。

⑤“仲宣”句：王粲字仲宣。与孔融、陈琳、徐干、阮瑀、应玚、刘桢被称为“建安七子”。独步：独一无二。汉南：王粲曾在荆州依刘表，荆州都城在汉水之南，故称汉南。

⑥“孔璋”句：陈琳字孔璋。鹰扬：如鹰高飞远扬，有大展雄才意。

⑦“伟长”句：徐干字伟长。擅名：享有名声。青土：徐干所居北海郡，按《书·禹贡》属青州，故称青土。

⑧“公干”句：刘桢字公干。振藻：显扬文字。海隅：海边。刘桢是东平宁阳（今山东宁阳县南）人，近海故称。

⑨“德琏”句：应玚字德琏。发迹：显身扬名。大魏：指魏都许昌，因应玚所居汝南靠近许昌。

⑩“足下”句：足下指杨修，字德祖。高视：傲视。上京：指京城。

⑪灵蛇之珠：相传春秋时隋侯出行，见大蛇受伤，使人以药敷之。岁除，蛇衔明珠报之，是谓隋侯珠。后用以喻锦绣文章。

⑫荆山之玉：春秋时，楚人卞和在荆山所得的璞玉，即和氏璧。

⑬该之：该同“赅”，兼收，包容，指对人才网罗无遗。

⑭“顿八紘”句:顿:止,引申为“到”。八紘:极远的地方。《淮南子》“九州之外是有八泽,八泽之外乃有八紘。掩:掩捕,这里是搜求的意思。

⑮飞翰:指飞鸟。

⑯不闲:不娴熟,不精通。

⑰司马长卿:即司马相如,西汉著名词赋家。

⑱啁(tiáo):戏谑,嘲笑。此处指用开玩笑的口气加以暗示。

⑲锺期:即锺子期,春秋楚人。伯牙鼓琴,志在高山流水,他都能听出来。锺期死,伯牙谓世上无知音,便破琴绝弦,终身不复鼓琴。

⑳讥弹(tán):讥讽并抨击。

㉑丁敬礼:丁廙,是曹植的好友。曹丕即位后被杀。

㉒达言:超脱豁达的言论。

㉓尼父:即孔子。“父”是尊称。孔子死后,鲁哀公在诔文中称孔子为尼父。

㉔《春秋》:相传是孔子修撰的一部史书。

㉕游、夏:是子游和子夏的并称,皆为孔子的学生。

㉖南威:亦称南之威,古代美女。《战国策·魏策》:“晋文公得南之威,三日不听朝,遂推南之威而远之曰:‘后世必有以色亡其国者。’”

㉗龙渊:也称龙泉,古代著名的宝剑。

㉘刘季绪:刘表之子,官至乐安太守。曾著赋、颂六篇。

㉙诋呵:诋毁,指责。

㉚掎摭(jǐ zhí):指责,挑剔。

㉛田巴:战国时齐国的辩士。相传其辩于徂丘,议于稷下,一日服千人。后泛称口才敏捷之人。

㉜“呰(zǐ)五伯”句:呰:同“訾”,毁谤。五伯:五霸:稷下:战国时齐都临淄的西门叫稷下,是谈论之士常期会的处所。

㉝鲁连:即鲁仲连。《史记》注引《鲁仲连子》说,鲁仲连去见田巴,责备他在外敌压境、国家危亡之秋,空发议论挽救不了国家,请他闭口。田巴果然闭口了。

㉞兰茝(chǎi)荪(sūn)蕙:均为香草名。

㉟ 逐臭之夫：典出《吕氏春秋》："人有臭者，其兄弟妻子皆莫能与居，其人自苦而居海上。海上人有说(悦)其臭者，昼夜随之而不能去。"后以"逐臭之人"喻有怪癖的人。

㊱《咸池》《六英》：《咸池》相传为尧之乐名；《六英》相传为颛顼之乐名。

㊲ 墨翟：即墨子，先秦时墨家学说的创始人。著有《非乐篇》，认为音乐对人无益而有害，主张禁绝。

㊳ 击辕之歌：指野人歌，亦即民歌。

㊴ 应风雅：符合风雅。风雅即《诗经》中的《国风》和《大雅》《小雅》。

㊵ 小道：礼乐政教之外的技艺。

㊶ 揄(yú)扬：宣扬，阐明。

㊷ 扬子云：扬雄字子云。西汉著名辞赋家。汉成帝时曾任郎官，执戟侍卫殿廷，故称"执戟之士"。

㊸ 壮夫不为：语见扬雄《法言·吾子》："或问：'吾子少而好赋？'曰：'然，童子雕虫篆刻。'俄而曰：'壮夫不为也。'"意谓辞赋是童子的雕虫小技，大丈夫是不屑于此道的。

㊹ 藩侯：曹植此时封为临菑侯。藩：篱笆，屏障。侯国是王室的屏障，故称藩侯。

㊺ 庶几：希望，但愿。

㊻ 流金石之功：流，善本作"留"。金石：指古代镌刻文字，意指颂功记事的钟鼎碑刻。

㊼ 翰墨：笔墨，借指文章。

㊽ 衷：中，即"正"的意思。

㊾ 要(yāo)：约。

㊿ 恃惠子：恃：依赖；凭借。惠子：即惠施。战国时名家，是庄周的契友，惠子死后，庄周过其墓，感慨"自夫子之死也，吾无以为质矣，吾无与言之矣"。后以"惠子知我"喻朋友相知之深。

51《昭明文选》末尾有"植白"二字。有的选本在文前有"植白"，末尾有"曹植白”字样。

【译文】

《曲略》记载：杨修字德祖，太尉杨彪之子。为人谦虚恭谨，博学多才。建安年间，举孝廉，官拜郎中，丞相曹操又任命他为仓曹属主簿。当时有很多统军治国大事，杨修内外总理，事事办得令人满意。因此从魏国太子以下，都争相与他交好。加之当时临菑侯曹植因杨修才思敏捷格外关爱他，愿与他交往，多次写信给他。信文曰：

“数日不见，想得好苦；想来你的思念也如此吧。我自幼喜好词章，至于今日已二十五年了。如今世上有名的作者，大略可以数得上来。昔日仲宣（王粲）在汉南独树一帜，孔璋（陈琳）在河朔大展雄才，伟长（徐干）在青土名声远扬，公干（刘桢）在海隅显露才华，德琏（应玚）在魏都显身扬名，德祖（杨修）你在京城傲视流俗。当此之时，人人自谓手握隋侯之珠，具有锦绣文章，各各自谓怀抱和氏之璧可以笔底生花。我父王于是撒天网到边远之地将他们收罗回来，如今都聚集在魏国了。然而这几个人，还未能达到振翅直冲霄汉，一举可达千里的地步。以孔璋的才华，对辞赋不娴熟，却自认为与司马长卿有同样的风格，这就如同画虎不成反类犬的譬喻。我以前有信嘲谑他，他反说我盛赞他的文章。锺子期善听琴音，至今被人称道。我也不敢对他人的文章妄加赞叹，怕后人嗤笑我。

“世人著述，不可能没有一点毛病，我常常喜欢别人讥讽并抨击我的文章；因为这样有不妥贴的地方，可即时修改。过去丁敬礼写过一些短文，让我润饰，我自认为文才不能超过他，便推辞了。敬礼道：‘你有何疑难呢？文章的佳丽与否，全归于我，后世有谁会知道何人给我润饰过呢？’我常感叹这种豁达的见解，以为实属美谈。过去孔子的文辞，也常与他人交流，及至在编纂《春秋》时，连子游和子夏以文见长的弟子都不能改动书中的一个字。除了《春秋》，若说找不出毛病的书，我未曾见过。

“一般说来，只有具备南威那样的国色天姿，才可以评说其他的美女淑媛；只有知晓龙渊之剑的锋利，才可以议论其余宝剑的切断水准。刘季绪（修）的文才不及作者，但他喜好诋毁他人的文章，挑剔他人的瑕疵。过去齐国的辩士田巴曾在都城的稷下毁誉五帝，指责三王，诽谤五霸，一时之间折服了上千人，但高士鲁仲连一通说教，则使田巴终身不再开口。刘季绪的辩才不如田巴；如今像鲁仲连那样的人不难求得，对此能不发出叹息吗？人们的爱好和崇尚各有不同，兰、茝、荪、蕙那沁人心脾的香草，是众人所喜爱的，但是海畔却有追逐臭味之人；《咸池》《六英》发出美妙动听的音乐，是众人所欣赏的，但是墨翟却有不同的论调：这都说明鉴别文章的优劣标准岂能相同！

“现今我将少时所著词赋一通相送。那些街谈巷议，必有可采集的资料，敲击着车辕所唱的民歌，亦有符合《诗经》里国风及大小雅风格的，平民百姓的情思见解，不应该轻易舍弃。辞赋原属雕虫小技，本不足以阐明严正的大道理，也不足以昭示后世。过去扬子云（扬雄），是先朝的执戟之臣，他就说过“壮夫不为”辞赋小技；我虽德行不高，但居藩侯之位，还期望竭诚效力于皇室，并施恩惠于百姓，建永世不朽的功勋，以期在钟鼎碑碣上留下记功的文字。岂能以翰墨文章作业绩，靠辞赋作君子吗？假若我的志向不能实现，我的主张无法实施，我将收集史官据实记录的史料，辨明时俗的得失，判定仁义的中正，集成一家之言，即使不能藏之名山，传之久远，也要将其传给志趣相投之人，以此邀约结为白首之契友，否则怎会对你发出今日这种议论呢！我的话有些放肆不羁，好在有像惠子一般的你了解我。

“明早相迎，书信怎能写尽心怀。”

【引述】

《三国志·魏书十九·陈思王传》载:陈思王曹植十岁多便善做文章,曹操有次看了他写的文章,问道:“是找人代写的吗?”曹植跪下道:“我出口成论,下笔成章,父亲可当面考察,我怎会找人代写呢?”时值铜爵台建成,曹操让几个儿子登台作赋,曹植挥笔而就,文采粲然,曹操十分惊异他的才华。每次进见,曹操提出难题,他都能应声而答,故颇受宠爱,“几为太子者数矣”。但是,“植任性而行,不自雕励,饮酒不节”。而曹丕呢,却“御之以术,矫情自饰,宫人左右,并为之说”,终于被立为太子。志书上还载“太祖既虑终始之变,以杨修颇有才策,而又袁氏之甥也,于是以罪诛修。植益内不自安。【注三】”后几句话的意思是说:曹操担忧曹丕的地位有更替变故,因为杨修是曹植的至友,既有才干又有谋略,还是袁术的外甥,便假借其他罪名杀了杨修。曹植内心很是惶恐。裴注在此注引《曲略》,主要追叙曹植和杨修生前的交往和来往信函。

这篇书信约作于建安二十二年前后,可以说是一篇书信体的文艺论文。曹植在信中畅谈了他的文学观点,如作家的自我认识、文章的修改、文学批评家的条件、文学的价值等方面,都提出了独到的见解。关于作家的自我认识,曹植认为作家首先应有自知之明,不要自视过高,不要自我吹嘘,对自己不娴熟的领域,更需谦虚一些,不然,则会造成“画虎不成反类犬”的笑柄。关于文章的修改。曹植坦言他很欢迎别人挑剔甚至抨击他的文章,因为由此可知不足之处,可立即修改以趋完美。还举孔子编纂《春秋》为例,说连擅长文学的子游和子夏都动不得其中的一字,这正是孔子将文辞“与人通流”的结果。曹植很欣赏丁廙的达言,即润饰的双方都要有豁达的心态,润饰者不要怕“不能过若人”,而应知无不言;被润饰者能“吾自得之”,庆幸有此机遇。关于批评家的条件，曹植认为“盖有南威之容，乃可以论于淑媛；有龙渊之利，乃可以议于割断”，意指批评家应站得更高一点，既要有较高的文学修养，又要有创作实践的亲身体验，更不能根据个人的主观好恶，断章摘句地妄加评论别人的文章。而且要有兼容并蓄的涵养，因“人各有好尚”。关于文学的价值，曹植最可宝贵的是提出重视民间文学，他认为“街谈巷说，必有可采，击辕之歌，有应风雅，匹夫之思，未易轻弃”，这是使文艺回归到起始的源头。这源头是文艺创作取之不尽、用之不竭的源泉。无论古代的神话传说，还是第一部诗歌总集《诗经》，无不取材于民间，这是最有价值、最值得重视的源头。这里需要提出的一点是曹植又道“辞赋小道”，从下文的“岂徒以翰墨为勋绩”来看，他的“小道”所指不光是辞赋，还有文章。对此，鲁迅先生在《魏晋风度及文章与药及酒的关系》一文中说：“据我的意见，子建大约是违心之论。这里有两个原因。第一，子建的文章做得好，于是他便敢说文章是小道；第二，子建活动的目标在于政治方面，政治方面不甚得意，遂说文章是无用了。”说得十分中肯。

全篇气势豪放飘逸，论断简明扼要，运用骈体和散体相结合的句式，使文章显得流畅自然。语言恳切率直，充分流露出与受信人的亲密关系。

七六　杨修《答临菑侯》

【注文】

《曲略》曰：修答曰：

“不侍数日，若弥年[①]载，岂独爱顾[②]之隆，使系仰之情深耶！损辱来命[3]，蔚矣[4]其文。诵读反覆，虽《风》《雅》《颂》，不复过也。若仲宣[5]之擅江表，陈氏之跨冀域，徐、刘之显青、豫，应生之发魏国，斯皆然矣。至于修者，听采风声[6]，仰德不暇，目周章于省览，何惶骇于高视哉？

"伏惟君侯[7]，少长贵盛，体旦、发[8]之质，有圣善[9]之教。远近观者，徒谓能宣昭懿德[10]，光赞[11]大业而已，不谓复能兼览传记，留思[12]文章。今乃含王超陈，度越[13]数子；观者骇视而拭目，听者倾首而耸耳；非夫体通性达，受之自然，其谁能至于此乎？又尝亲见执事握牍持笔，有所造作，若成诵在心，借书于手，曾不斯须少留思虑。仲尼日月[14]，无得逾焉。修之仰望，殆如此矣。是以对鹖而辞[15]，作《暑赋》弥日而不献，见西施之容，归憎其貌者也。

"伏想执事不知其然，猥受顾赐[16]，教使刊定[17]。《春秋》之成，莫能损益[18]。《吕氏》《淮南》[19]，字直千金；然而弟子钳口，市人拱手者，圣贤卓荦[20]，固所以殊绝凡庸也。今之赋颂，古诗之流，不更孔公[21]，风雅无别耳。修家子云[22]，老不晓事，强著一书[23]，悔其少作。若此，仲山、周旦之徒，则皆有諐[24]乎！君侯忘圣贤之显迹，述鄙宗之过言，窃以为未之思也。

"若乃不忘经国之大美[25]，流千载之英声，铭功景锺[26]，书名竹帛[27]，此自雅量[28]素所蓄也，岂与文章相妨害哉？辄受所惠，窃备矇瞍[29]诵歌而已。敢忘惠施，以忝庄氏[30]！季绪琐琐[31]，何足以云。[32]"

【注释】

①弥年：终年，经年。

②爱顾：犹关注。

③损辱来命：损辱：意谓对方不惜贬抑身份。来命：对别人来信的敬称。

④蔚矣：指文辞华美。

⑤ “若仲宣”四句：仲宣指王粲，陈氏指陈琳，徐指徐干，刘指刘桢，应生指应玚，再加上孔融、阮瑀，便是“建安七子”。

⑥ 听采风声：听而采纳之。风声指好的风气。

⑦ 伏维君侯：伏维：下对上的敬辞，多用于奏疏或信函，意谓念及，想到。君侯：系敬称，此处指曹植。

⑧ 旦、发：周公名旦，武王名发。

⑨ 圣善：父母的代称。吕向注：“圣善，指植父武帝（曹操）也。”

⑩ 宣昭懿德：显扬美德。

⑪ 光赞：犹光辅，即多方面辅佐。

⑫ 思：留意，关心。

⑬ 度越：超越。

⑭ 仲尼日月：日月，喻圣贤。《论语·子张》：“仲尼日月也，无得逾焉。”是说仲尼就是太阳、月亮，没有可能超过他。

⑮ “对鹖而辞”二句：曹植作《鹖鸟赋》，亦命杨修作之，杨修辞未写。曹植又作《大暑赋》，杨修亦作之，却终日不敢呈献。

⑯ 顾赐：眷顾，赐命。

⑰ 刊定：修改审定。

⑱ 损益：指无法增加或删减文字。

⑲《吕氏》《淮南》：据《桓子新论》载：“秦吕不韦请迎高妙作《吕氏春秋》，汉之淮南王聘天下辩通以著篇章，书成，皆布之都市悬置千金以延示众士，而莫能有变易者。”故称“字直（值）千金”。

⑳ 卓荦（luò）：超绝出众。

㉑不更孔公：谓不经孔子删定。

㉒ 修家子云：子云指西汉辞赋家扬雄，字子云。刘攽曰：“按杨氏有两族，赤泉氏从木，子云自叙其受氏从（提）手，而杨修曰‘修家子云’，不知文士聊如此云，其亦实然也。”王先谦曰：古从木从（提）手之字多通。

㉓ 强著一书：指扬雄所著《法言》。

㉔ 愆(qiān):罪过,过失。

㉕ 大美:谓大功业。

㉖ 铭功景锺:铭功:在金石上刻写文辞,记述功绩。景锺:春秋时晋景公所铸之钟,将克潞之役的功勋刻于其上,故"景锺"为褒功的典实。

㉗ 竹帛:竹简和白绢。古代无纸,用竹帛书写文字。

㉘ 雅量:宏大的气度。

㉙ 矇瞍(méng sǒu):盲人。有眸子而看不见叫矇,无眸子叫瞍。

㉚ "敢言"二句:句中惠施喻杨修,庄氏指庄周喻曹植,因惠施和庄周是为相知,故而援引。

㉛ 琐琐:絮聒。

㉜《昭明文选》在笺首有"修死罪死罪",笺末有"反答造次,不能宣备,修死罪死罪"字样。吴曾《漫录》云:书尾用"不宣"之语,始于此。

【译文】

《典略》还载有杨修《答临菑侯》云:

"数日未来陪侍,如同时隔经年,这难道仅是由于受到盛情关注,才使我仰慕得如此情深吗!君侯不惜贬抑身份给我赐函,那真是一篇才气横溢的鸿文,反复诵读,深感即使《风》《雅》《颂》,也不过如此。像王粲文才鹰扬江表,陈琳声名横跨冀域,徐干、刘桢的华章显扬于青州、豫州,应玚的才华发迹于魏都。这几人确实如此。至于杨修我,不过是有所风闻予以采摘而已,未及仰德,正自观览佳作,若云高视,使我何其惶恐哉!

"念及君侯,少时在高贵显赫的环境中成长,既有周公、武王的天资,又有父辈的赐教。远近之人,只认为君侯能显扬美德,致力辅佐国家大业,未曾料到还兼览传记,留心文章。如今不但超过王粲、陈琳,还超越了其他数子;见君侯之文者莫不惊讶全神贯注地欣赏,听君侯之文者莫不侧着头耸耳恭听。若不是本性通透心胸豁达，又禀受天赋，谁能达到如此地步呢？我又曾亲眼见到君侯手持竹简和毛笔，有所创作，如同成竹在胸，即刻书就，并不须再加思索。正如《论语》中所说"仲尼就是太阳、月亮，无人能超过他"一样。杨修的看法，就是如此。因此面对鹖鸟不敢下笔为赋，写成《暑赋》，又整日不敢呈献。这便是见到西施貌美，回家厌弃自己丑陋罢了。

"想来君侯不知其然，谬加眷顾赐命，命我审定少时辞赋。《春秋》撰成，无人能增删一字。《吕氏春秋》《淮南子》书成之后皆露布于市，公示凡能变易一字者悬赏千金；然而孔门弟子闭口，都市之人拱手，其原因乃是圣人和贤者超绝常人很多的缘故。如今所作辞赋，乃古诗之流变，不经孔子删定，也与《风》《雅》无别。杨家的子云，老了也不懂事，强写了《法言》一书，他曾说后悔年少时作赋。如此说来，仲山和周旦之徒，都有过失吗？君侯不忘圣贤美善的德行，谈及鄙人的宗室过于赞誉，修自认为似欠思量。

"至于君侯不忘治国的宏大功业，欲留英名于千载，欲将功勋铭刻于景锺，事迹书写于竹帛，这自是素日的宏愿，这宏愿怎会与撰写文章相妨害呢？我惠得所赠诗文，正好供我这懵懂之人诵读歌咏。怎敢拟比惠施，而有愧于庄周的相知！我这像刘季绪似的絮聒话，真不值得一提。"

【引述】

这是杨修对曹植来信的答函，函中谈及的内容许多都与来信有关。如对建安七子的评论；对曹植让他"刊定"辞赋的惶恐；对作为王侯身份的曹植既能不忘经国之光赞大业、又能"留思文章"的赞叹，并且提出二者互不妨害的观点。曹植虽认为著文是"小道"也，但他对所著之文要求却很高。《艺文类聚》五十三载有魏陈王曹植的《文章序》

曰:“故君子之作也,俨乎若高山,勃若浮云,质素也如秋蓬,摛藻也如春葩。”正由于他对所著高标准的要求,所以他“以才见异”。他让杨修刊定他的辞赋,也说明杨修文才超群。

《世说新语·捷悟》有一则写道:“魏武(指曹操)尝过曹娥碑下,杨修从。碑背上见题作‘黄绢幼妇外孙齑臼’八字,魏武问修曰‘解不(理解吗)?’答曰:‘解。’魏武曰:‘卿未可言,待我思之。’行三十里,魏武乃曰:‘吾已得(解得)。’令修别记(另外写出)所知。修曰:‘黄绢,色丝(谓有色之丝,‘色丝’二字合体为‘绝’字)也,于字为‘绝’;幼妇,少女(年少女子)也,于字为‘妙’;外孙,女子(女儿之子)也,于字为‘好’;齑臼,受辛(把姜蒜等辛辣物放在舂米的臼器中捣碎,谓接‘受辛’辣。繁体‘辞’字的又一体左边是一个‘受’字。)也,于字为‘辞’。所谓‘绝妙好辞’也。’魏武亦记之,与修同。乃叹曰:‘我才不及卿,乃觉(相差)三十里。’”连曹操都说“我才不及卿”,可见杨修才思何等敏捷。

七七 曹丕逼醉曹植

【注文】

《魏氏春秋》曰:植将行,太子饮焉[①],偪[②]而醉之。王召植,植不能受王命[③],故王怒也。

《魏略》曰:初植未到关,自念有过,宜当谢帝[④]。乃留其从官著关东,单将两三人微行[⑤],入见清河长公主[⑥],欲因主谢。而关吏以闻,帝使人逆之[⑦],不得见。太后以为自杀也,对帝泣。会植科头负鈇锧[⑧],徒跣诣阙下,帝及太后乃喜。及见之,帝犹严颜色,不与语,又不使冠履。植伏地泣涕,太后为不乐。诏乃听[⑨]服王服。

【注释】

① 饮焉：给他酒饮。焉：可作代词，相当于"之"，他。如"众好之，必察焉"，即大众喜爱他，一定要考察他。见《论语·卫灵公》。

② 偪(bī)：逼，迫。

③ 受王命：指接受魏王(曹操)的任命。

④ 谢帝：向皇上谢罪。这里的帝指魏文帝曹丕。

⑤ 微行：从小路上走。

⑥ 清河长公主：曹操之女，曹丕与曹植之姊。

⑦ 逆之：反向，迎候他。

⑧ 科头鈇锧(fū　zhì)：科头指不戴冠帽，裸露头髻。鈇锧：斩人的刑具，即斧头和砧板。

⑨ 听：听凭。

【译文】

孙盛《魏氏春秋》记载：曹植将要出行，太子曹丕却要与他饮酒，并逼他多饮几杯，结果喝醉了。魏王曹操召见曹植，要给予任命，但曹植因醉酒无法接受王命，为此魏王十分愤怒。

鱼豢《魏略》记载：曹植当初未到关，自己思念犯有过错，应该当面向皇上(魏文帝曹丕)谢罪。便将随从官员留在关东，只带了两三个人走小路，想先见清河长公主，欲托公主向皇上表明谢罪之意。关上的官吏将情况禀报了皇上，皇上便派人前去迎候阻拦，曹植无法见到公主。卞太后还以为曹植自尽了，对着曹丕哭泣。就在此时曹植裸露着头发，身背着砍人的斧头和砧板，光着双脚拜倒在宫阙之下。曹丕和太后得知曹植未曾自尽心里很高兴。可是及至见了面，曹丕仍摆出一付严厉的脸色，不与曹植说话，又不让他戴上帽子穿上鞋子。曹植爬在地下一直泣涕，太后为此很不高兴，曹丕这才下诏听任曹植穿戴鞋帽。

【引述】

《三国志·魏书十九·陈思王传》曰："二十四年，曹仁为关羽所围。太祖以植为南中郎将，行征虏将军，欲遣救仁，呼有所敕戒。植醉不能受命，于是悔而罢之。【注四】"这段话大意是说：建安二十四年（219年），曹仁被关羽围困。曹操任命曹植为南中郎将，代理征虏将军，准备派他去救曹仁，便唤他前来有所训诫。但曹植因饮酒大醉，无法受命。曹操甚是恼怒，就罢去了曹植的新任官职，未让他带兵出征。曹植素有"捐躯赴难，视死如归"的抱负，在《薤露行》中就有"愿得展功勤，输力于明君"为君建功的表白，在《与杨德祖书》中也提到"戮力上国，流惠下民，建永世之业，流金石之功"。他是想为国出力建功立业的，正如裴注所引，可就在魏王已任命他出征，给他立功的关键时刻，太子曹丕却要与他饮酒，而且逼他多饮几杯以致"醉之"，无法接受王命，魏王大怒，撤去任命。此后他再无法得到这种大好机会，同时也失去了父王的信赖。在紧要的关键时刻，对胞弟的这一"植将行，太子饮焉，偪而醉之"的举动，让世人看到太子曹丕内心的阴暗面。

另外，从裴注所引《魏略》的叙述，可以看到曹丕的薄情，使人想起"萁向釜下然，豆在釜中泣。本是同根生，相煎何太急"的诗句，不禁为曹植发出一声长叹！

七八　曹植《赠白马王彪》

【注文】

《魏氏春秋》曰：是时待遇[1]诸国法峻。任城王暴薨[2]，诸王既怀友于[3]之痛。植及白马王彪[4]还国，欲同路东归，以叙隔阔之思，而监国[5]使者不听。植发愤告离而作诗曰：

“谒帝承明庐[6]，逝将归旧疆[7]。清晨发皇邑，日夕过首阳[8]。
伊、洛[9]旷且深，欲济川无梁。泛舟越洪涛，怨彼东路[10]长。
回顾恋城阙，引领情内伤。

太谷何寥廓，山树郁苍苍。霖雨[11]泥我涂，流潦浩纵横。
中逵[12]绝无轨，改辙登高冈。修阪[13]造云日，我马玄以黄[14]。

玄黄犹能进，我思郁以纡[15]。郁纡将何念，亲爱在离居。
本图相与偕，中更不克俱。鸱枭鸣衡轭[16]，豺狼当路衢；
苍蝇间白黑[17]，谗巧反亲疏[18]。欲还绝无蹊，揽辔止踟蹰[19]。

踟蹰亦何留，相思无终极。秋风发微凉，寒蝉鸣我侧。
原野何萧条，白日忽西匿。孤兽走索群，衔草不遑食。
归鸟赴高林，翩翩厉[20]羽翼。感物伤我怀，抚心长叹息。

叹息亦可为，天命与我违。奈何念同生，一往形不归！
孤魂翔故域，灵柩寄京师。存者勿复过，亡没身自衰。
人生处一世，忽若朝露[21]晞。年在桑榆[22]间，影响[23]不能追。
自顾非金石，咄唶[24]令心悲。

心悲动我神，弃置莫复陈。丈夫志四海，万里犹比邻。
恩爱苟不亏，在远分日亲。何必同衾帱[25]，然后展殷勤。

仓卒[26]骨肉情，能不怀苦辛？

苦辛何虑思，天命信[27]可疑。虚无求列仙，松子[28]久吾欺。变故在斯须，百年谁能持？离别永无会[29]，执手将何时？王其爱玉体，俱享黄发[30]期。收涕即长涂，援笔从此辞。”

【注释】

①待遇：对待。

②任城王暴薨：任城王指曹彰，是曹植的同母兄。骁勇能用兵。黄初四年（223年），与曹植同朝京师，到洛阳后暴病死，《世说新语》上说是被曹丕用毒枣害死。

③友于：《书·君陈》“惟孝友于兄弟”，后即以“友于”为兄弟友爱之义。

④白马王彪：指曹彪，曹植的异母弟。封地白马（在今河南滑县东）。

⑤监国：监管国事。

⑥承明庐：长安汉宫有承明庐。三国时魏文帝将朝臣止息之所亦称承明庐，后即以承明庐谓入朝或在朝为官的典故。

⑦旧疆：指自己的封地鄄城。

⑧首阳：山名，在洛阳东北。

⑨伊、洛：水名。伊水入于洛水，洛水至河南巩县入黄河。

⑩东路：指从洛阳往东到鄄城的路途。

⑪“霖雨”句：《魏书·文帝纪》记载这一年即黄初四年（223年）六月大雨，伊、洛溢流。

⑫中逵：道路交错之处。

⑬修阪（bǎn）：修长的斜坡。

⑭玄黄：有病。

⑮郁以纡（yū）：忧思萦绕在心头。

⑯鸱枭（chī xiāo）鸣衡轭（è）：鸱枭指猫头鹰之类凶猛的鸟。衡轭指车辕前的横木。乘舆的横木上本有鸾铃，如今却代之以鸱枭之鸣，比喻小人在君侧。下句的“豺狼”亦喻小人。

⑰ 苍蝇:比喻佞人,混淆善恶。

⑱ 反亲疏:"反"一作"令"。使亲近的变为疏远。指谗佞之人播弄是非,离间骨肉。

⑲ 踟蹰(chí chú):徘徊不前的样子。

⑳ 厉:奋,疾。

㉑ 朝露:早上的露水,喻存在的时间短促。

㉒ 桑榆:二星名,在西方。一般说日在桑榆就是说天将晚,用来比喻人将老。

㉓ 影响:影子和回声。多用以形容感应迅速,如影之随形,响之应声。

㉔ 咄咤(duō zhà):《说文》:咄,叱也,咤,大呼也。言人命叱呼之间或至夭丧也。

㉕ 同衾帱:共用被帐。后汉宣帝时的姜肱,与其弟仲海、季江友爱,常同被而眠。这一句是用姜肱的典实,对曹彪强作宽慰之辞。

㉖ 仓促:匆促,急速。

㉗ 信:实在,的确。

㉘ 松子:赤松子,古代仙人名。这句就是曹操《善哉行》"痛哉世人,见欺神仙"的意思。曹植亦有《辨道论》,骂方士。

㉙ 离别永无会:这时朝廷已经制定了藩国之间不得交通往来的制度,所以说永无会见之期。

㉚ 黄发:人到年老头发变黄,故黄发指高寿。

【译文】

孙盛《魏氏春秋》记载:当时朝廷对各属国的法规十分严苛。任城王曹彰不幸突然去世,诸王心怀兄弟之情深为悲痛。曹植与白马王曹彪返回封地时,因系同路,本想相随同行,也可聊叙阔别之情,但监国使臣不允许。曹植气愤地即刻离京,并写下这首诗,诗云:

承明庐里拜辞了皇上,将要回到自己的封疆。

清晨从故都洛阳出发,傍晚已越过首阳山岗。

伊洛二水既深且又广，想要渡河却没有桥梁。
小船儿浮过洪涛骇浪，直埋怨归路何其漫长。
回望宫阙兮留恋不舍，渐行渐远啊五内俱伤。
沿途的太谷何等寥廓，山岭之野树郁郁苍苍。
大雨霖沥泥水淹我路，水灌田野洪潦乱流淌。
道路交错却是无通途，更弦改辙登高爬山岗。
斜坡修长直达碧云天，我马有病毛色已玄黄。
玄黄无力仍须赶前路，我心忧伤哀思何时休。
忧思萦绕所念为哪般？兄弟分手同心却离居。
本图相偕同路话阔别，横遭阻拦不得相欢聚。
猫头鹰竟在衡轭鸣叫，豺狼挡道也敢把人欺。
营营青蝇污白成黑点，谗佞小人使亲变疏远。
欲诉衷肠回京疑无路，手揽缰绳徘徊复踟蹰。
踟蹰伤感无计暂逗留，思念之苦将永无终期。
秋风萧瑟吹来了凉意，寒蝉凄切耳畔呱不息。
原野空旷满眼何萧条，白驹过隙红日忽已西。
落单孤兽寻找同伙伴，口衔青草却不遑吞吃。
归林鸟雀正在赴高树，翩翩翱翔奋力振双翼。
触景生情感物伤我怀，抚心追昔不禁长叹息。
叹息将何为，天命与我违！
任城王彪本是同根生，奈何一去竟然不复归！
飘泊他乡孤魂觅故土，辗转跋涉灵柩回京师。
活着之人难保身久长，亡故之人身没长已矣。
人生一世如同世间客，来去匆匆有若朝露晞。
年在西方桑榆二星间，时如影之随形金不换。
顾念吾侪皆无金石身，咄咤故去令人生心悲。

心悲憾我神，扬弃莫述陈。
大丈夫志在名扬四海，相隔万里宛若在比邻。
手足情深焉能被阻隔，虽在远方情愫分外亲。
同心同德何必同衾帐，情深意深无须展殷勤。
仓促之间兄弟将分别，焉能够啊不伤怀痛心。
痛心何所思，天命确可疑。
虚无飘渺求仙无所用，仙人松子素来将人欺。
世事变故就在须臾间，百岁天年试问谁可企？
此番离别恐难再相会，执子之手不知在何时。
祈愿我王且爱万岁体，共同享受高寿黄发期。
收泪兮登上远程路，投笔兮去去从此辞。

【引述】

这篇诗作，前面有序。余冠英说：“本诗最先载于《魏氏春秋》，而没有序。序最先见于《文选》。”本书依据的《三国志》底本是中华书局1982年7月第二版。在《魏书·陈思王传》里，裴松之注引的《魏氏春秋》却是有序的，序文如上。但序文与《文选》上的不尽相同。《文选》的序是：“黄初四年五月，白马王、任城王与余俱朝京师，会节气。到洛阳，任城王薨。至七月与白马王还国。后有司以二王归藩，道路宜异宿止。意毒恨之。盖以大别在数日，是用自剖，与王辞焉。愤而成篇。”《魏氏春秋》系东晋孙盛所撰，该书早已佚失，只能在《全晋文》《三国志》裴注和《世说新语》中看到部分佚文，故而原貌为何也难于查考。两序在文字上虽略有不同，但我们可以从中看到曹植写作此诗的现实背景和悲愤心情。

曹植走过一段大起大落的人生历程。早期，他以才见异，每进见难问，他应声而对，太祖“特见宠爱”，生活上的优渥自不待说，政治上也很如意。曹操征孙权时,就让曹植留守邺都,更重要的是"几为太子者数矣"。然而,一则是"植任性而行,不自雕励,饮酒不节"。二则是曹丕"御之以术,矫情自饰,宫人左右,皆为之说",于是立为太子。太子即位后,对曹植不断进行打击。先是诛杀了支持他的丁仪、丁廙及其全家的男丁。在两三年之内,三次更改曹植的封号。接着两次要对他治罪,从封地将他召到洛阳,受"三台九府"审议,议成"三千首戾"、要行"大辟",若非其生母卞太后保护,他难免刑戮。平日在封地,也会受到曹丕派去的监国使者的严厉督责,成日在忧愤惶恐的气氛中讨生活。此次回洛阳,他是"科头负鈇锧,徒跣诣阙下"去见曹丕的,而曹丕"犹严颜色,不与语,又不使冠履",处境何其危殆!当回封地时,本想与白马王彪同行,但监国使者不许他们"同宿止"。朝廷还规定诸侯王国之间不得交通往来,所以曹植愤而成篇。那种深沉而又强烈的悲愤之情贯穿全诗,震撼着读者的心灵。在结构上,使用了段与段蝉联衔接的形式,七段辗转相因,层层深入。锺嵘《诗品》言其"情兼雅怨,体被文质",该诗可谓建安诗歌的优秀代表作之一。

七九　求自试未见用

【注文】

《魏略》曰:植虽上此表①,犹疑不见用,故曰:"夫人贵②生者,非贵其养体好服,终竟年寿也,贵在其代天而理物③也。夫爵禄④者,非虚张⑤者也,有功德然后应之,当矣。无功而爵厚,无德而禄重,或人以为荣,而壮夫以为耻。故太上⑥立德,其次立功,盖功德者所以垂名也。名者不灭,士之所利,故孔子有夕死⑦之论,孟轲有弃生之义⑧。彼一圣一贤，岂不愿久生哉？志或有不展也。是用喟然[9]求试，必立功也。呜呼！言之未用，欲使后之君子知吾意者也。”

【注释】

①此表：指曹植于太和二年（228年）给魏明帝曹叡上的《求自试表》。

②贵：珍贵，显贵。

③理物：犹治民。

④爵禄：爵位和俸禄。

⑤虚张：犹虚设。

⑥太上：最上，最高。

⑦夕死：语出《论语·里仁》“朝闻道，则夕死可矣。”后以“夕死”谓为追求真理，死亦无憾的精神。

⑧弃生之义：语出《孟子·告子上》：“生，亦我所欲也；义，亦我所欲也。二者不可得兼，舍生而取义者也。”指为了维护正义而牺牲生命。

⑨喟（kuì）然：此处指迅疾的样子。

【译文】

鱼豢《魏略》记载：曹植虽已呈上《求自试表》，但犹疑虑不被任用，因此道：“人生最珍贵的，并非养好体魄穿绸着缎，而是要能替天治理百姓。至于爵位和俸禄，并不是虚设的。按功德而后给予相应的爵禄，是应得的。没有功劳却爵位很高，没有德业却俸禄挺多，有人以此为荣，而豪杰之士却以此为耻。所以人的最高目标是树立德业，其次是建立功勋，而立功立德是为了名垂千古。名声能不湮灭，便是士人的追求，故而孔子有‘朝闻道，则夕死可矣’之言，孟子有‘舍生而取义者也’之语。他们这一圣人一贤者，难道不愿长寿吗？是心志未得到施展啊。因此我急速上表求试，定要建立功勋。唉！虽有诉求未被任用,只能让后世的有识之士知道我的心志罢了。”

【引述】

《三国志·魏书十九·陈思王传》载:“植常自愤怨,抱利器而无所施,上疏求自试。”就是请求魏明帝任用他。他在《求自试表》中说,臣闻士之生世,入则事父,出则事君。事君则贵在使国家昌盛。虽然方今天下一统,但西有违命之蜀,东有不臣之吴,故臣寝不安席,食不遑味,“臣之事君,必以杀身靖乱,以功报主”。请让臣跟随大将军曹真或大司马曹休,让我率一支士兵,臣“必乘危蹈险,骋舟奋骊,突刃触锋,为士卒先”,即使抓不到孙权、诸葛亮,也会俘虏敌方的大将,以功消除我终身的羞愧。即使身陷蜀国,头悬吴门,臣也虽死犹生。他还说曾随父王武皇帝“南极赤岸,东临沧海,西望玉门,北出玄塞,伏见所以行军用兵之势”,表明自己有征战经验,欲“自效于明时,立功于圣世”,切望明帝考验他,像用路途考验千里马的奔驰能力,用狡兔验证黑狗的扑咬本领那样,立志像狗马一样立些小功来报答朝廷。听说东边战事不利,他“辍食弃餐,奋袂攘衽,抚剑东顾,而心已驰于吴会矣”。最后说:“而臣敢陈闻于陛下者,诚与国分形同气,忧患共之者也。……是以敢冒其丑而献其忠。【注四】”最后这几句意思是说:臣敢向陛下提出试用要求,实在是和国家忧患与共的缘故,因而冒死以献忠心。其为国效力的决心何等坚定,心迹表白得何等恳切。但是求试未能成功。

裴松之的注文引自《魏略》,叙述他不被任用之后的惆怅心情,他叹息道:“言之未用,欲使后之君子知吾意者也。”只能如此而已!

八十　曹植《吁嗟篇》

【注文】

植常为琴瑟调歌，辞曰：

吁嗟[①]此转蓬，居世何独然[②]！长去[③]本根逝，夙夜无休闲。
东西经七陌[④]，南北越九阡[⑤]，卒遇回风[⑥]起，吹我入云间。
自谓终天路，忽焉下沉渊。惊飚[⑦]接我出，故归彼中田。
当南而更北，谓东而反西，宕宕[⑧]当何依，忽亡而复存。
飘飖周八泽[⑨]，连翩历五山，流转无恒处，谁知吾苦艰？
愿为中林[⑩]草，秋随野火燔，糜灭岂不痛，愿与根荄[⑪]连。

【注释】

① 吁嗟：表忧伤或有所感。

② 独然：独自如此。

③ 长去：永离。

④ 七陌：陌指东西方向的道路。

⑤ 九阡：阡指南北方向的道路。

⑥ 回风：旋风。

⑦ 惊飚(biāo)：突发的暴风。

⑧ 宕宕(dàng)：犹荡荡，无定止貌。

⑨ 八泽：古代的八大水泽。

⑩ 中林：林中。

⑪ 根荄(gāi)：植物的根。

【译文】

曹植常抚琴瑟调歌，歌辞曰：

感叹蓬草随风转，来到世间甚孤单。脱离本根倏然逝，从早到晚难安闲。

从东到西径七陌，由南至北越九阡。忽随回风盘旋起，扶我直上九霄端。

自谓从此驻天路，忽被抛下沉深渊。飚风狂作将我拽，依旧回归大块田。

本当朝南反向北，说是往东却西边。到处飘荡何所依，忽而消失忽又现。

飘飖不定渡八泽，上下翻飞历五山。四处流转无定所，有谁知我多苦艰？

但愿身如林中草，秋随野火齐焚燃，燃成灰烬岂不痛，唯愿与根紧相连。

【引述】

《三国志·魏书十九·陈思王传》："植每欲求别见独谈，论及时政，幸冀试用，终不能得。既还，怅然绝望。时法制，待藩国既自峻迫，寮属皆贾竖下才，兵人给其残老，大数不过二百人。又植以前过，事事复减半，十一年中而三徙都，常汲汲无欢，遂发疾薨，时年四十一。【注一】"志书上这段话大意是：曹植每回到京城，总想单独拜见皇上，谈论时事，并望能被任用，但其愿望始终未能实现。回封地后，心情沮丧，深感绝望。当时的法令，对诸侯王很刻薄，属吏皆商贾之类的庸才，分派的士兵也皆老弱伤残，不超二百人。因曹植以前曾有过失，所有这些又都减半。十一年里三次被迁徙封地。他常年郁郁寡欢,于是得病去世,时年四十一岁。裴松之在此处注引了曹植的《吁嗟篇》,从而使这一名篇得以保存下来,留传于世。

《吁嗟篇》作于太和三年,作者以“转蓬”自喻,因封地屡屡迁徙,故有“宕宕何依”的感慨。明帝不许诸王入朝,又不许藩国交通往来,骨肉间生离就等于死别,故有“长去本根”的悲哀。末几句说宁愿毁灭自己,也不愿忍受兄弟永别的痛苦,表达他“与根荄连”的愿望。诗歌以“吁嗟”突兀开篇,又以“吁嗟”作题,为全篇蒙上了一层忧伤的色彩,其间叙写了转蓬脱离本根的孤独,刻画了转蓬的艰难处境和坎坷经历,“卒遇回风起”给他带来希冀,“忽焉下沉渊”又遭到冷遇,“当南而北”的不由自主,“忽亡而复存”劫后余生的恐惧,使他发出“谁知吾苦艰”的哀叹。给人以顿挫凄壮的感受。更深层次点说,末四句有邦家殄瘁之忧。“野火”隐切司马氏父子。当时,明帝忧社稷,问陈峤:司马公(懿)“可谓社稷之臣乎?”明帝已自有怀疑,子建当时盖早已有见于司马氏之不臣矣。裴松之的注特将此诗录入,可谓深知子建,并且说明裴氏特具卓识。

建安时期留传下来的诗篇,据统计不足三百首,而曹植就独占了约八十首,其次是曹丕约四十首,曹操约二十首。“三曹”处于当时诗坛的领袖地位,而曹植最有才气,谢灵运尝曰:“天下才共一石,曹子建(植)独占八斗。”唯其才高,故心敏而笔快,能道人不易道之情,叙人不易叙之事,状人不易状之景。曹操对曹植也十分爱重。曹丕登基后,曹植在“身轻于鸿毛,谤重于泰山”的高压下过了六年,其侄明帝曹叡即位,生活上的限制愈多,他又在“汲汲无欢”的氛围中生活了六年,才四十一岁便去世了,使后世之人不得不为他送上一声“吁嗟”

长叹！

八一　魏亡，非天丧也

【注文】

孙盛[①]曰：异哉[②]，魏氏之封建[③]也！不度[④]先王之典，不思藩屏[⑤]之术，违敦睦之风，背维城[⑥]之义。汉初之封，或权侔[⑦]人主，虽云不度，时势然也。魏氏诸侯，陋同匹夫[⑧]，虽惩七国[⑨]，矫枉过也。且魏之代汉，非积德之由，风泽[⑩]既微，六合[⑪]未一，而雕翦[⑫]枝干，委权异族，势同瘣木[⑬]，危若巢幕[⑭]，不嗣忽诸[⑮]，非天丧也。五等之制[⑯]，万世不易之典。六代[⑰]兴亡，曹冏[⑱]论之详矣。

【注释】

① 孙盛：《魏氏春秋》《晋阳秋》的作者，这两部书早已亡佚，只能在《弘明集》《全晋文》《三国志》裴松之的注里看到部分佚文。

② 异哉：不同，奇特。

③ 封建：封邦建国。古代帝王把爵位、土地分赐给皇室子弟，使在该区域建立邦国。

④ 度（dúo）：揣度，推测。

⑤ 藩屏：屏障；捍卫。

⑥ 维城：借指皇子或皇室宗族。

⑦ 侔（móu）：相等。

⑧ 陋：低微，卑贱。

⑨ 七国：指战国时的齐、楚、燕、韩、赵、魏、秦。

⑩ 风泽：德泽。

⑪ 六合：指天、地、四方，整个宇宙，也即天下。

⑫ 雕翦（diāo jiǎn）：剪除。

⑬ 瘣（huì）木：有瘿肿的树木。

⑭ 巢幕：在帐幕之上筑巢，因帐幕随时可撤，故喻处境危险。

⑮ 不嗣忽诸：不嗣谓不足以继承前人之位。忽诸谓忽然，一下子。

⑯ 五等之制：五个等级。《礼记·王制》：“王者之制禄爵，公、侯、伯、子、男五等。”

⑰ 六代：一说指皇帝、唐、虞、夏、商、周，一说指唐、虞、夏、商、周、汉，曹冏的《六代论》则是论夏、商、周、秦、汉、魏。

⑱ 曹冏：字元首，是少帝齐王芳的族祖。是时天子幼稚，因作《六代论》，并欲以此论感悟时为大将军的曹爽。（《六代论》见《三国志》第二册第五九二页裴注《魏氏春秋》）

【译文】

孙盛说：真奇怪啊！魏国对皇室子弟的封邦建国。既不揣度古代贤君的典章制度，也不考虑如何使各藩国起到屏障和捍卫社稷的作用。既违背兄弟之间敦厚和睦的仁风，又违犯皇室宗族连城护卫的道义。汉初的封疆，有的权倾人主，虽说考虑欠周，但那是形势所迫。可是魏国加封的诸侯王，地位低微得如同平民，虽以七国争雄为鉴，却太矫枉过正了。况且魏国替代汉朝承袭皇统，并非由于积有厚德的缘由，德泽既很微弱，天下又未统一，却一味削剪自身的枝干，把大权交付给他姓之人。使魏国势同瘿肿的病树，危如帐幕上的鸟巢。以致突然间无法承继前人的皇位，魏之亡，并不是上天让它丧亡的啊！先王制定的五个等级的爵位，是万世不易的典章。六代的兴亡更替，曹冏在《六代论》里阐述得很详尽了。

【引述】

《三国志·魏书十九·陈思王传》:曹植“十一年中而三徙都,常汲汲无欢,遂发疾薨,时年四十一。【注一】”这段话的大意是:曹植十一年中曾三次变更封地,常郁郁寡欢,于是得病亡故,时年四十一岁。裴松之的“魏,非天丧也”注文即注于此处。

《资治通鉴·魏明帝景初三年》,孙盛论曰:“然不思建德垂风,不固维城之基,致使大权偏据,社稷无卫,悲夫!”胡三省注:“此言帝猜忌宗室,以亡魏。”故而魏亡,“非天丧也”,乃人为之。

曹操之卞后生有曹丕、曹彰、曹植。曹丕即位后不断对其他二人进行打击迫害。《世说新语·尤悔》载:“魏文帝(曹丕)忌弟任城王(曹彰)骁壮,因在卞太后阁共围棋,并啖枣,文帝以毒置诸枣蒂中。自选可食者而进,王弗悟遂杂进之。既中毒,须臾,遂卒。复欲害东阿(曹植),太后曰:‘汝已杀我任城,不得复杀我东阿。’”由此可知曹彰和曹植的危难处境。曹丕还让封侯的子弟全回到自己的封地去,并让监国使者严密监视。曹植的封地还不断更换。本传载黄初二年,“贬爵安乡侯”,其年,“改封鄄城侯”,三年,“立为鄄城王”,四年,“徙封雍丘王”,太和元年,“徙封浚仪”,二年,“复还雍丘”,三年,“徙封东阿”,六年,“以陈四县封植为陈王”。物质生活也很困苦,曹植自谓“连遇瘠土,衣食不继”(《迁都赋序》),“块然守空,饥寒备尝”(《社颂序》)。魏氏统治者成日思虑的,不是先王之典,藩屏之术,不是兄弟的敦睦之风,宗室的维城之义;而是不许诸王入朝,不许藩国交通往来,而是让他们“婚媾不通,兄弟永绝,吉凶之问塞,庆吊之礼废”(《求存问亲戚疏》),是以魏之亡,非天丧也,乃自为之!

《三国志》第三册
（中华书局标点本五册平装·卷二十一至三十·魏书三）

八二　刘桢《答曹丕借廓落带书》

【注文】

《典略》曰：文帝尝赐桢廓落带[①]，其后师死，欲借取以为像，因书嘲桢云："夫物因人而贵。故在贱者之手，不御至尊[②]之侧。今虽取之，勿嫌其不反也。"桢答曰："桢闻荆山之璞[③]，曜元后之宝；随侯之珠[④]，烛众士之好；南垠之金，登窈窕之首；鼲貂[⑤]之尾，缀侍臣之帻：此四宝者，伏朽石之下，潜污泥之中，而扬光千载之上，发彩畴昔之外，亦皆未能初自接于至尊也。夫尊者所服，卑者所修也；贵者所御，贱者所先也。故夏屋[⑥]初成而大匠先立其下，嘉禾[⑦]始熟而农夫先尝其粒。恨桢所带，无他妙饰，若实殊异，尚可纳也。"桢辞旨[⑧]巧妙皆如是，由是特为诸公子所亲爱。其后太子尝请诸文学[⑨]，酒酣坐欢，命夫人甄氏出拜。坐中众人咸伏，而桢独平视[⑩]。太祖闻之，乃收桢，减死输作[⑪]。

【注释】

① “文帝”句：文帝指曹丕。桢指刘桢，建安七子之一。廓落带，带名。

② 至尊：至高无上的，多指君主。

③ 荆山之璞：荆山，在今湖北省南漳县西部，山有抱玉岩，据《韩非子》，此为楚人卞和得璞玉之处。

④ 随侯之珠：随亦作“隋”，古国名。据《淮南子》载，随侯外出时见有大蛇受伤，便以药敷之，后蛇口衔大珠回报，因称随侯之珠，即明月珠。

⑤ 鼲貂（hún diāo）：鼲和貂的皮毛极为珍贵，可制衣裘，古代侍臣常用其尾作冠饰。

⑥ 夏屋：大屋。

⑦ 嘉禾：生长奇特的禾苗，古人以为吉祥的征兆。亦泛指茁壮的稻禾。

⑧ 辞旨：文辞或话语表达的含义、感情色彩和风格。

⑨ 文学：指儒生，亦泛指有学问的人。

⑩ 平视：谓视面也。

⑪ 输作：因犯罪罚作劳役。

【译文】

鱼豢《典略》记载：魏文帝曹丕曾赐给刘桢一条廓落带，后来制作此带的师傅去世，想借刘桢的这条作样式，于是曹丕给刘桢写了一封很诙谐的信道：“大凡物件因人而贵，若操在微贱者之手，就不会到达君主的身边。今日虽为借用，但不要埋怨来而不返啊。”刘桢回信道：“我听说荆山的璧玉极其珍贵，是君主的宝贝；随侯之珠明亮如炬，受士人的喜爱；南垠的金银，能戴在窈窕淑女的发际；鼲、貂的尾巴，可以装饰侍臣的冠冕：这四样宝物，原本隐藏在朽石之下，潜匿于污泥之中，而后才得以光照千秋，灿惊内外，它们最初都不能直接到达君王之前。但凡尊贵者所穿之衣,乃卑贱者所制;显贵者所乘之车,卑贱者必先试登。因此大厦初盖成最先站在屋下的是匠人,稻禾刚成熟最早品尝颗粒的是农夫。遗憾我那条廓落带,无其他奇妙的装饰,若确属特殊,是可以留下的。"刘桢的文辞总是表达得如此巧妙,因而颇为诸公子所亲近。后来曹丕作为太子曾邀几个儒生进宫,酒酣耳热时,他命夫人甄氏出来见客,在座众人都低头向夫人拜谢,只有刘桢平视其面。太祖曹操得知大怒,收捕了刘桢,免去死罪罚作劳役。

【引述】

《三国志·魏书二十一·王粲传》:"玚、桢各被太祖辟为丞相掾属。玚转为平原侯庶子,后为五官将文学。桢以不敬被刑,刑竟署吏。【注二】"意思是说:应玚、刘祯都被曹操征召为丞相府属官。应玚调任平原侯侍卫官,后任五官中郎将文学。刘桢因直视太子妃甄氏而犯了不敬罪被判刑,刑满后仍做过官吏。此处的裴注因正文中提到刘桢,便注引了曹丕和刘桢为借廓落带而写的来往信函。

曹丕的信极短,用一"嘲"字说明此信不过是在开玩笑而已,但语气却踞高临下,说:"夫物因人而贵,故在贱者之手,不御至尊之侧。"张口就论贵贱,未免给人以酸腐之感,且有不尊重他人之嫌。刘桢的回信写得颇具特色,他主要抓住"贵"与"贱"这两个对立面,提出个人的见解,用比喻的手法,骈体的形式,阐述得在情在理,说:"夏屋初成而大匠先立其下,嘉禾始熟而农夫先尝其粒。"最后才说如觉得我的带子特殊,就留下吧。真是柔中有刚,刚而不硬。由此我们也可看到刘桢性格鲠直的一面,也正因其如此,所以在曹丕让夫人甄氏出拜的酒宴上,别人都低头拜谢,只有刘桢抬头平视,结果被判大不恭死罪,后罪减一等改罚在石场磨石头。有次曹操去石场视察,见到刘桢问:"石如何?"刘桢借此机会以石自喻,跪下答道:"石出于荆山元岩之下,外有五色之章，内含卞氏之珍，磨之不加莹，雕之不增文，禀气坚贞，受性自然，顾理枉屈，纡绕独不得申。”曹操听后顾左右大笑，他是个爱才之人，回宫后便赦免了刘桢，仍为署吏。但从此不被重用，毁了一生前程。刘桢以五言诗见称，锺嵘《诗品》将他的诗作列入上品。

从他们的书信可体味到魏晋时期的文风特色。因当时社会动乱，礼教文化受到冲击。许多诗文抒写壮志和理想，风格多为雄健深沉，慷慨悲凉。有些小品则很率真随性，有的竟放荡不羁，风格则显得诙谐、风趣，他们的书信就属于后一类。

八三　曹植可谓“天人”

【注文】

《魏略》曰：淳①一名竺，字子叔。博学有才章②，又善《苍》《雅》、虫、篆、许氏字指③。初平时，从三辅客荆州。荆州内附，太祖素闻其名，召与相见，甚敬异之。时五官将④博延英儒，亦宿闻淳名，因启淳欲使在文学官属中。会临菑侯⑤植亦求淳，太祖遣淳诣植。植初得淳甚喜，延入坐，不先与谈。时天暑热，植因呼常从取水自澡讫，傅粉。遂科头拍袒⑥，胡舞五椎锻⑦，跳丸⑧击剑，诵俳优⑨小说数千言讫，谓淳曰：“邯郸生何如耶？”于是乃更著衣帻，整仪容，与淳评说混元造化⑩之端，品物⑪区别之意，然后论羲皇以来贤圣名臣烈士优劣之差，次颂古今文章赋诔⑫及当官政事宜所先后，又论用武行兵倚伏⑬之势。乃命厨宰，酒炙交至，坐席默然，无与伉者。及暮，淳归，对其所知叹植之材，谓之“天人”⑭。

【注释】

① 淳：指邯郸淳，一作竺，字子叔。邯郸，复姓。

② 才章：才华，文才。

③ "又善"句：苍指《苍颉篇》，雅指《尔雅》，虫指蝌斗书，篆指大小篆，许氏指许慎的《说文解字》，字指：文字的含义。

④ 五官将：指曹丕。

⑤ 临菑侯：指曹植。

⑥ 科头拍袒(tǎn)：科头谓不戴帽子，裸露发髻。袒指脱去上衣，露出身体的一部分。

⑦ 五椎锻：据说即华佗的五禽戏。是模仿五种动物的动作组成的一种健身操。

⑧ 跳丸：古代百戏之一。表演者两手快速地连续抛接若干园球。

⑨ 俳(pái)优：古代以乐舞为业的艺人。

⑩ 混元：开天辟地之时，形容远古时代。

⑪ 品物：犹万物。《易·乾》："云行雨施，品物流形。"

⑫ 赋诔(lěi)：赋是一种有韵的、句式像散文的文体。诔是祭悼之文。

⑬ 倚伏：语本《老子》："祸兮福之所倚，福兮祸之所伏。"倚，依托；伏，隐藏。意谓祸福相因，互相依存，互相转化。

⑭ 天人：指所谓的仙人，神人。

【译文】

鱼豢《魏略》载：邯郸淳一名竺，字子叔。渊博而有才华，精研《苍颉篇》《尔雅》、蝌斗书、大小篆、许慎的《说文解字》及其字义。汉献帝初平年间，从长安到荆州客居，后荆州归属曹魏。太祖曹操素闻他的名声，召来相见，甚是敬重他。当时五官将曹丕正延揽饱学之士，也闻听邯郸淳的高名，想启用他任职文学官属。恰值临菑侯曹植也在寻求他，曹操打发邯郸淳去了曹植处。

曹植获得邯郸淳十分高兴，延请入座，先不马上交谈。时值盛夏暑热，曹植唤来侍从取水自去洗澡，澡毕傅了粉。把头发绾了个髻，拍了拍裸露的肩臂，随即跳起五禽戏，接着玩向空中抛接圆球的跳丸，然后舞剑作刺击，还背诵了俳优小说达数千句，然后对邯郸淳道：“邯郸生以为何如？”曹植此时才又更衣着冠，整饰仪容，与邯郸淳就座。开始谈论开天辟地远古时，自然界造化者的端倪，万物区分差异的原理，然后评说伏羲氏以来的诸多圣贤、名臣、烈士的优劣等差，接着颂扬古往今来优秀的文章、诗词、赋诔，还谈及为官者处理政事何者当先何者当后，论述用武作战如何运用倚伏之术，使战局转化。而后着令厨师宰鸡烹羊，美酒炙肉齐端上来，席间悄然，无人能与曹植匹比。及至日暮，邯郸淳方回府第，对那些知己赞叹曹植的才华，称曹植为“天人”。

【引述】

《三国志·魏书二十一·王粲传》在论述建安七子之后，又载“自颍川邯郸淳【注一】、繁钦【注二】、陈留路粹【注三】、沛国丁仪、丁廙、弘农杨修、河内荀纬等，亦有文采，而不在此七人之列。【注四】”裴松之在【注一】里，记叙了邯郸淳与曹植初次会面的场景。

他们的会面极有情致。延坐后不马上交谈，而是写曹植沐浴、傅粉、拍袒、打五禽拳、抛跳丸球、舞击刺剑、诵俳优文，从中不仅看到曹植的率性、放任，也看到他爱好广泛、多才多艺的一面。从二人交谈的内容看，涉及的范围极为广泛。有造物者的化育，有万物的流变，有对贤主名臣的品评，有对古今文章的颂扬，有当官为政的法则，有动武用兵的倚伏之术，如此等等，我们不能不为曹植渊博的知识赞叹，无怪邯郭淳要称他为“天人”，也无怪曹操“甚异之”，曹植“几为太子者数矣”。另外，邯郸淳也是值得一提的人物，鲁迅在《中国小说史略》中还提到此人。据《会稽典录》记载：东汉桓帝元嘉元年，上虞长度尚要为孝女曹娥立碑，邯郸淳是度尚的弟子，度尚命他席间作碑文，邯郸淳操笔而成，无所点定，从而知名。后来蔡邕又在碑上题了“黄绢幼妇外孙齑臼”八个字，其含义是“绝妙好辞”，又为其文增饰多多矣。邯郸淳还编有《笑林》三卷，是我国最早的一部笑话集，被后世尊为笑林祖师，原书已佚，仅存二十九则，鲁迅从各书把它收集来辑为一集，收在《古小说钩沉》里。

八四　嵇康箕踞而锻

【注文】

《魏氏春秋》曰：康①寓居河内之山阳县，与之游者，未尝见其喜愠②之色。与陈留阮籍、河内山涛、河南向秀、籍兄子咸、琅邪王戎、沛人刘伶相与友善，游于竹林，号为七贤。锺会为大将军③所昵，闻康名而造之。会，名公子，以才能贵幸，乘肥衣轻④，宾从如云。康方箕踞⑤而锻，会至，不为之礼。康问会曰：“何所闻而来？何所见而去？”会曰：“有所闻而来，有所见而去。”会深衔⑥之。

大将军尝欲辟康。康既有绝世⑦之言，又从子不善，避之河东，或云避世。及山涛为选曹郎，举康自代，康答书拒绝⑧，因自说不堪流俗⑨，而非薄⑩汤、武。大将军闻而怒焉。初，康与东平吕昭子巽及巽弟安亲善。会巽淫安妻徐氏，而诬安不孝，囚之。安引康为证，康义不负心，保明其事，安亦至烈，有济世志力。锺会劝大将军因此除之，遂杀安及康。康临刑自若，援琴而鼓，既而叹曰："雅音⑪于是绝矣！"时人莫不哀之。

【注释】

① 康：指嵇康，字叔夜，谯国（今安徽宿县西）人，竹林七贤之一。

② 喜愠（yùn）：欢喜和怨恨。

③ 大将军：指司马昭，时为大将军。

④ 乘肥衣（yì）轻：乘着骏马驾的车子，穿着轻暖的皮袍，比喻生活十分豪华。

⑤ 箕踞：张开两腿像簸箕一样坐着，是一种轻慢、不拘礼节的坐姿。

⑥ 衔（xián）：怀恨在心。

⑦ 绝世：犹弃世，避世。

⑧ 康答书拒绝：嵇康写了一封信，对山涛让他出仕表示拒绝。

⑨ 流俗：指社会上流行的风俗习惯，多含贬义。

⑩ 非薄：非难鄙薄。

⑪ 雅音：有益于风俗教化的诗歌和音乐。此处指乐曲《广陵散》。

【译文】

孙盛《魏氏春秋》记载：中散大夫嵇康寓居在河内的山阳县，与他同游者从未见过他将喜怒之情形之于色。他与陈留人步兵校尉阮籍、河内人晋司徒山涛、河南人黄门郎向秀、阮籍兄之子始平太守阮咸、瑯琊人司徒王戎、沛国人建威将军刘伶相处友善，游冶于竹林之中，号为"竹林七贤"。锺会被大将军司马昭所亲近，听说嵇康极有名声便想去造访。锺会，是有名的贵公子，以才干在司马氏集团颇受宠信。他乘着骏马驾驭的华车，穿着轻暖的皮袍，带着一群随从前往。嵇康正伸着两腿轻慢地坐在那里烧火打铁，锺会到来，他也不施礼照旧打铁。锺会要走，嵇康问道："你听到什么就来了？见到什么就要走？"锺会道:“听到所听的就来了,见到所见的就要走。”锺会为此对嵇康怀恨在心。

司马昭曾想征召嵇康任职,但嵇康既有弃世的言论,又与侄儿不和,便去河东躲避,有人说是去避世。及至山涛出任选曹郎,举荐嵇康替代自己这一职务,嵇康回信予以拒绝,并说自己忍受不了社会上的不良习俗,还非薄商汤、周武王,司马昭听到后很恼怒。当初,嵇康与东平人吕昭之子吕巽及吕巽之弟吕安来往密切,不料吕巽竟与吕安之妻徐氏淫乱,还诬陷吕安不孝,致其入狱。吕安便荐嵇康作证,嵇康不说违心话,说明事情的真象。吕安也是一个刚烈人,有救世济物的志向。锺会劝司马昭乘此机会除掉他们,于是吕安和嵇康都被杀了。嵇康临刑时神色自若,索来一把琴弹了一曲,然后长叹道:“这乐曲从此不再有人弹奏了!”当时没有人不为嵇康悲哀的。

【引述】

《三国志·魏书二十一·王粲传》:“时又有谯郡嵇康,文辞壮丽,好言老、庄,而尚奇任侠。至景元中,坐事诛。【注一】”其大意谓:还有谯郡人嵇康,文辞雄壮华丽,喜谈老子、庄子,又喜好仗义行侠。魏元帝景元年间,因事被杀。

这里想说三点。第一关于嵇康的死因。按志书上说“坐事诛”即因吕安之事被诛。其实吕安和他都无罪,究其原因,我们且看嵇康其人,他以“喜愠不形于色”隐讳其对司马的不满,用“避世河东”显露其在乱世中的特立独行和不应征召,以“书生打铁”表明其高贵的叛逆个性,用对锺会“不为之礼”达到对权贵的蔑视,这都表明他不愿与司马集团合作的态度。再加之他“非薄汤武”的以臣伐君,司马昭正想用汤、武为自己篡位找借口,嵇康却点到他的痛处。这些才是他被杀的真正原因。第二关于《广陵散》。嵇康临刑前索琴弹的“雅音”乃乐曲

《广陵散》,这是他难以割舍的名曲,他说当初有人请学此曲,他吝啬没有教,此曲从此失传了。此曲果然失传了,后来倒也有同名之曲,但皆附会之作。第三关于《与山巨源绝交书》。巨源是山涛的字,这封书信入选不少选本。单从题目来看,是嵇康写给山涛的绝交信,不少人也认为嵇康因山涛推荐他出仕而与他绝交。专研三国史的学者卢弼曰:“此书乃康拒绝山涛之荐己自代,并非与涛绝交。康临诛绝命犹念巨源交谊之挚可证,自萧选标题错误相沿至今无一纠正之者,可异也。”是说萧统在编选《文选》时“标题错误”。从李善注可知《文选》选自《魏氏春秋》,《魏氏春秋》是没有标题的,只云“及山涛为选曹郎,举康自代,康答书拒绝。”按照辞意,是拒绝山涛的“举康自代”,而不是与山涛本人绝交明矣!看来,《与山巨源绝交书》的标题,应由权威人士或机构予以修改为好,免得继续造成混淆。

八五　曹丕《与吴质书》

【注文】

《魏略》曰:二十三年,太子①又与质书曰:岁月易得,别来行复②四年。三年不见,《东山》③犹叹其远,况乃过之,思何可支④?虽书疏⑤往反,未足解其劳结⑥。昔年疾疫,亲故多离其灾,徐、陈、应、刘,一时俱逝⑦,痛何可言邪!昔日游处,行则同舆,止则接席,何尝须臾相失!每至觞酌⑧流行,丝竹⑨并奏,酒酣耳热,仰而赋诗。当此之时,忽然不自知乐也。谓百年已分⑩,长共相保,何图数年之间,零落略尽,言之伤心。

顷撰其遗文,都为一集。观其姓名,已为鬼录,追思昔游,犹在心目，而此诸子化为粪壤，可复道哉！观古今文人，类不护细行[11]，鲜能以名节自立。而伟长独怀文抱质[12]，恬淡寡欲，有箕山之志[13]，可谓彬彬[14]君子矣。著《中论》二十余篇，成一家之业，辞义典雅，足传于后，此子为不朽矣。德琏常斐然[15]有述作意，才学足以著书，美志不遂[16]，良可痛惜。闲历观诸子之文，对之抆泪，既痛逝者，行自念也。孔璋章表殊健[17]，微为繁富。公干有逸气[18]，但未遒耳，至其五言诗，妙绝当时。元瑜书记[19]翩翩，致足乐也。仲宣独自善于辞赋，惜其体弱，不足起其文[20]，至于所善，古人无以远过也。昔伯牙绝弦于锺期[21]，仲尼覆醢于子路[22]，愍知音之难遇，伤门人之莫逮[23]也。诸子但为未及古人，自一时之俊也，今之存者已不逮矣。后生可畏，来者难诬[24]，然吾与足下不及见也。

行年已长大，所怀万端，时有所虑，至乃通夕不瞑。何时复类昔日！已成老翁，但未白头耳。光武[25]言'年已三十，在军十年，所更非一'，吾德虽不及，年与之齐。以犬羊之质[26]，服虎豹之文，无众星之明，假日月之光[27]，动见观瞻，何时易邪？恐永不复得为昔日游也。少壮真当努力，年一过往，何可攀援[28]？古人思秉烛夜游[29]，良有以也[30]。

顷何以自娱？颇复有所造述不？东望於邑[31]，裁书[32]叙心。[33]"

【注释】

①太子：指曹丕。

②行复：又将。

③《东山》：《诗经·豳风》中的诗篇，有"我徂东山，滔滔不归。自我不见，于今三年"之句，叹息别离久远。

④支：支撑，维持。

⑤书疏：即书信。

⑥劳结：谓郁结于心的思念之情。

⑦"昔年疾疫"数句：建安二十二年发生大疫，建安七子中的徐干、陈琳、应

玚、刘桢皆死于此役。“离”为遭受,后多写作“罹”。

⑧ 觞酌(shāng zhuó):盛酒劝饮。

⑨ 丝竹:丝指琴瑟类的弦乐器;竹指箫笛类的管乐器。

⑩ 已分(fèn):自己分内应得的。

⑪ 细行:细节。

⑫ 怀文抱质:具有文才和好名声。质指品质,此处指名节。

⑬ 箕山之志:箕山在今河南登封县东南,相传尧时许由、巢父隐居于此,故后世作为退隐的典故。

⑭ 彬彬:指文采和朴实兼备。《论语·雍也》:“文质彬彬,然后君子。”

⑮ 斐然:很有文采的样子。

⑯ 不遂:不成功。

⑰ 殊健:文笔挺秀

⑱ 逸气:词意奔放、洒脱。

⑲ 书记:指章、表、书、疏之类的文体。

⑳ 惜其体弱,不能起其文:意谓文章的气魄不足,不能体现刚劲的特色。

㉑ 伯牙绝弦于锺期:伯牙善鼓琴,锺期能理解其琴音,引为知己。锺期亡故,伯牙则破琴绝弦,终身不再鼓琴。见《列子·汤问》。

㉒ 仲尼复醢于子路:孔子闻子路被卫人杀害剁成肉酱,非常哀痛,因命人将家里的肉酱全倒掉。见《礼记·檀弓上》。

㉓ 莫逮:不及,比不上。

㉔ 诬:此处作轻视讲。

㉕ 光武:指汉光武帝刘秀。

㉖ 以犬羊之质:扬雄《法言》:“羊质而虎皮,见草而悦,见豺而战。”这是曹丕自谦之词。

㉗ 假日月之明:日月喻天地,帝后,此处喻曹操。

㉘ 攀援:挽留。

㉙ 秉烛夜游:谓及时行乐,秉烛指持烛以照明。《古诗十九首》之十五“人生不

满百,常怀千岁忧。昼短苦夜长,何不秉烛游。”

㉚ 良有以也:实在是有道理的。

㉛ 於邑(wū yè):同“呜咽”。

㉜ 裁书:裁笺作书,写信。古代写字用的帛、纸往往卷成轴,写字时要先剪裁下来,故称裁书。

㉝《文选》的开头有“二月三日丕白”六字,末尾有“丕白”二字。向同辈陈述称作“白”。

【译文】

鱼豢《魏略》记载:汉献帝建安二十三年(218年),魏太子曹丕给吴质写信道:岁月过得真快,分别又将四年。三年不见,连出征的士兵都感叹为时久远,何况又超过了三年,思念之情让人何以堪?虽有书信往来,但也无法排解郁结在心头的怀念。

去岁大疫,许多亲故遭遇不幸,徐干、陈琳、应玚、刘桢,一时之间都逝去了。心中的悲痛怎能用语言表达!昔日我等游处,出则同车,止则连席,何曾有片刻的分离!每当传杯换盏,弦管齐奏,喝得酒酣耳热时,便昂起头来吟诵新作的诗词,那个时候,恍惚间不知这是难得的乐趣,还以为长命百岁是分内应得的,可长相厮守,哪里料到数年之间,竟亡故多人,说到这些真是痛心。

近来编辑他们的遗文,都成一集。看到他们的姓名,已入鬼簿,追思往日的交游,历历如在眼前,但人已化为秽土,怎忍心再说道呢!纵观古今文人,大都不检点小节,很少有人能以名誉与节操自立于世的。而伟长(徐干)独能既负文才又具名节,清静淡泊,不慕荣利,有隐退之志,可称为文质兼备的君子。著有《中论》二十余篇,堪成一家之言,文辞典雅,足以流传后世,伟长可谓不朽矣。德琏(应玚)很有才气和修养,本有撰写的心意,其才学足可著书立说,但这美好的志趣未能完成，确实令人痛惜。适间历观诸子的文章，不禁对之拭泪。既伤痛朋友的亡故，进而也想到了自己。孔璋（陈琳）所写章、表，文辞挺秀，只是稍嫌冗杂。公干（刘桢）词意奔放洒脱，只是不够劲健而已。至于他的五言诗，当世无人匹比。元瑜（阮瑀）的章、表、书、疏等文体写得极其优美，读之使人感到愉快。仲宣（王粲）独擅辞赋，可惜风格稍显纤弱，不能振起文章的气势，至于他所擅长的，古人也不能远超他。过去伯牙在锺子期死后不再弹琴，孔子在子路被害后倒掉肉酱，前者叹惜知音难遇，后者悲伤他人弗及。这几个人虽不及古人，却都是当世的翘楚，当今无人能超过他们。后生可畏，对后来的优秀人才不容轻视，然我与足下怕是看不到了。

年岁在增长，心中千头万绪，时时有些思虑，以致彻夜不眠。何时再能像昔日那般游乐呢！人已变为老翁，只是还未白头罢了。光武帝曾道："吾年三十，在军中已达十年，经历之事何止一件。"我的德操不及光武，但年岁相同。我乃犬羊才质，只是披上虎豹花纹的外衣而已，没有众星的亮光，只是假借父辈日月般的光辉。自己的行止被世人观瞻，这状况何时能改变呢！恐怕永不会再有过去那种欢乐了。人在少壮时真应该努力，时光一旦过往，哪能挽留？古人想举着火烛夜游，实在是有道理的啊。

近日以何自我消遣？又有些创作吧？向东望去不禁伤感，聊展书笺诉说心怀。

【引述】

《三国志·卷二十一·王粲传》："吴质，济阴人，以文才为文帝所善，官至振威将军，假节都督河北诸军事，封列侯。【注一】"裴松之在援引了太子与吴质书之后，又补充说明："以本传虽略载太子此书，美辞多被删落，今故悉取《魏略》所述以备其文。"正由于此，这篇美文才得以留传至今。

曹丕在这封书信里，对王粲等人文章的评论，颇为切当，但此信与他的《典论·论文》不同的是，其旨不在论述文章，而是怀旧，是伤逝。一伤挚友早逝，“美志不遂”。说此数子，他们的“才学足以著书”，但有的不幸罹于大疫，才华未能施展，令人痛惜。二伤知音难遇，文坛零落。曹氏父子与建安七子是“建安风骨”的创建者、实践者，那些人亡故后，文坛顿时冷落了。三伤昔日游处，不可复得。昔日“觞酌流行，丝竹并奏，酒酣耳热，仰而赋诗”的畅游，“永不得”矣。四伤“行年已长大”，没有建树。自己乃犬羊之质，生活在父辈的光环里，因而心里千头万绪，以致“通夕不瞑”。此书感情是真挚的，情调是悲怆的，文笔清新婉丽，辞语简洁流畅，是曹丕书信中的代表作。

八六　吴质为曹丕谋

【注文】

《世语》曰：魏王尝出征，世子[①]与临菑侯植并送路侧。植称述功德，发言有章，左右属目[②]，王亦悦焉。世子怅然自失，吴质耳[③]曰：“王当行，流涕可也。”及辞，世子泣而拜，王及左右咸歔欷[④]，于是皆以植辞多华，而诚心不及也。

《质别传》曰：帝尝召质及曹休欢会，命郭后出见质等。帝曰：“卿仰谛视[⑤]之”。其至亲如此。质黄初五年朝京师，诏上将军及特进以下皆会质所，大官[⑥]给供具。酒酣，质欲尽欢。时上将军曹真[⑦]性肥，中领军朱铄性瘦，质召优[⑧]，使说肥瘦。真负贵，耻见戏，怒谓质曰：“卿欲以部曲将遇我邪？”骠骑将军曹洪、轻车将军王忠言：“将军必欲使上将军服肥，即自宜为瘦。”真愈恚[9]，拔刀嗔目，言：“俳敢轻脱[10]，吾斩尔。”遂骂坐。质按剑曰：“曹子丹，汝非屠几上肉，吴质吞尔不摇喉，咀尔不摇牙，何敢恃势骄邪？”铄因起曰：“陛下使吾等来乐卿耳，乃至此邪！”质顾叱之曰：“朱铄，敢坏坐[11]！”诸将军皆还坐。铄性急，愈恚，还拔剑斩地。遂便罢也。

【注释】

①世子：太子、帝王或诸侯的嫡长子，这里指曹丕。后文的“帝”亦指曹丕，丕于建安二十五年代汉称帝为魏文帝。

②属(zhǔ)目：注目，注视。

③耳曰：耳语。

④歔欷(xū xī)：悲泣，抽噎。

⑤谛(dì)视：仔细看。

⑥大官：太官，掌管皇帝膳食及宴享之事。

⑦上将军曹真：据《曹真传》，他被拜为大将军，不是上将军。

⑧优：与后文的“俳”皆指演戏的人。

⑨恚(huì)：怨恨。

⑩轻脱：轻佻，轻浮。

⑪坏坐：指歪斜地坐着。

【译文】

《世语》记载：魏王曹操将要出征，世子曹丕与临菑侯曹植同到路边送行。曹植称赞父王的功德，出口成章，左右大臣莫不另眼相看，魏王也很喜悦。世子曹丕怅然如有所失，吴质对他耳语道：“魏王走时，您只须流涕就可以了。”赶到告别时，曹丕一面哭泣一面叩头，引得魏王和大臣也不禁落泪，于是人们认为曹植辞多而华丽，不如曹丕的诚心实意。

《质别传》记载：魏文帝曹丕曾召吴质及曹休进宫聚会，并命郭皇后出来拜见。曹丕还说“爱卿可以抬头”，可见对吴质何等亲密。黄初五年，吴质回京朝拜，曹丕下诏让上将军曹真及特进以下的官员都到吴质处聚会，一切均由宫里掌管皇上膳食的太官供应。当酒喝到畅快时，吴质想让众人尽欢。当时上将军曹真体胖，中领军朱铄体瘦，吴质告艺人，便让他演唱肥和瘦。曹真倚仗身份高贵，耻于被俳优戏说，愤怒地对吴质道：“足下是想以一名部属来对待我吗？”骠骑将军曹洪和轻车将军王忠道：“将军想让上将军承认肥胖，自己应该是个瘦子。”曹真一听还在说肥瘦更加恼怒，拔出刀瞪起眼道：“俳优敢如此轻浮，我宰了你。”接着在座位上漫骂。吴质也手按宝剑对曹真道：“曹子丹，你不是屠宰板上的肉，吴质我吞你不需要动喉咙，咀嚼你不需要动牙齿，你怎敢凭借权势骄狂？”朱铄于是起身劝道：“陛下让我等来是为了使你高兴，怎么弄到这地步呢！”吴质回头呵叱朱铄：“朱铄，你竟敢离开座位！”那些将军吓得都回座位坐好。朱铄是个性急之人，见此情景很是愤怒，拔出宝剑砍向地面。最后只好罢席了事。

【引述】

《三国志·卷二十一·王粲传》：“吴质，济阴人，以文才为文帝所善，官至振威将军，假节都督河北诸军事，封列侯。【注一】”这里选取裴松之的两段注文，说明曹丕与吴质的关系以及吴质的为人。

吴质可说是曹丕的高参，在争夺太子之位上为曹丕出谋划策，像“王当行，流涕可也”这一招，就很奏效。在《陈思王传》的裴注里，还载有曹丕为了便于咨询，便“以车载废簏”将吴质藏在车里接入宫中。事发，曹丕惧，告诉吴质，吴质说：“何患，明日复以簏受绢车内以惑之。”第二天就在车里装了些绸绢作迷惑，果然瞒过了曹操。前者他让甄氏拜见诸文士，刘桢因“平视”犯大不敬罪，几乎送了命。这次让郭后拜见吴质等，还曰“卿仰谛视之”，还给吴质办宴席，可见关系大不一般。而被他视为至密的吴质又是怎样的一个人呢？他拿别人的胖瘦来取笑，让戏子说唱。曹真是曹操的侄儿，又是屡立战功的大将军，是举足轻重的人物，可吴质倚仗曹丕的宠信，在曹真发难时，竟直呼其名呵叱道：“曹子丹，汝非屠几上肉，吴质吞尔不摇喉，咀尔不摇牙，何敢恃势骄耶？”好大的口气，他才是“恃势骄耶”！由于他“以怙威肆行”，故死后谥为“丑侯”。谥，是帝王、大臣或其他有地位的人，在去世后被加的带有褒贬意义的称号，如汉武帝谥“武”，王安石谥“文”，吴质则谥“丑”。他的儿子吴应，多次上书要求改动，一直过了二十多年，直到高贵乡公正元年间才改谥为“威侯”。因此做人心术要正，为人要宽厚，不要得意忘乎所以，不然，就会“搬起石头砸了自己的脚”。

八七　孔子回车不渡而还

【注文】

刘向《新序》曰：赵简子①欲专天下，谓其相曰：“赵有犊犨，晋有铎鸣，鲁有孔丘，吾杀三人者，天下可王②也。”于是乃召犊犨、铎鸣而问政③焉，已即杀之。使使者聘孔子于鲁，以胖牛肉④迎于河上。使者谓船人曰：“孔子即上船，中河必流而杀之。”孔子至，使者致命，进胖牛之肉。孔子仰天而叹曰：“美哉水乎，洋洋⑤乎，使丘不济此水者，命也夫！”子路趋⑥而进曰：“敢问何谓⑦也？”孔子曰：“夫犊犨、铎鸣，晋国之贤大夫也，赵简子未得意之时，须⑧而后从政，及其得意也，杀之。黄龙不反于涸泽⑨，凤皇不离其罻罗⑩。故刳胎焚林⑪，则麒麟不臻⑫；覆巢破卵，则凤皇不翔；竭泽而渔[13]，则龟龙不见。鸟兽之于不仁[14]，犹知避之，况丘乎？故虎啸而谷风起，龙兴而景云见，击庭钟于外，而黄钟应于内。夫物类之相感[15]，精神之相应[16]，若响之应声，影之象形，故君子违[17]伤其类者。今彼已杀吾类矣，何为之此乎？"于是遂回车不渡而还。

【注释】

①赵简子：赵鞅。春秋时晋人，定公时为卿。《赵氏孤儿》中孤儿赵武之孙。

②王(wàng)：称王统治天下。

③问政：指询问或讨论为政之道。

④胖(bàn)牛肉：古代祭祀用的半边牲肉。

⑤洋洋：河水盛大的样子。《诗经·卫风·硕人》："河水洋洋，北流活活。"

⑥趋：快走，表恭敬。

⑦何谓：为什么。

⑧须：依靠。《汉书·循吏传》·朱邑："昔陈平虽贤，须魏倩而后进。"

⑨涸泽(hé zé)：干枯的湖泊。

⑩离其罻(wèi)罗：离通"罹"，遭遇。罻罗：指捕鸟之网。

⑪刳(kū)胎焚林：剖挖母胎，焚烧郊野。

⑫不臻(zhēn)：不至。

⑬竭泽而渔：戽干池水捕鱼。后多喻只顾眼前利益不作长远打算。

⑭不仁：无仁厚之德，残暴。

⑮物类之相感：万物相互感应。

⑯精神之相应：人的精气神相互应和。

⑰违：避开，远离。

【译文】

刘向《新序》记载：春秋时，赵简子想要专制天下，对他的相国道："赵国有犊犨，晋国有铎鸣，鲁国有孔丘，我杀了这三人，就可统治天下了。”于是聘来犊犨、铎鸣向他们咨询为政之道，之后便将二人杀掉。又派使者到鲁国聘请孔子，用半扇牛肉到河边迎接他。使者对船夫道：“孔子即将上船，船到中流一定将他杀掉。”孔子来到河边，使者表达了使命，献上胖牛之肉。孔子仰天叹道：“这水真美啊，浩浩荡荡的，让孔丘不要渡过此水，是天意吧！”子路快步走向前问道：“敢问夫子此是何意？”孔子道：“犊犨和铎鸣是赵国和晋国的贤大夫，赵简子未得意时，是依靠他们而后从政的，等到他得意后，便把他们杀了。黄龙不会返回干枯的湖泊，凤凰不会重遭罗网。是故剖挖母兽的胎儿，焚烧郊野的林木，则麒麟不会来临；倾覆了鸟巢，破碎了鸟蛋，则凤凰不会来翔；舀干池水，捕尽池鱼，则龟龙不会再现。鸟兽对那些残暴的行为，尚且知道远避，何况我孔丘呢？所以猛虎咆啸山谷就会起风，祥龙腾飞瑞云就会呈现。在外边敲击大钟，里边的黄钟会有响动。大凡同类物种都会相互间有所感应，其精气神也会相互应和，如同敲击物体立即发出声音、影子紧随形体一般。因此君子应远离伤害他同类的人，如今赵简子已杀害了我的同类，我为何还要去他那里呢？”于是调转车头不渡河而返回去了。

【引述】

《三国志·卷二十一·刘廙传》：“廙兄望之，有名于世，荆州牧刘表辟为从事。而其友二人，皆以谗毁，为表所诛。望之又以正谏不合，投传告归。廙谓望之曰：‘赵杀鸣、犊，仲尼回轮。’【注一】”大意是说：刘廙之兄刘望之，有名于世，是刘表的属官。他的两个朋友，遭到谗陷被杀。刘望之因劝谏不合刘表的心意，便弃官回乡。其弟刘廙劝道：“赵简子杀了铎鸣、犊犨，孔子便掉转车轮不去会见他。”让望之外出避祸，望之不听，结果被杀。

裴松之注引的这段短文颇含哲理。其一是人要懂得感恩。像赵简子“未得意之时，须而后从政，及其得意也，杀之”。对这一类人，人们应提高警惕，不仅要听其言，更得观其行，免遭其网罗之虞。其二是对大自然的态度。万物生长都有其自然规律，不能滥加破坏，暴殄天物。像刳胎焚林、覆巢破卵、竭泽而渔，都是残酷地破坏大自然，结果只能是麒麟不臻、凤凰不翔、龟龙不现，人类则会自食其带来的后果。因此我们对大自然要存有敬畏之心，要爱护大自然，保护大自然。

八八　对官员督之以法

【注文】

《廙别传》载廙表论治道[①]曰：“昔者周有乱臣[②]十人，有妇人焉，九人而已，孔子称‘才难，不其然乎’！明贤者难得也。况乱弊之后，百姓凋尽[③]，士之存者盖亦无几。股肱[④]大职，及州郡督司，边方重任，虽备其官，亦未得人也。此非选者之不用意，盖才匮使之然耳。况于长吏以下，群职小任，能皆简练备得其人也？其计莫如督之以法[⑤]。不尔而数转易[⑥]，往来不已，送迎之烦，不可胜计。转易之间，辄有奸巧，既于其事不省，而为政者亦以其不得久安之故，知惠益不得成于己，而苟且之可免于患，皆将不念尽心于恤民，而梦想于声誉，此非所以为政之本意也。

“今之所以为黜陟[⑦]者，近颇以州郡之毁誉，听往来之浮言耳。亦皆得其事实而课[⑧]其能否也？长吏之所以为佳者，奉法也，忧公也，恤民也。此三事者，或州郡有所不便，往来者有所不安。而长吏执之不已，于治虽得计，其声誉未为美；屈而从人，于治虽失计，其声誉必集也。长吏皆知黜陟之在于此也，亦何能不去本而就末哉？以为长吏皆宜使小久，足使自展。岁课之能，三年总计，乃加黜陟。课之皆当以事，不得依名。事者，皆以户口率[9]其垦田之多少，及盗贼发兴，民之亡叛者，为得负[10]之计。如此行之，则无能之吏，修名无益；有能之人，无名无损。法之一行，虽无部司之监，奸誉妄毁，可得而尽。”事上，太祖甚善之。

【注释】

① 廙(yì)表论治道：廙指刘廙，字恭嗣，魏初为黄门侍郎，后为侍中。治道，指治理国家的方针、政策和措施等。

② 乱臣：善于治国的臣子。《书·泰誓中》：“予有乱臣十人，同心同德。”

③ 凋尽：凋弊穷竭，达到极点。

④ 股肱：大腿和胳膊，比喻辅佐大臣。

⑤ 督之以法：用法规制度来督察官员。

⑥ 转易：转换改易。

⑦ 黜陟(chù zhì)：罢免或升迁。

⑧ 课：按一定的标准考核。

⑨ 率(lǜ)：计算。

⑩ 得负：得失，指优劣。

【译文】

《廙别传》载有刘廙上表论述治国之道，他说：“过去周朝有善于治国的能臣十人，其中有一妇人，实际九人而已。孔子称‘人才难得，不是这样的么’！这表明贤才确难获得。况且时值离乱凋弊之后，百姓穷困之极，有识之士所存无几。朝廷的辅佐大臣，及各州各郡的督司，还有边防重任者，虽都备有职官，但并未真得其人。这并不是选官不用心，而是人才匮乏所致。再且长吏以下，职任各级的小官吏，能够都是简选干练的人才吗?因此为今之计莫如用法规制度来督察官员。不如此而是不断地更换官员,既有迎来送往的麻烦,且在更换中,难免参杂一些奸诈之事。这于事既不省心,而官员们也认为不能长待在一个地方,成效无法在自己任期内实现,便只顾眼前但求无过,都不尽心体恤百姓,只梦想获得好名声,这可不是为政治国的本意啊。

"如今凡是罢免或提升官员,大多依据州郡对此人的诋毁和赞誉,还听信一些无根据的不实言论。不是都能按照实际业绩考核其能干与否。我们认为好官吏,就是能够遵奉法规,就是为国担忧,就是体恤百姓。这三件事,也许各州郡有所不便,来往官员有所不安,而长吏又坚持执行,这对治国安民虽有益,但本人未必能得到好声誉;假若曲从他人,对治国安民未必有益,但个人声誉会得到提高。长吏们都知道罢黜或升迁的关键在于上司的毁誉,怎能不丢弃治国安民的根本而去追求个人声誉的末节呢?我认为长吏在一个地方适宜多待几年,使之充分发挥才干。每年都考核其才能,三年做一总计,才可决定升降。考核都应摆事实,不能靠虚名。所谓事实,就是按户口人数计算其开垦及耕种田亩的多少,及辖区有无盗贼之事发生,百姓有无流亡或叛逃者,以此作为优劣的标准。如此执行之后,无能的官吏,再邀虚名也无用了;有能力的官吏,不邀虚名也无损。此法一旦执行,即使没有部司监督,那些奸诈谄媚、随意毁誉之事,都可消除。"此表呈上,太祖曹操看后认为说得甚好。

【引述】

《三国志·魏书二十一·刘廙传》载魏讽反叛,刘伟受到牵连,刘伟之兄刘廙也因此受到 牵连。曹操下令:兄不因弟而受连坐。刘廙上疏谢道:"物不答施于天地,子不谢生于父母,可以死效,难用笔陈。【注二】"意思是说:万物无法答谢天地的施与,子女无法报答父母的生育大恩，我可以拿性命来回报您，笔墨难以表述我的感激之情。裴松之在此处加引了刘廙的《论治道》表。这里说的治国之道，主要有三。第一为官要做到能奉公，能忧公，能恤民。第二官员的升降要看实际业绩，要看真实效果；不能凭材料，不能靠嘴巴。第三是以法督官，消除奸誉妄毁。这对反腐倡廉具有很好的现实意义。

八九　书法小史

【注文】

《文章叙录》曰：初，邯郸淳、卫觊及诞并善书[①]，有名。

觊孙恒撰《四体书势》[②]，其序古文[③]曰："自秦用篆书，焚烧先典[④]，而古文绝矣。汉武帝时，鲁恭王坏孔子宅[⑤]，得《尚书》《春秋》[⑥]《论语》《孝经》，时人已不复知有古文，谓之科斗[⑦]书，汉世秘藏，希得见之。魏初传古文者，出于邯郸淳。敬侯写淳《尚书》，后以示淳，而淳不别。至正始中，立三字石经[⑧]，转失淳法。因科斗之名，遂效其法。太康元年，汲县民盗发[⑨]魏襄王冢，得策书[⑩]十余万言。案敬侯所书，犹有仿佛。"敬侯谓觊也[⑪]。

其序篆书曰："秦时李斯号为工篆，诸山及铜人铭皆斯书[⑫]也。汉建初中，扶风曹喜少异于斯而亦称善。邯郸淳师焉，略究其妙。韦诞师淳而不及也。太和中，诞为武都太守，以能书留补侍中，魏氏宝器铭题皆诞书云。汉末又有蔡邕采斯、喜之法，为古今杂形，然精密简理不如淳也。"

其序隶书，已略见《武纪》。又曰："师宜官为大字[⑬]，邯郸淳为小字。梁鹄谓淳得次仲法，然鹄之用笔尽其势矣。"

其序草书曰："汉兴而有草书，不知作者姓名。至章帝时，齐相杜度号善作篇，后有崔瑗、崔寔亦皆称工。杜氏结字甚安[14]而书体微瘦，崔氏甚得笔势而结字小疏。弘农张伯英者因而转精其巧。凡家之衣帛，必书而后练之[15]，临池学书，池水尽黑。下笔必为楷则[16]，号'匆匆不暇草'，寸纸不见遗，至今世人尤宝之，韦仲将谓之"草圣"。伯英弟文舒者，次伯英。又有姜孟颖、梁孔达、田彦和及韦仲将之徒，皆伯英弟子，有名于世，然殊不及文舒也。"

【注释】

① "邯郸淳"句：邯郸淳的"邯郸"是复姓，《百家姓》中无此姓，《中国古今姓氏辞典》载有"赵穿食邑邯郸，因以为氏。"书中例举邯郸淳，为三国魏之名士。诞，指韦诞，三国魏侍中中书监。

②《四体书势》：卫恒撰。四体指古文、篆、隶、草四种书体。今通称其为真、草、隶、篆。

③ 古文：上古的文字。泛指甲骨文、金文、籀文和战国时通行的文字。也指历代出土的六国铜器、兵器、货币、玺印、陶器及近年长沙等古墓中出土竹简上的文字。

④ 先典：上古的典籍。

⑤ 坏孔子宅：《书序》："鲁恭王好治宫室，坏孔子旧宅以广其居，于壁中得先人所藏古文、虞、夏、商、周书。"

⑥ 得《尚书》《春秋》：据《汉志》云：北壁中有《礼记》，无《春秋》。

⑦ 科斗书：即科斗文字，我国古字体之一。以其笔划头园大尾细长，状似蝌蚪而得名。

⑧ 三字石经：三字指古文，篆、隶三种字体。《北史·刘芳传》："昔汉世造三字石经于太学，学者文字不正，多往质焉。"

⑨ 发：发掘。

⑩ 策书：指古代常用以记录史实的简册。

⑪ 敬侯谓觊也：这五字为裴松之的注语，“犹有仿佛”以上皆《四体书势》中的文字。

⑫ 皆斯书：斯指李斯，秦朝左丞相，擅长篆书。泰山刻石、峄山刻石、琅邪台刻石、碣石门刻石、会稽刻石、金狄铭、秦权文，皆李斯所书。

⑬ 师宜官为大字：汉灵帝好书，征天下工书者，师宜官以善八分为最。大字则一字可一丈见方，小字则一寸见方容纳千字。

⑭ 杜氏结字甚安：结字，指字的间架结构。《晋书·卫恒传》为“杜氏杀字甚安”，应是。杀字，指书法中草书的收笔。

⑮ 练：煮熟生丝或生丝织品，使之柔软洁白。

⑯ 楷则：法式，楷模。

【译文】

《文章叙录》记载：当初，邯郸淳、卫觊及韦诞皆擅长书法，很有名气。

卫觊之孙卫恒撰有《四体书势》，其序文在论及古文时道：“秦朝使用的是篆书，因秦始皇焚烧掉上古的典籍，所以上古文字未能流传下来。汉武帝时，鲁恭王拆毁孔子的住宅，在壁间获得《尚书》《春秋》《论语》《孝经》，当时人们已经不再知道有古文了，便将它们称作科斗书，汉代时人们把它珍藏起来，很少有人见过。三国魏初传授古文的，出自邯郸淳。卫恒的祖父敬侯书写了邯郸淳传授的《尚书》，后来拿给邯郸淳看，而邯郸淳也分辨不出与古文的不同了。到齐王曹芳正始年间，创立了古文、篆、隶三种字体的石经，辗转中流失了邯郸淳的写法。人们凭借科斗之名，从而模仿科斗的形状来书写。晋武帝太康元年，汲县有人盗掘魏襄王墓，获得十多万字的简策，对照敬侯所写的，尚有近似的地方。”敬侯即卫觊。

序文在论及篆书时道："秦时李斯号称擅长篆书，各名山及铜人铭都是李斯题写。东汉章帝建初年间，扶风人曹喜稍与李斯的字体不同，但也被人们称为擅长篆书，邯郸淳以他为师，大致探得其字的妙处。韦诞师从邯郸淳，但赶不上邯郸淳。魏明帝太和年间，韦诞任武都太守，由于他擅长书法便任命为留补侍中，曹魏的宝器铭题据说都是韦诞书写的。汉末又有蔡邕采取李斯与曹喜二人的法式，写成古文杂形，然而在精致、简密方面不如邯郸淳。"

序文在论及隶书时，说其大略已见于《武纪》，又道："师宜官宜写大字，邯郸淳宜写小字。梁鹄认为邯郸淳获得了王次仲的笔法，然而梁鹄的用笔，可说是尽得王次仲的笔势。"

序文在论及草书时道："汉代兴起后有了草书，不知作者姓名。到章帝时，齐相杜度号称善草书，后来又有崔瑗、崔寔也都工于草书。杜氏结字甚是安妥，而字体稍瘦，崔氏甚得笔势，而对字的结构小有疏忽。弘农的张伯英由于精心专研甚得其巧，凡是家中的衣帛，必先用来写字而后再行漂练。他临池学书，池水全被涮黑了。下笔必为楷模，常说：'仓卒间顾不得写草书。'他作书片纸都不遗弃，至今世人都极珍视他的墨迹，韦仲将称他为'草圣'。伯英弟文舒，仅次于伯英。又有姜孟颖、梁孔达、田彦和及韦仲将这些人，都是伯英的弟子，有名于世，但都远不及文舒。"

【引述】

《三国志·魏书二十一·刘劭传》记载与刘劭同时期的，还有："散骑常侍陈留苏林【注一】、光禄大夫京兆韦诞【注二】……等亦著文赋，颇传于世。【注五】"我们选取的是裴注二。裴注在介绍韦诞时，同时简介了"并善书"的有名书法家及《四体书势》。

《四体书势》是卫恒的书法理论著作，原文收入《晋书·卫恒传》。

卫恒,字巨山,河东安邑(今山西夏县)人。四体为古文、篆书、隶书、草书。每一种字体作一论述,每论一体,总是先引用许慎的《说文解字·序》的阐述,然后从书法的角度,逐渐展开,介绍各种字体的起源,罗列一些逸事,例举各书体的代表人物,并对人物的作品进行评论,指出得失,最后用韵文形式对各书体的写法、书势从结构上、观感上给予形象的描述,"以赞其美"。

这里仅举隶书的《隶势》以飨读者,把它译作白话则为:隶书的变通,是由于隶书能减损繁文,因而简单易行。它的用途既很广大,摹写物象又有法度,其形灿烂鲜明如星斗陈空,其体繁茂浓盛若彩云布天。它的大字一字可八尺见方,小字纤细如同毫发一般,字体大小,依据事体情状而定,全无一成不变的常规。有的字体巨大,像天体或屋顶那般恢宏,有的笔画密集如篦梳和细针那样排列。其笔势有的坦平笔直,有的曲折错落,有的长斜撇掠如犀牛之角那般劲利,有的回旋曲屈但皆合于规矩。笔画有长有短却相对称,形体不同但气势一致。有的重磔轻提,笔画相离而笔势不绝,有的纤波浓点,排列在字间,如同悬钟的格架已经张设,又像庭中照明的火炬已在点燃。那字宛若峻岩嵯峨而又高下相连,煞似崇楼高台连着重重的屋宇,又像云雾聚积笼罩在山尖。远远看去,似飞龙在天;就近观察,感觉心乱目眩,因为那笔画奇姿幻变,让人不能尽阅笔势之源。以至于计研、桑弘羊那样善于计数的人也无法算出它的曲曲折折,宰予、端木赐那样善于辞令的人也说不清那变幻莫测的笔势。为什么草书、篆书都可称道,而隶书不予宣扬?是否规模宏大难以看清,或者有何奥秘难以传播?我上下而求索,详尽地观察,略举其大概予以论说罢了。大家试看,这不是把隶书之美全呈现出来了吗?

《四体书势》开创了早期书学品评理论的先河,同时也标志着书学从文字学的附庸而逐渐趋向独立。是一部不多见的专门论述,既品评各种书体的著作，也是我国书法理论的重要文献。

九十　诛贾充以谢天下

【注文】

干宝《晋纪》曰：高贵乡公之杀[①]，司马文王会朝臣谋其故[②]。太常陈泰[③]不至，使其舅荀觊召之。觊至，告以可否。泰曰："世之论者，以泰方[④]于舅，今舅不如泰也。"子弟内外咸共逼之，垂涕而入。王待之曲室[⑤]，谓曰："玄伯，卿何以处[⑥]我？"对曰："诛贾充以谢天下。"文王曰："为我更思其次。"泰曰："泰言惟有进于此[⑦]，不知其次。"文王乃不更言。

【注释】

① 高贵乡公之杀：按《晋书·文帝纪》载，魏帝高贵乡公曹髦不能忍受"政非己出"，"又虑废辱"，于景元元年（260 年）五月间，亲率宿卫攻相府，司马昭让亲信贾充为之备。相府兵不敢战，贾充叱道："公畜养汝辈，正为今日耳！"太子舍人成济承命刺之，刃出于背，帝崩于车中。

② "司马文王"句：司马文王指司马昭。故：意外或不幸的事变。

③ 太常陈泰：按本传，陈泰不为太常，而为尚书右仆射。

④ 方：比也。

⑤ 曲室：犹密室。

⑥ 处：安排，处置。

⑦ 进于此：超过此。"此"指"诛贾充以谢天下"；超过此，意思是说当以弑君之罪归咎司马昭。

【译文】

干宝《晋纪》记载：魏帝高贵乡公被杀，司马文王司马昭会集朝臣计议如何处置这一变故。太常陈泰不去赴会，司马昭就让其舅荀𫖮前往召见。荀𫖮去了之后，告陈泰说可否赴会。陈泰道："世人评论，都认为我办事像舅舅，今日此事舅舅做得反不如我。"但由于子弟和里里外外的亲戚逼他前往，陈泰只好垂泪入宫。司马昭见到陈泰，把他让进密室，对他道："玄伯，卿将如何为我安排？"陈泰回答道："唯有杀掉贾充来向天下人谢罪。"司马昭又道："可为我考虑次一等的办法。"陈泰道："陈泰只能提出比这更重一等的方案，不知还有什么更轻的。"司马昭便不再说话了。

【引述】

《三国志·魏书二十二·陈泰传》："文王问陔曰：'玄伯何如其父司空也？'陔曰：'通雅博畅，能以天下声教为己任者，不如也；明统简至，立功立事，过之。'泰前后以功增邑二千六百户，赐子弟一人亭侯，二人关内侯。景元元年薨，追赠司空，谥曰穆侯。【注一】"大意是：司马昭问武陔道："陈泰和其父司空相比如何？"武陔道："在通达儒雅，渊博明畅，能以朝廷教化为己任方面，不如其父；在深识笃行，立功成事方面，胜过其父。"从裴注看，陈泰在司马集团中的威望很高，一则因官居要职，再则因在与东吴、蜀汉的战斗中屡立战功。所以朝廷会集朝臣他敢不去，还派其舅去请；去了之后，司马昭邀他进入密室商谈；陈泰首先提出杀其亲信贾充以谢天下；当司马昭提出"更思其次"时，他敢表态说他"惟有进于此，不知其次"。一个耿直、敢言的忠臣形象跃然纸上。遗憾的是他与高贵乡公同年去世。关于他的死，孙盛的《魏氏春秋》说因气愤高贵乡公被杀呕血而死，习凿齿的《汉晋春秋》则称，在与司马昭商议后回家自杀身亡。而司马昭呢，却保住亲信贾充不死，仅将成济斩首了事，不久便登上九五之尊的宝座。

九一　弘演纳肝

【注文】

刘向《新序》曰：齐桓公求婚于卫，卫不与，而嫁于许。卫为狄[①]所伐，桓公不救，至于国灭君死。懿公尸为狄人所食，惟有肝在。懿公有臣曰弘演，适使反[②]，致命[③]于肝曰："君为其内，臣为其外。"乃刳腹内肝[④]而死。齐桓公曰："卫有臣若此而尚灭，寡人无有，亡无日矣！"乃救卫，定其君。

【注释】

① 狄：我国古代民族名，因主要在北方活动，故又称北狄。

② 适使反：恰好出使返回。

③ 致命：传达使命。

④ 刳(kū)腹内(nà)肝：剖开腹部，收纳肝脏。内，同"纳"，收纳，容纳。后以"纳肝"作为忠烈的典故。

【译文】

刘向《新序》记载：战国时，齐桓公向卫国求婚，卫国没有答应，而将公主嫁给了许国。后来卫国被狄族讨伐，齐桓公未去援救，导致卫国灭亡、卫懿公被杀。懿公的尸体被狄人吃掉，唯有肝脏还在。懿公有臣名叫弘演，恰好出使归来，对着肝脏像生前一样传达了使命，然后道:“君主就是内脏,臣愿作您的外壳。”于是剖开自己的腹部,把懿公的肝脏收进腹腔而后死去。齐桓公道:“卫国有如此忠烈的大臣尚且亡国,寡人没有这样的臣子,怕是不日也会亡国的。”因此出兵救卫,为卫国确立了新君。

【引述】

《三国志·魏书二十二·陈矫传》载:孙权围困了广陵郡的匡奇城,太守陈登命时任功曹的陈矫向曹操求援, 陈矫的一番话说得曹操不仅遣兵赴救,还想留用他,他推辞道:“本国倒悬,本奔走告急,纵无申胥之效,敢忘弘演之义乎?【注一】”裴松之在此注引了“弘演之义”的内涵。弘演纳肝,《论衡》《韩诗外传》等书皆有记载,文字虽稍有出入,但事迹是一致的。更有一则记得很详细,说“卫大夫弘演回国,闻卫侯死于荧泽,便去寻尸,一内侍受伤未死,指一堆血肉道:‘此主公之尸也,唯肝完好。’弘演大哭,对之再拜如生前之礼,事毕,道:‘主公无人收葬,吾将以身为棺耳。’嘱从人:‘我死后,埋我于林下,俟有新君方可告知。’遂拔剑自剖其腹,手取懿公之肝,纳于腹中,须臾而绝。从者如言掩埋。后来公子毁嗣立,遣使具棺,为懿公发丧。封弘演,以旌其忠。”

卫懿公死后为何无人收葬呢?因为懿公生前爱鹤,爱宫人,民有饥冻,却不抚恤。所以狄人入侵时,民众皆各自逃避不肯从戎抵抗,最终国破君亡,这是没有“以民为本”思想导致的悲剧,所以自古以来历朝历代都强调“以民为本”“民为贵”,说明重视民生乃建国强邦的根本。

九二　司马为社稷之臣乎

【注文】

《世语》曰：刘晔以先进[①]见幸，因谮[②]矫专权。矫惧，以问长子本，本不知所出。次子骞曰："主上明圣，大人大臣，今若不合，不过不作公[③]耳。"后数日，帝见矫，矫又问二子，骞曰："陛下意解，故见大人也。"既入，尽日，帝曰："刘晔构君，朕有以迹[④]君；朕心故已了。"以金五鉼[⑤]授之，矫辞。帝曰："岂以为小惠？君已知朕心，顾君妻子未知故也。"帝忧社稷[⑥]，问峤："司马公忠正，可谓社稷之臣乎？"矫曰："朝廷之望，社稷，未知也。"

【注释】

① 先进：指先步入仕途。

② 谮（zèn）：谗言，说别人的坏话。

③ 不作公耳："公"指三公，晋时以司马、司徒、司空为三公。三公为古代中央最高官衔的合称。

④ 迹：行迹；足迹。

⑤ 鉼（bǐng）：鉼状的金、银、铜块。

⑥ 社稷：社为土神，稷为谷神，亦作国家的代称。

【译文】

郭颁《世说》记载：刘晔因为先入仕途而得到皇上的宠信，于是诬陷陈矫专权。陈矫恐惧，以此事咨询长子陈本，陈本不知该如何回答。

次子陈骞道："皇上明达圣哲，父亲是司空大臣，若有什么不协调，也不过是不作三公罢了。"过了数日，皇上召见陈矫，陈矫又问两个儿子召见的缘故，陈骞道："是皇上的怀疑消除了，所以要召见父亲。"陈矫入宫，待了一整天，皇上道："刘晔诬陷爱卿，朕也因此考察了你的行迹，朕的心意已经了结。"将五块金鉼赐予陈矫，陈矫推辞不收。皇上道："朕难道是施以小恩小惠吗？卿已知道了朕的心意，但卿之妻子儿女不知其故啊。"皇上担忧国家的安危，问陈矫道："司马公（指司马懿）忠诚正直，可称得上是社稷之臣吗？"陈矫回道："是朝廷中有威望的臣子；至于是不是社稷之臣，不知道。"

【引述】

《三国志·魏书二十二·陈矫传》：（明帝）"车驾尝卒至尚书门，矫跪问帝曰：'陛下欲何之？'帝曰：'欲案行文书耳。'矫曰：'此自臣职分，非陛下所宜临也。若臣不称其职，则请就黜退。陛下宜还。'帝惭，回车而反。其亮直如此。【注一】"这段话的大意是：明帝有次突然来到尚书台门前，陈矫跪问道："陛下要去哪里？"明帝道："想察看一下尚书台的文书。"陈矫道："看文书是臣的职责，不是陛下该做的事。若是臣不称职，则请陛下罢免了我。陛下请回吧。"明帝很惭愧，调转车子回去了。他的坦诚率直大体如此。由此，可以了解陈矫这个人的基本个性。

裴注那段文字的重点在最后两句，即君臣的一问一答。正因为明帝了解陈矫为人坦诚正直，所以才向他发问。明帝问："司马公忠正，可谓社稷之臣乎？"既说"忠正"，却又在句末加了一个问号，这一问耐人寻味，发人深思。这一问表明明帝对司马懿忠正的实质和目的产生了怀疑：他是为了大魏的江山社稷，还是另有他图？明帝是有所警惕的。陈矫的回答也很巧妙，他说："朝廷之望；社稷，未知也。"他的回答与《孟子》里的一些回答方式很相似。《孟子》里当君主不想谈某事而想转移话题时，便用“王顾左右而言他”来打住。当臣子对某种看法有异议或是还拿不准，或是不想直接说出来时，就用“不知也”来表示。因为拿不准司马懿的真实面目所以陈矫便以此作答，其言外之意大约是司马懿“恐非社稷之臣”甚或“并非社稷之臣”。另外，从君臣的问答中也说明司马懿的野心已露出了蛛丝马迹，他是一个城府极深的人，又爱玩弄权术，现在蛰伏，最后重拳出击，从而想一举达到取代政权的目的。

九三　城濮之功孰高

【注文】

《吕氏春秋》曰：昔晋文公将与楚人战于城濮，召咎犯而问曰：“楚众我寡，奈何①而可？”咎犯对曰：“臣闻繁礼②之君，不足于文，繁战之君，不足于诈，君亦诈之而已。”文公以咎犯言告雍季，雍季曰：“竭泽而渔③，岂不得鱼，而明年无鱼。焚薮而田④，岂不得兽，而明年无兽。诈伪⑤之道，虽今偷可，后将无复，非长术也。”文公用咎犯之言，而败楚人于城濮。反⑥而为赏，雍季在上。左右谏曰：“城濮之功，咎犯之谋也。君用其言而后其身，或者⑦不可乎！”文公曰：“雍季之言，百代之利也；咎犯之言，一时之务也。焉有以一时之务，先百代之利乎？”

【注释】

① 奈何：怎么办。

② 繁礼：繁琐的礼节。

③ 竭泽而渔：抽干池水捕鱼。后多比喻只管眼前利益，不作长远打算。

④ 焚薮（sǒu）而田：用焚烧树林的办法，猎取野兽。

⑤ 诈伪：弄虚作假，伪装假冒。

⑥ 反：返回。

⑦ 或者：或许，也许。

【译文】

《吕氏春秋》记载：从前，晋文公将在城濮与楚人交战，召来咎犯问道："楚国兵多我国兵少，怎么办才能取胜？"咎犯答道："臣听说注重繁琐礼节的君主，不满足于繁文缛节；凡是频繁作战的君主，不满足于诡诈之术，我君也实施诈术就可以了。"文公将咎犯的话告给雍季，雍季道："抽干池塘的水去捕鱼，难道不能获得鱼吗？但第二年便没有鱼了。焚烧林木去打猎，难道不能捕得野兽吗？但第二年便没有野兽了。用巧诈的手段，即使眼前偷偷可使，以后将无法再用，此非长久之策。"晋文公采用咎犯的意见，在城濮击败了楚国。回国后行赏，雍季最高。身边的人进谏："城濮之战取胜，是咎犯的计谋。我君既采用他的计策行赏却把他排在后面，或许不合适吧？"晋文公说："雍季的话，可获百代之利，咎犯的话，是应一时之急，哪里有将一时之急放在百代之利前面的道理呢？"

【引述】

《三国志·魏书二十二·徐宣传》："中领军桓范荐宣曰：'臣闻帝王用人，度世授才，争夺之时，以策略为先，分定之后，以忠义为首。故晋文行舅犯之计而赏雍季之言。【注一】'"这几句话的意思是：桓范向魏明帝推荐徐宣时说："臣听说帝王任用人才，是根据时势变化而选用的。在争夺天下时，以策略高下为标准；在国家安定时，以是否效忠朝廷为要求。所以晋文公采纳咎犯之计而赏雍季之言。"裴松之在此注引《吕氏春秋》,为我们解读其中的缘由。据说孔子听到此事后说,面临危难采用诈术,足可使敌人退却,退敌回来尊重贤人,足可报答贤人的恩德。晋文公虽然未能始终如一,却也足以成为霸主啊。这说明晋文公的做法,可将人们的观念引导到正确的方向,即凡事不能靠"诈伪之道",而要行正道,要谋百代之利。

九四　宪英女流有识鉴

【注文】

《世语》曰:毗[①]女宪英,适[②]太常泰山羊耽,外孙夏侯湛为其传曰:"宪英聪明有才鉴。初文帝与陈思王争为太子,既而文帝得立,抱毗颈而喜曰:'辛君知我喜不?'毗以告宪英,宪英叹曰:'太子代君主宗庙社稷[③]者也。代君不可以不戚[④],主国不可以不惧,宜戚而喜,何以能久?魏其不昌[⑤]乎!'弟敞为大将军曹爽参军。司马宣王[⑥]将诛爽,因爽出,闭城门。大将军司马鲁芝将爽府兵,犯门斩关[⑦],出城门赴爽,来呼敞俱去。敞惧,问宪英曰:'天子在外,太傅闭城门,人云将不利国家,于事可得尔[⑧]乎?'宪英曰:'天下有不可知,然以吾度[⑨]之,太傅殆不得不尔!明皇帝临崩,把太傅臂,以后事付之,此言犹在朝士之耳。且曹爽与太傅俱受寄托[⑩]之任,而独专权势,行以骄奢,于王室不忠,于人道[⑪]不直,此举不过以诛曹爽耳。'敞曰:'然则事就[⑫]乎?'宪英曰:'得无[⑬]殆就!爽之才非太傅之偶也。'敞曰:'然则敞可以无出乎?'宪英曰:'安可以不出。职守[⑭],人之大义也。凡人在难,犹或恤之;为人执鞭[⑮]而弃其事,不祥,不可也。且为人死,为人任,亲昵之职也,从众而己。'敞遂出。宣王果诛爽。事定之后，敞叹曰：'吾不谋于姊，几不获于义。'"

【注释】

①毗：指魏国大将辛毗。

②适：女子出嫁。

③主宗庙社稷：主持掌管祭祀祖宗的庙宇和国家的政权。

④戚：忧愁。

⑤其不昌乎：其：语气词，表示推测、反问、期望。昌：昌盛，兴盛。

⑥司马宣王：与后文的"太傅"皆指司马懿。

⑦犯门斩关：违禁强行打开城门。斩关，指斩断门闩，泛指攻破城门。

⑧尔：犹如此。

⑨度(duó)：忖度；推测。

⑩寄托：托付，委托。

⑪人道：为人之道。

⑫就：成功，能成功。

⑬得无：能不；莫非。

⑭职守：职责。犹今之工作岗位

⑮执鞭：手执鞭子驾车，借指为人当差。

【译文】

《世语》记载：辛毗之女名宪英，嫁给太常泰山人羊耽。宪英的外孙夏侯湛为她作传云："外祖母宪英聪慧且具才干，又有识鉴。当初文帝曹丕与陈留王曹植争为太子，不久曹丕得立为太子，抱着辛毗的脖子高兴地说：'辛君知道我是何等地高兴吗？'辛毗将此事告诉宪英，宪英叹道：'太子是要代理君主主持祭祀之典，掌管国家大事的。代理君主不可以不忧愁，主持国事不可以不畏惧，曹丕该忧愁却欢喜，国运如何能久长，魏国怕是不会昌盛的吧。'宪英之弟辛敞是大将军曹爽的参军。司马懿准备诛杀曹爽时，趁曹爽外出，关闭了城门。大将军曹爽的部将司马鲁芝率领曹爽府中的兵马，强行打开城门赶赴曹爽，前来召唤辛敞同往。辛敞恐惧，问其姊宪英：'天子在城外，太傅关闭了城门，人们说这不利于国家，事情可以如此办理吗？'宪英道：'天下之事有时不可预知，然而以我推测，太傅大概是不得不如此吧。明帝临终时，手把司马懿的胳臂，将朝廷的后事托付给他，这些话朝士们还言犹在耳。况且曹爽与司马懿同时接受明帝的嘱托，可曹爽却独断专权，骄横奢侈，对王室而言是不忠诚，就为人而言是不正直。我认为此举只不过是要诛杀曹爽罢了。'辛敞道：'那么事情能办成吗？'宪英道：'可能成功，因为论才干曹爽远非司马懿的对手。'辛敞道：'这样的话我可以不出城了？'宪英道：'怎么可以不出城？忠于职守是人的大义。凡人有难，尚且怜恤救助，何况为其执鞭之士，若丢弃不管，则不祥，这是不可以的。再且为他人去死，是亲近宠信之人应该担当的事。你只是受任于曹爽，随大流就可以了。'于是辛敞跟随众人出城去了。司马懿果然杀了曹爽。事情平定后，辛敞感叹道：'如果不是先与吾姊商量，我几乎成了背义之人。'"

【引述】

《三国志·魏书二十五·辛毗传》记载曹魏的大将辛毗去世之后，"子敞嗣，咸熙中为河内太守。【注二】"裴松之加于此处的注，主要介绍辛毗之女辛宪英聪明有才鉴。

这段注文记叙了两个情节。第一个情节是曹丕立为太子后，高兴地抱着辛毗的脖颈说："辛君知我喜不？"宪英认为，作为太子应为代君理事而忧愁、而畏惧才对，从曹丕的狂态断言"魏其不昌乎"，果不其然，在第二任魏明帝时，便发生了“高平陵之变”，大权旁落在司马氏之手。第二个情节是在“高平陵之变”的当时。魏明帝和执掌朝廷大权的大将军曹爽俱到城外祭扫高平陵墓，太傅司马懿则关闭了城门，曹爽的司马鲁芝“率爽府兵”，斩关出城要赶赴曹爽，呼辛敞俱去，辛敞不知该不该去，讨问其姊宪英。宪英判断司马懿此举不过是诛杀曹爽罢了；另外，“职守，人之大义”，故辛敞应去，但只“从众而已”。由此可以看出宪英果然见解过人。《晋书·列女传》在“羊耽妻辛氏”中对此事亦有记载。

九五　田豫得金散之将士

【注文】

《魏略》曰：鲜卑素利等数来客见，多以牛马遗豫①；豫转送官。胡以为前所与豫物显露，不如持金。乃密怀金三十斤，谓豫曰：“愿避左右，我欲有所道。”豫从之，胡因跪曰：“我见公贫，故前后遗公牛马，公辄送官，今密以此上公，可以为家资。”豫张袖②受之，答其厚意。胡去之后，皆悉付外，具以状闻。于是诏褒之曰：“昔魏绛开怀以纳戎［赂］③，今卿举袖以受狄金，朕甚嘉焉。”乃即赐绢五百匹。豫得赐，分以其半藏小府，后胡复来，以半与之。

【注释】

① 遗（wèi）豫：遗：馈赠。豫：指田豫。

② 袖：藏于袖中。

③ “昔魏绛”句：《左传》载，襄公四年，戎人的头领派孟乐到晋国，通过魏绛献

上虎豹之皮，请求晋国与各戎族建立和睦关系，晋悼公不答应，魏绛谈了和戎的五大好处，悼公听了很高兴，派魏绛与之订立盟约。〔赂〕：《册府》“戎”下有“赂”字，故补之。

【译文】

鱼豢《魏略》记载：鲜卑族的素利等大臣多次前来以客礼相见，还多次向并州刺史田豫馈赠牛马，田豫把牛马都转交给官府。胡人认为以前赠送的礼物过于显露，不如送黄金，于是怀揣三十斤黄金去见田豫，对他说：“请让左右之人回避，我有话要说。”田豫按他的意思把人支开，胡人于是跪拜道：“我见主公家贫，所以前后几次馈赠牛马，但主公都立即送交官府，今日秘密以此送上，主公可作为家资。”田豫张开衣袖接受了，并感谢其厚意。胡人离开后，田豫把黄金全部拿出来分给众人，并将事情的始末呈报给朝廷。于是诏书褒奖道：“过去魏绛畅开胸怀接纳戎人的贿赂，促成和诸戎的睦邻关系，如今爱卿张开衣袖接受狄人的财物，也使外族与我国睦好，朕予以嘉奖。”立即赏赐绸绢五百匹。田豫得赏后，把一半藏在小府中，后来胡人再来时，把那一半拿出来赠送给他。

【引述】

《三国志·魏书二十六·田豫传》：“豫清俭约素，赏赐皆散之将士。每胡、狄私遗，悉簿藏官，不入家；家常贫匮。虽殊类，咸高豫节。【注一】”这几句话大意是说：田豫清廉俭朴，所得赏赐都分给将士。每有胡人、狄人私下赠送礼物时，他全部造册藏在官府，东西从不进家门；家里很贫困。即使是少数民族，也都钦佩他那高尚的节操。像田豫这种清廉自律的官员，足可当作为官的楷模。

九六　任嘏清贫淳厚

【注文】

《任嘏别传》曰：嘏，乐安博昌人。世为著姓，夙智[①]性成，故乡人为之语曰："蒋氏翁，任氏童。"父旐，字子旟，以至行[②]称。汉末，黄巾贼起，天下饥荒，人民相食。寇到博昌，闻任旐姓字，乃相谓曰："宿闻任子旟，天下贤人也。今虽作贼，那可入其乡邪？"遂相帅[③]而去。由是声闻远近，州郡并招举孝廉，历酸枣、祝阿令。嘏八岁丧母，号泣不绝声，自然之哀，同于成人，故幼以至性见称。年十四始学，疑不再问，三年中诵五经，皆究其义，兼包群言，无不综览，于时学者号之"神童"。

遂遇荒乱，家贫卖鱼，会官税鱼，鱼贵数倍，嘏取直[④]如常。又与人共买生口[⑤]，各雇八匹。后生口家来赎，时价直六十匹。共买者欲随时价取赎，嘏自取本价八匹。共买者惭，亦还取本价。比居者擅耕嘏地数十亩种之，人以语嘏，暇曰："我自以借之耳。"耕者闻之，惭谢还地。及邑中争讼，皆诣嘏质之，然后意厌[⑥]。其子弟有不顺者，父兄窃数之曰："汝所行，岂可令任君知邪！"其礼教所化，率皆如此。

【注释】

①夙智：早慧。

②至行：卓绝的品行。

③相帅：即相率（shuài），相继。

④直：价值。这个意义后写作"值"。

⑤生口：即牲口。

⑥ 意厌:心里踏实,满足。

【译文】

《任嘏别传》记载:任嘏,是乐安博昌(今山东博兴东南)人。任氏是当时颇有声望的族姓,任嘏早慧又很懂礼,所以乡人都称"蒋氏翁,任氏童"。父名旐,字子旟,以有卓绝的品行被人称道。汉末,黄巾起义,当时遭遇饥荒,还有人吃人的现象。贼寇来到博昌,听说了任旐的姓名,便相互道:"平素听说任子旟是天下大贤人,如今我等虽为贼寇,但哪能进入贤人的乡里啊?"于是相随离去。由此名声遐迩皆知。州郡都征召他举为孝廉,历任酸枣令及祝阿令。其子任嘏八岁丧母,号啕痛哭,真情流露同成人一般,所以从小人们就称赞他的好品德。十四岁才开始学习,疑难问题从不问第二遍。三年间读完了五经,并深究其义,兼读各家著述,博览群书,有学问的人都称他为"神童"。

后遭遇荒乱,家贫以卖鱼为生,恰遇官府要征鱼税,鱼价涨了好几倍,但任嘏的价格还和往常一样。又有一次他和别人共买牲口,各喂养八匹。后来卖牲口的要赎回,按当时的价格值六十匹。共买者欲随时价取赎,而任嘏只取原来八匹的本价。共买者感到惭愧,也只收取了本价。有邻居擅自耕种了任嘏的几十亩田地,有人把此事告知任嘏,任嘏道:"是我借给他的。"那人听后十分羞惭,忙向他道歉并归还了土地。乡里有争讼纠纷之事,皆找任嘏评理,然后都心满意足地和好了。有的子弟不孝顺,其父兄就暗地数落道:"像你这样的作为,难道敢让任君知道吗!"他对乡人的教导感化,大抵如此。

【引述】

《三国志·魏书二十七·王昶传》:"乐安任昭先,淳粹履道,内敏外恕,推逊恭让,处不避洿,怯而义勇,在朝忘身。吾友之善之,愿儿子遵之。【注六】”其大意是说：王昶写给他子侄的书信中提到了任嘏，他写道：“安乐人任昭先（嘏），淳朴而遵行道义，聪敏而待人宽厚，谦逊而能忍让，处身不避困苦，看似胆怯实际义勇兼备，身在朝廷能够公而忘私。我与他很友善，望你们能以他为榜样。”裴注在此引用了任嘏的几件小事，如卖鱼不提时价；赎牲口只取原本金；邻人偷种其田亩他却说是自己借给人家的。这样做了，不仅自己心安理得，还感化了他人。同时也使任嘏这一人物更加具体化、形象化，这便是注文对正史内容的补充和诠释。

九七　华佗的三个医案

【注文】

《佗别传》曰：人有在青龙①中见山阳太守广陵刘景宗，景宗说中平日数见华佗，其治病手脉之候②，其验若神。琅琊刘勋为河内太守，有女年几③二十，左脚④膝里上有疮，痒而不痛。疮愈数十日复发，如此七八年，迎佗使视，佗曰：“是易治之。当得稻糠黄色犬一头，好马二疋⑤。”以绳系犬颈，使走马牵犬，马极辄易，计马走三十余里，犬不能行，复令步人拖曳，计向五十里。乃以药饮女⑥，女即安卧不知人。因取大刀断犬腹近后脚之前，以所断之处向疮口，令去⑦二三寸。停之须臾，有若蛇者从疮中而出，便以铁椎横贯蛇头。蛇在皮中动摇良久，须臾不动，乃牵出，长三尺所，纯是蛇，但有眼处而无童子⑧，又逆鳞耳。以膏散著疮中，七日愈。

又有人苦头眩，头不得举，目不得视，积年。佗使悉解衣倒悬，令头去地一二寸，濡布⑨拭身体，令周帀，候视诸脉，尽出五色。佗令弟子数人以铍刀[10]决脉，五色血尽，视赤血，乃下，以膏摩被覆，汗自出周币，饮以亭历犬血散，立愈。

又有妇人长病经年，世谓寒热注病[11]者。冬十一月中，佗令坐石槽中，平旦用寒水汲灌[12]，云当满百。始七八灌，会战欲死，灌者惧，欲止。佗令满数。将至八十灌，热气乃蒸出，嚣嚣[13]高二三尺。满百灌，佗乃使然火温床，厚覆，良久汗洽[14]出，著粉，汗燥便愈。

【注释】

①青龙：魏明帝年号。下文的中平为汉灵帝年号。

② 候：指诊断，诊视。

③ 几：将近，接近。

④ 左脚：脚，指人和其他动物的腿的下端。

⑤ 疋：一作“匹”。

⑥ 饮女：使女子饮下。

⑦ 去：相去，相距。

⑧ 童子：即瞳仁。

⑨ 濡(rú)布：将布沾湿。

⑩ 铍(pí)刀：即铍针，下端剑形，两边有刃，用于划破痈疽，排除脓血。

⑪ 注病：谓传染疾病。《释名·释疾病》：“注病，一人死，一人复得，气相灌注也。”

⑫ 灌：浇，用水冲。

⑬ 嚣嚣：众多的样子。

⑭ 汗洽：即“洽汗”，谓周身汗透。

【译文】

《佗别传》记载：有人在魏明帝青龙年间见到山阳太守广陵人刘

景宗，景宗说，在汉灵帝中平年间曾多次见过华佗，华佗治病把脉诊断辨症，真是灵验如神。当时琅琊人刘勋系河内太守，有一女年近二十，左腿膝盖处长了一痈疮，只痒不痛，疮愈后数十日又复发，如此七八年了。刘勋请华佗诊视，华佗说："这好治。须寻像稻糠颜色一样的黄犬一头，好马两匹。"将绳子系向犬的脖颈，让马牵着犬跑，马跑累了就换上另一匹，估计马跑了三十余里，犬不能跑了，再令人拖曳着犬步行，大约走够五十里。这时让刘女将麻沸药喝下，刘女则安卧床上不知人事。接着取过大刀砍断黄犬靠近腹部的后腿，把砍断之处对准疮口，相距二三寸。不一会儿，便有像是蛇样的东西从疮口露出，华佗便用铁椎子横穿蛇头。蛇在皮里挣扎摇动了很久，过了一会不动了，便拉出来，有三尺多长，纯粹是条蛇，只是眼睛那里没有瞳仁，身上的鳞是倒长着的。用膏散药涂在疮口，七日全愈。

另有一人苦于患眩晕，头无法抬起，眼不能张望，已好多年了。华佗让把患者的衣服全解开并将人倒悬起来，令头离地一二寸。用沾了水的湿布擦身，须遍及全身，然后诊视各处血脉，就见诸末稍之血皆呈五色，华佗令弟子数人用铍针刺破血脉，五色瘀血流尽，便流出赤色血液，这时将患者放下平卧，用膏药敷抹刺破处并盖上厚被，患者很快汗出周身，再喝下亭历犬血散，立时痊愈。

又有一妇人长年患病，人们说她患的是寒热传染病。时值冬十一月，华佗令此妇人坐于石槽中，用清晨才汲的冷水浇冲患者，说要浇一百下。刚浇了七八下，患者冻得直打颤像要死去的样子，浇灌之人恐惧想停下，华佗说须得满数。将浇到八十灌时，热气却蒸蒸而出，缭绕高达二三尺。满一百灌时，华佗让燃火烧炕，给患者盖上厚厚的被子，过了好一会患者周身汗透，然后敷上粉，汗落下去后病便好了。

【引述】

《三国志·魏书二十九·华佗传》:“初,军吏李成苦咳嗽,昼夜不寤,时吐脓血,以问佗。”华佗为他调养好后,说十八年后会小有复发,便送他一付散剂,待病发时服用。后有亲戚亦得此病,向李成求药,李成给了他。再问华佗求药时,“适值佗见收,匆匆不忍从求。后十八岁,成病竟发,无药可服,以至于死。【注二】”意思是说:军吏李成果然在十八年之后犯病,那时华佗正在狱中,因此无药可服而死。裴注在此注引了《佗别传》中的几个病案,说明他医术的高明精湛。

华佗(约 145 年至 208 年),字元化,是汉末著名医学家。他行医足迹,遍及安徽、河南、山东、江苏等地,他医术全面,精通内、妇、儿科及针灸,尤擅长外科,精于手术,被后人称为外科鼻祖。通过多年的行医实践,他能区别病情对症施治,能精确诊断使疗效神速,开处方不过数味药,针灸不过两三个穴位。手术“刳剖腹背”“断肠滴洗”,十分神奇。所留医案,《三国志》中有十六则,《华佗别传》中五则,其他文献中五则,共二十六则,在先秦两汉医家中算是留存较多的。他发明了麻沸散,开创了外科手术使用麻醉药的先河。欧美手术全麻记录始于十八世纪初,比华佗晚了 1600 年。华佗还继承、发展了前人的“圣人不治已病,治未病”的预防理论,又根据中医原理,编创了一套模仿猿、鹿、熊、虎、鸟五种禽兽动作和神态的“五禽戏”健身操,对体育医疗起到极好的作用。华佗是我国历史上第一位创造外科手术的专家,也是世界上发明麻醉药和针灸的先驱, 在肿瘤切除与切口缝合方面也备受推崇,故而被称为“神医”。遗憾的是他的著作未被流传下来,《后汉书·华佗传》载他曾把自己的医疗经验写入《香囊经》一书,《隋书·经籍志》载有《华佗枕中灸刺经》一卷,尽皆佚失。华佗在狱中临死前,拿出一卷书给狱吏说“此可以活人”,吏畏法不敢接受,佗便索火焚烧了。医书虽然被烧,但他的学术思想和留存的实践成果已成为世上的瑰宝。

九八　马钧巧思绝世

【注文】

时有扶风马钧,巧思绝世[①]。傅玄序之曰:“马先生,天下之名巧也,少而游豫[②],不自知其为巧也。当此之时,言不及巧,焉可以言知乎?为博士[③]居贫,乃思绫机之变,不言而世人知其巧矣。旧绫机五十综[④]者五十蹑[⑤],六十综者六十蹑,先生患其丧功费日,乃皆易以十二蹑。其奇文异变,因感而作者,犹自然之成形,阴阳之无穷,此轮扁之对不可以言言者[⑥],又焉可以言校也。先生为给事中,与常侍高堂隆、骁骑将军秦朗争论于朝,言及指南车[⑦],二子谓古无指南车,记言[⑧]之虚也。先生曰:‘古有之,未之思耳,夫何远之有!’二子哂[⑨]之曰;‘先生名钧字德衡,钧者器之模[⑩],而衡者所以定物之轻重;轻重无准而莫不模哉!’先生曰:‘虚争空言,不如试之易效也。’于是二子遂以白明帝,诏先生作之,而指南车成。此一异也,又不可以言者也,从是天下服其巧矣。

“居京都,城内有地,可以为园,患无水以灌之,乃作翻车[⑪],令童儿转之,而灌水自覆,更入更出,其巧百倍于常。此二异也。

“其后人有上百戏[⑫]者,能设而不能动也。帝以问先生:‘可动否?’对曰:‘可动。’帝曰:‘其巧可益否?’对曰:‘可益。’受诏作之。以大木雕构,使其形若轮,平地施之,潜以水发焉。设为女乐舞象,至令木人击鼓吹箫;作山岳,使木人跳丸[⑬]掷剑,缘絙倒立,出入自在;百官行署，舂[14]磨斗鸡，变巧百端。此三异也。

"先生见诸葛亮连弩[15]，曰：'巧则巧矣，未尽善也。'言作之可令加五倍[16]。又患发石车[17]，敌人之于楼边悬湿牛皮，中之则堕，石不能连属而至。欲作一轮，悬大石数十，以机鼓轮为常，则以断[18]悬石飞击敌城，使首尾电至。尝试以车轮悬瓴甓[19]数十，飞之数百步矣。"

【注释】

① 绝世：冠绝当世。

② 游豫：帝王出巡，春巡为"游"，秋巡为"豫"。这里指游乐，游学。

③ 博士：古时对具有某种技艺或专门从事某种职业之人的称呼，犹后世称师傅。

④ 综（zèng）：织机上使经线上下交错以便梭子通过的装置。

⑤ 蹑（niè）：古代织机上提"综"的踏板。

⑥ "此轮扁"句：轮扁是春秋时齐国有名的造车工人。言言，指用言语表达。

⑦ 指南车：我国古代用来指示方向的车。相传黄帝和蚩尤交战，蚩尤作大雾兵士皆迷。黄帝作指南车以示四方，遂擒蚩尤。后来东汉的张衡、三国魏之马钧、南朝齐之祖冲之，皆有造指南车之事。

⑧ 记言：记录言论。

⑨ 哂（shěn）：微笑，嘲笑。

⑩ 模：法式；标准。

⑪ 翻车：原系一种在河边汲水的机车。马钧改良后，机件轻便了，又作曲筒以气引水向上。

⑫ 百戏：古代乐舞杂技的总称。

⑬ 跳丸：百戏之一。表演者两手快速地连续抛接圆球。

⑭ 舂（chōng）：用杵臼捣去谷物的外壳。

⑮ 连弩（nǔ）：装有机栝，可同时或连续射出数支箭的弓。

⑯ 加五倍：《御览》"加"下无"五"字。

⑰ 发石车:以机发石连续打击敌人的一种攻城武器。范文澜《中国通史》第二编第三章第四节:“曹操创制发石车,攻破袁绍的壁楼。发石时有大声,因名为霹雳车。马钧改良发石车,用机械转轮,大石连续抛出,比曹操所制一发一石,威力大增。”

⑱ 以断:《御览》“则”下无“以断”二字。

⑲ 瓴甓(líng pì):砖头。

【译文】

当时有扶风人马钧,构思奇巧冠绝当世。傅玄在他所著《马钧传》序言里道:“马先生,是天下有名的巧人。少年外出游学,并不知道自己手巧。当此之时,从不与人谈及技术,人们怎能知道他呢?后来当了师傅,生活贫困,便想改良织绫机,此后即使不说什么,人们也知道他的技艺了。旧的织机有五十个让梭子通过经线的‘综’,就有五十个提综的踏板,有六十个‘综’,就有六十个提综的踏板,先生深感既费工又费时,便都改成十二个提综的踏板。改良后还可织出富有变化的花纹,这是因为他有所感悟从而制作成功的,就像自然而然成形,又像阴阳变化无穷一般,这便是春秋时造车名匠轮扁所说的妙处无法言传,又怎能用语言去校验呢。马先生任给事中时,与常侍高堂隆、骁骑将军秦朗在朝堂争论,谈及指南车,他二人认为古代无指南车,书上记载是虚假的。马先生说:‘古代确有,只是今人未去思索罢了,此事距今并不太远!’他二人嘲笑道:‘先生名钧号德衡。所谓钧,是指器物的标准模具,所谓衡,是用来衡量物体的轻重;轻重没有标准而如何制作模具!’先生道:‘争论乃空言,不如从实践看效果。’于是二人禀告魏明帝,明帝下诏令马钧制作,结果将指南车做成了,这是第一件奇特的事,又是不可用言语表达的。从此,天下之人都佩服他技艺的奇巧。

“马钧住在京城，城中有一块地，可辟作菜园，但发愁没有办法浇水。先生便做了能引水升高的翻车，令孩童踩着轮子使之转动，汲上来的水可自动倾泻流出，翻车里外转动，效率超过平常水车一百倍。这是第二件奇特的事。

“后来有人向皇上进贡一套杂耍模型，只作摆设不能活动，皇上问马钧：‘能活动起来吗？’答道：‘能活动起来。’皇上又问：‘可以再巧妙一些吗？’答道：‘可以。’于是受诏制作。马钧用一块大木料来雕琢构制，使它成为轮子的形状，置于平地上，暗里用水作动力使之转动。上面设置了女乐能舞蹈的模具，甚至还能让木偶人表演击鼓、表演吹箫；又制作了山峦背景，让木偶玩抛接圆球，玩掷宝剑，还有缘着绳索倒立的，出场入场很随意；有的扮作官员在行署办案，有的舂米，有的磨面，有的斗鸡，花样繁多，堪称绝妙。这是第三件奇特的事。

“马钧见诸葛亮创造的可以连发数箭的连弩，道：‘这连弩说巧妙是够巧妙的了，但还不够完善。’说他制作的威力要加倍。又担忧发石车，认为假若敌人在碉楼旁边悬挂湿牛皮，石头打中湿牛皮就会堕地，而石头又不能连续发出。于是想造一个大轮子，可悬挂数十个大石块，用机械使轮子像往常那样转动，悬挂的石头便会像飞一样击向敌城，首尾连接像雷击电闪而至。马钧尝试用车轮悬挂了数十个砖头进行发射，能飞出去数百步远。”

【引述】

裴松之有关马钧的这段注文，附在《三国志·魏书二十九·方技传》中《杜夔传》之后，这里是节选。引文的后部分有一段议论，说得很有道理，他说：“马先生之巧，虽古之公输般、墨翟、王尔，近汉世张平子，不能过也。公输般、墨翟皆见用于时，乃有益世。平子虽为侍中，马先生虽给事省中，俱不典工官，巧无益于世。”说明他们精湛的技艺不能为世所用，特别是马钧的制作细密精良，没有能应用在战斗实践中,或是生产生活实践中,确实是件非常遗憾的事。文章还提出古圣人在选取人才时，不局限于一个方面，且都要通过考查之后才任用的。马钧的情况如何呢?据载安乡侯将马钧之事“言之武安侯(曹爽),武安侯忽之”。像马钧在当时颇具名气的人尚且被忽视,那些“幽深之才”更无出头之日,所以文章呼吁“后之君子其鉴之哉!”是的,当政者要善于发现人才,精心培养人才,大胆使用人才,让他们在适当的岗位上施展才华,做出贡献,以有益于社会才好。

九九　乌丸的独特习俗

【注文】

《魏书》曰:乌丸[①]者,东胡也。汉初,匈奴冒顿[②]灭其国,余类保乌丸山,因以为号焉。俗善骑射,随水草放牧,居无常处,以穹庐[③]为宅,皆东向。日弋猎[④]禽兽,食肉饮酪,以毛毳[⑤]为衣。贵少贱老,其性悍骜[⑥],怒则杀父兄,而终不害其母,以母有族类,父兄以己为种,无复报者故也。常推募勇健能理决斗讼相侵犯者为大人[⑦],邑落[⑧]各有小帅,不世继也。数百千落自为一部,大人有所召呼,刻木为信,邑落传行,无文字,而部众莫敢违犯。氏姓无常,以大人健者名字为姓。大人已下,各自畜牧治产,不相徭役。

其嫁娶皆先私通,略将女去,或半岁百日,然后遣媒人送马牛羊以为聘娶之礼。婿随妻归,见妻家无尊卑,旦起皆拜,而不自拜其父母。为妻家仆役二年,妻家乃厚遣送女,居处财物,一出妻家。故其俗从妇人计,至战斗时,乃自决之。父子男女,相对蹲踞[⑨],悉髡头[⑩]以为轻便。妇人至嫁时乃养发，分为髻，著句决[11]，饰以金碧，犹中国有冠步摇[12]也。父兄死，妻后母执嫂，若无执嫂者，则己子以亲之次妻伯叔焉，死则归其故夫。

俗识鸟兽孕乳，时以四节[13]，耕种常用布谷鸣为候。地宜青穄、东墙，东墙似蓬草，实如葵子，至十月熟。能作白酒，而不知作曲蘖[14]。米常仰中国。大人能作弓矢鞍勒[15]，锻金铁为兵器，能刺韦作文绣，织缕毡毼[16]。

有病，知以艾灸，或烧石自熨，烧地卧上，或随痛病处，以刀决脉出血，及祝天地山川之神，无缄药。贵兵死，敛尸有棺，始死则哭，葬则歌舞相送。肥养犬，以采绳婴牵，并取亡者所乘马、衣物、生时服饰，皆烧以送之。特属累[17]犬，使护死者神灵归乎赤山。赤山在辽东西北数千里，如中国人以死之魂神归泰山也。至葬日，夜聚亲旧员坐，牵犬马历位[18]，或歌哭者，掷肉与之，使二人口颂咒文[19]，使死者魂神径至，历险阻，勿令横鬼遮护，达其赤山，然后杀犬马、衣物烧之。敬鬼神，祠天地日月星辰山川，及先大人有健名者，亦同祠以牛羊，祠毕皆烧之。饮食必先祭。

其约法[20]，违大人言死，盗不止死。其相残杀，令部落自相报，相报不止，诣大人平之，有罪者出其牛羊以赎死命，乃止。自杀其父兄无罪。其亡叛为大人所捕者，诸邑落不肯受，皆逐使至雍狂地。地无山，有沙漠、流水、草木，多蝮蛇[21]，在丁令[22]之西南，乌孙之东北，以穷困之。

【注释】

①乌丸：亦称乌桓、乌兰，古代北方少数民族名。原系东胡族的一支，西汉初被匈奴击败，迁移到乌丸山，因以为名。其山为兴安岭南行的主干。

②冒顿（mò dú）：西汉初匈奴的单于。

③ 穹(qióng)庐:古代游牧民族居住的毡帐,因形状穹隆,故称。

④ 弋(yì)猎:射猎,狩猎。

⑤ 毛毳(cuì):兽的皮毛。

⑥ 悍骜(hàn ào):强悍不驯。

⑦ 大人:古代北方部族首领的称谓。

⑧ 邑落:聚落,部落。

⑨ 蹲踞:蹲,蹲坐。古人认为这是一种无礼且野蛮的举止。

⑩ 髡(kūn)头:剃去头发。

⑪ 句决:汉代乌桓妇女的首饰。

⑫ 步摇:妇女簪钗上的饰物,上有垂珠,走动时则摇动,故称。

⑬ 四节:即春夏秋冬四季。

⑭ 曲蘖(qū niè):酒曲。酿酒或制酱时引起发酵之物。

⑮ 鞍勒:马鞍子及套在马头带嚼口的笼头。

⑯ 毡罽(zhān hé):用动物的毛制成的布,也指用这种布制成的衣。

⑰ 属累:托付。

⑱ 历位:到指定的位次。

⑲ 咒(zhoù)文:犹悼辞。咒,祝告 。

⑳ 约法:订立法律,与人们相约共同遵守。

㉑ 腹蛇:一种毒蛇。

㉒ 丁令:亦作“丁零”。在今贝加尔湖(古称北海)东南,苏武曾牧羊北海。

【译文】

王沈《魏书》记载:乌丸系东胡族的一支,西汉初,被匈奴冒顿单于消灭,留下的跑到乌丸山,于是便以山为号自称乌丸了。其习俗是擅长骑马射箭,随水草放牧牛羊,故而居无定所,以穹庐作住宅,出口一律朝东。每日射猎禽鸟及野兽,吃禽肉喝奶酪,用兽皮做衣服。重视年青人,轻贱老年人,性格强悍,桀骜不驯,发了怒还会杀掉父兄,但始终不伤害母亲，因为他们认为母亲是有族类关系的，父兄被看作和他同类，不会报复。人们常推举勇敢强健的、能处理争斗、敢回击进犯之人做部族的首领大人，各邑落又有小帅，都不是世袭的。数百千个小邑落组成一个部落，部落大人有所召唤，则刻木为信物，信物在各邑落传行，上面没有文字，但部落中的人没有敢违抗的。他们也没有固定的姓氏，以大人勇健者的名字作姓。大人以下之人，都各自畜牧治理自己的产业，谁也不向谁征收徭役。

乌丸的嫁娶风俗，都是先私通，把看中的女子抢回家，住上半年或一百天，然后派媒人送去马牛羊作聘礼。接着女婿随妻回到妻家，见到妻家人不论尊卑，清晨起来都须拜见，却不拜自家的父母。在妻家做两年的仆役，然后妻家以厚礼送女到男家，所有日用和财物，全都出自妻家。所以风俗是一切都听女人的。至战斗时，则由自己作决定。无论父子男女，都是放肆地蹲踞着，为轻便起见都剃成光头。女子到出嫁时才留头发，梳成发髻，戴上头饰句决，还饰以金银碧玉，如同中国戴步摇头饰一样。父兄若有死亡，则以后母及寡嫂为妻，没有嫂子的也可妻叔伯的次妻，她们死后，则归原夫家。

这里的习俗是人们都能识别鸟兽是否怀有小崽或是否哺乳。按春夏秋冬作四季的节令。播种以布谷鸟的鸣叫做证候。其土地适宜种青穄、东墙，东墙像蓬草，果实像葵子，到十月成熟。能制作白酒，但他们不知道作酒曲。稻米常仰仗中国供给。大人能带领众人制作弓、箭、马鞍及马笼头，能炼金属制作兵器，能在皮革上刻划花纹，能用动物之毛织成布，用布制成衣服。

有了疾病，知道用艾草来灸，或是烧热石块自行熨敷，或是把地烧热躺在热土上，或是根据病痛处，用刀刺破放出一点血，并向天地山川之神祷告，却不会用针灸和药物。人们以战死为荣。收尸用棺木，刚死时哭泣，埋葬时则歌舞相送。用彩绳牵上肥犬，并拉上死者所乘过的马匹及衣物,还有生前的服饰,都予焚烧送葬。届时还特别要托付肥犬,让它保护亡人的神灵回到赤山。赤山在辽东的西北数千里外,这如同中国让亡灵回到泰山一样。送葬那日,夜晚让亲朋好友围坐,将犬和马牵到指定位置,有唱的有哭的,有将肉抛出去的,有两个人口诵祷告辞,谓亡灵将至,并经历险阻,沿途勿使横鬼拦路,使顺利到达赤山。然后杀掉犬、马,烧掉衣物,敬献鬼神,祭祀天地、日月、星辰、山川,先大人中有名望的,也祀以牛羊,祭祀完毕,皆都烧掉。饮食必先祭奠。

部落有约定的法律。违犯大人指令的犯死罪,盗窃不至于死。相互残杀者,交各部落自行判决,判决不了的,由大人评判,有罪者可献出牛羊来赎死罪,这样就平息了。自杀其父兄者无罪。那些背叛逃亡者被大人捕获的,各邑落也不肯收留,把他们都驱逐到雍丘去。那里没有山,有沙漠,有水,有草木,有很多有毒的腹蛇。雍丘在丁令的西南,乌孙的东北,让这些人到那里去受苦。

【引述】

《三国志·魏书三十·乌丸传》:"乌丸、鲜卑,即古所谓东胡也。其习俗、前事,撰汉记者已录而载之矣。故但举汉末魏初以来,以备四夷之变云。【注一】"其大意是说,乌丸、鲜卑,古代都称为东胡,他们的习俗、历史,写汉代史书的已有载录。这里只记汉末魏初以来的史事,使周边少数民族的历史演变保持完备。裴注对乌丸介绍得很详细,这里只选取有关习俗的部分。

裴注追溯了乌丸的历史渊源,说明其为游牧民族,其习俗为住穹庐,吃肉食,喝奶酪,穿兽皮。有部落大人,没有文字。有事凭信物传达,信物是块木片。嫁娶靠抢亲,男子须到女家当两年仆役。丧葬有一套极虔诚、极复杂的仪式。还有约法三章:违大人言死;相残杀者可用牛羊赎罪;亡叛者逐至雍丘地。这些都是极珍贵的历史资料,是研究两汉时期的社会环境及乌丸历史演变难得的史料，因为这些内容在正史中所载寥寥。另外,从引文可看到,当时乌丸比较落后,没有文字,没有政权,还留有不少原始社会母系氏族时期的痕迹,还实行收继婚和抱嫂婚。说明此时的乌丸,正处在由原始社会向奴隶制社会的过渡阶段,而这时的西汉,已处于巩固中央集权制阶段,汉武帝正推动使之进入全盛时期。(参见范文澜《中国通史简编》第二编第二、三章)

一〇〇　反复无常的鲜卑

【注文】

《魏书》曰:鲜卑①亦东胡之余也,别保鲜卑山,因号焉。其言语习俗与乌丸同。其地东接辽水,西当西城。常以季春②大会,作乐水上,嫁女娶妇,髡头饮宴。其兽异于中国者,野马、羱羊③、端牛④。端牛角为弓,世谓之角端者也。又有貂、豽、鼲子⑤,皮毛柔蠕⑥,故天下以为名裘。

鲜卑自为冒顿所破,远窜辽东⑦塞外,不与余国争衡⑧,未有名通于汉,而(由)自与乌丸相接。至光武时,南北单于更相攻伐,匈奴损耗,而鲜卑遂盛。建武三十年,鲜卑大人⑨於仇贲率种人诣阙朝贡,封於仇贲为王。永平中,祭肜为辽东太守,诱赂⑩鲜卑,使斩叛乌丸钦志贲等首,于是鲜卑自燉煌、酒泉以东邑落大人,皆诣辽东受赏赐,青、徐二州给钱,岁二亿七千万以为常。和帝时,鲜卑大都护校尉廆帅部众从乌丸校尉任尚击叛者,封校尉廆为率众王。殇帝延平中,鲜卑乃东入塞,杀渔阳太守张显。安帝时,鲜卑大人燕荔阳入朝,汉赐鲜卑王印绶，赤车参驾，止乌丸校尉所治宁下。通胡市，筑南北两部质宫⑪，受邑落质者[百]二十部。是后或反或降，或与匈奴、乌丸相攻击。安帝末，发缘边步骑二万余人，屯列⑫冲要。后鲜卑八九千骑穿代郡及马城塞入害长吏，汉遣度辽将军邓遵、中郎将马续出塞追破之。鲜卑大人乌伦、其至鞬等七千余人诣遵降，封乌伦为王，其至鞬为侯，赐采帛。遵去后，其至鞬复反，围乌丸校尉于马城，度辽将军耿夔及幽州刺史救解之。其至鞬遂盛，控弦⑬数万骑，数道入塞，趣五原(宁貊)[曼柏]，攻匈奴南单于，杀左奥鞬日逐王。顺帝时，复入塞，杀代郡太守。汉遣黎阳营兵屯中山，缘边郡兵屯塞下，调五营弩帅令教战射，南单于将步骑万余人助汉击却之。后乌丸校尉耿晔将率众王出塞击鲜卑，多斩首虏⑭，于是鲜卑三万余落，诣辽东降。

【注释】

①鲜卑：我国古代少数民族名。秦汉时居辽东，附于匈奴。东汉时，势力渐盛，屡犯边扰民。

②季春：春季的最后一个月。古代以孟、仲、季区别每季的三个月。

③羱(yuán)羊：似羊而大，生活在高山地带。

④豽(nà)：猴类动物。

⑤鼲(hún)子：即灰鼠，毛柔软，可制衣裘。

⑥柔蠕(rú)：柔软。

⑦辽东：辽河以东地区。今辽宁省的东部和南部。

⑧争衡：较量，比试高低。

⑨大人：古代对北方部族首领的称谓。

⑩诱赂：用财物来买通他人。

⑪质宫：人质的居室。古时无论贵贱都称之为宫。

⑫屯列：屯驻，布防。

⑬ 控弦：持弓。借指士兵。

⑭ 首虏：首级和俘虏，指斩获。

【译文】

王沈《魏书》记载：鲜卑也是东胡的一支，屯保鲜卑山，因山号称鲜卑。其言语、习俗皆与乌丸相同，其地东接辽水，西连西城。常于春三月集会，在水上作乐，并在此时嫁闺女娶媳妇，光着头饮酒聚宴。鲜卑的野兽不同于中国的有野马、羱羊、端牛，端牛角可作弓，世人称为角端。还有貂、豽、鼲子，皮毛都非常柔软，是天下有名的裘衣材料。

鲜卑自被匈奴冒顿击败后，便远窜辽东塞外，不与他国抗衡较量，也无名声与汉朝交往，自与乌丸相接触。到汉光武帝时，南单于和北单于相互攻伐，双方都大受损耗，鲜卑于是兴盛起来。光武帝建武三十年，鲜卑大人於仇贲率族人到汉廷纳贡，朝廷封他为於仇贲王。明帝永平年间，祭肜为辽东太守，用财物买通鲜卑人，使其斩杀叛乱乌丸的钦志贲等首领，于是鲜卑自敦煌、酒泉以东的邑落大人，都到辽东接受赏赐，由青州和徐州供给钱币，每年需二亿七千万都是平常事。和帝时，鲜卑大都护校尉廆率部众跟随乌丸校尉任尚一同击败叛乱者，朝廷便封廆为率众王。殇帝延平时，鲜卑从东进入塞内，杀掉渔阳太守张显。安帝时，鲜卑大人燕荔阳诣汉廷朝拜，朝廷赐鲜卑王金印紫绶，享受赤车参驾的待遇，住在乌丸校尉管辖下的宁城。开通了与胡人的贸易，建造两部人质的居室，接受邑落人质的有二十部。自此以后，鲜卑有时反叛有时投降，有时与匈奴和乌丸相互攻击。安帝末年，朝廷派出步兵、骑兵两万余人，屯守在沿边军事要地。后来鲜卑有八九千骑兵穿越代郡和马城关塞入关杀害长吏，朝廷派遣度辽将军邓遵、中郎将马续出塞追杀并予击破。之后，鲜卑大人乌伦、其至鞬等七千余人去邓遵那里投降，朝廷于是封乌伦为王，其至鞬为侯，并赐予采帛。可是邓遵刚离开，其至鞬又反叛了。把乌丸校尉围困于马城，度辽将军耿夔和幽州刺史前去解了围。其至鞬逐渐强盛，有持弓的骑兵数万人，分几路同时入塞，直趋五原，进攻匈奴南单于，杀掉左奥鞬日逐王。顺帝时，又入侵塞内，杀掉代郡太守。朝廷则派遣黎阳营兵屯驻于中山，又使沿边各郡的兵马屯驻塞下，还调遣五营弓箭手，令其教战士射杀。南单于率领一万多步兵与骑兵，帮助汉廷击败鲜卑。后来乌丸校尉耿晔又率领众王击杀鲜卑，对其首领多有斩获，于是三万多个鲜卑邑落，都到辽东投降了汉廷。

【引述】

鲜卑，是秦汉乃至魏晋南北朝时期，古代北方地区继匈奴而起的、另一个地位极重要的游牧民族。还曾经在我国北方建立过王朝或政权。晋初，其中的慕容、拓跋二氏最著名。拓跋氏建国号魏，史称北魏，后分裂成东魏、西魏，又演变为北齐、北周。这一时期是民族大融合时期，内迁的鲜卑人逐渐从事农业，隋唐以后渐被汉民族同化。

从史料看，有关鲜卑内容的记载不多，《后汉书》在光武帝二十一年有“秋，鲜卑寇辽东，辽东太守祭肜大破之”些许记录。《三国志》则专为鲜卑列有传记，再加上裴注的补充，资料算是详尽的了。从我们节选的注文可以看到，鲜卑在两汉时期，屡屡犯边，或寇暴城邑，或杀害官吏，或掳掠百姓。朝廷遣将追击，他们有时逃窜，有时投降，可当汉廷主帅一走，他们又反叛了，出尔反尔。他们还诣阙纳贡，表示臣服，朝廷便封他们为王为侯，赏赐采帛、金银，还赐以印绶，可赤车参驾，这是多么优厚的待遇啊。可是他们仍不满足，仍要反叛，直到无路可走时，才“三万余落，诣辽东降”。所以我们感到鲜卑是一个言而无信、反复无常的民族，又是一个勇敢顽强，擅长战斗的民族。

一〇一 富饶的东夷大秦国

【注文】

《魏略》曰:大秦国[①]一号犁靬,在安息、条支[②]西大海之西,从安息界安谷城乘船,直截海西,遇风利二月到,风迟或一岁,无风或三岁。其国在海西,故俗谓之海西。

有河出其国,西又有大海。海西有迟散城,从国下直北至乌丹城,西南又渡一河,乘船一日乃过。西南又渡一河,一日乃过。凡有大都三[③],却从安谷城陆道直北行之海北,复直西行之海西,复直南行经之乌迟散城,渡一河,乘船一日乃过。周迴[④]绕海,凡当渡大海六日乃到其国。国有小城邑合四百余,东西南北数千里。其王治滨侧河海,以石为城郭。其土地有松、柏、槐、梓、竹、苇、杨柳、梧桐、百草。民俗,田种五谷,畜乘有马、骡、驴、骆驼。桑蚕。俗多奇幻,口中出火,[⑤]自缚自解,跳十二丸巧妙。

其国无常主,国中有灾异,辄更立贤人以为王,而生放其故王,王亦不敢怨。其俗人长大平正,似中国人而胡服。自云本中国一别也,常欲通使于中国,而安息图其利,不能得过。其俗能胡书。其制度,公私宫室为重屋[⑥],旌旗击鼓,白盖小车,邮驿亭置如中国。从安息绕海北到其国,人民相属[⑦],十里一亭,三十里一置[⑧],终无盗贼。但有猛虎、狮子为害,行道不群则不得过。其国置小王数十,其王所治城周回百余里,有官曹文书。王有五宫,一宫间相去十里,其王平旦之一宫听事,至日暮一宿,明日复至一宫,五日一周。置三十六将,每议事,一将不至则不议也。王出行,常使从人持一韦囊自随,有白言者,受其辞投囊中,还宫乃省[⑨]为决理。以水晶作宫柱及器物[⑩]。作弓矢。其别枝封小国，曰泽散王、曰驴分王、曰且兰王、曰贤督王、曰汜复王、曰于罗王，其余小王国甚多，不能一一详之也。

国出细絺。作金银钱，金钱一当银钱十。有织成细布，言用水羊毳，名曰海西布。此国六畜皆出水[11]，或云非独用羊毛也，亦用木皮或野茧丝作，织成氍毹[12]、毾㲪[13]、罽帐[14]之属皆好，其色又鲜于海东诸国所作也。又常利得中国丝，解以为胡绫，故数与安息诸国交市于海中。海水苦不可食，故往来者希到其国中。山出九色次玉石，一曰青，二曰赤，三曰黄，四曰白，五曰黑，六曰绿，七曰紫，八曰红，九曰绀。今伊吾山中有九色石，即其类。阳嘉三年时，疏勒王臣槃献海西青石、金带各一。又今《西域旧图》云罽宾[15]、条支诸国出琦石，即次玉石也。

大秦多金、银、铜、铁、铅、锡、神龟、白马、朱髦[16]、骇鸡犀[17]、瑇瑁、玄熊、赤螭、辟毒鼠、大贝、车渠[18]、玛瑙、南金[19]、翠爵、羽翮、象牙、符采玉、明月珠、夜光珠、真白珠、虎珀、珊瑚、赤白黑绿黄青绀缥红紫十种流离[20]、璆琳、琅玕、水精、玫瑰[21]、雄黄、雌黄、碧、五色玉、黄白黑绿紫红绛绀金黄缥留黄十种氍毹、五色毾㲪、五色九色首下毾㲪、金缕绣、杂色陵、金涂布、绯持布、发陆布、绯持渠布、火浣布[22]、何罗得布、巴则布、度代布、温宿布、五色桃布、绛地金织帐、五色斗帐、一微木、二苏合、狄提、迷迷、兜纳、白附子、薰陆、郁金、芸璆、薰草木十二种香。

大秦道既从海北陆通，又循海而南，与交趾七郡外夷比，又有水道通益州、永昌，故永昌出异物。前世但论有水道，不知有陆道，今其略如此，其民人户数不能备详也。自葱领西，此国最大，置诸小王甚多，故录其属大者矣。

【注释】

① 大秦国：亦称犁轩、犁靬、海西。大秦在汉为罗马。

② 安息、条支：皆西域国名。

③ 有大都三：《欧洲史略》载三大都为：米兰、马撒利亚、达拉根。

④ 周迴：亦作“周回”，犹回环。

⑤ 口中出火：类马戏团表演的吞刀、吐火。

⑥ 重屋：指高楼。《新唐书·西域传上·东女》：“所居皆重屋，王九层，国人六层。”

⑦ 相属(zhǔ)：相接连。

⑧ 置：此指驿站。

⑨ 省(xǐng)：察看，检查。

⑩ 水晶作宫柱及器物：王先谦曰：西方人用玻璃饰宫室及为食器，中国人见之以为水晶。

⑪ 六畜出水：可能是指海马、海牛、海狗、水羊之类。胡玉缙曰：“水”下疑有“中”字。

⑫ 氍毹(qú yú 又读 shú)：一种用毛织或毛与其他材料混织的毯子，可用作地毯、壁毯、帘幕等。

⑬ 毾㲪(tà dēng)：一种质地细的毛毡。多用于铺垫。

⑭ 罽(jì)帐：用毛毡制作的帐幕。

⑮ 罽宾：汉魏时西域国名。唐玄奘《大唐西域记》作“加湿弥罗”，即今之克什米尔。

⑯ 朱髦(máo)：古时骏马名。

⑰ 骇鸡犀：《抱朴子》曰：通天犀者，以米置群鸡中，鸡欲啄米时，其辄惊退之，故南方人称其为骇鸡犀。

⑱ 车渠：一种海中生物，表面有渠垄如车轮，故名。壳较厚，肉可食。

⑲ 南金：南方出产的铜。

⑳ 留离：即琉璃，宝石名。

㉑ 玫瑰：一种赤玉。

㉒ 火烷(wán)布：《南史》载南海诸国东千余里，有树生火中，中洲人剥取其皮纺缕作布，名火烷布，投火中复见精洁。

【译文】

鱼豢《魏略》记载:大秦国又叫犁靬,在安息和条支两国西大海的西边,从安息的安谷城乘船直截可到达海西,遇到刮风天有两个月可到达,若遇风来较迟有时需要一年,若是无风有时需要三年。这个国家因在大海之西,故亦称海西。

其国有河,西边又有大海。海西有迟散城,从此直北可抵乌丹城,朝西南又渡一河,乘船一日可通过。再往西南又渡一河,亦一日即可通过。国内有三大都市。从安谷城陆路一直往北走到海北,再直往西行到海之西,再直往南行经过乌迟散城,再渡一条河,乘船一日即可通过。回环绕海,大约在海上度过六日才能到达大秦国。该国有小城邑约四百多个,东西南北各有数千里。国王的治所在海滨之侧,用石头筑建城郭。该国土地长有松、柏、槐、梓、竹、苇、杨柳、梧桐、百草。人们的习俗是种植五谷。生畜有马、骡、驴、骆驼。还养殖桑蚕。民间还表演奇幻的杂技,如口中吐火,如捆住自己又自行解开,还有跳十二丸等。该国没有固定的国王,如果国内发生灾情或有不寻常的事件发生,便常另立贤人作国王,把旧王撵下台,旧王也不敢有怨言。该国国民长得高大周正,像中国人,只是穿着胡服而已,他们说自己原本就是中国的一个支系,常想与中国互通使者,但安息国贪图私利,不让他们从安息通过。他们能写胡人的文字。该国的制度,凡居室无论公私皆为楼房,有旌旗有鼓乐,乘坐白顶盖小车,邮亭、驿站的设置一如中国。从安息绕海北上即可到达该国,那里的人们熙熙攘攘,隔十里有一亭台,隔三十里有一驿站,全无盗贼,但有猛虎、狮子为害,出行若无伙伴则难到达目的地。该国置有数十个小王,小王治所的城池周围有百余里,有官府的文书。国王有五个宫室,宫与宫之间相距十里,国王早上到一个宫室办事,至日暮便在此宫住宿,第二天又去另一宫室，五日转一圈。置有三十六位大将，每议论大事，若有一人未至便不议事。国王出行，常使随从拿一个皮袋子，路上遇有禀报的，将报章投入袋中，回宫后察看并予处理。宫中的柱子和器皿皆用水晶制作。还能制作弓和箭。国内其他支系分封为小国，有泽散王、驴分王、且兰王、贤督王、汜复王、于罗王，其余小王国甚多，不能一一详列了。

大秦国出产细棉布。制有金钱、银钱，一个金钱相当于十个银钱。织有很密的细布，说是用水羊的细毛织成，叫做海西布。该国的六畜都能出入水中，有人说海西布不是纯羊毛织的，也用树皮或者野蚕丝制作。还能织出作地毯等用途的氍毹、质地较细的毾㲪、制成罽帐的毛毡。其颜色又比海东各国生产的鲜艳许多。又常获得中国的蚕丝，将蚕丝分解开来织成胡绫，所以他们屡屡在海上与安息各国进行贸易。这里的海水苦不可饮，故来往客商很少去大秦国。该国山中有九色次玉石，一曰青，二曰赤，三曰黄，四曰白，五曰黑，六曰绿，七曰紫，八曰红，九曰绀。如今伊吾山中有九色石，即属其同类。汉顺帝阳嘉三年时，疏勒王臣槃献给汉帝海西青石、金带各一件。另外，《西域旧图》上说，罽宾、条支各国出产琦石，琦石就是次玉石。

大秦多产金、银、铜、铁、铅、锡、神龟、白马、朱髦、骇鸡犀、瑇瑁、玄熊、赤螭、辟毒鼠、大贝、车渠、玛瑙、南金、翠爵、羽翮、象牙、符采玉、明月珠、夜光珠、真白珠、虎珀、珊瑚、赤白黑绿黄青绀缥红紫十种流离、璆琳、琅玕、水精、玫瑰、雄黄、雌黄、碧、五色玉、黄白黑绿紫红绛绀金黄缥留黄十种氍毹、五色毾㲪、五色九色首下毾㲪、金缕绣、杂色绫、金涂布、绯持布、发陆布、绯特渠布、火浣布、阿罗得布、巴则布、度代布、温宿布、五色桃布、绛地金织帐、五色斗帐。一微木、二苏合、狄提、迷迷、兜纳、白附子、薰陆、郁金、芸璆、薰草木十二种香。

大秦的交通，既从大海的北边陆路可通，又循大海向南，与交趾等七郡外夷相连接，又有水路通往益州、永昌，所以永昌出产奇异的物品。前世只说有水路可通，不知有陆路亦可到达，如今述其大略，就是如此。其国人口户数无法详细说明。自葱岭以西，大秦国最大，设置的小王国也最多，故摘取其较大的略叙其事。

【引述】

《三国志·魏书三十·东夷传》："评曰：《史》《汉》著朝鲜、两越，东京撰录西羌。魏世匈奴遂衰，更有乌丸、鲜卑，爰及东夷，使译时通，记述随事，岂常也哉！【注一】"大意是说：陈寿评论道：《史记》《汉书》记载了朝鲜、南越的情况，东汉史著记录了西羌的事迹。曹魏时匈奴已经衰败，乌丸、鲜卑、东夷与中原相通，根据事件记叙史实，这岂是常有之事吗！裴注在此引《魏略》，介绍了氐、月氏、临儿国、大秦国等国，我们选取大秦国绍介给大家。

大秦国又名海西、犁轩、犁靬，也即西方的古罗马帝国。随着公元前二世纪丝绸之路的开通，东西方的文明也开始交流，古罗马处于丝绸之路的终点，所以成为使节往来和商旅贸易的枢纽之地。丝绸之路的起点是中国的长安，所以它是连接古代亚洲、非洲和欧洲的一条商业贸易路线。因最初是运输中国的丝绸，故命名为"丝绸之路"。

丝绸之路，狭义只指陆上，广义亦指海上。陆上丝绸之路，形成于公元二世纪，直到十六世纪仍保留使用。西汉武帝时，派遣张骞出使西域，就形成基本干线。东汉时，班超又于公元 97 年率领七万士兵到达里海，并派遣部将出使大秦，开启了商贸之途。《后汉书·西域传》对此所载较为详细。海上丝绸之路，主要以南海为中心，其形成于秦汉时期，繁荣于唐宋时期。

2014 年 6 月 22 日，中、哈、吉三国联合申报的陆上丝绸之路的东段，成功申报为世界文化遗产，成为首例跨国合作而成功申遗的项目。

《三国志》第四册
（中华书局标点本五册平装·卷三十一至卷四十五·蜀书）

一〇二　功高更宜谦让

【注文】

《汉晋春秋》曰：张松①见曹公，曹公方自矜伐②，不存录③松。松归，乃劝璋自绝④。

习凿齿⑤曰：昔齐桓一矜其功而叛者九国⑥，曹操暂自骄伐⑦而天下三分，皆勤之于数十年之内而弃之于俯仰⑧之顷，岂不惜乎！是以君子劳谦日昃⑨，虑以下人⑩，功高而居之以让，势尊而守之以卑。情近于物，故虽贵而人不厌⑪其重；德洽群生，故业广而天下愈欣其庆⑫。夫然，故能有其富贵，保其功业，隆显当时，传福百世，何骄矜之有哉！君子是以知曹操之不能遂兼天下者也。

【注释】

① 张松：益州牧刘璋的部下，时任益州别驾。

② 矜(jīn)伐：恃才夸功；夸耀。

③ 存录：存恤录用。

④ 自绝：自行断绝。

⑤ 习凿齿：东晋史学家。

⑥ “齐桓一矜”句：《公羊传》：葵丘之会，桓公震而矜之，叛者九国。

⑦ 骄伐：骄傲自矜。

⑧ 俯仰：低头和抬头，喻时间短暂。

⑨ 日昃(zè)：太阳偏西的时刻。

⑩ 下人：指老百姓。

⑪ 不厌：不嫌。《论语·乡党》：“食不厌精，脍不厌细。”

⑫ 庆：福。《盐铁论》：“初虽劳苦，卒获其庆。”

【译文】

习凿齿《汉晋春秋》记载：益州别驾张松奉命去见曹操，曹操正自恃才傲物，不想录用张松。张松回到益州，劝州牧刘璋自行断绝与曹操的关系。

史学家习凿齿道：过去齐桓公因为一次的傲慢发怒，就有九个诸侯国背叛他，如今曹操由于暂时的骄傲自矜，天下则一分而为三。这都是把数十年辛勤经营的大好局面，在俯仰之间给毁掉了，岂不是很惋惜吗！所以君子应时刻自勉要勤劳谦恭，并能虑及平民百姓。功劳虽高而处之以谦让，权势虽重而遵之以卑恭。从情理上与民众相靠近，那么即使富贵，人们也不嫌他身处显要；从德行上与民众相融洽，那么即使基业广大，天下之人都企盼他得到福祇。若能如此，便能享有富贵，保有功业，显赫于当世，传福于百代，有什么可骄傲自矜的呢！有识之士从曹操的态度就判定他不可能兼有天下的。

【引述】

《三国志·蜀书一·刘璋传》:“璋复遣别驾张松诣曹公,曹公时已定荆州,走先主,不复存录松,松以此怨。会曹公军不利于赤壁,兼以疫死。松还,疵毁曹公,劝璋自绝。【注四】”这几句话大意是说:益州牧刘璋派遣别驾张松去见曹操,此时曹操已平定荆州,撵走了刘备,不想任用张松,张松为此对曹操不满。正值曹军在赤壁之战中失利,加之瘟疫又死去很多士兵。张松回来后,诋毁曹操,劝刘璋与曹断绝关系。接着又劝刘璋与刘备连好,随后还劝迎刘备入蜀,愚弱的刘璋尽皆采纳。刘备终于在建安十九年进入益州的治所成都,获得与曹操、孙权抗衡的根据地。

曹操为何不礼遇张松呢?因为当时曹操刚夺取了荆州,把刘备都撵走了,正志满意傲,根本不把张松放在眼里。《三国演义》第六十回写了张松先拜见曹操后拜见刘备的情节。写张松在出使之前,“乃暗画西川地理图本藏之”,准备献给曹操卖主求荣,岂料曹操见张松其貌不扬便有五分不喜,又言语冲撞,便拂袖而去了。而孔明算得张松此来是卖西川,“便使人入许都打探消息”。当得知张松因出言不逊被乱棍打出时,便让赵云、关羽在途中迎候张松,酒宴宽待;次日,刘备又“亲自来接”。感动得张松说出心里话,他说:“松此一行,专欲纳款于操;何期逆贼恣逞奸雄,故特来见明公。”接着又道:“明公果有取西川之意,松愿施犬马之劳,以为内应。”于是从袖中取出图本递与刘备,图上“尽写着地理行程,远近阔狭,山川险要,府库钱粮,一一俱载明白”。这真是张松欲将西川暗送曹操,而曹操却白白地把西川让给刘备。曹操因骄矜而失之,刘备因谦恭而得之。是故,以貌取人者当引为戒,骄矜自傲者亦当引为戒。

一〇三　刘备鞭督邮

【注文】

《典略》曰：平原刘子平知备有武勇，时张纯反叛[①]，青州被诏[②]，遣从事将兵讨纯，过平原，子平荐备于从事，遂与相随，遇贼于野，备中创阳死[③]，贼去后，故人以车载之，得免。后以军功，为中山安喜尉。

《典略》曰：其后州郡被诏书，其有军功为长吏者，当沙汰[④]之，备疑在遣中。督邮[⑤]至县，当遣备，备素知之。闻督邮在传舍[⑥]，备欲求见督邮，督邮称疾不肯见备，备恨之，因还治，将吏卒更诣传舍，突入门，言"我被府君密教收[⑦]督邮"。遂就床缚之，将出到界，自解其绶以系督邮颈，缚之著树，鞭杖百余下，欲杀之。督邮求哀，乃释去之。

《魏书》曰：刘平结客刺备，备不知而待客甚厚，客以状语之而去。是时人民饥馑，屯聚钞暴[⑧]。备外御寇难，内丰财施，士之下者，必与同席而坐，同簋[⑨]而食，无所简择[⑩]。众多归焉。

【注释】

① 时张纯反叛：《后汉书·灵帝纪》中平四年，渔阳人张纯与同郡张举举兵叛。

② 被诏：承受诏命。

③ 阳死：假装死亡。

④ 沙汰：淘汰。

⑤ 督邮：郡的重要属吏，代表郡太守督察县乡，宣达教令，兼司狱讼捕亡。

⑥ 传舍：古时供行人休息住宿的处所。

⑦ 收：逮捕。

⑧ 钞暴:掠夺欺凌百姓。

⑨ 簋(guǐ):古代盛食物的器具,园口,两耳。

⑩ 简择:选择。

【译文】

鱼豢《典略》记载:平原人刘子平知道刘备威武勇猛,当时张纯反叛,青州接到诏命,派遣从事带兵去讨伐张纯,路过平原时,刘子平向从事举荐刘备,刘备便随军同行,在郊外遇到贼兵,刘备在战斗中受伤后装死,待贼兵离开后,旧时好友用车把他载回,得免于难。后因军功,被任为中山郡安喜县尉。

《典略》又载:其后州郡接到诏书,说那些因军功而任命为长吏的,应予淘汰,刘备可能就在其中。郡里的督邮来到安喜县,准备差遣刘备,刘备亦早知此事。听说督邮住在传舍,便想求见,督邮却称身有小疾不肯相见,刘备很是恼恨,于是回到任所,带领吏卒再次来到传舍,闯入大门,声称"我奉府君密令前来捉拿督邮"。就在坐席上把他捆绑了,带到县界处,亲自解下绶带系在督邮的脖颈,然后捆在树干上,用鞭杖抽打了督邮一百多下,还想杀了他。督邮再三哀求,刘备才放了他。

王沈《魏书》记载:刘平派了门客去刺杀刘备,刘备不知内情对刺客招待得极是殷勤,刺客深受感动不仅不刺刘备,还告知实情然后离去。当时人们尽遭饥馑,有的聚集起来抢掠百姓,而刘备则是对外敢抵御贼寇,对内能施舍财物,对地位较低的人,他必与之同席而坐,同盘而餐,不选择厚此薄彼,所以人们都愿归顺于他。

【引述】

在《三国志·蜀书二·先主传》的一段文字里,裴松之引用了好几段注文，我们选了三段，分别说明如下。

在《三国志》原文“先主率其属从校尉邹靖讨黄巾贼有功，除安喜尉【注一】”之后的裴注里可知，刘备在战斗中身负重伤，“备中创阳死”，假装死去蒙混过关，从而得救。说明刘备能随机应变，善用计谋，这是在龙争虎斗、三分天下的纷扰形势下，不可或缺的智慧和手段。

在《三国志》原文“先主求谒，不通，直入缚督邮，杖二百，解绶系其颈着马柳，弃官亡命【注二】”中可知当时的情节是：刘备求见督邮，遭拒绝，他就径直闯进去捆了督邮，抽打了二百杖，解下自己的印绶挂在督邮颈上，并将他梆在拴马桩上。他弃官而走。裴注的情节与此基本相同。这里需要提及的是《三国志》和《典略》都明写着是刘备鞭督邮，可在《三国演义》第二回里，却改成“张翼德怒鞭督邮”了，而且还写道“玄德终是仁慈之人，急忙喝张飞住手”。为什么要如此改动呢？因为作者要突出刘备的仁慈心肠，要让刘备的形象更加完美，所以把打人的事加在了张飞头上，因为张飞性急易怒，加之于他也符合这一性格，这就是所谓的艺术加工。

在《三国志》原文“客不忍刺，语之而去。其得人心如此【注四】”之后，引用的是王沈的《魏书》，是说刘备在鞭督邮之后，弃官带关羽、张飞投奔公孙瓒，公孙瓒让他任平原相。平原人刘平耻于在他管辖之下，派刺客刺杀他，而刘备不知情，待刺客为上宾，刺客不忍杀，把实情和盘托出。刘备这种礼贤下士，以诚待人，“外御寇难，内丰财施”的做法很得人心，这正是他的人格魅力所在，这魅力将为他日后的成功打下良好的基础。

一〇四　献帝衣带诏

【注文】

臣松之案[①]：董承，汉灵帝母董太后之侄，于献帝为丈人。盖古无丈人之名，故谓之舅也。

《献帝起居注》曰：承等与备谋未发[②]，而备出。承谓服[③]曰："郭多[④]有数百兵，坏李傕数万人，但足下与我同不耳！昔吕不韦之门，须子楚而后高[⑤]，今吾与子由是也。"服曰："惶惧不敢当，且兵又少。"承曰："举事讫，得曹公成兵，顾不足邪？"服曰："今京师岂有所任[⑥]乎？"承曰："长水校尉种辑、议郎吴硕是我腹心办事者。"遂定计。

【注释】

① 臣松之案：裴松之的按语。因裴松之是奉旨作《三国志》注，所以凡是他加的按语，在文字前面都加一"臣"字。

② 承等与备谋未发："承"指献帝之舅车骑将军董承。"备"指时为左将军的刘备。"谋"指董承告知的得到献帝衣带中的密诏谓当诛曹操之事。

③ 服：指时为将军的王子服。

④ 郭多：即郭汜，与李傕俱系董卓的部将，二人曾在长安城中相互厮杀。

⑤ 昔吕不韦之门，须子楚而后高：吕不韦是一大商人，子楚是秦国秦孝文王之子，质于赵。吕不韦认为子楚"此奇货可居"，乃往见子楚曰"吾能大子之门"，并说"吾门待子门而大"。后在吕不韦的帮助下，子楚回国即位为秦庄襄王，吕不韦任国相。见《史记·吕不韦传》。

⑥ 任：信任；任用。

【译文】

臣裴松之按语：董承，是汉灵帝之母董太后之侄，于献帝应称为丈人。古时无丈人这一称谓，所以称之为舅。

《献帝起居注》记载：董承等与刘备受献帝衣带诏欲诛曹操尚无行动时，刘备被派外出。董承对王子服道："郭多(汜)只有数百兵，打败了李傕的数万人，如今只看足下是否与我一条心！过去吕不韦的门庭，是靠子楚而高贵的，当今我与足下也正是如此。"王子服道："你说的这些我惶恐不敢当，再说兵马也太少。"董承道："举事之后，便能获得曹操现有的兵马，难道还不够吗？"王子服又道："而今京城里还有可信任的人吗？"董承道："长水校尉种辑、议郎吴硕都是我的心腹办事的人。"于是计谋就此定了下来。

【引述】

《三国志·蜀书二·先主传》："先主未出时，献帝舅车骑将军董承辞受帝衣带中密诏，当诛曹公。先主未发。""遂与承及长水校尉种辑、将军吴子兰、王子服等同谋。会见使，未发。事觉，承等皆伏诛。【注三】"志书里这几句话大意是说：先主未出发时，献帝之舅车骑将军董承告知接到献帝藏在衣带里的密诏，让诛曹操。刘备参与其事但还没有行动。于是与董承及长水校尉种辑、将军吴子兰、王子服等共同谋划。恰在此时刘备被派出征，未采取行动。后事情败露，董承等人都被处死。

裴松之在此注引《献帝起居注》，主要叙述董承与王子服二人的对话，与《三国志》里的文字虽有所不同，但都是围绕衣带诏来叙述的。衣带诏的事在《三国演义》第二十回"曹阿瞒许田打围 董国舅内阁受诏"描述得很详细。许田打猎，并非天子之意，而是曹操之意。曹操为何要去打猎呢？正如他对谋士程昱说的，要实施王霸之事而“朝廷股肱尚多，未可轻动。吾当请天子田猎，以观动静”。观动静就是看众人的顺逆情况。曹操请猎，献帝不敢不去。故而这是以臣召君，乃不敬之举。在猎场见到一只鹿，献帝让曹射猎，曹就讨天子御用的宝雕弓、金鈚箭，一箭射中鹿背，群臣将校见了金鈚箭，只道是天子射中，都踊跃向帝呼“万岁”，这时“曹操纵马直出，遮于天子之前以迎受之”，这是明目张胆地把自己凌驾于天子之上，之后才回马向天子称贺“此天子洪福耳”，竟不献还宝雕弓，就自悬带，真是目无君上。曹操的所作所为激起了群臣的义愤，关羽当场就竖起卧蚕眉，圆睁丹凤眼，提刀拍马便出，要斩曹操，刘备怕事不成反伤了天子，忙摇手送目阻止。事后献帝亦道：“后得曹操，以为社稷之臣；不意专国弄权，擅作威福。朕每见之，背若芒刺。”在这种情势下，衣带诏的出现便是迟早的必然之事了。古人云，君不密则失臣，臣不密则失身。正是为了保密才用衣带诏，而董承等人也想保密，但又何需歃血会饮？但又何需立券书名？致使“事觉”败露，结果落得“皆伏诛”。

一〇五　煮酒论英雄

【注文】

《华阳国志》云：于是[①]正当雷震，备因谓操曰：“圣人云‘迅雷风烈必变[②]’，良有以也。一震之威，乃可至于此也[③]！”

胡冲《吴历》曰：曹公数遣亲近密觇[④]诸将有宾客酒食者，辄因事害之。备时闭门，将人种芜菁，曹公使人窥[⑤]门。既去，备谓张飞、关羽曰：“吾岂种菜者乎？曹公必有疑意，不可复留。”其夜开后栅，与飞等轻骑俱去，所得赐遗衣服，悉封留之，乃往小沛收合[6]兵众。

【注释】

① 于是：在此时。于，介词，引出动作的处所、时间和对象。是，指示代词。

② 迅雷风烈必变：意谓遇到疾雷或暴风，人的容色必会发生变化。语出《论语·乡党》。

③ 一震之威，乃可至于此也：刘备被曹操道破“天下英雄，唯使君与操耳”，吓得失落了手中的匙子、筷子，为了掩饰就用这话作解释，意思是自己不是被他的话吓得失落了匙子、筷子，而是被雷声吓成这样的。

④ 密觇（chān 俗读 zhān）：暗中窥探。

⑤ 窥门：从门缝或小孔处偷看。

⑥ 收合：收集，聚集。

【译文】

常璩《华阳国志》云：正当曹操说“今天下英雄，唯使君与操耳”，吓得刘备掉了餐具时，天空打了一个响雷，刘备便藉此作掩盖而对曹操道：“圣人说‘疾雷或暴风，会使人的情绪起变化’，确实是这样的。这一声响雷的威力，竟至于把我吓得掉了筷子。”

胡冲《吴历》记载：曹操多次派遣亲信，暗中窥探各将领接待宾客饮宴的情况，往往假借他事予以杀害。刘备常关闭府门，带人在家种芜菁，曹操也派人从门缝偷看。此人去后，刘备对张飞、关羽道：“我岂是种菜之人吗？曹操对我必有怀疑，此地不可久留。”当夜开了后栅门，与张飞等带领轻骑一同离去，所有赏赐和馈赠衣物，都封好留下，奔小沛聚集兵马去了。

【引述】

《三国志·蜀书二·先主传》:“是时曹公从容谓先主曰:‘今天下英雄,唯使君与操耳。本初之徒,不足数也。’先主方食,失匕箸。【注二】”其大意是:酒宴上曹操对刘备道:“如今天下的英雄,唯有使君你与曹操我了。袁本初之流,不值得挂齿。”刘备正在进食,一听此言吓得掉了筷子。

刘备为何闻听此言吓得掉匕箸呢?因为曹操不把雄踞一方的袁绍和威震九州的刘表放在眼里,却把他这一无根据地、二缺兵马、三寄人篱下的人看作英雄,是看出他心怀宏图大志。须知两雄不并立,不并立则必相图,操以备为英雄是操将图备,备焉得不惊!急中生智忙借雷声掩盖心迹,而《华阳国志》在曹操说了“今天下英雄唯使君与操耳”之后,还有一句“公亦悔失言”,说明曹操亦失悔泄露了内心的机密。这段情节在《三国演义》第二十一回里写得很精彩。

先前,刘备被吕布击败,便投奔了曹操,怕曹害己,则韬晦自敛地种菜,尽量装作胸无大志的样子。当青梅煮酒曹操说破他是个英雄后,刘备有了戒备。正巧此时曹操派刘备去拦截袁术,谋士郭嘉、程昱都劝不该放走刘备,这是放虎归山,忙派人急追,刘备哪里肯回?他们又写信让徐州刺史车胄“就内图之”,岂料刘备兵至徐州,杀了刺史车胄,屯驻小沛。此时,衣带诏事也已败露,于是,与曹操的对峙明朗化了。建安五年(200年),曹操东征刘备,刘备败绩,“曹公尽收其众,虏先主妻子,并禽关羽以归”。从此,开启了曹、刘两派势力的交锋和角逐,上演了无数精彩的场景和脍炙人口的战役。

一〇六　马跃檀溪

【注文】

《九州春秋》曰：备住荆州数年，尝于表[1]坐起至厕，见髀里[2]肉生，慨然流涕。还坐，表怪问备，备曰："吾常身不离鞍，髀肉皆消。今不复骑，髀里肉生。日月若驰，老将至矣，而功业不建，是以悲耳。"

《世语》曰：备屯樊城，刘表礼焉，惮其为人[3]，不甚信用。曾请备宴会，蒯越、蔡瑁欲因会取备，备觉之，伪如厕，潜遁出。所乘马名的卢[4]，骑的卢走，堕襄阳城西檀溪水中，溺不得出。备急曰："的卢：今日厄[5]矣，可努力！"的卢乃一踊三丈，遂得过，乘桴[6]渡河，中流而追者至，以表意谢之，曰："何去之速乎！"

【注释】

① 表：指刘表，时为荆州刺史。

② 髀(bì)肉：大腿上的肉。

③ 惮其为人：此处指"荆州豪杰归先主者日益多，表疑其心"。

④ 的卢：额部有白色斑点的马。

⑤ 厄(è)：被困；遇难。

⑥ 桴(fú)：竹木筏子。

【译文】

司马彪《九州春秋》载：刘备在荆州住了好几年，一次在与刘表闲坐时起身入厕，见到大腿上的肉又长起来了，不禁感慨流涕。回到座位上，刘表惊问因何伤心，刘备道："我往常身不离鞍，大腿上的肉都消下去了，如今不骑马，腿上的肉又长起来了。时光如箭，老之将至，功业却无成，故而悲伤。"

郭颁《世语》载：刘备驻扎在樊城，荆州刺史刘表对他十分礼遇，但因州郡豪杰多归附刘备，所以刘表对他的为人有所担忧，故不敢任用。有次请刘备赴宴，部将蒯越、蔡瑁想趁宴会之机除掉刘备，刘备有所察觉，便假装入厕，悄悄逃出。他的马叫的卢，骑上的卢匆匆离去。不料那马在渡襄阳城西的檀溪时，陷进泥水里出不来，刘备急得大呼："的卢啊的卢，今日遇难，用力跳啊！跳啊！"那马竟纵身而起一跃三丈，跳到对岸。刘备才又改乘木筏渡河，渡至中流追赶的人来到岸边，来人以刘表之意向刘备致别，说："为何走得这般快呢！"

【引述】

《三国志·蜀书二·先主传》："曹公既破绍，自南击先主。先主遣糜竺、孙乾与刘表相闻，表自郊迎，以上宾礼待之，益其兵，使屯新野。荆州豪杰归先主者日益多，表疑其心，阴御之。【注一】"这段话大意是：曹操击败袁绍后，亲自南下攻刘备。刘备派糜竺、孙乾与刘表联络，刘表亲自出城迎接，以上宾之礼相待，还给他增添了兵力，让他驻扎在新野。荆州的豪杰归附刘备的日益增多，刘表起了疑心，暗中提防。裴注就是叙述他在荆州和离开荆州的情事。

刘备先寄身于袁绍，袁绍被曹操击败后，又寄身于荆州的刘表，自建安六年直住至十三年，日月蹉跎，功业无成，此时已四十多岁的他怎能不慨然流涕，好在壮志不衰，故能成就三分之业。他也很警觉，发现蒯越有杀他的异动时，便骑上的卢马走为上策。《世语》注引《伯乐相马经》：马白额入口至齿者名榆雁，一名的卢，奴乘客死，主乘弃市，凶马也。刘备骑的正是这种马，马过檀溪时陷入泥水中不得出，眼看追兵将至，刘备加鞭大呼："的卢的卢，今日妨吾！"言毕，那马忽地从水中纵身而起，一跃三丈，飞上西岸。刘备如从云雾中起。后世便把"跃马檀溪"作为义马救主的典故，其事写入《三国演义》第三十四回。

一〇七　背信之事吾不为

【注文】

《魏书》曰：表病笃[①]，托国于备，顾谓曰："我儿不才[②]，而诸将并零落[③]，我死之后，卿便摄[④]荆州。"备曰："诸子自贤，君其忧病。"或劝备宜从表言，备曰："此人待我厚，今从其言，人必以我为薄，所不忍也。"

孔衍《汉魏春秋》曰：刘琮[⑤]乞降，不敢告备。备亦不知，久之乃觉，遣所亲问琮。琮令宋忠诣备宣旨。是时曹公在宛，备乃大惊骇，谓忠曰："卿诸人作事如此，不早相语，今祸至方告我，不亦太剧[⑥]乎！"引刀向忠曰："今断卿头，不足以解忿，亦耻大丈夫临别复杀卿辈！"遣忠去，乃呼部曲议。或劝备劫将琮及荆州吏士径南到江陵，备答曰："刘荆州临亡托我以孤遗[⑦]背信自济[⑧]，吾所不为，死何面目以见刘荆州乎！"

【注释】

① 表病笃："表"及后文的"刘荆州"皆指荆州刺史刘表。病笃：病重。

② 不才：没有才能。

③ 零落：即散失。

④ 摄：统率；管辖。

⑤ 刘琮：刘表之子，刘表卒，子琮继为荆州刺史。

⑥ 剧：甚。

⑦ 孤遗：父母弃之而去称之孤遗。

⑧ 自济：自成其事。

【译文】

王沈《魏书》载：荆州刺史刘表病重，欲将荆州托靠给刘备，他对刘备道："我儿无才，诸将又多散失，我死之后，先生便可统领荆州。"刘备道："先生的几个儿子都很贤能，先生还是考虑治病为要。"有人劝刘备应听从刘表的建议，刘备道："此人待我甚厚，我若听从他的建议，别人定会认为我是个薄情之人，我不忍心干这事。"

孔衍《汉魏春秋》载：承袭荆州刺史的刘表之子刘琮，乞求投降曹操，不敢将此事告知刘备。刘备也不知其事，过了很久有所发觉，便派亲信去问刘琮，刘琮才命朱忠去见刘备宣告此事。当时曹操已驻军宛城，刘备大惊，对朱忠道："你等竟如此做事，不早点相告，如今大祸临头方才告我，不是太过分了吗！"拔刀欲杀朱忠，又道："今日杀了你，也不解我心头之忿，大丈夫也耻于在临别前再杀尔等！"于是放朱忠回去，召集部将商议对策。有人劝刘备劫持刘琮及荆州吏士径直南往江陵，刘备道："刘荆州临去世时，将其子托付于我，我不能背信弃义顾自己，这事我决不干，不然死了有何面目见刘荆州呢！"

【引述】

《三国志·蜀书二·先主传》："曹公南征表，会表卒，【注二】子琮代立，遣使请降。先主屯樊，不知曹公卒至，至宛乃闻之，遂将其众去。过襄阳，诸葛亮说先主攻琮，荆州可有。先主曰：'吾不忍也。'【注三】"这段文字大意是：曹操南征刘表，正逢刘表去世，其子刘琮承继父位任荆州刺史，派人向曹操请降。刘备驻扎在樊城，不知曹操突然来攻，曹军已到宛城才得知消息，于是急率众撤走。路过襄阳时，诸葛亮劝刘备进攻刘琮，夺取荆州。刘备道："我不忍心啊！"裴松之在此注引《魏书》和《汉魏春秋》的两段文字，都是围绕要不要获取荆州这一话题的。

刘备想不想获取荆州呢？想！但为什么不动手呢？用他的话是"吾不忍也"。刘表病危时让他"摄荆州"，他认为刘表待他甚厚，故不忍取。刘琮降曹时亦可取荆州，但他说刘表曾托孤于他，故不忍取。有人说他这是"坐失机宜"，又有人说这"不过英雄善欺人，借此美语以笼络荆州人士而已"，此言不差，当刘备撤离时，"琮左右及荆州人多归先主，比到当阳，众十余万"就足以说明。另外，如裴注所言，此时曹操已进屯宛城，宛城离刘备驻地樊城极近，刘备毫无准备，急忙率众避其锋芒，哪能考虑去夺取荆州呢？这是时也，势也。再者，曹操南下时，有兵数十万，刘备部下不过数千，夺刘琮不难，拒曹却非易，权衡得失，不如养晦待时，这正是刘备的过人之处。其实，早在隆中时，孔明便为刘备规划了跨有荆、益二州的战略对策，这是他智慧的体现，刘备深善其言，故而处心积虑欲得此二州，已非一日，只是时机未成熟罢了。后刘琦病死，刘备便为荆州牧，建安十九年，又领益州牧，终于据有此二州，从而雄踞一方。

一〇八　孙刘结盟

【注文】

《江表传》曰：孙权遣鲁肃[①]吊刘表二子，并令与备相结。肃未至而曹公已济汉津。肃故进前，与备相遇于当阳。因宣权旨，论天下事势，致殷勤之意。且问备曰："豫州[②]今欲何至？"备曰："与苍梧太守(吴臣)

[吴巨][3]有旧,欲往投之。”肃曰:“孙讨虏[4]聪明仁惠,敬贤礼士,江表英豪,咸归附之,已据有六郡,兵精粮多,足以立事。今为君计,莫若遣腹心使自结于东,崇连和之好,共济世业,而云欲投(吴臣)[吴巨],(臣)[巨]是凡人,偏在远郡,行将为人所并,岂足托乎?”备大喜,进住鄂县,即遣诸葛亮随肃诣孙权,结同盟誓。

《江表传》曰:备从鲁肃计,进住鄂县之樊口[5]。诸葛亮诣吴未还,备闻曹公军下,恐惧,日遣逻吏[6]于水次候望权军。吏望见瑜船,驰往白备,备曰:“何以知(之)非青徐军邪?”吏对曰:“以船知之。”备遣人慰劳之。瑜曰:“有军任,不可得委署[7],傥能屈威[8],诚副其所望。”备谓关羽、张飞曰:“彼欲致我,我今自结托于东而不往,非同盟之意也。”乃乘单舸往见瑜,问曰:“今拒曹公,深为得计。战卒有几?”瑜曰:“三万人。”备曰:“恨少。”瑜曰:“此自足用,豫州但观瑜破之。”备欲呼鲁肃等共会语,瑜曰:“受命不得妄委署,若欲见子敬,可别过之。又孔明已俱来,不过三两日到也。”备虽深愧异瑜,而心未许之能必破北军也,故差池[9]在后,将二千人与羽、飞俱,未肯系瑜,盖为进退之计[10]也。

【注释】

① 鲁肃:字子敬,东吴赞军校尉。家富于财,性好施与,曾以三千斛米资助周瑜。赤壁之战,力主联刘抗曹。

② 豫州:指刘备,因之前曾为豫州牧,故以称之。

③ (吴臣)[吴巨]:考证《吴志》《通览》“臣”皆作“巨”,故加方括号以正之。

④ 孙讨虏:指孙权,因被封为讨虏将军。

⑤ 进住鄂县之樊口:史籍如《三国志》《后汉书》及裴注所引《蜀记》皆为进住夏口,唯独《江表传》说进住鄂县樊口。

⑥ 逻吏:从事巡逻侦察的官吏。

⑦ 委署:擅离职守。也指委派其他官员代理,下句“不得妄委署”亦即此意。

⑧ 屈威:犹屈尊。

⑨ 差池:按次序,差劲。

⑩ 进退:前进与后退,意谓举止行动自如。

【译文】

虞溥《江表传》载:孙权派谋士鲁肃前往荆州,向刘表二子为其父吊丧,并令与刘备达成结盟。鲁肃尚未到达而曹操已渡过汉津。鲁肃便赶到前面,在当阳与刘备相遇。鲁肃向刘备传达了孙权的意思,谈论天下大势,并致深切的问候,接着问刘备:“豫州今欲何往?”刘备道:“苍梧太守吴巨与我有旧交,欲去投奔他。”鲁肃道:“孙讨虏聪明仁惠,尊重贤才,礼遇士人,江南英雄豪杰,都来归附他,现据有六郡之地,兵马精良,粮草丰盈,足可成就一番伟业。为将军着想,不如派遣心腹去与东吴交好,结成联盟,共同完成济世大业。至于所说欲投奔吴巨,吴巨是个普通人,又远在苍梧,很快将被人吞并,岂能依托?”刘备大喜,进驻鄂县,当即派诸葛亮随鲁肃去见孙权,缔结同盟。

《江表传》又载:刘备听从鲁肃的计策,进驻鄂县的樊口。诸葛亮去东吴尚未归来,刘备闻听曹军已经南下,十分恐惧,每日派遣巡逻官吏在岸边瞭望孙权的军队。当官吏望见周瑜的船只时,骑马报知刘备,刘备道:“从何得知那不是青州或者徐州的军队呢?”官吏答道:“从船只上就能识别出来。”刘备便派人前去慰劳。周瑜传话道:“因有军务在身,不能擅离职守,刘豫州若能屈尊来相见,那是我所期望的。”刘备对关羽、张飞道:“对方想让我过去,我今既想结交并依靠东吴而不前往,这不是同盟的本意。”于是乘了一只船前去会见周瑜,问周瑜道:“当今抗击曹公,是极好的策略,不知东吴有多少兵卒?”周瑜道:“三万人。”刘备道:“遗憾有些过少。”周瑜道:“这足够用了,豫州且看周瑜我如何破曹吧。”刘备想叫鲁肃等人一同参予商议,周瑜道:

“我是受命而来，不敢擅自委派他人参予，若想见鲁肃，可另行拜访。此外，孔明也一路前来，过不了两三日即可到达。”刘备虽深愧不及周瑜，但内心却不认为他必能击破曹军，所以有意拖延在后，派出二千兵卒让关羽、张飞率领，不肯交给周瑜，这不过是为了进退方便罢了。

【引述】

《三国志·蜀书二·先主传》：“先主遣诸葛亮自结于孙权，【注一】权遣周瑜、程普等水军数万，与先主并力，【注二】与曹公战于赤壁，大破之，焚其舟船。先主与吴军水陆并进，追到南郡，时又疾疫，北军多死，曹公引归。”这段话大意是：刘备派诸葛亮主动与孙权结好，孙权派周瑜、程普等率数万水军，与刘备合力，在赤壁与曹操鏖战，大破曹军，烧毁其战船。刘备和吴军水陆并进，直追到南郡。当时发生了瘟疫，曹军死亡甚多，曹操便率兵回去了。

以上这段话第一句是写战前活动的，以下全是写赤壁战役的。裴注所引两段文字正是叙写战前孙权和刘备的结盟，这是战争的前奏。《先主传》中写“先主遣诸葛亮自结于孙权”，《江表传》中写孙权遣鲁肃“令与备相结”，看来双方都有结盟的意愿。为什么？因为刘备原本投靠在刘表这里，曹操南征刘表，会表卒，其子降曹，刘备率众逃走，曹操日夜兼程追赶，先主弃妻子，与诸将奔夏口，这是在无路可走的情况下“自结于孙权”，欲联吴抗曹。孙权呢，是因为“会权得曹公欲东之问”，就是孙权接到曹操的一封信，说他率领八十万人马（实际约二十余万；孙、刘合计约近五万）要与东吴会猎（交战），这虽系一封恐吓信，但凭一吴之力，难以与曹应对明矣，故亦欲联刘抗曹。这都是情势使然。有趣的是当时情势十分紧急，刘备还不想让鲁肃觉得自己走投无路，故作姿态说要去投奔老友，急得诸葛亮曰：“事急矣，请奉命求救于孙将军。”（见《诸葛亮传》）其潜台词是“快别装了吧”。

有了孙刘联盟，赤壁之战才有好戏看，历代文人及民间艺人以大量的诗歌、辞赋、戏曲、小说、评论等形式加以咏叹，《三国演义》可谓集大成者，罗贯中以《三国志》的历史事实作依据，在“演义”中用了八回的篇幅，浓墨重彩地描绘此战的经过。对战争场面的描写独具匠心，人物刻画入木三分，情节设计曲折奇巧，把魏、蜀、吴三大政治集团之间的矛盾、纷争、特别是斗智运谋，写得异彩纷呈。如蒋干盗书是周瑜使的计中之计离间计，杀蔡瑁、张允是曹操中了周瑜的借刀杀人计，黄盖被打诈降是曹操中了周瑜的苦肉计，曲解《铜雀台》诗是周瑜中了孔明的激将法，铁索连结大船，是曹操中了庞统的连环计，借东风不许杂人上七星台是周瑜中了孔明的金蝉脱壳计，计计精彩，环环相扣。最后以盟军大破曹兵“焚其舟船”“曹公引归”告终。

赤壁之战是东汉末年一次著名的战役，它的直接影响是奠定了魏、蜀、吴三分天下的雏型，在中国军史上占有很重要的地位。近代史学家吕思勉说：“倘使当时没有这一战，或者虽有这一战而曹操又胜了，天下就成为统一之局面而不会三分了。所以这一战，实在是当时分裂和统一的关键。”毛泽东把此战作为以少胜多、以弱胜强的典型战例加以剖析，说明主观指导的正确与否是战争胜败的决定因素。（见《论持久战》）

一〇九　刘备借荆州之说

【注文】

《江表传》曰：周瑜为南郡太守，分南岸地以给备①。备别立营于油江口，改名为公安。刘表吏士见从北军②，多叛来投备。备以瑜所给地少，不足以安民，(后)[复][3]从权借荆州数郡。

【注释】

① 分南岸地以给备：胡三省曰，荆州之南岸，则零陵、桂阳、武昌、长沙也。实际给备者，即指油江口立营之地，非谓江南四郡也。

② 刘表吏士见从北军：刘表卒，其子降曹，故刘表的吏卒都被曹操收编了。见：即“现”，上古没有“现”字，凡表“出现”意义的都写作“见”。

③ (后)[复]："后"字经校改为方括号内的“复”字。

【译文】

虞溥《江表传》记载：周瑜任南郡太守，分荆州南岸之地给刘备。刘备在油江口另立营寨，改油江口之名为公安。刘表的原有吏卒跟随了曹军，现今大多叛逃来投刘备。刘备因周瑜给的地盘狭小，无法安插民众，便又向孙权借了荆州的数郡。

【引述】

《三国志·蜀书二·先主传》：“与曹公战于赤壁，大破之，焚其舟船。先主与吴军水陆并进，追到南郡，时又疾疫，北军多死，曹公引归。【注三】”志书上的这几句话大意是：孙刘联军与曹操战于赤壁，大破曹军，烧毁他们的战船。刘备和吴军水陆并进，一直追到南郡。当时又发生了瘟疫，曹军死了许多人，曹操只好率军北归。裴松之在此注引《江表传》，是写赤壁战后，写刘备“从权借荆州数郡”，这便是流传的“刘备借荆州，有借无还”一段公案的起因。

有人说，借给之语系传闻。以志书为据，《鲁肃传》云：“(刘)备诣京见(孙)权，求都督荆州，唯(鲁)肃劝权借之，共拒曹公。”又鲁肃因对方不还郡所，责备关羽曰：“国家区区本以土地借卿家者，卿家军败远来,无以为资故也。”《吕蒙传》云,孙权谓“子敬劝吾借玄德地是其一短”。从上所引,说明刘备据有荆州数郡,乃从孙权所借。可是,同样以志书为据,《先主传》载,先主“又南征四郡,武陵太守金旋、长沙太守韩玄、桂阳太守赵范、零陵太守刘度皆降”。又按《诸葛亮传》:“曹公败于赤壁,引军归邺。先主遂收江南。使亮督零陵、桂阳、长沙三郡。”据此,又说明这几郡是刘备凭自己的实力取得的。由是,各持一说,这便是日后孙刘构衅的缘由。

另外,夫借者本我所有之物,假借与人也。荆州本为刘表的地盘,并非孙氏的故有之地,何借之有?当曹操南下之时,孙权的六郡尚恐丢失,刘备只是想拒曹自保,都未敢承想得到荆州。所以赵翼说,借荆州之说是出自吴人事后之论,而非当日情事。以当日情事推究,诚如鲁肃所云,赤壁战胜,刘备不为无功。故孙权听其自取荆州数郡,不加阻拦,这事也该是有的。当鲁肃去讨要荆州时,关羽也道:“乌林之役,左将军(指刘备)寝不脱介,戮力破曹,岂得徒劳无一块土。”说得也甚在理。

正由于此,刘备也觉得占有一定的道理,但毕竟“借”还是确有其事的,所以答应取得益州之后归还荆州,可是得了益州之后仍不归还,说待得了凉州,当以荆州相与。孙权大怒,派吕蒙动用武力,后双方讲和,以湘水为界,各得三郡为盟。此事已了,但“刘备借荆州,有借无还”的俗语则流传了下来,还将流传下去。

一一〇　刘备巧诓孙权

【注文】

《献帝春秋》曰：孙权欲与备共取蜀，遣使报备曰："米贼张鲁[①]居王巴、汉，为曹操耳目，规图[②]益州。刘璋不武，不能自守。若操得蜀，则荆州危矣。今欲先攻取璋，进讨张鲁，首尾相连，一统吴、楚[③]，虽有十操，无所忧也。"备欲自图[④]蜀，拒答不听[⑤]，曰："益州民富强，土地险阻，刘璋虽弱，足以自守。张鲁虚伪，未必尽忠于操。今暴师于蜀、汉，转运于万里，欲使战克攻取，举不失利，此吴起不能定其规，孙武不能善其事也。曹操虽有无君之心，而有奉主[⑥]之名，议者见操失利于赤壁，谓其力屈，无复远志也。今操三分天下已有其二，将欲饮马[⑦]于沧海，观兵[⑧]于吴会，何肯守此坐须[⑨]老乎？今同盟无故自相攻伐，借枢[⑩]于操，使敌承其隙，非长计也。"权不听，遣孙瑜率水军住夏口。备不听军过，谓瑜曰："汝欲取蜀，吾当被发入山，不失信于天下[⑪]也。"使关羽屯江陵，张飞屯秭归，诸葛亮据南郡，备自住孱陵。权知备意，因召瑜还。

【注释】

① 米贼张鲁：《魏书·张鲁传》载，张鲁祖父作道书以惑百姓，受道者出五斗米，故世号米贼。其祖死后，鲁复行之，自号"师君"，雄据巴、汉垂三十年。

② 规图：谋求。

③ 吴楚：泛指春秋时吴国和楚国故地，即今长江中、下游一带。

④ 图：图谋，谋取。

⑤ 不听：不听从别人的意见。

⑥ 奉主：指拥戴汉帝。

⑦ 饮(yìn)马：谓使战争临于某地或通过战争扩大疆土至某地。

⑧ 观兵：显示兵力。

⑨ 须：等待。《诗·邶风·匏有苦叶》“人涉卬否，卬须我友”意谓人皆渡河，我独等待朋友而不渡。

⑩ 借枢：把全局的关键交给别人去掌握。

⑪ 不失信于天下：意谓他与益州牧刘璋是刘氏宗亲，宗亲被攻而不能救，无面目立于天下。周寿昌道，据《华阳国志》载，先主此话是说给孙权的不是说给孙瑜的。

【译文】

袁晔《献帝春秋》记载：孙权欲与刘备共同夺取西蜀，派遣使者向刘备道：“米贼张鲁雄据巴、汉，作为曹操的耳目，意在谋取益州。益州太守刘璋不修武治，没有能力自保。假若曹操夺得西蜀，那荆州就危险了。如今我等先攻取刘璋，再进讨张鲁，首尾相连，一统长江中下游吴、楚之地，即使有十个曹操，也没有任何担忧了。”刘备想独自获取益州，便拒绝了孙权的建议。而且回答道：“益州百姓富足，地势险要，刘璋虽是暗弱，但有能力自保。张鲁虚伪不可靠，未必真是忠于曹操。如果现在进兵蜀、汉，不但军需物资要从万里之外转运，而且要确保战必胜、攻必克，万无一失，即使是兵家吴起也无法预先规划，孙武也难保准能成事。曹操虽有篡位之嫌，但却打着拥戴汉帝的旗号。有些人看到曹操在赤壁打了败仗，就认为他力弱了，没有宏远的志向了。实际曹操已是三分天下占有其二了，正打算到沧海之滨去饮马，去吴越之地检阅军队，如何肯坐待老之将至呢？如今盟友无缘无故相互攻伐，无疑将战局的关键交由曹操掌控，使对方有机可乘，这不是长久之计。”

孙权不肯采纳刘备的意见，派遣孙瑜率领水军进驻夏口。刘备不让军队从自己的地盘上通过。说道："你们若夺取西蜀，我便披发入山隐居，决不在天下人面前失去信义。"接着派关羽驻军江陵，张飞屯兵秭归，诸葛亮据守南郡，刘备自己进驻孱陵。孙权知道刘备阻拦的意图后，只得下令让孙瑜回师。

【引述】

《三国志·蜀书二·先主传》载孙权想联合刘备夺取蜀郡，有人很赞成。"荆州主簿殷观却进曰：'若为吴先驱，进未能克蜀，退为吴所乘，即事去矣。今但可然赞其伐蜀，而自说新据诸郡，未可兴动，吴必不敢越我而独取蜀。如此进退之计，可以收吴、蜀之利。'先主从之，权果辍计。【注三】"志书这几句话大意是：主簿殷观道："我们若替吴国打先锋，向前若未能攻下蜀郡，后退会给吴以可乘之机，那样事情就不好办了。为今之计不如口头答应伐蜀，却告诉说我们刚占领数郡，暂无法兴兵。吴国定不敢越过我们的领土去单独伐蜀。如此可进可退，还可得到吴、蜀两方的好处。"刘备采纳了他的意见，对孙权说了一些冠冕堂皇的话作推辞，这正是裴松之在《献帝春秋》中所引用的内容。

裴注中有句很重要的话，即"备欲自图蜀"。就是刘备想独自吞并蜀郡。为此，他推辞了孙权共同伐蜀的建议。为此，他安排了关羽等人各把一处要地，准备用武力阻拦吴军通过，此时孙瑜已率领吴军进驻夏口，霎时间剑拔弩张，即使导致孙刘反目为仇也在所不惜。为什么？因为早在三顾茅庐时，诸葛亮就为他构筑了将西蜀作为根据地的蓝图，所以刘备念念不忘，一直寻找进入的机会，此时已渐行渐近，岂能让孙权捷足先登呢？分一杯羹都是不可能的。最终刘备占据了西蜀，建国为蜀汉，简称为"蜀"。

一一一　刘备不济乎

【注文】

《傅子》曰：初，刘备袭蜀，丞相掾赵戬曰："刘备其不济[1]乎？拙于用兵，每战则败，奔亡不暇，何以图人？蜀虽小区，险固四塞，独守之国，难卒并也。"征士傅干曰："刘备宽仁有度[2]，能得人死力[3]。诸葛亮达治[4]知变，正[5]而有谋，而为之相；张飞、关羽勇而有义，皆万人之敌[6]，而为之将：此三人者，皆人杰也。以备之略，三杰佐之，何为不济也？"

【注释】

① 其不济：其：副词，表估量、推测、不肯定，可译作"大概""可能"。不济：不成功。

② 宽仁有度：宽厚仁慈又有度量。

③ 死力：用最大的力量。

④ 达治：明于治理国家。

⑤ 正：指为人正派、正直。

⑥ 万人之敌：犹万夫不敌之勇。

【译文】

傅玄《傅子》记载：当初，刘备袭击益州，丞相掾赵戬道："刘备可能难以成功吧？他不会用兵，每战必败，逃命尚且来不及，哪有能力图谋他人？益州疆域虽不大，但四周皆是险固的要塞，利于防守，刘备很难占领。”征士傅干却道：“刘备宽厚仁义，为人大度，能让人心甘情愿地为他卖命。诸葛亮通晓治国之道，了解用兵的变数，正直而有谋略，现为刘备的丞相；张飞和关羽英勇善战又讲义气，都有万夫不敌之勇，他们是为刘备冲锋陷阵的猛将。这三个人，都是人中豪杰。以刘备的雄才大略，再加上这三人的辅佐，怎么会不成功呢？”

【引述】

《三国志·蜀书二·先主传》载：益州牧刘璋派大将率精兵抗击刘备，被刘备打败，退守雒城。建安十九年(214 年)，“雒城破，进围成都数十日，璋出降。【注二】”裴松之在此的注文是追叙战前人们对刘备能否取得益州的揣测，赵戬就认为他“不济”，因为他“拙于用兵，每战则败”。这是事实，特别在诸葛亮未出山之前，翻开《三国志》，特别是《三国演义》，很容易找到“先主败绩”这几个字，还有几次把妻子儿女丢了也顾不得管，所以他国谋士多瞧不起刘备，故有赵戬的讥讽。傅干说的刘备“能得人死力”，这也是事实。诸葛亮为他“鞠躬尽瘁，死而后已”；关羽、张飞与他桃园结义，誓同生死；赵云为他单骑救主，也是拚上命的。古人云：三人同心，其利断金。只要齐心合力，“何为不济”？历史的发展也做出了证明，刘备仅用了两年的时间便拿下了益州，成为汉末群雄逐鹿的胜利者之一。

一一二　赵戬弃官收敛王允

【注文】

《典略》曰：赵戬，字叔茂，京兆长陵人也。质[①]而好学，言称《诗》

《书》,爱恤于人,不论疎密。辟公府,入为尚书选部郎。董卓欲以所私并充台阁[②],戬拒不听。卓怒,召戬欲杀之,观者皆为戬惧,而戬自若。及见卓,引辞正色[③],陈说是非,卓虽凶戾[④],屈而谢[⑤]之。迁平陵令。故将王允被害[⑥],莫敢近者,戬弃官收敛之。三辅乱,戬客荆州,刘表以为宾客。曹公平荆州,执戬手曰:“何相见之晚也!”遂辟为掾。

【注释】

① 质:朴实。

② 台阁:汉时指尚书台。

③ 正色:谓神色庄重、态度严肃。

④ 凶戾(lì):凶暴乖戾。

⑤ 谢:道歉。

⑥ 王允被害:王允,汉献帝时为司徒,联合吕布杀掉董卓。后董卓的部将便杀了王允,当时无人敢去给王允收尸,是赵戬弃官为王允收敛的。

【译文】

鱼豢《典略》记载:赵戬,字叔茂,京兆长陵人。为人质朴好学,言必称《诗》《书》,待人仁爱慈善,不论亲疏一律看待。征召到公府,担任尚书选部郎。董卓想把自己人安插进尚书台,赵戬拒不从命。董卓大怒,召来赵戬想杀掉他,人们都为他担惊,赵戬却从容自若,见到董卓,他义正辞严,陈说是非利害。董卓虽然凶暴,也自感理亏而向他道歉。后赵戬调任平陵令。

已故司徒王允被李傕杀害后,无人敢于靠近,赵戬弃掉官职,为王允收尸安葬。后因长安动乱,赵戬客居荆州,荆州刺史刘表待以上宾之礼。曹操后来占据了荆州,握着赵戬的手道:“真是相见恨晚!”征他为丞相掾。

【引述】

《三国志·蜀书二,先主传》:“十九年夏,雒城破,进围成都数十日,璋出降。【注二】”裴松之在此注引《傅子》时,提到了丞相掾赵戬,接着又注引《典略》,对赵戬作了一番介绍,主要说了两件事。一件是敢于“拒不听”杀人不眨眼的董卓指令,不安插他的亲信进入尚书台;另一件是司徒王允被董卓的部将残杀,其长子王盖、次子王景及宗族十余人同时遇害,“天子感恸,百姓丧气”,但慑于其部将李傕等人的淫威,无人敢去收尸,赵戬主动丢弃官职,为王允一家料理后事。由此可知赵戬是一位有胆识、讲仁义的铮铮男子,得到了人们的敬重,连曹操也说“何相见之晚也”。《典略》还说祢衡来游京师,诋訾朝士,及见到赵戬,感叹道:“若把他比作剑,则是干将、莫邪宝剑;比作木,则是椅、桐、梓、漆嘉木;作为人,则是颜冉、仲弓一类的人。”给予极高的评价。

一一三　先主遗诏敕后主

【注文】

《诸葛亮集》载先主遗诏[①]敕后主曰:“朕初疾但下痢耳,后转杂他病,殆不自济。人五十不称夭,年已六十有余,何所复恨,不复自伤[②],但以卿兄弟为念。射君[③]到,说丞相叹卿智量[④],甚大增修,过于所望,审能如此,吾复何忧!勉之,勉之!勿以恶小而为之,勿以善小而不为。惟贤惟德,能服于人。汝父德薄,勿效之。可读《汉书》《礼记》,闲暇历观诸子及《六韬》《商君书》,益人意智[⑤]。闻丞相为写《申》《韩》《管子》

《六韬》一通已毕，未送，道亡，可自更求闻达。”临终时，呼鲁王⑥与语："吾亡之后，汝兄弟父事⑦丞相，令卿与丞相共事而已。"

【注释】

① 遗诏：皇帝临终时所发的诏书。

② 自伤：自我伤感。

③ 射君。指射援。

④ 智量：智慧和气度。

⑤ 意智：犹智慧。

⑥ 鲁王：刘备之子名永，封为鲁王。

⑦ 父事：把别人当作父亲一般对待。

【译文】

《诸葛亮集》载有先主临终前写给后主刘禅的诏书，告诫他道："朕初患病仅是痢疾，后转为其他杂症，怕是不会痊愈了。人活到五十不算夭折，朕已过六十，还有何遗憾呢，我不伤感，只是惦念你们兄弟几人。射援来过，说诸葛丞相感叹你的才智和气量，都大有长进，超过了他的期望。果能如此，我还有什么可忧虑的呢！勉力啊再勉力！不要因坏事小而去做，不要因善事小而不去做。只有贤能和仁德，才能使人信服。你父我德行浅薄，不要效仿。可阅读《汉书》《礼记》，闲暇时还应历览诸子及《六韬》《商君书》，这些书能增进人的智慧。听说丞相为你把《申子》《韩非子》《管子》《六韬》等书都手写了下来，还未及送你，半道却遗失了，你可再向有名望者求教。"刘备临终时，将另一子鲁王呼来道："我去世后，你们兄弟要像对待父亲那样对待丞相，将令你参予与丞相共议国事。"

【引述】

《三国志·蜀书二·先主传》:“先主病笃,托孤于丞相亮,尚书令李严为副。夏四月癸巳,先主殂于永安宫,时年六十三。【注一】”其大意谓:刘备病重,把儿子托付给丞相诸葛亮,尚书令李严任副手。于章武三年(223年)夏四月癸巳日去世。裴松之将先主留给后主的遗诏加注于此。

刘备在白帝城一病不起是有原因的。先前,关羽围魏将曹仁于樊城,曹操派于禁督七军助曹仁,关羽则水淹七军,接着又杀了几员大将,名震华夏。就在此时,孙权背弃孙刘盟约,乘虚进攻荆州,袭击并斩杀了关羽及其子关平。“先主忿孙权之袭关羽”,誓报此仇,于章武元年帅诸军伐吴,孙权请和,先主盛怒不答应。章武二年,吴将陆逊大破先主于虢亭,先主败退白帝城,从此一病不起,自知不久于世,托孤于诸葛亮。此情节写在《三国演义》第八十五回里。

《诸葛亮传》载,先主病笃,召亮属以后事,谓亮曰:“君才十倍于曹丕(时曹丕已称帝),必能安国,终定大事。若嗣子可辅,辅之;如其不才,君可自取。”意思是说,丞相的才干胜过曹丕十倍,定能安邦治国,完成统一大业。若太子可辅佐,就辅佐;若他无才干,先生可取而代之。诸葛亮叩头流涕道:“臣定竭尽全力辅佐太子,献忠贞,守节操,至死不渝。”自刘备三顾茅庐,到诸葛亮出山,其君臣从开始的居无定所,寄人篱下;到转战南北,据有荆、益二州;最后三分天下,终成大业。其间颠沛流离,患难与共,种种情事,一言难尽。是故作者陈寿在评论里说,先主刚毅宽厚,识才又善任,有汉高祖的英雄气度。他把整个国家和自己的儿子都托付给诸葛亮,心无他念,表现出君臣之间的至公心怀,是古今君臣的最好典范。信矣哉!

一一四　刘禅降魏

【注文】

《汉晋春秋》曰：后主将从谯周之策[①]，北地王谌[②]怒曰："若理穷力屈，祸败必及，便当父子君臣背城[③]一战，同死社稷，以见先帝可也。"后主不纳，遂送玺绶。是日，谌哭于昭烈[④]之庙，先杀妻子，而后自杀，左右无不为涕泣者。

王隐《蜀记》曰：艾报书[⑤]云："王纲失道[⑥]，群英并起，龙战虎争，终归真主，此盖天命去就[⑦]之道也。自古圣帝，爰逮汉、魏，受命[⑧]而王者，莫不在乎中土[⑨]。河出《图》[⑩]，洛出《书》[⑪]，圣人则之，以兴洪业，其不由此，未有不颠覆者也。隗嚣凭陇而亡[⑫]，公孙述据蜀而灭[⑬]，此皆前世覆车之鉴也。圣上明哲，宰相忠贤，将比隆黄轩[⑭]，侔功往代[⑮]。衔命来征，思闻嘉响[⑯]，果烦来使，告以德音，此非人事[⑰]，岂天启哉！昔微子归周[⑱]，实为上宾，君子豹变[⑲]，义存《大易》，来辞谦冲，以礼舆榇[⑳]，皆前哲归命[㉑]之典也。全国为上，破国次之，自非通明智达，何以见王者之义乎！"禅又遣太常张峻、益州别驾汝超受节度[㉒]，遣太仆蒋显有命敕姜维。又遣尚书郎李虎送士民簿，领户二十八万，男女口九十四万，带甲将士十万二千，吏四万人，米四十余万斛，金银各二千斤，锦绮彩绢各二十万匹，余物称此。

【注释】

① 谯周之策：谯周建议向魏投降，谯周是后主刘禅的光禄大夫。

② 北地王谌：刘禅之子，名刘谌，封为北地王。

③ 背城：背靠自己的城墙，指作最后的决战。

④ 昭烈：指刘备，死后被谥为昭烈皇帝。

⑤ 艾报书：邓艾写的回信。邓艾时为魏之征西将军，奉命攻蜀，攻破绵竹，刘禅递上降书，邓艾随即复信。

⑥ 失道：失去准则；违背道义。

⑦ 天命去就：天命：上天的意旨。去就：犹取舍。

⑧ 受命：受天之命。

⑨ 中土：指中原地区。

⑩ 河出《图》：古代儒家关于《周易》卦形来源的传说。传说伏羲时，有龙马出于黄河，马背上有龙图，伏羲取法以画八卦。

⑪ 洛出《书》：古代关于《尚书·洪范》"九畴"创作过程的传说。传说禹治水时有神龟出于洛水，龟背有纹如文字，禹取法而作《尚书·洪范》"九畴"。

⑫ 隗嚣（kuí xiāo）凭陇而亡：隗嚣为新朝末年地方割据军阀，建武年间，据于陇坻，自称西川上将军、朔宁王，后败亡。

⑬ 公孙述据蜀而灭：公孙述于建武元年在蜀地自立为天子，号成家，建都成都。建武十二年，汉光武帝派兵攻打，公孙述身亡国灭。

⑭ 黄轩：黄帝轩辕氏的省称。

⑮ 往代：犹往古，往昔。

⑯ 嘉响：犹佳音。

⑰ 人事：指人力所能及的事。

⑱ 微子归周：微子是周代宋国的始祖，商纣王的庶兄，见纣王淫乱，数谏不听，遂出走。周武王灭商，复其官。

⑲ 豹变：如豹文那样发生显著的变化。因幼豹身上无花纹，长大退毛后，其毛始光泽有文采。

⑳ 舆榇（yú chèn）：载棺以随。表示决死或有罪当死。

㉑ 归命：归顺；投诚。

㉒ 节度：调度；指挥。

【译文】

习凿齿《汉晋春秋》记载：后主刘禅准备采纳光禄大夫谯周的降魏策略，其子北地王刘谌怒道："若我蜀国理穷力尽，败亡之局在所难免，那也应当父子君臣齐心合力，背城决一死战，为社稷而死，去见先帝于地下。"刘禅不予理睬，向魏送去了代表皇权的玉玺绶带。当日，刘谌在先帝的昭烈宗庙里痛哭一场，先杀掉妻子儿女，然后自杀，身边的臣民没有不为他流涕的。

王隐《蜀记》记载：魏国征西将军邓艾给刘禅降书的复信写道："汉王朝的纲纪有失道义，故而群雄并起，龙争虎斗，最终归政于贤明的天子，这大概就是上天意旨取舍的规律吧。自古以来的圣明皇帝，从汉至魏，受天之命而为帝王的，没有不主宰于中原地区的。黄河出现《图》象，洛水出现《书》象，圣人据此祥瑞来振兴帝王大业。如果不按这一准则，没有不被颠覆的。譬如隗嚣负陇自固终于败亡，公孙述据蜀自雄也倏忽灭国，这都是前车覆灭的明鉴。如今的圣上明智睿哲，宰相忠诚贤良，将领可比黄帝轩辕，功勋堪与往古等同。邓艾我奉命前来征讨西蜀，期望听到佳音，果然来使送上降书，告诉这个好消息，这事决非人力所为，此乃天意也！过去微子复归于周，作为上宾，君子顺应天时，则符合《大易》。来书辞意谦恭，按照礼节载棺相随，这也是前哲归顺之时具有的规则。保全国家为上策，国破次之，若非开通聪慧之人，怎能了解我王的仁义胸怀呢！"刘禅又派太常张峻、益州别驾汝超赴魏接受调度，派太仆蒋显向姜维传令勿再攻战。又派尚书郎李虎送上蜀国的士民簿，计共有二十八万有户籍者，男女人口九十四万，带甲将士十万二千人，官吏四万人。米四十余万斛，金银各二千斤，绸锻彩绢各二十万匹。其余物资按此称述。

【引述】

后主景耀六年(263年),魏调集大军,命征西将军邓艾、镇西将军钟会等同时进攻蜀国。邓艾攻下绵竹,刘禅之子刘谌主张背城决战,刘禅不纳,却向邓艾送上降书。《三国志·蜀书三·后主传》载:“是日,北地王谌伤国之亡,先杀妻子,次以自杀。【注一】”“艾得书,大喜,即报书。【注二】”裴松之在此注引《蜀记》,援引了邓艾的回信。

从《晋书·文帝纪》《蜀记》等书可知,当时只有邓艾一军约一万人突入蜀境,而蜀汉主力带甲十万将士基本完整,粮食充盈,刘禅为何就轻而易举地把江山奉送他人呢?史学家对此有不少评论。袁松道:“方邓艾以万人入江由(绵竹)之危险,钟会以二十万留剑阁不得进,三军之士已饥,艾虽战胜克将,使刘禅数日不降,则二将之军难以反(返)矣。”意思是说,当时魏军处于孤军深入、众军滞阻、三军饥饿、师老难返的处境,假使刘禅不投降,数日后,魏军都难以返回去了。孙绰道:“先君(指刘备)正魏之篡,不与同天。”而刘禅“俯首而事仇,可谓苟存”。孙盛道:“《春秋》之义,国君死社稷,况称天子可辱于人乎!”“纵不能君臣固守,背城借一,自可退次东鄙以思后图。当时尚有罗宪以重兵占据白帝城,霍弋率领强卒镇守夜郎要冲,加之蜀地险狭,山水峻隔,易守难攻,又有姜维等将领的筹谋,再联盟吴国,怎会投寄无所,何为匆匆遽自囚虏?”刘禅又命将士卸甲缴械,不要再行进攻,举国投降,从而造成千古遗恨!若说刘禅鲁钝,却在位四十一年,是三国时在位最长的,在那种群雄割据、兵连祸结的战乱年代,能执政如此之久,应该是有点才智的才是。但若说他不鲁钝,却干出把前辈好不容易打下的江山轻易送人的蠢事,真是让人不可思议。

一一五　此间乐　不思蜀

【注文】

《汉晋春秋》曰：司马文王①与禅宴，为之作故蜀技②，旁人皆为之感怆，而禅喜笑自若。王对贾充③曰："人之无情，乃可至于是乎！虽使诸葛亮在，不能辅之久全，而况姜维邪？"充曰："不如是，殿下何由④并之。"他日，王问禅曰："颇思蜀否？"禅曰："此间乐，不思蜀。"郤正⑤闻之，求见禅曰："若王后问，宜泣而答曰'先人坟墓远在陇、蜀⑥，乃心西悲，无日不思'，因闭其目。"会王复问，对如前，王曰："何乃似郤正语邪？"禅惊视曰："诚如尊命⑦。"左右皆笑。

【注释】

① 司马文王：即司马昭。

② 蜀技：蜀地的歌舞。技同"伎"。

③ 贾充：司马昭的亲信，时为护军。

④ 何由：从何途径；怎能。

⑤ 郤(xì)正：刘禅旧日的秘书令，和刘禅一同被迁送到洛阳。

⑥ 陇蜀：指四川地界。

⑦ 尊命：对对方嘱托的敬称。

【译文】

习凿齿《汉晋春秋》记载：文王司马昭与刘禅一同饮宴，还特地让表演了蜀地的歌舞，蜀国旧臣无不感叹悲伤，刘禅却喜笑自若。司马昭对护军贾充道："一个人无情无义，竟能达到如此地步！即使诸葛亮再世，也无法长久匡扶他，更何况是姜维呢？"贾充道："要不是这样，殿下怎能吞并了他！"又一日，司马昭问刘禅："很思念蜀地吧？"刘禅道："此间快乐，不思蜀。"郤正听说后，求见刘禅对他说："倘若文王再问时，陛下应流泪回答道：'先祖的坟墓都远在陇、蜀，我心中悲伤，无日不在思念。'说完把眼睛闭上。"恰巧一天司马昭又问到刘禅，刘禅按郤正那样说了，司马昭道："怎么这话很像郤正说的呢！"刘禅立即睁眼惊视道："正是文王说的那样。"身边的人都忍不住笑了。

【引述】

《三国志·蜀书三·后主传》载，后主刘禅降魏后，被封为安乐县公。跟随他前往洛阳的"尚书令樊建、侍中张绍、光禄大夫谯周、秘书令郤正、殿中督张通并封列侯【注一】"。裴注在此引《汉晋春秋》，再现了刘禅那句广为流传的"此间乐，不思蜀"。

司马昭有意让刘禅观看蜀地歌舞，旁人皆感怆，刘禅却喜笑如常；司马昭问他"颇思蜀否？"他说"此间乐，不思蜀"；再问之，则答"无日不思"；当司马昭点出疑点后，他立刻说"诚如尊命"。看来刘禅真是傻到家了，无情到家了。可就是这样的一个人，竟在位达四十一年，是三国时在位最长的君主。在那群雄割据、龙争虎斗的年代能维持这么久，应该不至于傻到这种地步。刘备在给刘禅的遗诏说"丞相叹卿智量，甚大增修，过于所望"。诸葛亮在《与杜微书》里也提到刘禅"天资仁敏，爱德下士"。这一个"敏"字很有份量，诸葛亮不是阿谀奉承之人，他的话说明刘禅并不鲁钝。为了培养他治国的才干，刘备督促他读《汉书》《礼记》，诸葛亮文事武备倥偬未暇，还为他手写了《申子》《韩非子》《管子》《六韬》等书。有人责怪诸葛为何不以经书辅之后主，其实，这正是诸葛的高明之处。因为他了解刘禅宽厚仁义，襟怀有余而权略智谋不足。《申子》覈名实，《韩非子》引绳墨、切事情，《管子》贵轻重权衡，《六韬》讲兵法韬略，让刘禅阅读这些书籍，正是在补其不足。刘禅所以能在位这么多年，应该说是受益于这些典籍。因此人们说，他的傻是装出来的，看来，他的装聋卖傻，也是他得以寿终正寝的缘故。好一个安乐公！

一一六　伏龙与凤雏

【注文】

《汉晋春秋》曰：亮家于南阳之邓县，在襄阳城西二十里，号曰隆中①。

《魏略》曰：亮在荆州，以建安初与颍川石广元、徐元直、汝南孟公威等俱游学②，三人务于精熟，而亮独观其大略。每晨夜从容，常抱膝长啸③，而谓三人曰："卿三人仕进可至刺史郡守也。"三人问其所至，亮但笑而不言。后公威思乡里，欲北归，亮谓之曰："中国饶士大夫，遨游④何必故乡邪！"

《襄阳记》⑤曰：刘备访世事于司马德操。德操曰："儒生俗士，岂识时务？识时务者在乎俊杰。此间自有伏龙、凤雏⑥。"备问为谁，曰："诸葛孔明、庞士元也。"

【注释】

① 隆中：山名，在湖北省襄阳县西。东汉末，诸葛亮隐居于此。他和刘备初次会面的谈话《隆中对》就发生在这里。

② 游学：离开本乡到外地求学。

③ 长啸：撮口发出悠长清越的声音，古人常以此述志。

④ 遨游:漫游。

⑤《襄阳记》:习凿齿著,全称为《襄阳耆旧记》,《文选》称作《耆旧记》,《三国志》注多省文,称作《襄阳记》。

⑥ 伏龙、凤雏:原指隐居待时的贤者,裴注的伏龙专指诸葛亮,凤雏指庞统。《三国演义》第三十五回司马徽曰:“伏龙、凤雏得一,可安天下。”

【译文】

习凿齿《汉晋春秋》记载:诸葛亮的家乡在南阳邓县,距襄阳城西二十里,名叫隆中。

鱼豢《魏略》记载:诸葛亮在荆州时,于建安初年,同颍川人石广元、徐元直、汝南人孟公威等一起游学,那三人对所学知识务求精通娴熟,诸葛亮却只掌握大要,每当清晨和傍晚,他都很悠闲从容,常手抱双膝长声吟啸。他对那三人道:“你三人的仕途能达到刺史和郡守。”三人问他能达到何职位,他笑而不答。后来孟公威思念家乡,欲北上归去,诸葛亮对他说:“国中有那么多士大夫,要漫游何必定要回故乡呢!”

习凿齿《襄阳记》记载:刘备向司马德操咨询时事世务。德操道:“我乃儒生俗人,怎能识得时事世务?识时务的只能是才智出众的俊杰。此间就有伏龙和凤雏。”刘备问姓字名谁,答道:“诸葛孔明和庞士元啊。”

【引述】

《三国志·蜀书五·诸葛亮传》:“亮躬耕陇亩,好为《梁父吟》。【注二】身长八尺,每自比于管仲、乐毅,时人莫之许也。惟博陵崔州平、颍川徐庶元直与亮友善,谓为信然。【注三】”其大意是说:诸葛亮亲耕陇亩,喜欢吟诵《梁父吟》。他身高八尺,常以管仲、乐毅自比,当时人们不以为然。只有博陵人崔州平、颍川人徐庶与诸葛亮很友好,认为此比可信。

诸葛亮早年丧父,跟随叔父在任上的"学业堂"就读,得到经学大儒司马德操的引导,使他受益匪浅。叔父去世后,他回到南阳隆中隐居,在这里他砥砺自己,一面躬耕陇亩,一面饱览群书。通过躬耕,了解农民的疾苦,从而在后来更加爱惜民力,重视以人为本的观念。志书上没有记载他读过哪些书,但从他的文章和行事中,可以知道他涉猎的方面十分广泛。刘备的甘夫人殁后,他在"上言"中就引用了《礼记》《春秋》《诗经》等儒家经典的旨意,在他给刘禅手抄的一些法家著作里有许多治国的方略,他对兵家的用兵韬略颇有研究,后来在实战中的八卦阵、空城计等等莫不与此有关,再加杂家的著述,使他成为人们心目中上知天文下知地理、无所不知无所不能的"伏龙"。另外,他虽名为隐居,实则时刻关心天下世事,又有一伙志同道合者,互通信息,相互切磋,因而诸葛亮虽身在茅庐,对天下事 却了如指掌,一席《隆中对》就说明了一切。后来天下形势的发展,就是按照《隆中对》所设定的格局,逐步演化为三分,最后走向鼎立定局的。果是卧龙蛰伏,待时腾飞!

庞统,字士元。当时司马徽有识人之鉴,认为庞统的才干可谓南州士人之冠。后来刘备与他相见并深谈之后,发现他确实是位难得的人才,便任命他与诸葛亮同为军师中郎将,随他进军入蜀。庞统为刘备出谋划策,在夺取益州一事上充分展现了他优异的骥足才能。

一一七　缘何要七纵孟获

【注文】

《汉晋春秋》曰：亮至南中[①]，所在战捷。闻孟获[②]者，为夷、汉所服，募[③]生致之。既得，使观于营陈[④]之间，问曰："此军何如？"获对曰："向者不知虚实，故败。今蒙赐观看营陈，若只如此，即定易胜耳。"亮笑，纵使更战，七纵七禽[⑤]，而亮犹遣获。获止不去，曰："公，天威[⑥]也，南人不复反矣。"遂至滇池。南中平，皆即其渠率[⑦]而用之。或以谏亮，亮曰："若留外人，则当留兵，兵留则无所食，一不易[⑧]也；加夷新伤破，父兄死丧，留外人而无兵者，必成祸患，二不易也；又夷累有废杀之罪，自嫌衅重，若留外人，终不相信，三不易也；今吾欲使不留兵，不运粮，而纲纪粗定[⑨]，夷、汉粗安故耳。"

【注释】

① 南中：指川南和云、贵一带。《诸葛亮传》："南中诸郡，并皆叛乱。"

② 孟获：三国蜀汉建宁人，彝族首领。刘备死后，他和建宁豪强雍闿起兵反蜀，数为诸葛亮所败，曾被七纵七擒。后仕蜀，为御史中丞。

③ 募：募集；召求。

④ 营陈（zhèn）：即营阵，军队的结营布阵。

⑤ 七纵七禽：纵，释放。禽即"擒"，捉拿。

⑥ 天威：犹神威。

⑦ 渠率（shuài）：即渠帅，首领。旧时统治阶级用此称武装反抗者的首领或部落的酋长。

⑧ 易：治；整治。

⑨粗定:大致安定。

【译文】

习凿齿《汉晋春秋》记载:诸葛亮发兵征讨南中的叛乱,所到之处都告战捷。他听说夷族的首领孟获,无论夷族还是汉族对他都很佩服,便召募活捉他。捉到后,诸葛亮带他观看蜀军的营阵,问道:"此军如何?"孟获答道:"过去不知贵军虚实,因此失败,今日承蒙让我观看营阵,若只如此,我定会取胜。"诸葛亮笑了笑,放他回去让他重新来战。前后释放了七次,又擒拿了七次,第七次还要释放,孟获却不走了,道:"诸葛公,真有神威,我南人不会再反叛了!"于是同回滇池。

南中平定后,诸葛亮就起用原来的首领来管辖其地。有人对此予以进谏,诸葛亮道:"假若留下派遣的官吏,就应当再留有兵卒,留下兵卒没有口粮也不行,这是第一点难料理的;夷族刚被打败,父兄多有伤亡,若是只留官吏而不留兵卒,必然会有祸患,这是第二点难料理的;夷人屡犯反叛和杀人之罪,自知罪过深重,若派外来官吏,他们不会信赖,这是第三点难料理的;如今我是想既不留驻人马,又不运送粮草,还要使纲纪实施,局面大体安定,同时也要使夷、汉两族相安无事。这便是我七纵孟获、起用原有首领的缘故。"

【引述】

《三国志·蜀书五·诸葛亮传》:"三年春,亮率众南征,其秋悉平。军资所出,国以富饶。【注二】"大意是说:建兴三年(225 年)春,诸葛亮率军南征,秋天就平定了叛乱,军需物资都由新平定的郡县出,不动国库,故国家得以富饶。裴注于此叙述南征孟获之事。

此前三年,南中诸郡得知刘备去世,"并皆叛变"。建兴三年,诸葛亮南征平叛,他采纳了马谡"攻心为上"的建议,对叛军酋长(彝族)孟获实施七纵七擒的策略，使其真正心悦诚服，决心再不与蜀汉为敌，后来还官拜御史中丞。七擒孟获的地点《滇云纪略》都有详细记载，从其分布来看，覆盖了云南省的广大地区。诸葛亮于春天出征，秋天返回，期间约有六个月的时间。从都城成都出发到渡过泸水，再到不毛之地，怕是要用去一半的时间，余下的时间，一面要筹集粮草，安抚边民，一面又要克服险峻的交通和恶劣的自然条件，且不说还需攻城拔寨，就是徒步行进，要走完"纪略"中所说的那许多路线也是很困难的。再说为了一个夷族首领，竟不惜耗时耗力地七纵七擒，这既不符合诸葛亮谨慎行事的原则，也不符合战争的常规，同时《三国志》中也无这方面的记载，因此，有人对是否有孟获其人与是否有七擒之事提出质疑。现在云南昭通第三中学院内有汉代的《孟孝琚碑》，碑文载有孟姓是南中的大姓之一。另外还有关于祭祀孟获的资料及孟获的塑像，所以史学界认为孟获还是确有其人的。至于七擒之事，同时代的《汉晋春秋》有七纵七擒的记载，写作稍晚一点的《华阳国志》和《水经注》也都提到七擒孟获。而《通鉴辑览》则说"一再为甚，又可七乎！"意思是一而再再而三就已过火了，怎可达到七次呢，此言在情在理。看来捉了又放了的事也是有的，只是没有七次那么多罢了。既没有那么多次，又为何传得人们耳熟能详呢？可能是诸葛亮的"南抚夷越"的政策深入人心，当地百姓对诸葛亮十分崇拜，难免把听来的故事附会在他身上的原因吧。

这里要说的是，诸葛亮对南中地区的管理，一反两汉以来由朝廷派官统治并遣兵屯守的惯例，采取不派官、不留兵、不运粮，起用少数民族上层分子的怀柔策略。这样，不仅平定了南方，没有后顾之忧；又可得到该地的物资供应，使国家富饶；还能腾出手来，集中对付曹魏。确是高明的举措。

一一八　空城计质疑

【注文】

郭冲三事[①]曰：亮屯于阳平，遣魏延诸军并兵东下，亮惟留万人守城。晋宣帝[②]率二十万众拒亮，而与延军错道，径至前，当亮六十里所[③]，侦候[④]白宣帝说亮在城中兵少力弱。亮亦知宣帝垂至，已与相逼，欲前赴延军，相去又远，回迹反追，势不相及，将士失色，莫知其计。亮意气自若，敕军中皆卧旗息鼓，不得妄出菴幔[⑤]，又令大开四城门，埽地却洒。宣帝常谓亮持重，而猥[⑥]见势弱，疑其有伏兵，于是引军北趣[⑦]山。明日食时，亮谓参佐拊手大笑曰："司马懿必谓吾怯，将有强伏，循山走矣。"候逻[⑧]还白，如亮所言。宣帝后知，深以为恨。

【注释】

① 郭冲三事：郭冲，西晋时人。《蜀记》曰："金城郭冲以为亮权智英略，有逾管、晏，功业未济，论者惑焉，条亮五事隐没不闻于世者。"裴注在此引用的是第三件事，即空城计。

② 晋宣帝：即司马懿。死后尊为宣皇帝，故称。

③ 所：不定数词，表示大概的数目。

④ 侦候：担任侦察的人。

⑤ 菴(yǎn)幔：草盖的称菴，布帐子称幔。这里指营帐。

⑥ 猥(wěi)：错误地；突然。

⑦ 趣：从速，急于。

⑧ 候逻：侦察巡逻的士卒。

【译文】

郭冲的第三件事是说：诸葛亮屯兵在阳平，派遣魏延率众兵向东进攻，自己只留万人守城。司马懿率二十万魏兵来对抗诸葛亮，路上与魏延错道未相遇，径直来到离阳平约六十里处，侦察兵告诉司马懿说，诸葛亮现在城内守卫力量很薄弱。诸葛亮也得知司马懿大军很快就会到达，将与自己对垒。想去赶赴魏延，可魏延已经去远，即便他们回军，情势也来不及了。将士都大惊失色，不知计将何出。诸葛亮却神态自若，命令全军拔下旗帜，偃旗息鼓；任何人不得随意走出营帐；还令打开四面城门；派人打扫街道，不设洒具。司马懿知道诸葛亮一向谨慎持重，而突然见此情状，怀疑有重兵埋伏，于是从速向北山撤军。第二天吃饭时辰，诸葛亮对参佐拍手大笑道："司马懿必定认为我有意示弱，实际伏有强兵，沿着北山撤了。"侦察兵回来禀报，果然如诸葛亮所言。司马懿事后得知那是座空城，万分悔恨。

【引述】

《三国志·蜀书五·诸葛亮传》载，诸葛亮率师北伐，临发，向后主上《出师表》，说道："今南方已定，兵甲已足，当奖率三军，北定中原，庶竭驽钝，攘除奸凶，兴复汉室，还于旧都。""遂行，屯于沔阳。【注五】"这段话的大意是说：如今南方各郡都已平定，兵甲也很充足，正当鼓励督率将士，挥师北上平定中原。也许凭臣竭尽平庸之才，能铲除奸凶，复兴汉室，回到故都。于是，领兵出发，驻扎在沔阳。裴松之在此注引郭冲五事之三"空城计"。

诸葛亮的空城计最早见于郭冲的这篇文章，裴松之在为《三国志》作注时引用了这个资料，并予以问难反驳。这个资料所说的城是西县即西城，所说的战役是街亭之役。按《三国志·诸葛亮传》载，（建兴)六年(228年)春,“亮身率诸军攻祁山,戎陈整齐,赏罚肃而号令明,南安、天水、安定三郡叛魏应亮,关中响震。魏明帝西镇长安,命张郃拒亮,亮使马谡督诸军在前,与郃战于街亭。谡违亮节度,举动失宜,大为郃所破。亮拔西县千余家,还于汉中,戮谡以谢众。”并自责失职,“请自贬三等”。从志书看,街亭之役魏方的主帅是张郃而不是司马懿,街亭失守后,诸葛亮即刻携领西县即西城千余家百姓回到汉中。这里没有有关西城发生过惊险的空城之危的记载,也没有司马懿“率二十万众拒亮”的叙述。司马懿当时在哪里呢?《晋书·宣帝纪》载:“太和元年(227年)六月,天子诏帝屯于宛,加督荆、豫二州诸军事。”此时的司马懿远在宛县,因此无由与诸葛亮相遇。裴松之认为郭冲所说实为可疑,一是当时司马懿尚为荆州都督,无法与诸葛亮交兵;二是司马懿已知亮兵少力弱,纵然有伏兵,率有二十万兵马还可包围城池,缘何就撤兵了呢;三是郭冲的话是说给司马懿之子扶风王的,对子毁父已属不当,扶风王还“慨然善冲之言”;故而得知其言为虚。由此看来,空城计便系子虚乌有之事了。不过,故事能流传至今,还是有迹象可循的,首先是有故事的源头,再者其事合情入理使人信服,加之由于有裴注的援引使其广为流传,再加上《三国演义》的加工敷演,罗贯中在第九十五回“马谡拒谏失街亭 武侯弹琴退仲达”写得十分精彩,使故事深入人心。另外戏剧《空城计》中的诸葛亮更是在大军兵临城下之际,意静情闲地只带两个书僮在城楼上抚琴,还对司马懿遥呼道:“我是又无有埋伏又无有兵,你不要胡思乱想心不定,来来来,请上城来,听我抚琴。”倒像老友久别重逢似的,让观众在捏着一把冷汗中笑出声来。这就是文学艺术的魅力,能达到如此的艺术效果,尚复何求!

一一九　诸葛亮《后出师表》

【注文】

《汉晋春秋》曰：亮闻孙权破曹休，魏兵东下，关中虚弱。十一月，上言曰：

"先帝虑汉、贼不两立[①]，王业不偏安[②]，故托臣以讨贼也。以先帝之明，量臣之才，故知臣伐贼才弱敌强也；然不伐贼，王业亦亡，惟坐待亡，孰与伐之？是故托臣而弗疑也。臣受命之日，寝不安席，食不甘味，思惟北征，宜先入南，故五月渡泸，深入不毛[③]，并日而食[④]。臣非不自惜也，顾王业不得偏全于蜀都，故冒危难以奉先帝之遗意也，而议者[⑤]谓为非计。今贼适疲于西[⑥]，又务于东[⑦]，兵法乘劳[⑧]，此进趋之时也。谨陈其事如左：

"高帝[⑨]明并日月，谋臣渊深[⑩]，然涉险被创，危然后安。今陛下未及高帝，谋臣不如良、平[⑪]，而欲以长计[⑫]取胜，坐定[⑬]天下，此臣之未解[⑭]一也。刘繇、王朗[⑮]各据州郡，论安言计，动引圣人，群疑满腹，众难塞胸，今岁不战，明年不征，使孙策坐大[⑯]，遂并江东，此臣之未解二也。曹操智计殊绝于人，其用兵也，仿佛孙、吴[⑰]，然困于南阳[⑱]，险于乌巢[⑲]，危于祁连[⑳]，逼于黎阳[㉑]，几败北山[㉒]，殆死潼关[㉓]，然后伪定一时[㉔]耳，况臣才弱，而欲以不危而定之，此臣之未解三也。曹操五攻昌霸不下[㉕]，四越巢湖不成[㉖]，任用李服而李服图之[㉗]，委夏侯而夏侯败亡[㉘]，先帝每称操为能，犹有此失，况臣驽下[㉙]，何能必胜？此臣之未解四也。自臣到汉中，中间期年耳，然丧赵云、阳群、马玉、阎芝、丁立、白寿、刘郃、邓铜等及曲长屯将七十余人，突将[㉚]无前。賨叟、青羌[㉛]散骑、武骑一千余人，此皆数十年之内所纠合四方之精锐，非一州之所有，若复数年，则损三分之二也，当何以图敌？此臣之未解五也。今民穷兵疲，而事不可息，事不可息，则住与行劳费正等，而不及今图之，欲以一州之地与贼持久，此臣之未解六也。

“夫难平㉜者，事也。昔先帝败军于楚㉝，当此时，曹操拊手谓，天下以定㉞。然后先帝东连吴、越，西取巴、蜀，举兵北征，夏侯授首，此操之失计而汉事将成也。然后吴更违盟㉟，关羽毁败，秭归蹉跌㊱，曹丕称帝。凡事如是，难可逆见。臣鞠躬尽力，死而后已，至于成败利钝，非臣之明所能逆睹也。”于是有散关之役。此表，《亮集》所无，出张俨《默记》。

【注释】

① 汉、贼不两立：指汉朝和逆贼不并立。贼指曹魏。

② 王业不偏安：帝王的事业不能偏安在一个角落。

③ 不毛：不生长植物，指荒瘠之地。

④ 并日而食：两天用一天的食粮，形容行军的艰苦。

⑤ 议者：指对诸葛亮北伐持不同意见的官吏。

⑥ 疲于西：指建兴六年诸葛亮出祁山伐魏，关中震动，魏明帝还亲自坐镇长安指挥。

⑦ 务于东：指魏将曹休伐吴之事。此次伐吴，被吴将陆逊大破于石亭。

⑧ 乘劳：乘敌人疲劳之际。

⑨ 高帝：指汉高祖刘邦。

⑩ 渊深：深厚。

⑪ 良、平：指张良和陈平。都是汉高祖的谋臣。

⑫ 长计：求取从长计议的谋略。

⑬ 坐定：很容易地平定。

⑭ 未解(xiè):胡三省认为“解”应读作“懈”即未敢懈怠之意,一说谓不能理解,二说皆可通。

⑮刘繇、王朗:刘繇,东汉末为扬州刺史,王朗为会稽刺史。后都被孙策击败。

⑯ 坐大:逐渐强大起来。

⑰ 孙、吴:孙膑和吴起。皆古代的兵家。

⑱ 困于南阳:南阳在今河南南阳市。建安二年曹操讨张绣,反被张绣所败。

⑲ 险于乌巢:乌巢在今河南延津县东南。建安五年曹操大破袁绍前曾一度绝粮,故称“险”。

⑳ 危于祁连:胡三省说,可能指邺附近的祁山,当时曹操围邺,险被袁尚的将领审配射中。

㉑ 逼于黎阳:黎阳在今河南浚县境内。指建安八年,袁谭、袁尚兄弟固守黎阳,曹操连攻不克事。

㉒ 几败北山:谓与乌桓战于白狼山时事。一说,曹操自长安出斜谷,运米北山下,被赵云击败事。

㉓ 殆死潼关:指曹操与马超战于潼关,操正渡河,马超率步骑万余人追射之。

㉔ 伪定一时:蜀汉以正统自居,故称曹操为“伪”。是说曹操取得暂时的稳定。

㉕ 五攻昌霸不下:建安四年,东海昌霸背叛曹操归附刘备,曹遣将击之不克。

㉖ 四越巢湖不成:巢湖在今安徽合肥东南,曹操与孙权曾多次在此交战。

㉗ “任用李服”句:《通鉴》胡三省注认为李服当为王服之误,王服曾与董承等按汉献帝衣带诏共同谋杀曹操。

㉘ “委夏侯”句:夏侯指夏侯渊,被蜀将黄忠杀于定军山。后文“夏侯授首”亦指此事。

㉙ 驽下:谓资质驽钝,才能低下。

㉚ 突将:冲锋陷阵的将卒。

㉛ “賨(cóng)叟青羌”句:賨叟、青羌是蜀军中西南地区的少数民族部队。散骑、武骑都是骑兵的名号。

㉜ 平:同“评”,评断,这里是预测的意思。

㉝ 败军于楚：指建安十二年，曹军南下，刘备在当阳长坂被击溃事。当阳属古楚地，故云。

㉞ 以定：已定。“以”同“已”。

㉟ 吴更违盟：建安二十四年，关羽击曹魏，克襄阳，擒于禁，斩庞德，威震中原。孙权却违背吴蜀盟约，趁关羽攻魏之际，派吕蒙暗袭荆州，擒杀关羽父子。

㊱ 秭归蹉跌（cuō diē）：秭归在今湖北秭归县。蹉跌，跌跤。章武元年，刘备为报孙吴杀害关羽之仇，出兵伐吴，次年，被吴将陆逊大破于夷陵，刘备逃到秭归。

【译文】

习凿齿《汉晋春秋》记载：诸葛亮听说孙权打败魏将曹休，魏军正向东进发，关中一带空虚，便于建兴六年（228 年）十一月，向后主刘禅上表言道：

“先帝考虑到汉与曹贼不能并存，帝王之业不能偏安于一隅，所以委臣讨伐曹贼。以先帝的明智，估量臣下的才能，知道讨伐汉贼，臣下势力薄弱而敌方强大；但不伐贼，帝王之业也就败亡，与其坐待其亡，何如主动讨伐呢？因此先帝毫不犹豫地把大业委托给臣。臣自接受任命之日起，寝不安席，食不甘味，想到既要北伐，应先平定南方，所以五月横渡泸水，深入不毛之地，两日只吃一日的口粮。臣并非不知自我顾惜，而是顾念王业不应偏安于蜀都，故而甘冒危难竭力完成先帝的遗愿，有争议的人认为这样做并非良策。如今曹贼恰好在西面疲于对付边郡的叛变，在东面又要对付孙吴的进攻，兵法云：乘敌人疲劳之际进攻，此时正符合进攻的时机。谨陈列其事如下：

“高祖皇帝的明智可与日月相比，他的谋臣都见识渊博，谋略深远，然而还历经艰险，身受创伤，遭遇危难而后才得以安定。如今陛下不及高祖皇帝，谋臣也不如张良、陈平，而想用长期相持的战略来取胜，轻而易举地平定天下是很难的，这是臣下未敢懈怠的第一点。刘繇、王朗各自占据州郡,在谈及安邦策略时,动辄引用古圣贤之言,使众人满腹顾虑和疑难,今岁不征,明年不战,致使孙策逐渐强大,终于占有江东之地,这是臣下未敢懈怠的第二点。曹操的智谋远超他人,用兵打仗如同孙子、吴起一般,然而还曾受窘困于南阳,遇危险于乌巢,遭厄运于祁连,被威逼于黎阳,几乎惨败于北山,差一点死于潼关,然后才取得暂时的安定。何况臣下才能低下,要想不冒危险而卒定乾坤是难以实现的,这是臣下未敢懈怠的第三点。曹操五次攻打昌霸都攻不下,四次跨越巢湖皆未成功。任用李服(应为王服)而李服却想谋杀他,委用夏侯渊而夏侯渊败亡了。先帝常称赞曹操颇有才干,尚有这许多失误,况臣下资质驽钝,才能低下,怎能保证一定能取胜呢?这是臣下不敢懈怠的第四点。自臣进驻汉中,其间不过一年而已,就丧失了赵云、阳群、马玉、阎芝、丁立、白寿、刘郃、邓铜等将领及部曲将官、屯兵将官七十余人,冲锋陷阵的骠悍将卒也不如前。賨叟、青羌各少数民族的散骑、武骑损失一千余人,这些都是数十年之间聚集四方精锐部卒而组成的劲旅, 不是某一州所能拥有的, 若是再过几年,则会损失三分之二,我蜀汉将用什么去制服敌方呢? 这是臣下未敢懈怠的第五点。如今百姓贫穷、士卒疲惫,但战事又不能停息,战事不能停息, 那么待在家里和进攻敌人所消耗的吃喝住行费用是基本相等的。若不趁此时机出击, 想凭一州之地与曹贼长久相持是极难的,这是臣下不敢懈怠的第六点。

“凡事最难预测的,是战事。当初先帝败于楚地,当此之时,曹操拍手称快,以为天下事已成定局。然而后来先帝在东与吴、越联盟,在西收取巴、蜀之地,举兵北伐,夏侯渊献出首级,这说明曹操的失策和汉室大业成功有望。然而后来孙权违背盟约,关羽受挫被杀,先帝又在秭归遭遇挫折,曹丕称帝,这种种事件都难以预料。臣下唯有竭尽毕生之力,死而后已。至于是成是败是顺利还是遇阻,不是臣下智力所能预见的。”于是就有蜀魏之间的散关之役。此表，《诸葛亮集》中无记载，其出自张俨的《默记》。

【引述】

《三国志·蜀书五·诸葛亮传》：“于是以亮为右将军，行丞相事，所总统如前。【注三】”志书是说，建兴六年马谡丢失街亭，诸葛亮认为这是自己授任无方，街亭失守自己应担责任，请求降职三级。于是改任诸葛亮为右将军，代理丞相职务，总管全国军政和从前一样。裴松之在此注引诸葛亮的《后出师表》，在表的末尾道：“此表，《亮集》所无，出张俨《默记》。”

陈寿在撰《三国志》时，在材料的取舍上是很审慎的，书中只收录了《前出师表》而未收《后出师表》，因此有人认为前后二表非出一人之手，至少不是全出诸葛亮之手。认为系诸葛亮的侄子即东吴大将军诸葛恪伪作，也有人据裴注说出张俨《默记》，认为是张俨伪作。假若是诸葛恪所作，当在表中大赞叔父，大贬曹魏，可在表中未发现这类字句，倒是出现“况臣才弱”“况臣驽下”的自贬文字。而且诸葛恪身为吴臣，也不该说出“使孙策坐大，遂并江东”的话来。故而说是诸葛恪伪作不大可能。另外，也不会是张俨伪作，因为他首先无法骗过诸葛恪这位亲属兼知情者。至于说前后两表辞气迥异也不能使人信服。如前表云“今南方已定，兵甲已足，当奖率三军，北定中原”。说的是当前的任务；后表“今贼适疲于西，又务于东，兵法乘劳，此进趋之时也”。也说的是当务之急，辞义相近。前表的“庶竭驽钝，攘除奸凶”说的是为臣的职责；后表的“鞠躬尽力，死而后已”说的是自己的决心，前后一脉相承。从写作风格看，前后二表都讲究对仗排比，有汉赋骈偶特色；感情真挚，说理透彻；都志尽文畅，音节铿锵。前表偏重叙事抒情，后表专注论述批驳，互为补充映照，合之为一完璧，故而当出一人之手,同为传统名篇。

一二〇　孙权称帝

【注文】

《汉晋春秋》曰:是岁,孙权称尊号①,其群臣以并尊二帝来告。议者咸以为交之无益,而名体②弗顺,宜显明正义,绝其盟好。亮曰:"权有僭逆之心久矣,国家所以略其衅情③者,求掎角④之援也。今若加显绝,雠我必深,便当移兵东(戍)[伐],与之角力⑤,须并其土,乃议中原。彼贤才尚多,将相缉穆⑥,未可一朝定也。顿兵相持,坐而须⑦老,使北贼得计,非算之上者。昔孝文卑辞匈奴,先帝优与吴盟,皆应权通变⑧,弘思远益,非匹夫之为(分)[忿]者也。今议者咸以权利在鼎足,不能并力,且志望⑨以满,无上岸之情,推此,皆似是而非也。何者?其智力不侔⑩,故限江自保,权之不能越江,犹魏贼之不能渡汉,非力有余而利不取也。若大军致讨,彼高当分裂其地以为后规,下当略民广境,示武于内,非端坐者⑪也。若就其不动而睦于我,我之北伐,无东顾之忧,河南之众不得尽西,此之为利,亦已深矣。权僭之罪,未宜明也。"乃遣卫尉陈震庆权正号⑫。

【注释】

① 尊号:指即帝位。

② 名体:名位与身份,名义与体统。

③ 衅情:罪情,罪恶的用心。

④ 掎角(jǐ jiǎo):谓分兵牵制或夹击敌人,亦谓分兵相互呼应。

⑤ 角力:以武力决胜负。

⑥ 缉穆:和睦。

⑦ 须:待。

⑧ 应权通变:谓顺应机宜,采取变通的措施。

⑨ 志望:心愿,志向。

⑩ 不侔(móu):不相等。

⑪ 非端坐者:言蜀国如若击破魏国,吴国也将分得一份功劳。端坐:安坐。

⑫ 正号:正名号,称尊号。

【译文】

习凿齿《汉晋春秋》记载:在黄龙元年(229年)孙权即帝位,派使者来蜀告诉并尊蜀、吴二帝(刘备已于221年称帝)。蜀汉的官员认为与吴结交没有益处,且吴称帝号按名位和体制都不顺,蜀方宜申明大义,与吴断绝盟约。诸葛亮道:"孙权有潜逆之心由来已久,我国所以不追究其别有野心的原因,是想让他牵制曹魏形成犄角之援。假若如今断绝交往,彼势必对我加深仇恨,我必然需转移兵力到东部,与吴决一胜负,并需吞并其国土,而后才能进兵中原的曹魏。而吴国贤士尚多,将相又很和睦,战局很难在短期内定夺。若与他们长期对峙,会使军队坐以待老,反使曹魏有可乘之机,此非上策。当初孝文帝以谦卑的言辞与匈奴议和,先帝以优渥的条件与吴结盟,都是顺应情势,善于应变的做法。这是从长远利益考虑,并非泄一时的匹夫之忿。如今有人认为孙权只求三足鼎立,不想与我们合力伐曹,他的心愿已满足,再不上岸作战了。这种看法似是而非,为什么?因为东吴无论才智与实力都不能与曹相比,所以只能依江自保;孙权无法越过长江,就像曹魏无法渡过汉水一样,并非实力有余明知有利而不去获取。假如我们派出大军征讨曹魏,东吴既可有大的行动,从而规划分割中原的土地，也可示武于内，只是掳掠对方百姓扩大地盘，决不会安然稳坐不收渔利的。反之，如果东吴按兵不动与我和睦相处，我方北伐时，东部则无后顾之忧，曹魏也因有吴牵制而不敢将黄河以南的部队全部调来对付我军，这种态势对我们的好处极大。孙权称帝的罪名，还是不公开指责为妥。”于是派卫尉陈震前往东吴庆贺孙权称帝。

【引述】

《三国志·蜀书五·诸葛亮传》：“诏策亮曰：‘街亭之役，咎由马谡……方今天下骚扰，元恶未枭，君受大任，幹国之重，而久自挹损，非所以光扬洪烈矣。今复君丞相，君其勿辞。’【注一】”其大意是说：(229年)后主有诏策命诸葛亮道：“街亭之役，罪在马谡……现今天下骚乱，元凶尚未翦除，先生身负重任，关系治国要务，若长期自我贬损，并非光复大业的做法，今恢复先生的丞相职任，望先生勿辞。”果然客观形势发展很快，孙权就在同年称帝。裴松之在此注引蜀汉对孙权称帝的态度。

与东吴建立联盟，是诸葛亮外交思想的核心，但此次是孙权称帝，这就牵扯到承认还是不承认的问题。许多官员认为与吴交往没有什么益处，再者天无二日、土无二主，这是古今正义，故而不能承认孙权的帝号，应与之断交。诸葛亮则不主张断交，他认为一是明知孙权早有称帝之野心，但蜀隐忍不发的原因，就是想利用东吴牵制曹魏，若失去这一掎角之援，对我不利。二是如与东吴交恶，假若魏蜀交战，孙吴会在东面给你使刀子；假若吴蜀交战，魏会在北面给你使刀子。蜀会遭遇腹背受敌，亦大不利。三是与吴交恶，两国决一雌雄是势在必行，这两国的实力都远不如魏，两弱相争渔人得利，届时别说复兴汉室，就连三足鼎立的局面也难以形成。这对吴、蜀都不利。而且，此时若将占据的雍、凉之州与益州连成一体，比《隆中对》提出的跨有荆、益二州更有利，所以“遣使庆权正号”。这个决策正说明诸葛亮见解的高明。

一二一　司马懿畏蜀如虎

【注文】

《汉晋春秋》曰：亮围祁山[①]，招鲜卑轲比能，比能等至故北地石城以应亮[②]。于是[③]魏大司马曹真有疾，司马宣王自荆州入朝，魏明帝曰：“西方事重，非君莫可付者。”乃使西屯长安，督张郃、费曜、戴陵、郭淮等。宣王使曜、陵留精兵四千守上邽，余众悉出，西救祁山。郃欲分兵驻雍、郿，宣王曰：“料前军能独当[④]之者，将军言是也；若不能当而分为前后，此楚之三军所以为黥布禽[⑤]也。”遂进。亮分兵留攻，自逆[⑥]宣王于上邽。郭淮、费曜等徼[⑦]亮，亮破之，因大芟刈[⑧]其麦，与宣王遇于上邽之东，敛兵依险，军不得交，亮引而还。宣王寻亮至于卤城。张郃曰：“彼远来逆我，请战不得，谓我利在不战，欲以长计制之也。且祁山知大军以在近，人情自固，可止屯于此，分为奇兵，示出其后，不宜进前而不敢逼，坐失民望也。今亮县军[⑨]食少，亦行去矣。”宣王不从，故寻[⑩]亮。既至，又登山掘营，不肯战。贾栩、魏平数请战，因曰：“公畏蜀如虎[⑪]，奈天下笑何！”宣王病之[⑫]。诸将咸请战。五月辛巳，乃使张郃攻无当监[⑬]何平于南围，自案中道向亮。亮使魏延、高翔、吴班赴拒，大破之，获甲首三千级，玄铠五千领，角弩三千一百张，宣王还保营。

【注释】

① 祁山：在今甘肃礼县东。汉代在西汉水北岸山上筑城，其城极为严固，即今

祁山堡，为军事要地。相传诸葛亮曾多次出祁山攻魏，即此处。

② 应亮：响应诸葛亮。

③ 于是：即当时，在这时。

④ 独当：独自迎击，单独抵御。

⑤“此楚之三军”句：按《通鉴》载，汉高祖十一年，楚人将军队分为三路以便相互救援，有人劝楚将道：“黥布善用兵，彼若败吾一军，其余的都跑了，还怎么相救？”楚将不听，后来果如劝者所言。

⑥ 逆：迎战，迎击。

⑦ 徼（yāo）：通“邀”，招致，攻打。

⑧ 芟刈（shān yì）：割草；收割。

⑨ 县军：县，同“悬”。悬军，指深入敌方缺乏后援的孤军。

⑩ 故寻：有意为之曰“故”；“寻”即随而蹑其后。

⑪ 畏蜀如虎：害怕蜀军就像害怕老虎一样。成语“畏敌如虎”即出此。

⑫ 病之：以之为耻。

⑬ 无当监：无当，蜀军部之号，意谓其军精勇，敌人无能当者，使何平作监护，故名其官曰“无当监”。

【译文】

习凿齿《汉晋春秋》记载：诸葛亮围攻祁山，招鲜卑族的轲比能，轲比能等发兵到故北地石城以响应诸葛亮。当时魏国的大司马曹真有病。司马懿从荆州入朝，魏明帝对他道：“西部的战事很重要，除了你无人可应付。”便让他西屯长安，督率张郃、费曜、戴陵、郭淮等人。司马懿让费曜、戴陵留下四千精兵守卫上邽，其余全部出动，随他去解祁山之围。张郃建议分一部分军队驻扎在雍、郿两地，司马懿道：“假若料定前军能独自御敌，那将军的建议是对的，如若不能独当一面却把军队分作前后两路，这正像当年楚国把军队分成三路而最后被黥布擒拿一样。”于是一同前进。诸葛亮留下部分军卒攻打祁山，亲自率兵前往上邽迎击司马懿。郭淮、费曜等邀击诸葛亮，被诸葛亮击败，还乘机收割了魏方的大片麦田，与司马懿在上邽之东相遇。司马懿却收缩兵力依托险地不出战，两军无法交兵，诸葛亮便引军而还。司马懿尾随诸葛亮直至卤城。张郃道：“蜀军远道而来迎击我军，请求交战我军却不出，他们则认为不交战对我方有利，所以想用持久战来对付我们。再且祁山方面也知我大军逼近，他们定会固守，我军可驻扎在此，派出奇兵，袭击敌后，不应两军靠近却不敢对阵，失去我军在民众中的声望。如今诸葛亮孤军深入，又缺乏军粮，也退走了。”司马懿不予采纳，还是跟在诸葛亮的后面。及至追到了，却在山上掘营建寨，就是不肯交战。贾栩、魏平多次请战未果，于是说道：“司马公害怕蜀军就像害怕老虎一般，难道不怕天下人笑话！”司马懿听了大为尴尬。诸将皆都请战，五月辛巳日，司马懿派张郃在祁山的南围向蜀军的无当监何平发起进攻，他据中道与诸葛亮旗鼓相向。诸葛亮派魏延、高翔、吴班前往抗击，大破魏军，获披甲战士首级三千，铁铠五千领，角弩三千一百张。司马懿于是退兵守护营寨。

【引述】

《三国志·蜀书五·诸葛亮传》：“九年，亮复出祁山，以木牛运，【注一】粮尽退军，与魏将张郃交战，射杀郃。”这几句话大意是：建兴九年(231年)，诸葛亮再次出兵祁山，用木牛运送粮食，因粮尽而还。在与魏将张郃交战时，射死了张郃。

说到诸葛亮与司马懿的交战，史上只有两次。一次就是本文叙述的发生在建兴九年的这次。当时司马懿的麾下有征西车骑将军张郃、后将军费曜、征蜀护军戴陵、建威将军郭淮，阵容可谓强大，但最后还是失败了。不仅丢了张郃这员骁将，还得了个“畏蜀如虎”的尴尬名声。第二次在建兴十二年(234 年),这一仗可以说没有正面交锋,因为当时诸葛亮积劳成疾,不久病逝了。撤军时司马懿得知消息,赶忙去追,蜀将姜维等反旗鸣鼓,做出向魏军进攻的样子,司马懿害怕了,怀疑诸葛亮的死讯不属实,忙撤退了。事后他在巡视蜀营、住所时感叹道“诸葛亮真是天下奇才也”,这是对诸葛亮的真心赞颂。从他总是不愿、或者说不敢与诸葛亮交战中,说明他自知其才不足以敌亮。一代明君李世民也说,当魏蜀对峙之时,司马懿是占尽优势的一方,结果兴师动众而来,却无功而返,这显然不是一个良将的作为。

一二二　司马懿千里请战

【注文】

《汉晋春秋》曰:亮自至,数挑战。宣王[①]亦表固请战。使卫尉辛毗持节[②]以制之。姜维谓亮曰:“辛佐治仗节而到,贼不复出矣。”亮曰:“彼本无战情,所以固[③]请战者,以示武于其众耳。将在军,君命有所不受[④],苟能制[⑤]吾,岂千里而请战耶!”

【注释】

① 宣王:指司马懿。

② 辛毗持节:辛毗手执符节。辛毗字佐治。持节,指古代大臣出使或大将出师,皇帝授予符节,作为凭证和权力的象征。

③ 固:坚决,坚持。

④ 将在军,君命有所不受:因战事瞬息万变,故将在军中,可不受君命约束而见机行事。语出《孙子·九变》。

⑤ 制:制服,制裁。

【译文】

习凿齿《汉晋春秋》记载:诸葛亮亲自来到两军阵前,数次向司马懿挑战。司马懿便向魏国的皇上呈上表章,说坚决请求与诸葛亮开战。皇上派卫尉辛毗手持符节前来予以制止。姜维对诸葛亮道:"辛毗持节来到,贼兵不会出战了。"诸葛亮道:"司马懿本来就无出战的打算,所以向皇上坚决请战,不过是向部属表示他要动武罢了。兵法云'将在军,君命有所不受',假若司马懿能制服我,哪里能在千里外却向皇上请求开战的道理呢?"

【引述】

《三国志·蜀书五·诸葛亮传》:"亮每患粮不继,使己志不申,是以分兵屯田,为久驻之基。耕者杂于渭滨居民之间,而百姓安堵,军无私焉。【注三】相持百余日。"这段话大意是说:诸葛亮常担忧粮食供应不上,使自己的统一大业不能实现,便派部分兵卒垦田种地,想以此作为长期驻军的基地。让士卒混杂在渭水边的百姓之中,百姓安乐,军卒也不求私利。与司马懿相持了一百多天。裴注所引便是这期间发生的事。

从《汉晋春秋》这段引文来看,司马懿明知打不赢诸葛亮,故采取坚守不出战的策略。但又怕部属的非议,便故作姿态地向千里之外的皇上要求开战,这不是在打自己的脸吗,浩浩荡荡地把大军远道开至前线,不就是为了打仗的吗?还需要再上表、再请求吗?可司马懿就这么做了,而皇上也似乎很了解对方真实的心意是不想开打,便派了骨鲠的辛毗持节阻拦出战,像是预先有约定似的。《晋书·宣帝纪》还记载:"亮数挑战,帝不出,因遗帝巾帼妇人之饰。"送妇人衣饰,是羞辱司马懿像女人一样胆小。在《三国演义》电视剧里，这位三军统帅竟把送去的女人服饰穿在身上，一副滑稽可笑的形象，这不过是司马懿无奈之下的自我解嘲罢了。

一二三　死诸葛吓走活仲达

【注文】

《汉晋春秋》曰：杨仪[1]等整军而出，百姓奔告宣王，宣王追焉。姜维令仪反旗鸣鼓[2]，若将向宣王者，宣王乃退，不敢逼。于是仪结陈[3]而去，入谷然后发丧。宣王之退也，百姓为之谚曰："死诸葛走[4]生仲达。"或以告宣王，宣王曰："吾能料生，不便料死也。"

【注释】

① 杨仪：时任蜀汉长史。

② "姜维"句：姜维，时任蜀汉中监军、征西将军。鸣鼓，即击鼓。古时作战，击鼓表进攻，鸣金表收兵。

③ 结陈：即结阵，列成队形，结成阵势。

④ 走：跑，逃跑。

【译文】

习凿齿《汉晋春秋》记载：（诸葛亮病逝，蜀军回撤。）长史杨仪等整饬军队同时出发，有百姓跑去告知司马懿，司马懿急忙追赶。中监军姜维命杨仪调转旗帜并击鼓前进，像是将冲向司马懿似的，司马懿立马撤退，不敢逼近。于是杨仪列队结阵而去，进了斜谷之后才为诸葛亮发丧。对司马懿的逃跑,民间流传一句谚语,即“死诸葛吓跑活仲达”。有人把此话告给司马懿,司马懿说:“我只能推断活着的,无法揣度死去的。”

【引述】

《三国志·蜀书五·诸葛亮传》:“其年八月,亮疾病,卒于军,时年五十四。及军退,宣王案行其营垒处所,曰:‘天下奇才也!’【注五】”志书这段话是说:建兴十二年(234 年)八月,诸葛亮病死在军中,时年五十四岁。待蜀军退走后,司马懿巡视蜀军营垒、住处,说道:“诸葛亮真是天下奇才啊!”

刘备三顾茅庐,诸葛亮“由是感激,遂许先帝以驱驰”,于是,“受任于败军之际,奉命于危难之间”,当时他才二十七岁。从此以后,为兴复汉室夙兴夜寐,转战南北,深入不毛,并日而食,和刘备终于获得三分天下有其一的局面。临去世,他向后主上表道:臣“成都有桑八百株,薄田十五顷,子弟衣食,自有余饶。至于臣在外任,无别调度,随身衣食,悉仰于官,不别治生,以长尺寸。若臣死之日,不使内有余帛,外有赢财,以负陛下。”及卒,如其所言,可谓清廉至极。他还遗命葬他于定军山,依山为坟,墓穴只要能放下棺木即可,入殓时就穿平时所穿衣服,不要陪葬器物。终其一生,他是把从出山到去世的这二十七年,全部奉献给了蜀汉的建国大业,真正做到了如他所说的“鞠躬尽力,死而后已”!

一二四　作木牛流马法

【注文】

《亮集》载作木牛流马[①]法曰："木牛者，方腹曲头，一脚四足，头入领中，舌著于腹。载多而行少，宜可大用，不可小使；特行[②]者数十里，群行者二十里也。曲者为牛头，双者为牛脚，横者为牛领，转者为牛足，覆者为牛背，方者为牛腹，垂者为牛舌，曲者为牛肋，刻者为牛齿，立者为牛角，细者为牛鞅[③]，摄者为牛鞦轴[④]。牛仰双辕，人行六尺，牛行四步。载一岁[⑤]粮，日行二十里，而人不大劳。

"流马尺寸之数，肋长三尺五寸，广三寸，厚二寸二分，左右同。前轴孔分墨去头四寸，径中二寸。前脚孔分墨二寸，去前轴孔四寸五分，广一寸。前杠[⑥]孔去前脚孔分墨二寸七分，孔长二寸，广一寸。后轴孔去前杠分墨一尺五分，大小与前同。后脚孔分墨去后轴孔三寸五分，大小与前同。后杠孔去后脚孔分墨二寸七分，后载剋去后杠孔分墨四寸五分。前杠长一尺八寸，广二寸，厚一寸五分。后杠与等版方囊二枚[⑦]，厚八分，长二尺七寸，高一尺六寸五分，广一尺六寸，每枚受米二斛三斗。从上杠孔去肋下七寸，前后同。上杠孔去下杠孔分墨一尺三寸，孔长一寸五分，广七分，八孔同。前后四脚，广二寸，厚一寸五分。形制[⑧]如象，靬[⑨]长四寸，径面四寸三分。孔径中三脚杠，长二尺一寸，广一寸五分，厚一寸四分，同杠耳。"

【注释】

① 木牛流马：三国蜀诸葛亮创制的运输工具，即独轮车与四轮车。

②特行:单独行走。

③牛鞅(yàng):牛拉车时驾在脖子上的套具。

④鞦轴(qiū zhóu):拴在牲口股后系皮带的轴。

⑤一岁:一年。

⑥杠:粗棍子。

⑦枚:量词,相当于"个""只"。

⑧形制:形状,款式。

⑨靬(jiān):干革制成的流马部件。

【译文】

《诸葛亮集》中载有制作木牛、流马的方法,写道:"木牛,方形的是腹,弧形的是头,一脚四趾,头与脖颈相连,舌头与腹部相接。装载的多行走的慢,适宜做重要的用项,不可随意滥用;单独行走可日行数十里,集体行动仅走二十里。那带弧形的是牛头,成双对的是牛脚,横置着的是牛脖子,能转动的是牛脚趾,覆盖在上面的是牛背,方形的是牛的腹部,垂下来的是牛的舌头,弯曲不直的是牛肋,经过雕镂的是牛的牙齿,直竖着的是牛的尖角,那细点的木料是驾在牛脖颈上的套具,那牵引着的是拴在牛屁股后系皮带的轴。牛仰仗的是双辕,人行六尺,牛需走四步。一次可运载一个人一年的口粮,日行二十里,而人不需过于劳累。

"流马制作的尺寸是:肋长三尺五寸,宽三寸,厚二寸二分,左右两肋相同。前轴孔分墨距离头四寸,径中二寸。前脚孔分墨二寸,距离前轴孔四寸五分,宽一寸。前杠孔距离前脚孔分墨三寸七分,孔长二寸,宽一寸。后轴孔距离前杠分墨一尺五分,其尺寸大小与前面的相同。后脚孔分墨距离后轴孔三寸五分,其尺寸大小与前面的相同。后杠孔距离后脚孔分墨二寸七分,后载剋距离后杠孔分墨四寸五分。前杠长一尺八寸，宽二寸，厚一寸五分。后杠与两个用木板制成的方箱子尺寸相等，木箱子厚八分，长二尺七寸，高一尺六寸五分，宽一尺六寸，每个箱子装米二斛三斗。从上杠孔距离肋下七寸，前后尺寸相同。上杠孔距离下杠孔分墨一尺三寸，孔长一寸五分，宽七分，八个孔尺寸相同。前后共有四脚，各宽二寸，厚一寸五分。形状像大象，靬长四寸，径面四寸三分。孔径中有三个脚杠，长二尺一寸，宽一寸五分，厚一寸四分，尺寸与杠相同。”

【引述】

《三国志·蜀书五·诸葛亮传》：“亮性长于巧思，损益连弩，木牛流马，皆出其意，推演兵法，作八陈图，咸得其要云。【注一】”志书的话大意是说：诸葛亮擅长奇巧的构思，改进弓箭使之成为连续发箭的连弩，又创制了木牛流马，这都出自他的主意。他还推演用兵的方略，设计了八阵图，皆都得其要领。裴松之在此录引了《诸葛亮集》中木牛流马的制作方法。

兵法云：“兵马未动，粮草先行。”行兵打仗，在难于上青天的蜀道上运送粮食，是一大难题，诸葛亮“每患粮不继，使己志不申”，又好几次就因粮食供应不上而“粮尽退军”。后来他发明了木牛流马，解决了运输难题。《三国演义》第一百二回有制作过程的叙述和实地使用的描写。说这流马，宛然活的一般，上山下岭，能尽其便，又不吃草，还可昼夜不停地运输。司马懿闻听大惊，派兵抢回三五匹来，让巧匠百人按其尺寸大小、长短薄厚等格式，于半月之间如法炮制了二千多只，去大本营运送粮草，往来不绝。诸葛亮一听大喜，派兵前去打散魏兵，乘机暗将木牛流马口中舌头扭转，牛马便不能动弹了。魏方听得粮食被劫，派兵来救援，倒是将牛马夺去，可是牛马都牵不走、拽不动了，又无法往回扛。正在疑惑时，忽然鼓角喧天，只见山后一队神兵拥出，个个面涂色彩，手执旗剑，蜂拥杀来将牛马的舌头又暗暗扭转，牛马便都随蜀军去了。魏军以为"此必神助也"，无不惊畏，不敢追赶。诸葛亮的神机妙算不仅使司马懿损失了不少粮食，还折了几员大将。木牛流马的作用也发挥到了极致。据说其制作方法记于竹简，并有附图，载于《诸葛亮集》。若干年后，竹简老化，附图丢失，原文残缺多误，加之文中杂有方言，难于理解，因此真正的木牛流马是何样式，众说纷纭，后世不乏复原或仿制者，但皆为个人制品，而真正原始的诸葛亮的木牛流马很难复原。于是有人对木牛流马是否存在过发生怀疑，但《三国志》上明写着："九年，亮复出祁山，以木牛运，粮尽退军。""十二年春，亮悉大军由斜谷出，以流马运。"这都是记实文字，撰者陈寿又是一位十分严谨的史学家。因此我们说，木牛流马是存在过，只是人们还没有很好地揭示出它的庐山真面目罢了。

又有人说，当时没有电力，没有能源，木牛流马如何走动呢？其实是忽略了原文中的"而人不大劳"即人不需过于劳累，说到底是靠人的推拉而不是靠电力的运转。早在宋朝陈师道《谈丛》中就写道："蜀中有小车，独推，载八石，前如牛头。又有大车，用四人推，载十石，盖木牛流马也。"近人范文澜等的《中国通史》第二编第三章第七节也写道："流马是改良的木牛，前后四脚，即人力四轮车，流马能载四石六斗食粮，比木牛能载，一天大概也只能走二十里，与《诸葛亮集》的裴注描写相近，也即独轮车与四轮车是也。"

一二五　诸葛亮可使南面

【注文】

《袁子》曰:或问诸葛亮何如人也,袁子[①]曰:张飞、关羽与刘备俱起,爪牙腹心[②]之臣,而武人也。晚得诸葛亮,因以为佐相,而群臣悦服,刘备足信、亮足重故也。及其受六尺之孤[③],摄一国之政,事[④]凡庸之君,专权而不失礼,行君事而国人不疑,如此即以为君臣百姓之心欣戴之矣。行法严而国人悦服,用民尽其力而下不怨。及其兵出入如宾,行不寇,刍荛者[⑤]不猎,如在国中。其用兵也,止如山,进退如风,兵出之日,天下震动,而人心不忧。亮死至今数十年,国人歌思[⑥],如周人之思召公[⑦]也,孔子曰"雍也可使南面[⑧]",诸葛亮有焉。

【注释】

① 袁子:即袁准,字孝尼,为晋给事中。著有《袁子正论》,多处被裴松之注《三国志》时引用。

② 爪牙腹心:爪牙,谓人的指甲和牙齿,喻勇武之士。腹心,指肚腹和心脏,是人体重要器官,喻贤智策谋之臣。

③ 六尺之孤:指未成年的孤儿,也指年少的君主。

④ 事:侍奉,任事。

⑤ 刍荛(chú yáo)者:割草采薪之人。

⑥ 歌思:歌颂思慕。

⑦ 召(shào)公:周朝的召伯。《诗·召南·甘棠》,谓召伯巡行南土,布文王之政,曾在甘棠树下休憩,因爱结于民心,故民爱其树而不忍伐。后因以"甘棠"为颂扬政绩的典实。

⑧ 南面：古代以坐北朝南为尊位，因用以指居帝王或诸侯、卿大夫之位。

【译文】

袁准《袁子》记载：有人问，诸葛亮是怎样的一个人，袁子回答道："张飞、关羽和刘备同时兴起，张、关作为勇武之士和贤智之臣，是军事方面的人才。晚些时候刘备才遇到诸葛亮，于是任命为丞相，群臣都心悦诚服，刘备对诸葛亮有足够的信任，诸葛亮对刘备有足够的尊重。及至受先主六尺之孤的托付辅佐刘禅，主持一国的政事，侍奉平庸的少主，大权在揽却不失礼仪，执掌君主之事而国人不加怀疑，像这样的君臣相互信赖，百姓满心欢欣拥戴。他执法严谨但国人皆心服口服，用尽民力而人们并无怨言。他带兵打仗，无论出征还是回军，都像宾客似的，从无劫掠之事，对割草采薪之人全无干扰，其行事如同在国内一般。他的用兵之法是，兵不动时稳如泰山，一旦动兵或进或退迅疾如风，兵出之日，天下为之震动，但人心并不担忧。诸葛亮去世至今数十年，国人常歌颂他、思念他，如同周朝人思念召公的仁政那样。孔子说过'冉雍这个人，可以南面做王、侯'。诸葛亮就是具有这种才干的人。"

【引述】

《三国志·蜀书五·诸葛亮传》："评曰：诸葛亮之为相国也，抚百姓，示仪轨，约官职，从权制，开诚心，布公道；尽忠益时者虽雠必赏，犯法怠慢者虽亲必罚，服罪输情者虽重必释，游辞巧饰者虽轻必戮；善无微而不赏，恶无纤而不贬；庶事精练，物理其本，循名责实，虚伪不齿；终于邦域之内，咸畏而爱之，刑政虽峻而无怨者，以其用心平而劝诫明也。可谓识治之良才，管、萧之亚匹矣。然连年动众，未能成功，盖应变将略，非其所长欤！【注一】"志书这段评论的大意是：诸葛亮作为相国，能抚慰百姓，明示礼仪，制约官员的职能，遵从君主的决断，开诚布公，处事公正；对竭尽职守有益于世者，即使是仇人也必奖赏，对违法乱纪懈怠轻慢者，即使是亲人也定惩罚；对认罪服罪真心悔改者，罪过虽重必酌情减免，对设法游说巧语遮掩者，罪过虽轻也必重罚；善举虽小也给奖励，恶行虽微定遭贬斥。他精通各种事务，能抓住治国的根本；对人能听其言观其行，不与虚伪之人交往。所以在国内，人们都敬畏并爱戴他，刑法虽严但人无怨言，这是因为他用心公平、劝戒分明。诸葛亮可称得上是深知治世之道的杰出人才，可与贤相管仲、萧何相匹比。然而，蜀国连年兴兵，统一大业未能完成，这大概是由于应变与谋略不是他的所长的缘故吧。这段评论对诸葛亮一生的所作所为，做了概括的叙述，对他的为人、为官、为相国，奖惩、刑罚、治国等都给予极高的评价。

《袁子》的引文主要表述诸葛亮辅佐少主，虽是专权却无觊觎皇权之心，国人拥戴。军事用兵方面，兵止则稳如泰山，兵出则天下震动，能秋毫无犯，使刍荛不惊。盛赞诸葛亮之才“可使南面”。

一二六　曹操成全关羽

【注文】

《傅子》曰：辽[①]欲白太祖，恐太祖杀羽，不白，非事君之道，乃叹曰：“公，君父[②]也；羽，兄弟耳。”遂白之。太祖曰：“事君不忘其本，天下义士[③]也。度[④]何时能去？”辽曰：“羽受公恩，必立效[⑤]报公而后去也。”

臣松之以为曹公知羽不留而心嘉其志，去不遣追以成其义，自非有王霸之度[⑥]，孰能至于此乎？斯实曹公之休美[⑦]。

【注释】

①辽：指张辽。魏之荡寇将军、征东将军。

②君父：对父为国君的称呼，此处借指曹操。

③义士：坚守正义之人。

④度(duó)：揣度，推测。

⑤立效：犹立功。

⑥王霸之度：能成就王业或霸业之人的度量。

⑦休美：美善。

【译文】

傅玄的《傅子》记载：张辽想把关羽“吾终不留”的话禀报曹操，但恐曹操杀掉关羽，若不禀报，却不符合侍奉主公的道义，最后叹道：“曹公，好比是君父；关羽，好比是兄弟。”于是禀报了。曹操道：“侍奉主上能不忘其初心，关羽真乃天下之义士。你推断他何时离开？”张辽道：“关羽身受曹公厚恩，必待立了大功报答了曹公之后才离去。”

臣松之认为，曹操虽明知关羽不肯留下，但内心十分赞许他不忘根本的心志，当他离去时不派兵追赶，成全他做义士的心愿。若是没有成就王道霸业的胸襟和度量，谁能做到这样呢？这正是曹操的美善之处。

【引述】

《三国志·蜀书六·关羽传》：“曹公壮羽为人，而察其心神无久留之意，谓张辽曰：‘卿试以情问之。’既而辽以问羽，羽叹曰：‘吾极知曹公待我厚，然吾受刘将军厚恩，誓以共死，不可背之。吾终不留，吾要当立效以报曹公乃去。’辽以羽言报曹公，曹公义之。【注一】”志书上这段话大意是：曹操很看重关羽的为人，但观察他的神情和言行，没有久留的意思。便对张辽道："您试用私情探询一下他的想法。"张辽问过关羽，关羽叹道："我深知曹公待我的厚意，然而我受过刘将军的大恩，誓同生死，不可背叛。我最终不会留在此地，但定要立功报答了曹公才走。"张辽把关羽的话告知曹操，曹操极赞叹关羽讲义气。裴注就加于此。后来关羽杀掉袁绍名将颜良、文丑，解了白马之围，便"尽封其所赐，拜书告辞，而奔先主"，左右之人欲追，曹公道："彼各为其主，勿追也。"从这里，我们不仅看到了忠心义胆、光明磊落的关羽，也看到了爱才惜才、胸襟宽宏的曹操。这段情节写在《三国演义》第二十五回"屯土山关公约三事"里。说的是刘备、关羽、张飞被曹操打散，关羽被围在土山上，张辽来劝降，关羽提出三个条件，一是他只降汉帝不降曹操以辨君臣之分，二是保护二位嫂嫂，上下人等不许到门以严男女之别，三是但知刘皇叔的去向，不管千里万里便当辞去以明兄弟之义。曹操一一应允。

关羽自进曹营，曹操待之甚厚，三日一小宴，五日一大宴，又送金银器皿，又送美女财物，只想感化关羽。但是，金银美女之赐，不能动其心，汉寿亭侯之爵，不能移其情，美酒财物之赏，不能夺其志。在得知刘备在袁绍处时，即刻挂印封金而去。在第二十七回"美髯公千里走单骑 汉寿侯五关斩六将"里，既写曹操的"义"，又写曹操的"奸"。所谓"义"，是指应允之事，决不食言；对关羽之去，不追不杀；还亲自送行，又赠路费又赠锦袍。所谓"奸"，是指不给开具过关文凭，任由各关卡去厮杀阻拦。若使关羽死于汜水关卞喜的伏兵，或死于荥阳关王植的纵火，曹必曰：非我也，关吏也。但是，不管怎么说，曹操最后也送来了过关文凭，对关羽斩杀的魏将也未予计较。此等胸怀，确实难得！

一二七　赵云慎虑

【注文】

《云别传》曰：初，先主之败，有人言云已北去者，先主以手戟擿之[①]曰："子龙不弃我走也。"顷之，云至。从平江南，以为偏将军，领桂阳太守，代赵范。范寡嫂曰樊氏，有国色，范欲以配云。云辞曰："相与同姓，卿兄犹我兄。"固辞不许。时有人劝云纳之，云曰："范迫降耳，心未可测；天下女不少。"遂不取。范果逃走，云无纤介[②]。先是，与夏侯惇战于博望，生获夏侯兰。兰是云乡里人，少小相知，云白先主活之，荐兰明于法律，以为军正[③]。云不用[④]自近，其慎虑[⑤]类如此。

先主入益州，云领留营司马。此时先主孙夫人以权妹骄豪，多将吴吏兵，纵横不法。先主以云严重[⑥]，必能整齐[⑦]，特任掌内事[⑧]。权闻备西征，大遣舟船迎妹，而夫人内欲将后主还吴，云与张飞勒兵截江[⑨]，乃得后主还。

【注释】

① 手戟(jǐ)擿(zhì)之：手戟，古兵器名，系手持的一种小戟，戟的杆头附有月牙状的利刃。擿，同"掷"。

② 纤介：细小的嫌隙。

③军正：军中执法官。

④ 不用：不听从。

⑤ 慎虑：谨慎思虑。

⑥ 严重：严肃稳重。

⑦ 整齐:整治,使有条理。

⑧ 内事:指后宫之事。

⑨ 勒兵截江:陈兵在江上阻拦。

【译文】

《云别传》记载:当初,先主刘备兵败,有人告刘备说“赵云已离你北去了”,刘备用手戟戳打着地面道:“子龙不会抛弃我走开的。”不久,赵云果然回来了。后赵云跟随刘备平定江南,被任命为偏将军,代替赵范兼任桂阳太守。赵范的寡嫂樊氏颇有姿色,赵范想把她许配给赵云,赵云推辞道:“我们同姓,你的兄长也就是我的兄长。”坚决推托不答应。当时有人劝赵云娶了樊氏,赵云道:“赵范是逼迫投降的,其心难以揣测,天下女子多的是。”不予迎娶。后来赵范果然逃走了,赵云与他毫无牵连。此前,在博望与夏侯惇交战时,活捉了夏侯兰,夏侯兰是赵云的同乡好友,赵云告知刘备使他活了下来,并推荐夏侯兰通晓法律,刘备便任夏侯兰为执法的军正。但赵云却不与他多来往,赵云考虑问题大都像这般谨慎周到。

刘备进驻益州,赵云兼任留营司马。刘备的孙夫人因系孙权之妹,骄矜强横,她带来不少吴国的吏卒,也多不守法纪。刘备因为赵云为人严谨沉稳,定能整饬他们,特任命他掌管内府之事。孙权听说刘备西征外出,开来不少船只要接其妹回吴,而孙夫人想把后主刘禅也带回吴国,赵云与张飞率兵在江面上拦截,才把后主抱了回来。

【引述】

《三国志·蜀书六·赵云传》:“及先主为曹公所追于当阳长坂,弃妻子南走,云身抱弱子,即后主也,保护甘夫人,即后主母也,皆得免难。迁为牙门将军。先主入蜀,云留荆州。【注二】”其大意是说:刘备被曹操追赶到当阳长坂时,先主弃妻子往南逃走,赵云身抱弱子,即后主阿斗,又保护着甘夫人,即后主之母,使他们母子免遭灾难。后被升为牙门将,刘备入蜀时,赵云留守荆州。裴松之在此注引《云别传》里短短一段话,包含了五件事,一件是忠诚于刘备,绝不他往;二件是不为国色所动,一身正气;三件写他办事公正,避同乡之嫌;四件写因他严谨沉稳,特管内府;五件是截江拦船,抱回阿斗。简明扼要地说明了赵云的为人。

本传中所说的"先主弃妻子南走"之事,写在《三国演义》第四十一回"刘玄德携民渡江 赵子龙单骑救主"里,写刘备引十数万百姓,三千余兵马往江陵进发,赵云保护刘备的老小,张飞断后,在当阳长坂被曹操冲散,赵云在厮杀时却丢了刘备的老小,忙返回在乱军中寻找,心想上天入地,也定要寻得主母和小主人来。先在逃难的百姓中救得甘夫人,后经指点在枯井断墙旁寻见糜夫人和小阿斗。糜夫人腿受伤拒不上马,把阿斗托给赵云,趁不注意投井身亡,赵云恐曹军盗尸,推倒土墙,掩盖枯井,接着解开勒甲绦,将阿斗护在怀中,放在护心镜下,然后绰枪上马,冲杀出来。曹操在山顶,望见一将,所到之处,威不可当,得知是常山赵子龙时,叹道"真虎将也",传报各处不许对赵云放冷箭,只要活捉,因此赵云得脱此难。书上写道:"这一场杀,赵云怀抱后主,直透重围,砍倒大旗两面,夺槊三条;前后枪刺剑砍,杀死曹营名将五十余员。"赵云见到刘备说:"适才公子尚在怀中啼哭,此一会不见动静。"忙解开绦带观看,"原来阿斗正睡着未醒"。京剧有出《长坂坡》,就是演唱此事的。赵云两次护救阿斗,可称得上是后主阿斗的保护神。

一二八　子龙一身都是胆

【注文】

《云别传》曰：益州既定，时议[1]欲以成都中屋舍及城外园地桑田分赐诸将。云驳之曰："霍去病以匈奴未灭，无用家为，今国贼非但匈奴，未可求安也。须天下都定[2]，各反桑梓[3]，归耕本土，乃其宜耳。益州人民，初罹[4]兵革，田宅皆可归还，令安居复业，然后可役调[5]，得其欢心。"先主从之。

夏侯渊败，曹公争汉中地，运米北山下，数千万囊。黄忠以为可取，云兵随忠取米。忠过期不还，云将数十骑轻行出围[6]，迎视忠等。值曹公扬兵[7]大出，云为公前锋所击，方战，其大众至，势逼，遂前突其陈，且斗且却。公军败，已复合，云陷敌，还趣围。将张著被创，云复驰马还营迎著。公军追至围，此时沔阳长张翼在云围内，翼欲闭门拒守，而云入营，更大开门，偃旗息鼓。公军疑云有伏兵，引去。云雷鼓震天，惟以戎弩于后射公军，公军惊骇，自相蹂践[8]，堕汉水中死者甚多。先主明旦自来至云营围视昨战处，曰："子龙一身都是胆[9]也。"作乐饮宴至暝，军中号云为虎威将军。

孙权袭荆州，先主大怒，欲讨权。云谏曰："国贼是曹操，非孙权也，且先灭魏，则吴自服。操身虽毙，子丕篡盗，当因[10]众心，早图关中，居河、渭上流以讨凶逆，关东义士必裹粮策马[11]以迎王师。不应置魏，先与吴战；兵势一交，不得卒解也。"先主不听，遂东征，留云督江州。先主失利于秭归，云进兵至永安，吴军已退。

【注释】

① 时议:当时的舆论。

② 都定:犹言皆定。

③ 桑梓:《诗·小雅·小弁》:“维桑与梓,必恭敬止。”朱熹集传:“古者五亩之宅,树之墙下,以遗子孙给蚕食、具器用者也。……桑梓父母所植。”故“桑梓”借指故乡或乡亲父老。

④ 罹(lí):遭遇困难和不幸。

⑤ 役调(diào):服役与征户税。

⑥ 围:指用土石或树木等构建的防御设施。如土堡、堤围、营围等。

⑦ 扬兵:举兵。

⑧ 蹂践:踩踏。

⑨ 一身是胆:全身都是胆。形容极其英勇无畏。

⑩ 因:依照,根据。

⑪ 裹粮策马:携带干粮,驱动马匹,准备远行。

【译文】

《云别传》记载:益州既已平定,当时有舆论称,想把成都城内的屋舍和城外的园地桑田分赐给诸将领。赵云反驳道:“霍去病曾说匈奴未灭,要家何用,如今国贼不仅是匈奴,故不可求取安居。须得天下都安定下来,众人都返回故乡,耕种自己的土地,那时这样做才合时宜。尔今益州之民,刚遭受兵荒马乱之苦,应将土地房屋归还给他们,使他们能安居乐业,然后才可征调百姓服役,获得百姓的拥戴。”先主随即采纳了他的意见。

魏将夏侯渊被刘备打败,曹操来争夺汉中之地,在北山下运粮,有数千万袋。黄忠认为可以夺取,赵云便率兵随黄忠一同夺粮。黄忠过期未返回，赵云便率数十个骑兵轻装疾出营围，去接应黄忠等人。恰值曹操大举出兵，赵云遭到曹军先前部队的袭击，正在交战，曹军大部队来到，气势逼人，赵云则向大部队猛冲过去，且战且退，曹军被冲得四分五裂，但不一会又集合在一起，赵云身陷曹军阵中，但很快突围返回营寨。当得知战将张著负伤未归，赵云又跨马去曹营救回张著。曹军随即向蜀营追杀过来，此时沔阳长张翼正在赵云的营寨，准备关门拒守，而赵云进得营寨，却大开寨门，让收起旗帜，停止击鼓。曹军来到后见此情状，怀疑赵云设有伏兵，便引兵退去。赵云此时反命击鼓，鼓声震天，又命士卒用弩箭在曹军后面射杀，曹军心惊胆战，逃跑中自相践踏，堕入汉水中溺亡者甚多。刘备第二天清早亲自前来，到赵云的营围观看昨日激战的场所，说道："子龙一身都是胆啊。"与赵云饮宴作乐至黄昏。军中从此称赵云为"虎威将军"。

孙权背盟袭击荆州并杀了关羽及其子关兴，刘备大怒，要讨伐孙权。赵云进谏道："国贼是曹操，而不是孙权，应当先灭曹魏，那时孙吴自会屈服。曹操虽然已死，其子篡汉窃称帝号，因此应当依从众人的心愿，尽早图取关中，占据黄河及渭水上游要地来声讨逆贼，那时关东的义士必定会携带干粮，驱马前来迎接我军。所以如今不应放置曹魏，而先去攻打孙吴，一旦交战，则不会很快结束。"刘备不听，接着征讨孙权，留赵云督守江州。刘备在秭归被打败，赵云急进军到永安，吴军便已退去。

【引述】

《三国志·蜀书六·赵云传》："先主自葭萌还攻刘璋，召诸葛亮。亮率云与张飞等俱溯江西上，平定郡县。至江州，分遣云从外水上江阳，与亮会于成都。成都既定，以云为翊军将军。【注一】"大意是说：刘备从葭萌回攻刘璋，召诸葛亮入蜀。诸葛亮便率领赵云、张飞等人沿江西上,沿路平定各郡县。到了江州,派赵云从岷江上至江阳,与诸葛亮在成都会合。成都平定后,任赵云为翊军将军。“子龙一身都是胆”的裴注即加于此处。

裴注中赵云谏分田与先灭曹魏之言,沈国元的《二十一史赞》赞道:“而赵云之辞田宅请灭魏,皆有古大臣识量,宁得仅以名将律之。”赵作羹《季汉记》评分田之谏曰:“观云此议,得为治之本矣。”这都说明赵云的意见是识大体的卓见,是治国的良言。

裴注的第二段是写汉水之战的,这是《三国志》本传中未曾记载的一次著名战役。汉水之战给曹操造成巨大的损失,使曹操在汉中匆忙撤退。本来他是准备与刘备在此地决一雌雄的,但为何匆匆离去让人费解,裴注解答了这一疑惑:原来是曹操的大批粮食被劫,失去了与刘备相持的资本,若不撤兵,官兵会被饿死。因此可以说,汉水之战对扭转曹、刘僵持不下的战局起到很大作用。沈一贯在论此战役时说:“赵云遇曹瞒而开壁,李广值匈奴而反前;皆不足而虚示之有余者也;卒以疑敌人之心,一因以破虏,一因以全师,益胆略过人哉!”(《百大家评注史记》引)意思是赵云遇到曹军反大开寨门,如同当年李广遇到匈奴反而前进一样,都是因自身兵力不足而虚拟声势,使敌方误认为对方兵力雄厚,从而取胜。这正说明赵云和李广都具有过人的胆略。

一二九　庞统劝取益州

【注文】

《九州春秋》曰:统说备[1]曰:“荆州荒残,人物殚尽,东有孙吴,北有曹魏，鼎足之计，难以得志[②]。今益州国富民强，户口百万，四部兵马，所出必具，宝货无求于外，今可权借以定大事。”备曰：“今指与吾为水火[③]者，曹操也，操以急，吾以宽；操以暴，吾以仁；操以谲，吾以忠；每与操反，事乃可成耳。今以小故而失信义于天下者，吾所不取也。”统曰：“权变[④]之时，固非一道[⑤]所能定也。兼弱攻昧[⑥]，五伯[⑦]之事。逆取顺守[⑧]，报之以义，事定之后，封以大国，何负于信？今日不取，终为人利耳。”备遂行。

【注释】

① 统说(shuì)备：庞统劝说刘备。

② 得志：谓实现其志愿。

③ 水火：水与火互不相容，喻势不两立。

④ 权变：随机应变。《文子·道德》：“圣人者应时权变，见形施宜。”

⑤ 一道：一种途径和方法。

⑥ 兼弱攻昧：兼并弱国和攻取政治昏乱之国。

⑦ 五伯(bà)：指春秋时的齐桓公、晋文公、宋襄公、楚庄公、秦穆公。

⑧ 逆取顺守：《史记·郦生陆贾列传》：“且汤武逆取而以顺守之，文武并用，长久之术也。”古代从正统观念出发，认为汤武以诸侯身份用武力夺取帝位，不合君臣之道，叫作“逆取”。即位后，偃武修文，法先王，行仁义，合乎正道，故叫“顺守”。

【译文】

司马彪《九州春秋》记载：庞统劝说刘备道：“如今荆州已残破不堪，人才和物资也都空竭，东有孙吴，北有曹操，鼎足之计难以实现。而益州国强民富，人口多达百万，四部兵马，任凭调动全都齐备，珠宝财货无需外求，我们正可藉此来成就大业。”刘备道：“如今天下与我水火不相容的，便是曹操。他行事严峻，我处事宽和；他实施暴政，我施以仁政;他玩弄诡谲,我待人忠诚;凡事都与他相反,这样大事才能办成。如今若因小的变故而失信义于天下,我是不会去做的。"庞统又道:"现今处在一个权变的时刻,要办成大事就不能只依靠一条途径。再且兼并弱国和攻取政局混乱之国,是春秋五霸该做之事。尽管在夺取时不合常理,取得后却按常理用心守护,用仁政和道义回报天下,待大局稳定后,该封赏的就封赏,哪里会有负信义呢?今日若不去取,最后会被他人占了先机。"刘备听罢决计夺取益州。

【引述】

《三国志·蜀书七·庞统传》:"统以从事守耒阳令, 在县不治,免官。吴将鲁肃遗先主书曰:'庞士元非百里才也,使处治中、别驾之任,始当展其骥足耳。'诸葛亮亦言之于先主,先主见与善谭,大器之,以为治中从事。亲待亚于诸葛亮,遂与亮并为军师中郎将。【注二】"志书中这段话大意是:庞统以从事的身份试任耒阳县令,因治理不佳,被免官。吴将鲁肃致书刘备道:"庞统不是治理百里的庸才,任以治中、别驾职务,方能展示其杰出的才能。"诸葛亮也向刘备推荐,刘备才与庞统相见并深谈,极为器重,任命庞统为治中从事。对他的信任倚重仅次于诸葛亮,又任他与诸葛亮同为军师中郎将。裴松之的"庞统劝取益州"即注于此。

两位军师都劝刘备夺取益州,果是英雄所见略同。早在隆中,诸葛亮便规划了"先取荆州再取益州"的方略。但当荆州刺史刘表病危,要把荆州交付给刘备时,他却说"此人待我厚,今从其言,人必以我为薄,所不忍也"。现在很难估测刘备当时说这话,是在沽名钓誉,还是宅心仁厚不忍占有同宗的基业。反正这样一来,使他失去了获得荆州的机会,后来好歹从孙权手里借来几个郡,还是一家不断讨要,一家就是不还,弄得孙、刘两家几乎动了干戈。再后来几经曹、刘、孙的混战，把个富饶的荆州搞得“荆州荒残，人物殚尽”。如今且不说复兴汉室，就靠这残破的地盘想谋鼎足之势，已是十分困难。就在这时，庞统提出夺取益州。开始刘备还拘文牵义，连《通鉴御览》都说他是“亦属沽名之举”，庞统的话颇为达识，也说得直截了当，说“兼弱攻昧”系五霸之事，“逆取顺守”乃汤武之道。而且“今日不取，终为人利”，言外之意是若为他人所得，岂能分你一席之地？刘备既有荆州的前车之鉴，听罢庞统的这番话，便决计夺取益州，于是向蜀进军。

一三〇　马谡《与孔明书》

【注文】

《襄阳记》曰：谡[①]临终与亮书曰：“明公视谡犹子，谡视明公犹父，愿深惟殛鲧[②]兴禹之义，使平生之交不亏于此，谡虽死无恨[③]于黄壤也。”于时十万之众为之垂涕。亮自临祭，待其遗孤若平生。蒋琬后诣汉中，谓亮曰：“昔楚杀得臣，然后文公喜可知[④]也。天下未定而戮智计之士，岂不惜乎！”亮流涕曰：“孙武所以能制胜于天下者，用法明也。是以杨干乱法，魏绛戮其仆[⑤]。四海分裂，兵交方始，若复废法，何用[⑥]讨贼邪！”

【注释】

① 谡（sù）：马谡，蜀国参军。

② 殛鲧（jí gǔn）：鲧是传说中部落的酋长，禹之父。曾奉尧命治水，因采用筑堤堵水，九年未治平，被杀于羽山。殛，诛杀。

③ 无恨：没有遗憾。

④“昔楚杀得臣”二句：公元前632年，晋与楚战于城濮，楚师败绩，然文公犹有忧色曰：“得臣犹在”，及楚逼死得臣，文公“闻之而后喜可知也。”（见《左传》）

⑤“杨干乱法”二句：公元前570年，晋悼公与诸侯会盟，其弟杨干在会盟中扰乱行列，执行官魏绛则“戮其仆（杀掉他的仆人）。”悼公以其能执法，使佐新军。（见《左传》）

⑥何用：即“用何”，凭什么，用什么。

【译文】

习凿齿《襄阳记》载：马谡临刑前写信给诸葛亮道：“明公待我就像自己的儿子，马谡待明公也像自己的父亲，愿明公体察鲧虽被诛却能启用禹的大义，使我们生平的交情不因我死而消失，那么马谡虽到黄泉也毫无遗憾了。”行刑时，十万官兵为之落泪。诸葛亮亲自祭奠，对其子女如家人一般。

蒋琬后来到了汉中，对诸葛亮道：“过去晋楚城濮之战，楚国逼死大将得臣，晋文公闻知喜形于色。而今天下尚未安定，却杀了智谋之士，岂不可惜！”诸葛亮流泪道：“孙武之所以能制胜天下，是因为他用法严明。杨干犯法，魏绛便杀其仆人以明法纪。今四海分裂，征战才刚开始，若再使法纪松弛，将靠什么来讨伐逆贼呢！”

【引述】

《三国志·蜀书九·马良传》：“建兴六年，亮出军向祁山，时有宿将魏延、吴壹等，论者皆言以为宜令为先锋，而亮违众拔谡，统大众在前，与魏将张郃战于街亭，为郃所破，士卒离散。亮进无所据，退军还汉中。谡下狱物故，亮为之流涕。【注一】”志书这段话大意是：建兴六年（228年），诸葛亮出兵祁山，众人皆言应以老将魏延、吴壹等为先锋，诸葛亮未听众人之言而让马谡为先锋，在前统军，与魏将张郃战于街亭,被张郃击败。诸葛亮无法依存,退兵汉中。马谡被斩,诸葛亮为之伤感落泪。裴松之援引的“马谡与孔明书”即注于此。

《三国志》上说马谡:“才器过人,好论军计,丞相诸葛亮深加器异。”“每引见谈论,自昼达夜。”正因为此,所以才派他去守街亭。结果街亭失守,问斩。对于他的死,蒋琬说“天下未定而戮智计之士,岂不惜乎!”《襄阳记》作者习凿齿也说“今蜀僻陋一方,人才就少,却杀其俊杰,要成就大业,不亦难乎”。也有不少人认同上述观点,认为丢失城池就被处死,执法是否过严了?对这个问题,这里想谈两点。第一点如上所述,建兴六年亮出兵向祁山,这是诸葛亮六出祁山的第一出,准备得十分充足,他派赵云、邓芝作为疑兵,扬言由斜谷道攻郿,却亲率大军主攻祁山,戎阵整肃。《魏略》云曹魏方面“略无备预,而卒闻亮出,朝野恐惧,陇右、祁山尤甚,故三郡同时应亮(三个郡同时归顺了诸葛亮)”。以致魏明帝亲自坐镇长安。按当时的情势,获得胜券还是满有把握的。不想马谡那里出了问题,为何出了问题?因为“谡违亮节度,举动失宜,大为郃所破”。即因为马谡违背诸葛亮的指令调遣,致使街亭失守。须知街亭之战是一出祁山关键性的一战,此战一输,全盘皆输,诸葛亮没有了立足之地,只得退军回汉中。再者,马谡的先锋官是“亮违众拔谡”的,宿将们本就不乐,更何况街亭失守导致了这次全局大战役的失败,而导致街亭失守的原因是违背军令,违背军令是要受军法处置的。因此,不能为惜一人而乱了大局,故而对马谡采取军法从事。第二点,《三国志·向朗传》载:“朗素与马谡善,谡逃亡,朗知情不举,亮恨之,免官。”据此可知马谡在军败之后曾畏罪潜逃,是而后被抓获的,于是其罪就是不可赦的了。尽管如此,诸葛亮还是亲自临祭,待其遗孤若平生。这也是诸葛亮治蜀所以能令人无异议的原因,因他“用法严而用情公也”。

一三一　诸葛亮《与李丰书》

【注文】

诸葛亮又与平子丰教①曰:“吾与君父子戮力以奖②汉室,此神明所闻,非但人知之也。表都护典③汉中,委君于东关④者,不与人议也。谓至心⑤感动,终始可保,何图中乖⑥乎!昔楚卿屡绌,亦乃克复,思道则福,应自然之数也。愿宽慰都护,勤追前阙。今虽解任⑦,形业失故,奴婢宾客百数十人,君以中郎将参军居府,方之气类⑧,犹为上家。若都护思负一意⑨,君与公琰推心从事者,否可复通⑩,逝可复还也。详思斯戒,明吾用心,临书长叹,涕泣而已。”

习凿齿曰:昔管仲夺伯氏骈邑三百,没齿而无怨言⑪,圣人以为难。诸葛亮之使廖立垂泣⑫,李平致死⑬,岂徒无怨言而已哉!夫水至平而邪者取法,镜至明而丑者无怒,水镜之所以能穷物而无怨者,以其无私也。水镜无私,犹以免谤,况大人君子怀乐生⑭之心,流矜恕⑮之德,法行于不可不用,刑加乎自犯之罪,爵之而非私,诛之而不怒,天下有不服者乎!诸葛亮于是可谓能用刑矣,自秦、汉以来未之有也。

【注释】

① 与平子丰教:平,指李平,原名严,曾任蜀国尚书令、中都护,后文的“都护”亦指他。丰,指李丰,李平之子。曾任江州都督督军。教:告诉;指点。

② 奖:辅助。

③ 典:掌管;任职。

④ 东关:谓江州。

⑤ 至心：最诚挚之心。

⑥ 乖：违背；不协调。

⑦ 解任：废黜为民亦称解任。

⑧ 方之气类：方：相比。气类：意气相投者。语本《易·乾》"同声相应，同气相求。"指同一类者。

⑨ 思负一意：思负：谓思其罪负。一意：谓一意为国。

⑩ 否(pǐ)：闭塞不通。

⑪ "昔管仲"二句：《论语·宪问》："问管仲。曰'人也。夺伯氏骈邑三百，饭疏食，没齿无怨言。'"是说，有人向孔子问到管仲。孔子说："他是个人才。他剥夺了伯氏(齐国的大夫)骈邑(地名)三百户的采地，使伯氏只能吃粗粮，可是伯氏至死都无怨言。"

⑫ 廖立垂泣：廖立曾任蜀长水校尉，因诽谤先帝，疵毁众臣，被削职为民，徙汶山郡。闻诸葛亮卒，垂泪叹曰："吾终为左衽矣。"意思是，除了诸葛亮，不会再有人任用他，他只能终老于汶山了。

⑬ 李平致死：李平希望诸葛亮能再起用自己，得以补过，后闻亮卒，感到别人不会起用他，所以激愤"发病死。"

⑭ 乐生：以生为乐。

⑮ 矜恕：怜悯宽恕。

【译文】

诸葛亮又致书给李平之子李丰指点他道："我与你们父子同心辅佐汉室，不仅世人皆晓，连神明都有所闻。我上表推荐你父掌管汉中事宜，又委任你镇守江州，就是不给别人留下议论的话柄，只想以至诚之心感动于人，以期能始终保持友谊，何曾想到中途竟事与愿违？过去楚卿多次受贬，最终官复原职。心存正道就会有好结局，这是自然规律。望多宽慰你父，让他追思以往的过失。而今他虽解职，不如过去气派，但尚有奴婢宾客百数十人，你又以中郎参军身份住在府上，与同类人士相比，仍然是豪门大户。若你父能明白自己的过错，真诚为国着想，你与公琰都推心置腹地扶持，如此，会使坏事变成好事，失去的还可再追回来。望你能思考我这些劝告，明白我的良苦用心。面对书信不禁长叹，流下了眼泪。”

习凿齿道：从前管仲夺去齐国大夫伯氏在骈邑的三百家采邑，伯氏终生没有怨言，圣人认为这是很难做到的事。诸葛亮的去世，使廖立痛哭流涕，使李平发病致死，岂止是没有怨言而已！水，最为平正，不平不正的物体都以水的平正作标准；镜，最为明净，丑陋之人面对明镜也无法发怒。水和镜使万物原形毕露而又不会招致怨恨，原因是它们无私。水、镜无私，还可免除毁谤，何况大人君子心怀珍惜众生的爱心，流布怜悯宽恕的恩德。法律在不能不用时才用，刑罚在不得不判时才判。封爵没有私心，诛杀不留怨恨，如此，天下还有不顺从的吗！诸葛亮可称得上是会用刑的人，自秦、汉以来还没有这样的人。

【引述】

诸葛亮为何要给李平的儿子写信呢？事情是这样的。据《三国志·蜀书十·李严传》载，李平原名严，先主病重时，曾与诸葛亮并受遗诏辅佐少主。建兴九年(231年)，诸葛亮进军祁山，李平以中都护身份处理丞相府事务，负责督促粮草运输，时值夏秋之际，阴雨连绵，粮食运输困难，李平派人“呼亮来还”，即让诸葛亮退兵回来，诸葛亮便退兵了。可当他听说军队退回时，却假装吃惊地说：“军粮充足，为何便退兵呢？”想以此来推卸自己办事不力的责任，把不愿进攻的罪过推给诸葛亮。李平又给后主上表，说：“军队伪装退回，是想引诱贼兵来与我们交战。”诸葛亮便将李平前后亲手书写给他的信件等物拿给后主看，李平理屈辞穷，只得低首认罪。于是乃废李平为民，徙梓潼郡。

【注二】建兴十二年，李平听说诸葛亮卒，也发病而亡。过去李平总希望诸葛亮能起用他，他认为后来的人不可能再用他，诸葛亮既已亡故，他因此激愤而亡。【注三】诸葛亮的这封信，当写于李平削职为民不久，尽管李平颠倒黑白，要把罪责推到诸葛亮的身上，但诸葛亮还是希望其子敦促其父“勤思前阙”，以期“逝可复还”重被起用。这件事足以说明诸葛亮的胸襟，也可看出他既执法公正严明，又能做到仁至义尽，体恤入微，堪为执法者的楷模。所以史学家习凿齿说，诸葛亮“可谓能用刑矣，自秦、汉以来未之有也”。

一三二　张嶷杀身以报

【注文】

《益部耆旧传》曰：嶷[①]风湿固疾，至都寝笃[②]，扶杖然后能起。李简[③]请降，众议狐疑，而嶷曰必然。姜维[④]之出，时论以嶷初还，股疾不能在行中，由是嶷自乞肆力[⑤]中原，致身敌庭[⑥]。临发，辞后主曰：“臣当值圣明，受恩过量，加以疾病在身，常恐一朝陨没，辜负荣遇。天不违愿，得豫戎事。若凉州克定，臣为藩表[⑦]守将；若有未捷，杀身以报。”后主慨然为之流涕。

【注释】

① 嶷：张嶷。曾任蜀国越巂太守、荡寇将军。

② 寝笃(jìn dǔ)：(病情)逐渐加重。

③ 李简：魏国狄道县长官。

④ 姜维：蜀国之卫将军。

⑤ 肆力:尽力。

⑥ 敌庭:犹敌国,敌对之国。

⑦ 藩表:边疆要地。

【译文】

陈寿《益部耆旧传》记载:荡寇将军张嶷患有顽固的风湿病,从任所回到都城,病情更加严重,拄上拐杖然后才能站起来。魏国的狄道长来信请求投降,众人怀疑其是否真诚,张嶷认为是形势的必然。卫将军姜维准备出征,当时都认为张嶷刚回来,又腿患风湿不会随军从征,可张嶷自己执意要为进军中原出力,要置身于对敌前线。临出发,他向后主辞别道:"臣遇上圣明的朝代,蒙受了过多的恩惠。好在天随人愿,臣得以随军出征。假若取得凉州,臣愿担任藩镇的守将;假若不能报捷,臣将舍生成仁以作报答。"后主感动得落下泪来。

【引述】

《三国志·蜀书十三·张嶷传》:"魏狄道长李简密书请降,卫将军姜维率嶷等因简之资以出陇西。【注二】"大意是:魏国的狄道县长李简写来密信要求投降,卫将军姜维率领张嶷等人因李简的协助得以出兵陇西。裴注于此援引张嶷虽身患顽疾,仍要求参加此次的北伐。

据载,姜维北伐围攻襄武城,在与魏将徐质的交战中斩杀了徐质,但张嶷也在此战中阵亡,虽然,"然其所杀伤亦过倍",即魏军被杀伤的人数超过蜀军的一倍。我们很难想象,一个"扶杖然后能起"的张嶷,是凭着何等的毅力,奋力厮杀在两军激战的前沿,又是凭着何等的意志,率部斩杀了多于自己一倍的顽敌,真是一位铮铮硬汉。他死后,他原先任所的汉民及少数民族"无不悲泣,为嶷立庙",四时祭祀,可见其生前深得民心,极有威望。张嶷不仅实践了对后主说的"杀身以报”的诺言，也为姜维的北伐胜利贡献了一份力量。

一三三　费祎识悟过人

【注文】

《祎别传》曰：孙权每别酌好酒以饮祎[①]，视其已醉，然后问以国事，并论当世之务，辞难累至。祎辄辞以醉，退而撰次[②]所问，事事条答，无所遗失。

《祎别传》曰：权乃以手中常所执宝刀赠之，祎答曰："臣以不才，何以堪[③]明命？然刀所以讨不庭[④]、禁暴乱者也，但愿大王勉建功业，同奖[⑤]汉室，臣虽闇弱[⑥]，终不负东顾。"

《祎别传》曰：于时军国[⑦]多事，公务烦猥，祎识悟[⑧]过人，每省读书记[⑨]，举目暂视，已究其意旨，其速数倍于人，终亦不忘。常以朝晡听事[⑩]，其间接纳宾客，饮食嬉戏，加之博弈[⑪]，每尽人之欢，事亦不废。董允代祎为尚书令，欲敩[⑫]祎之所行，旬日之中，事多愆滞。允乃叹曰："人才力相县[⑬]若此甚远，此非吾之所及也。听事终日，犹有不暇尔。"

【注释】

① 饮(yìn)祎：饮：给……喝。祎：费祎，蜀国中护军，诸葛亮卒，祎为后军师。

② 撰次：记述；写作。

③ 何以堪：岂可，哪里能。用反问的语气表示不可。

④ 不庭：无道；叛逆。

⑤ 奖：辅助。

⑥ 闇(àn)弱：昏庸懦弱。

⑦ 军国：统军治国。

⑧ 识悟：对事物的认识和领悟。

⑨ 省读书记：省读：阅读。书记：文书，书牍。

⑩ 朝晡(zhāo bū)听事：朝晡：指朝时(辰时，即上午七时至九时)至晡时(申时，即午后三时至五时)；亦指朝时和晡时。听事：治事。

⑪ 博奕：指博戏和围棋。

⑫ 斅(xiào)：效法；模仿。

⑬ 相县(xuàn)：相差，悬殊。县：古"悬"字。

【译文】

《祎别传》记载：吴主孙权每遇到蜀国使臣费祎时，总要另具好酒给他喝，看到费祎已醉，便向他询问国事，并论及当代时势世情，问难之辞接连不断。费祎常借口沉醉告辞，回去后将所问之事记叙下来，事事作答，没有丝毫遗漏。

《祎别传》又载：孙权要将手中常拿的一口宝刀赠送给费祎，费祎答道："臣我无才，哪里能接受这贵重的礼物？再说宝刀是用来讨伐无道、阻止暴乱的，但愿大王建立功勋，共同辅佐汉室，那么臣虽懦弱无能，也不辜负前来贵国之行。"

《祎别传》还记载：费祎任尚书令，治国统军之事极多，公务烦杂。但费祎对事物的认识与领悟能力超越他人，每次阅读文书，只须举目扫视，便能了解其中要旨，其速度超过他人数倍，而且过目不忘。他常在上午辰时和午后申时处理政事，其间要接待宾客，要饮食嬉戏，加上玩六博、下围棋，既能与宾客尽欢，又不会耽误手头的事务。后来董允代费祎为尚书令，欲效法费祎的做法，不料旬日之间，事务多有堆积。董允于是叹道："人的才智相差竟如此之远，他那样办事我达不到。我终日理事，仍感到没有闲暇。"

【引述】

《三国志·蜀书十四·费祎传》:诸葛亮“以祎为昭信校尉使吴。孙权性既滑稽,嘲啁无方,诸葛恪、羊道等才博果辩,论难锋至,祎辞顺义笃,据理以答,终不能屈。【注一】权甚器之,谓祎曰:君天下淑德,必当股肱蜀朝,恐不能数来也。【注二】……亮卒,祎为后军师。顷之,代蒋琬为尚书令。【注三】”这段话大意是:诸葛亮派费祎为昭信校尉出使东吴。吴主孙权生性滑稽,戏谑没有分寸,其他如诸葛恪、羊道等人,才识渊博擅于论辩,词锋又极犀利,费祎则据理答辩,辞顺义畅,始终不为其所屈。孙权非常器重他,对他说:“先生乃天下美德之人,定为蜀之辅佐大臣,怕是不能常出使东吴了。”……诸葛亮去世后,费祎为后军师,不久,又代替蒋琬为尚书令。

费祎主政期间,执行休养生息的政策,对蜀汉的实力恢复和经济发展都起到极好的作用 。他为官奉公廉洁,为人谦恭真诚,家人皆布衣素食,出入不从车骑。延熙十六年(253 年)春正月岁首大会,魏国降将郭修也在座 ,当时费祎欢饮酒醉,没有戒备,结果被郭修持刀害死。可惜识悟过人的一代名臣宿将,死于不屑的降将之手,让人痛惜莫名。

一三四　姜维试图恢复蜀祚

【注文】

《汉晋春秋》曰:会①阴怀异图,维②见而知其心,谓可构成扰乱以图克复③也,乃诡说④会曰:“闻君自淮南已来,算无遗策⑤,晋道克昌,皆君之力。今复定蜀，威德振世，民高其功，主畏其谋，欲以此安归乎[⑥]！夫韩信不背汉于扰攘，以见疑于既平，大夫种不从范蠡于五湖，卒伏剑而妄死[⑦]，彼岂闇主愚臣哉？利害使之然也。今君大功既立，大德已著，何不法陶朱公[⑧]泛舟绝迹，全功保身，登峨嵋之岭，而从赤松[⑨]游乎？”会曰：“君言远矣，我不能行，且为今之道，或未尽于此也。”维曰：“其他则君智力之所能，无烦于老夫矣。”由是情好欢甚。

《华阳国志》曰：维教会诛北来诸将，既死，徐欲杀会，尽坑魏兵，还复蜀祚[⑩]，密书与后主曰：“愿陛下忍数日之辱，臣欲使社稷危而复安，日月幽而复明。”

【注释】

① 会：指锺会，景元四年伐蜀时为魏国镇西将军。

② 维：指蜀国大将军姜维。

③ 克复：能够恢复；攻克收复。

④ 诡说：辩说之辞；假说。

⑤ 算无遗策：谓谋划周密，从不失误。

⑥ 安归乎：回归到什么地方去呢。《汉书·蒯通传》蒯通劝韩信道：“足下挟不赏之功，戴震主之威，归楚楚人不信，归汉汉人震恐，足下欲持是安归乎！”姜维借韩信之事劝说锺会。

⑦ “大夫种”二句：越国大夫文种和范蠡辅佐越王勾践灭掉吴国，因感到越王可共患难不可共安乐，故范蠡弃官泛舟游于五湖；文种则留在朝内，后被处死。

⑧ 陶朱公：即范蠡，他后来居于陶，称朱公，经商致巨富。

⑨ 赤松：即赤松子，相传为上古时的神仙。

⑩ 还复蜀祚(zuò)：再恢复蜀国的国统。祚：君位，国统。

【译文】

习凿齿《汉晋春秋》记载：魏国镇西将军锺会暗怀叛魏之心，蜀国大将军姜维与他一见面便有所察觉，认为正可利用锺会的叛乱，来谋求恢复蜀汉的政权（时后主刘禅已降魏）。便假意对锺会道："听说足下从淮南用事以来，一直谋划周密，从未失误。司马氏能称晋王，全是足下的功劳。如今又平定了蜀国，威名远扬，百姓盛赞你功高盖世，主公畏惧你谋略高明，请问你将何去何从？韩信在争霸时没有背叛刘邦，在刘邦夺取政权后却被怀疑。越国大夫文种不随范蠡远避江湖，最后落得自刎，死得毫无意义。他们难道都是昏君和愚臣吗？实际是利害关系造成的。如今足下大功已告成，大德已昭著，为何不效法陶朱公泛舟远逝，保全自己，或是登上峨嵋之巅，跟随赤松子作逍遥之游呢？"锺会道："足下说得太远了，我无法照此行事，况且按如今的路途，尚未走到那一步。"姜维道："其他路子足下的才智都能办到，不须老夫罗索了。"由此二人更加亲密。

常璩《华阳国志》记载：姜维让锺会杀掉北方来的诸将，诸将既死，他便想设法杀掉锺会，并坑杀魏兵，然后恢复蜀国的国统。姜维还秘密地给后主刘禅上书道："愿陛下且忍数日耻辱，臣将使蜀汉社稷危而复安，使日月幽而复明。"

【引述】

《三国志·蜀书十四·姜维传》："会既构邓艾，艾槛车徵，因将维等诣成都，自称益州牧以叛。【注二】"这几句话大意是说：锺会陷害邓艾，使邓艾关进囚车押往京城。他便带领姜维等人去到成都，自称益州牧，从而发动叛乱。裴注即加于此。

话说公元 263 年，司马昭派锺会和邓艾分两路伐蜀。锺会率大军取道汉中,但姜维守住剑阁使他不得前进;邓艾取道绵竹,猝攻成都,这一小支部队实为孤军,进来便出不去了,处境危险。刘禅若能坚守数日,可能会出现转机,但是后主刘禅出降,蜀汉就此灭亡。

裴注是说姜维想利用锺会的叛乱实施恢复蜀祚的目的,他的谋略进行得还较顺利。但令他二人都没料到的是,司马昭对锺会早有防范,早在灭蜀开战前就已做好一切安排,所以锺会一发动叛乱很快便被平息,他二人也都被杀。对姜维的是非功过,历来议论纷纭。孙盛在《晋阳秋》中就说姜维既不能在绵竹城下为国尽节,又不能拥卫蜀主,思后图之计,而是寄希望于意外的奇举,不是太愚昧了吗?裴松之对这种说法予以批驳。他说,当时锺会已进军到剑阁,姜维正列营守险,逼使锺会不得前进正要准备退兵,这时的姜维怎能一面守护剑阁,又同时回军去救成都呢?另外责备姜维在绵竹不能尽节,也不合理。因为姜维当时还想着要有所作为,他正与锺会欲坑杀魏将以举大事,为此,锺会授姜维重兵作为前驱,若能成功,姜维利用手中之权,杀锺会复蜀祚,就不是什么难事了。不能说事情未办成,便说是愚昧。驳得很有道理。当然,以区区蕞尔之蜀抗衡强大的中原之魏,实有几分明知不可为而为之的无奈,但他勉力国事的忠诚之心是应予以肯定的。常璩《华阳国志》中所载写给后主的密书,说"愿陛下且忍数月耻辱,臣将使蜀汉社稷危而复安"。这信也恰可作为他心迹的佐证,《资治通鉴》在援引常璩之论后说"姜维之心,始终为汉,千载之下,炳炳如丹"。诸葛亮也说他"甚敏于军事,既有胆义,深解兵意。此人心存汉室,而才兼于人"。这些都是对姜维公允的评价。

一三五　李密《陈情表》

【注文】

《华阳国志》曰：晋武帝立太子，征为太子洗马，诏书累下，郡县逼遣，于是密上书曰：

“臣以险衅[①]，夙遭闵凶[②]，生孩六月，慈父见背，行年四岁，舅夺母志[③]。祖母刘，愍臣孤弱，躬见抚养。臣少多疾病，九岁不行[④]，零丁孤苦，至于成立。既无伯叔，终鲜兄弟，门衰祚[⑤]薄，晚有儿息。外无期功强近之亲[⑥]，内无应门五尺之童，茕茕孑立[⑦]，形影相吊[⑧]。而刘早婴[⑨]疾病，常在床蓐，臣侍汤药，未曾废离。

“逮奉圣朝[⑩]，沐浴清化[⑪]，前太守臣逵察臣孝廉[⑫]，后刺史臣荣举臣秀才[⑬]，臣以供养无主，辞不赴命。诏书特下，拜臣郎中，寻蒙国恩，除臣洗马[⑭]，猥[⑮]以微贱，当侍东宫[⑯]，非臣陨首[⑰]所能上报。臣具表闻，辞不就职。诏书切峻[⑱]，责臣逋慢[⑲]，郡县逼迫，催臣上道，州司临门，急于星火。臣欲奉诏奔驰，则刘病日笃[⑳]，苟顺私情，则告诉[㉑]不许，臣之进退，实为狼狈[㉒]。

“伏惟圣朝以孝治天下，凡在故老，犹蒙矜愍，况臣孤苦，特为尤甚。且臣少仕伪朝[㉓]，历职郎署[㉔]，本图宦达，不矜名节[㉕]。今臣亡国贱俘，至微至陋，猥蒙拔擢，宠命优渥，岂敢盘桓[㉖]，有所希冀[㉗]？但以刘日薄西山[㉘]，气息奄奄，人命危浅，朝不虑夕。臣无祖母，无以至今日，祖母无臣，亦无以终余年，母孙二人，更相为命[㉙]，是以区区[㉚]不敢废远。臣今年四十有四，祖母刘今年九十有六，是臣尽节于陛下之日长，报养刘之日短也。乌鸟私情[㉛]，愿乞终养。臣之辛苦[㉜]，非徒蜀之人士及二州牧伯所见明知，皇天后土，实所共鉴。愿陛下矜愍愚诚，听臣微志，庶刘侥幸，保卒余年。臣生当陨首，死当结草㉝，臣不胜犬马怖惧之情！”

【注释】

① 险衅：指厄运，命运不好。

② 夙(sù)遭闵(mǐn)凶：早年遭遇不幸。

③ 舅夺母志：谓母亲想守节，舅父逼母改嫁。

④ 不行：不能行走。

⑤ 祚(zuò)：福气。

⑥ “外无”句：古时以亲属关系的远近制定服丧的轻重。期(jī)和功都指关系近的亲属，期，指穿一周年的丧服；功，分大功和小功，大功服丧九个月，小功服丧五个月。强近：比较近。这句是说亲族中无人。

⑦ 茕(qióng)茕孑(jié)立：茕茕：孤独的样子。孑立：孤单地独立。

⑧ 形影相吊：只有自已的形体与自己的影子互相安慰。

⑨ 婴：缠绕。这里指疾病缠身。

⑩ 圣朝：指晋朝。

⑪ 沐浴清化：沐浴：比喻蒙受。清化：清明的政治教化。

⑫ 孝廉：汉武帝时规定每年各郡可推举一名善事父母、品行方正的人称为孝廉，晋朝仍沿行。

⑬ 秀才：由州推荐的有“秀异茂美”之才的人称秀才，与明清时的秀才含义不同。

⑭ 洗(xiǎn)马：原作先马，太子的属官。

⑮ 猥(wěi)：谦词，鄙贱之意。

⑯ 东宫：太子住的处所，也代指太子。

⑰ 陨(yǔn)首：掉头。陨：坠落。

⑱ 切峻：急切而严厉。

⑲ 逋慢：有意规避，态度怠慢。

⑳ 日笃：（病情）一天比一天更沉重。

㉑ 告诉：向上司陈述苦衷。

㉒ 狼狈：指进退两难的情状。

㉓ 伪朝：这里指被灭掉的蜀汉。

㉔ 郎署：郎官的衙署。李密在蜀汉曾任尚书郎。

㉕ 不矜名节：矜：自尊。名节：名誉与节操。李密怕晋朝统治者认为他不肯真心归服，所以一再申明自已不想标榜名节。

㉖ 盘桓：徘徊不进的样子。

㉗ 希冀：更高的想望。

㉘ 日薄西山：比喻寿命即将终了。

㉙ 更相为命：互相依靠，性命相关。

㉚ 区区：拳拳之情。

㉛ 乌鸟私情：乌鸦反哺之情，用来比喻人的孝心。

㉜ 辛苦：指困难的处境。

㉝ 结草：《左传·宣公十五年》载：晋大夫魏武子有病，嘱其子魏颗说自己死后，令宠妾改嫁，临终时又改让殉葬。魏颗让其改嫁，说这是父亲清醒时的遗命。后来魏颗与秦将杜回交战，有位老人结草为绳绊倒了杜回，魏颗得胜。夜里魏颗梦见这个老人，说他是宠妾之父，特来报恩的。李密用此典故，是说如允许他终养祖母，他死后也会报恩的。

【译文】

常璩《华阳国志》记载：晋武帝立了皇太子，征召李密为太子的洗马，下了几道诏书，郡县逼其尽快上路，于是李密向晋武帝上书云：

“臣命运坎坷，早年连遭不幸。诞生刚六个月，慈父便故去，长到四岁，舅父逼母亲放弃守节改嫁。祖母刘氏，可怜我孤独幼弱，亲自将我抚养。臣小时常患疾病，九岁尚不能行走，孤苦零丁地长大成人。既无伯父叔父，又无兄弟，门户衰落，福祚浅薄，自己很晚才有子息。外面既无较近的亲属，家里又缺少照应门户的童仆，孤孤单单，只有身影陪伴着自己的形体。而祖母刘氏又疾病缠身，常年卧床，臣侍奉祖母汤药，从来没有停止过或离开过。

“直至圣朝，臣亦蒙受清明的教化。先有郡太守逵经考察推荐臣为孝廉，后有州刺史荣经选拔举荐臣为秀才，皆因无人供养祖母，推辞未能应命。接着朝廷特下诏书，任臣郎中，不久又蒙恩遇，任为太子洗马，以我卑微之材，担当太子侍从之职，臣舍身亦难报答，臣具将内心的苦衷呈表奏闻，表明无法就职，但诏书急切而严厉，责臣规避怠慢，郡县长官一再逼迫，催臣上路，刺史登门督促，急如星火。臣欲受诏赴任效力，但祖母病情却日重一日，欲暂且顺从私情，可官府不应允我的表闻，臣进退维谷，处境确实狼狈。

“臣想我晋朝以孝治天下，凡是年老之人，都蒙怜恤和照顾，何况臣我孤苦的情状，尤为特殊。臣年轻时曾在伪朝做官，任职郎中官署，本就希图仕途显达，并不矜持名声和节操。如今臣乃亡国贱俘，身份极卑微极鄙陋，而蒙过高的提拔，任命又如此宠幸优渥，哪里还敢迟缓徘徊，存有其他想望呢？只是因为祖母刘氏如同落日逼近西山，气息奄奄，人命垂危，朝不保夕。臣无祖母，不会有今日，祖母无臣，亦无法终了余年。祖孙二人，相依为命，因此拳拳之心使我不敢抛下祖母离家远行。臣密今年四十又四，祖母今年九十又六，这便是臣为陛下尽忠效力的日子长，报答奉养祖母的日子短，故而欲以乌鸦反哺的衷肠，愿恳求陛下允臣为祖母养老送终。臣之困难处境，不仅蜀中人士及二州的长官目所共睹，天地神灵也可明鉴。愿陛下体察臣的愚诚，允臣小小的愿望，那么祖母刘氏可谓有幸，可安度余年。若能如此，臣生当以命相许，死当结草图报，臣心怀难以承受的惶恐奉上此表以上闻。”

【引述】

在《三国志·蜀书十五·杨戏传》的注文里，裴松之引《华阳国志》，介绍了李密的生平及其给晋武帝（司马炎）上呈的《陈情表》。表，是古代奏章的一种。《文心雕龙·章表》篇写道："章以谢恩，奏以按劾，表以陈情，议以执异。""表以陈情"，这是李密向皇上陈述自己衷情的表章。此表先陈述自己的遭遇和家境的困难，为后文提出请求的依据。接着叙述自己进退两难的景况，表明他并非不欲奉诏，只是"刘病日笃"，家中无人照料，确有不得已的苦衷，最后提出"愿乞终养"的请求，全文委婉恳切，真挚感人。晋武帝看后深受感动，不仅答应了他的请求，还让当地府衙供给他赡养祖母的费用，并送去奴婢二人侍奉其祖母。其祖母亡故后，他方出仕，官至汉中太守。

李密的《陈情表》是一篇广为传诵的佳作。被选入《昭明文选》《古文观止》和多种古文选本，还被选作高中语文教材。对此，我们不能不感谢为《三国志》作注的裴松之，因为有了他的注，此文才得以保存，才得以传播，此功不可没！

《三国志》第五册
(中华书局标点本五册平装·卷四十六至卷六十五·吴书)

一三六　孙坚得玉玺

【注文】

《江表传》曰:旧京[1]空虚,数百里中无烟火。坚[2]前入城,惆怅流泪。

《吴书》曰:坚入洛,扫除汉宗庙,祠以太牢[3]。坚军城南甄官井上,旦有五色气[4],举军惊怪,莫有敢汲。坚令人入井,探得汉传国玺,文曰"受命于天[5],既寿永昌",方圆四寸,上纽交五龙,上一角缺。初,黄门张让等作乱[6],劫天子出奔,左右分散,掌玺者以投井中。

《山阳公载记》曰:袁术将僭号[7],闻坚得传国玺,乃拘坚夫人而夺之。

【注释】

① 旧京:指东汉的京都洛阳。

② 坚:指孙坚,时为破虏将军。

③ 太牢:古代祭祀,牛、羊、豕三牲具备谓之太牢,亦有专指牛为太牢者。

④ 五色气：五色云气，古人认为这是祥瑞之气。

⑤ 受命于天：古代帝王自称所以为帝是受命于天，用以巩固其统治。

⑥ “黄门张让”句：指东汉灵帝时，宦官张让等人引发的十常侍之乱。黄门亦指宦者。

⑦ “袁术”句：袁术：时为后将军。僭(jiàu)号：妄用帝王的称号。

【译文】

虞溥《江表传》记载：旧日的京城洛阳城内一片空虚，数百里内没有烟火。孙坚带兵先进入京城，满目凄凉不禁落泪。

韦昭《吴书》记载：孙坚进入洛阳，令军士扫除宗庙内的瓦砾尘秽，用牛、羊、豕三牲予以祭祀。他的军队驻扎在城南甄官井旁，每日清晨井上都有五色云气，全军惊怪，无人敢去汲水。孙坚命人下井打探，探得汉朝传国玉玺一枚，上面刻有“受命于天，既寿永昌”八个字，方圆直径四寸，上部的印纽由五条龙交互镌成，玉玺上面缺了一个角。当初，宦官张让等十常侍作乱时，劫持汉少帝出奔，宫中一片混乱，掌管玉玺的人忙将玉玺投于井中。

乐资《山阳公载记》记载：袁术将篡逆妄称帝号，听说孙坚获得传国玉玺，便拘捕了孙坚的夫人而夺取此宝。

【引述】

《三国志·吴书一·孙坚传》记载：孙权当时也举兵讨董卓，董卓惧孙权猛勇，想与他和亲。“坚曰：‘卓逆天无道，荡覆王室，今不夷汝三族，县示四海，则吾死不瞑目，岂将与乃和亲耶？’复进军大谷，拒雒九十里。卓寻徙都西入关，焚烧雒邑。坚乃前入至雒，修诸陵，平塞卓所发掘。【注九】”是说孙坚道：“董卓悖叛天理，肆行无道，今不灭其三族，悬示四海，我死不瞑目，岂能与他谈和联姻？”又向大谷进军，距洛阳只九十里。董卓不久迁都西出函谷关，焚烧洛阳城。孙坚先行进入洛阳，修复了所有的帝王寝陵，填平了被董卓挖掘的坟墓。

裴注简述孙坚从甄官井中打捞到传国玉玺及玉玺投入井中的缘由以及后来落入袁绍手中的过程。事实是，袁绍僭号称帝事在建安二年（197年），孙坚早在初平三年（192年）已卒，其间孙策已将其母迎至其舅处居住，袁术“安得而拘之”？故而陈寿在撰《三国志》时，既不记载袁术“拘坚妻夺之”的事，也不记载孙策把玉玺作为抵押品向袁术借兵的事。可是由于这些蛛丝马迹的述说，给小说家罗贯中以笔走龙蛇的驰骋余地。在《三国演义》第六回“匿玉玺孙坚背约”中，亦可从孙坚原本的心思、举动及言行，得知他颇具捍卫汉室的忠义之气。《吴录》载有“是时关东州郡，务相兼并以自强大”，即各诸侯相互兼并，各自扩地，“坚慨然叹曰：‘同举义兵，将救社稷。逆贼垂破而各若此，吾当谁与戮力乎！’言毕涕下。”从这里也能看到他的忠诚心怀。可是自打捞上玉玺之后，便违背初心，私藏此宝，离开大部队，当被揭露后，则指天发誓不承认，还与兄弟部队开仗。在第十五回中，写其子孙策为继父业、谋大略，向袁术借兵，则毫不隐讳地说：“吾有亡父留下传国玉玺，以为抵押品。”袁术早欲得此，答应借兵三千，马五百匹，并上表举荐他为折冲校尉、殄寇将军。孙策不以玉玺为宝，而以收罗人才、广结民心为宝，以收罗兵马、开扩土地为宝。所以说孙坚的藏玉玺，不及孙策的舍玉玺。孙策用玉玺换来兵马，作为资本，从而为孙氏建国开创新格局，这便是孙策高于他人的英雄谋略。

一三七　孙策讨要兵马

【注文】

《吴历》曰：初策在江都时，张纮有母丧。策数诣纮，咨以世务[①]，曰："方今汉祚中微[②]，天下扰攘[③]，英雄俊杰各拥众营私，未有能扶危济乱者也。先君与袁氏共破董卓，功业未遂，卒为黄祖所害。策虽暗稚，窃有微志[④]，欲从袁扬州[⑤]求先君余兵，就舅氏于丹阳，收合流散，东据吴会，报仇雪耻，为朝廷外藩[⑥]，君以为何如？"纮答曰："既素空劣[⑦]，方居衰绖[⑧]之中，无以奉赞盛略。"策曰："君高名播越，远近怀归。今日事计[⑨]，决之于君，何得不纡虑启告，副其高山[⑩]之望？若微志得展，血仇得报，此乃君之勋力，策心所望也。"因涕泣横流，颜色不变。纮见策忠壮[⑪]内发，辞令慷慨，感其志言，乃答曰："昔周道陵迟[⑫]，齐、晋并兴；王室已宁，诸侯贡职[⑬]。今君绍先侯之轨，有骁武之名，若投丹阳，收兵吴会，则荆、扬可一，仇敌可报。据长江，奋威德，诛除群秽，匡辅[⑭]汉室，功业侔于桓、文[⑮]，岂徙外藩而已哉？方今世乱多难，若功成事立，当与同好俱南济也。"策曰："一与君同符合契[⑯]，(同)有永固之分，今便行矣，以老母弱弟委付于君，策无复回顾之忧。"

《江表传》曰：策径到寿春见袁术，涕泣而言曰："亡父昔从长沙入讨董卓，与明使君[⑰]会于南阳，同盟结好；不幸遇难，勋业不终。策感惟先人旧恩，欲自凭结[⑱]，愿明使君垂察其诚。"术甚贵异之，然未肯还其父兵。术谓策曰："孤始用贵舅为丹杨太守[⑲]，贤从伯阳为都尉，彼精兵之地，可还依召募。"策遂诣丹阳依舅，得数百人，而为泾县大帅祖郎所袭，几至危殆。于是复往见术，术以坚余兵千余人还策。

【注释】

① 世务:谋身治世之事。

② 中微:中道衰微。

③ 扰攘(rǎng):混乱,骚乱。

④ 微志:微小的志愿,亦用作谦词。

⑤ 袁扬州:指时为扬州刺史的袁术。

⑥ 外藩:外部的屏藩。

⑦ 空劣:谓才学浅薄。

⑧ 衰絰(cuī dié):居丧。

⑨ 事计:处事的计划谋略。

⑩ 高山:取"高山仰止"之意,谓崇敬仰慕。

⑪ 忠壮:忠直豪壮。

⑫ 陵迟:衰败。

⑬ 贡职:贡赋,贡品。

⑭ 匡辅:匡正辅助。

⑮ 桓文:春秋五霸中齐桓公与晋文公的并称。

⑯ 同符合契:指见解一致。

⑰ 使君:汉时称刺史为使君,此处指扬州刺史袁术。

⑱ 凭结:依附结纳。

⑲ 丹阳太守:时孙策之舅吴景为丹阳太守,丹阳隶属扬州,袁术为扬州刺史,故让孙策到丹阳其舅处去召募兵卒。

【译文】

胡冲《吴历》记载:当初孙策在江都时,张纮正为母居丧。孙策多次去拜访张纮,向他咨询谋身治世之事。孙策道:"当今汉室中道衰微,天下骚乱,英雄豪杰各自拥兵图谋一己的私利,没有扶持并救助国家危难的人。我的先父与袁氏兄弟共同讨伐董卓，功业未就，最后被黄祖杀害。孙策我虽然愚昧年少，但也有微小的志愿，我想到扬州刺史袁术那里讨要先父留下的兵马，再到丹阳舅父那里，聚合流散在各地的散兵，然后据守吴会，作朝廷的外部屏藩，足下以为如何？”张紘答道：“我学识浅薄，又正值守孝期间，无法对你的谋略提供建议。”孙策道：“足下的盛名远扬在外，远近之人都欲求教，今日的计谋，全取决于足下，足下何不将自己的筹谋思虑告诉于我，以满足我对足下崇敬仰慕的期望。假若我的心愿得以实现，血仇能够雪洗，全是足下的功劳，这是孙策心里最为盼望的。”说完涕泪横流，神色昂然。张紘看到孙策发自内心忠贞雄壮的豪气，又听他慷慨激昂的陈辞，为他的志向和抱负所感动。便答道：“昔日周朝衰败时，齐国与晋国同时独尊周天子，使王室得以安宁，各诸侯按时进贡。如今你承继先君的轨迹，自己又有骁勇威武的名声，假若去投奔丹阳的舅父，收罗兵马，占据吴会，那么父仇可报，荆州和扬州可得其中之一。然后据长江，扬声威，施德政，铲除叛逆，匡辅汉室，此功业可与齐桓公、晋文公匹比，岂止是作个外藩而已？如今世道混乱，若功成事立，我将与好友一同南渡。”孙策道：“足下的见解与我完全相同，这是永结同好的情分，今日便即行动，我将老母与弱弟托付给足下，孙策便全无后顾之忧了。”

虞溥《江表传》记载：孙策径直到寿春去见袁术讨要兵马，他流泪道：“亡父昔日从长沙前来讨伐董卓，在南阳与明使君约会，结为同盟友好；先父不幸遇害，功业未就。孙策感念先人的恩德，想依附结交于豪杰，望明使君能俯察我这片赤诚之心。”袁术很器重孙策，但不肯归还他父亲留下的兵马。对他说：“我过去任用你舅为丹阳太守，你从兄伯阳为都尉，他们那里是盛出精锐士卒的地方，你可到那里去召募。”孙策于是去往丹阳依附舅父，募得数百人，可是竟遭泾县大帅祖郎的袭击，几乎伤亡殆尽。于是又去见袁术，袁术这才把孙坚留下的一千余旧部交还给孙策。

【引述】

《三国志·吴书一·孙策传》:“策舅吴景,时为丹阳太守,策乃载母徙曲阿,与吕范、孙河俱就景,因缘召募数百人。兴平元年,从袁术。术甚奇之,以坚部曲还策。【注一】”这段话大意是:孙策的舅父吴景,当时为丹阳太守,孙策便携母亲就近居住在曲阿,带吕范、孙河一同投靠吴景。凭借吴景的缘故,召募了数百兵卒。兴平元年(194 年),追随袁术,袁术认为孙策很出众,便将孙坚的兵马交还给他。这里说是袁术主动把兵马交还给孙策的,而裴注则说是孙策去讨要的,而且叙述了讨要的过程。

孙策缘何向袁术讨要兵马呢?原来自灵帝驾崩,董卓专擅朝政,各州郡并兴义兵讨伐董卓,当时孙坚亦举兵会合到袁术处,术表坚为破虏将军。后袁术派孙坚袭击荆州的刘表,刘表派黄祖与战,黄祖败走到岘山中,孙坚乘胜夜追,被黄祖的军士在竹林间射死,年仅三十七岁。他所率领的士卒便留在了袁术处。此时其子孙策去讨要乃是名正言顺的事,可袁术不想归还,后因召募的士卒被袭,才归还了孙策。本传载,孙策去见袁术,“术甚奇之”,《江表传》还说当时“策年十余岁,已交结知名,声誉发闻”。所以袁术常叹曰:“使术有子如孙郎,死复何恨!”

一三八　孙郎威震江东

【注文】

《江表传》曰：策渡江攻繇[①]牛渚营，尽得邸阁[②]粮谷、战具，是岁兴平二年也。时彭城相[③]薛礼、下邳相笮融依繇为盟主[④]，礼据秣陵城，融屯县南。策先攻融，融出兵交战，斩首五百余级，融即闭门不敢动。因渡江攻礼，礼突走，而樊能、于麋等复合众袭夺牛渚屯。策闻之，还攻破能等，获男女万余人。复下攻融，为流矢[⑤]所中，伤股，不能乘马，因自舆还牛渚营。或叛告融曰："孙郎被箭已死。"融大喜，即遣将于兹向策。策遣步骑数百挑战，设伏于后，贼出击之，锋刃未接而伪走，贼追入伏中，乃大破之，斩首千余级。策因往到融营下，令左右大呼曰："孙郎竟云何"！贼于是惊怖夜遁。融闻策尚在，更深沟高垒，缮治[⑥]守备。策以融所屯地势险固，乃舍去，攻破繇别将于海陵，转攻湖孰、江乘，皆下之。

《江表传》曰：策时年少，虽有位号[⑦]，而士民皆呼为孙郎。百姓闻孙郎至，皆失魂魄；长吏委城郭，窜伏山草。及至，军士奉令，不敢虏略[⑧]，鸡犬菜茹，一无所犯，民乃大悦，竞以牛酒[⑨]诣军。刘繇既走，策入曲阿劳赐将士，遣守陈宝诣阜陵迎母及弟。发恩布令，告诸县："其刘繇、笮融等故乡部曲[⑩]来降首[⑪]者，一无所问；乐从军者，一身行[⑫]，复除门户；不乐者，勿强也。"旬日之间，四面云集，得见兵二万余人，马千余匹，威震江东，形势[⑬]转盛。

【注释】

① 繇（yóu）：指刘繇，时为扬州刺史。

② 邸阁：古代官府设置的储存粮食等物的仓库。

③ 相：汉朝诸侯王国的实际执政者，地位相当于郡太守。

④ 盟主：同盟的首领或倡导者。

⑤ 流矢：乱飞的或无端飞来的箭。

⑥ 缮（shàn）治：整理，修补。

⑦ 名号：名位，称号。

⑧ 虏略：即虏掠。

⑨ 牛酒：牛和酒。古代用作馈赠、犒劳、祭祀的物品。

⑩ 部曲：借指部队、部属。

⑪ 降首：投降。

⑫ “一身行”二句：一人从军，免除其家的赋役。

⑬ 形势：气势；声势。

【译文】

虞溥《江表传》记载：孙策渡过长江进攻刘繇的牛渚营，尽得邸阁仓库的粮谷及战斗物资。这一年是兴平二年（195年）。当时彭城的国相薛礼、下邳的国相笮融依附盟主刘繇，薛礼占据秣陵城，笮融屯驻在县南。孙策先进攻笮融，笮融出兵与他交战，被斩杀五百多人，吓得紧闭城门不敢再战。孙策于是渡江进攻薛礼，薛礼闻风便逃走了。樊能和于麋等人整合部队想夺回牛渚屯，孙策闻知，便回兵打败樊能等人，俘获了男女共一万多人。又到江下进攻笮融，不料被流矢射中大腿，不能骑马，自己驾车回了牛渚营。有叛徒报告笮融道：“孙郎中箭死亡。”笮融大喜，即刻派于兹向孙策的部队进攻。孙策也派步兵和骑兵数百人前去挑战，而在后面设置了埋伏，当敌军出营袭击时，刀刃还未交锋，孙策的士卒便佯装败退，把追兵引入埋伏圈，然后大破敌兵，斩首千余。孙策前往笮融的营门之下，令身边士卒大喊："孙郎究竟如何！"敌军惊恐万分连夜潜逃。笮融听说孙策尚在，更是深挖沟，高垒墙，修缮战具，严密防守。孙策因笮融驻扎地势险要坚固，便不去进攻了，而去进攻刘繇其他的部将，攻下了海陵，转而去攻湖孰、江乘，全都攻了下来。

《江表传》还记载：孙策当时很年轻，虽然也有名号，但军士和庶民都称他为孙郎。听说孙郎要来，百姓吓得魂飞魄散；官吏吓得丢下城池逃入深山茂林。及至孙郎真的来到，军卒严格执行命令，谁都不敢有所劫掠，连鸡犬菜蔬，都一无所犯，百姓极其欢喜，竞相牵牛携酒前去犒劳军队。刘繇撤退后，孙策进入曲阿，一面慰劳赏赐有功将士，一面派部将陈宝前往阜陵接来母亲及弟弟。接着发布命令，广施恩惠，告示各县："凡是刘繇、笮融等人故乡的军卒，只要前来投降，既往一律不予追究；有愿意从军的，则一人从军，全门免除赋税杂役；不愿从军的，也不勉强。"旬日之间，应募者云集而来，聚得兵将二万余人，马一千余匹，声势浩大，孙策从而威震江东。

【引述】

《三国志·吴书一·孙策传》："策乃说术，乞助景等平定江东。术表策为折冲校尉、行殄寇将军，兵财千余，骑数十匹，宾客愿从者数百人。比及历阳，众五六千。策母先自曲阿徙于历阳，策又徙母阜陵，渡江转斗，所向皆破，莫敢当其锋，而军令整肃，百姓怀之。【注三】"大意是说：孙策劝袁术说，他要求帮助吴景等人平定江东。袁术便任他为折冲校尉，代殄寇将军，只给他一千多兵卒，几十匹战马，门下宾客中愿跟随孙策的竟有数百人。及至到了历阳，就扩充到五六千人。孙策母亲先从曲阿迁至历阳，又迁至阜陵。他渡江转战，所向披靡，无人敢抵挡他的锋芒。他军令严明，深受百姓的拥戴。裴松之在此处的注文引《江表传》，就是记叙孙策渡江转战之事的。

从引文可看到孙策胸有大志，骁勇善战。当他得知袁术僭号称帝时，写信提出九点加以深责，说曩日举义兵，天下之士皆响应，就为除董卓，安朝廷，如今为何干此不义之事！并与袁术断绝交往。由此可见他有谋略，明是非。后曹操向皇帝上表，表孙策为讨逆将军，封为吴侯。还把他弟弟的女儿许配给孙策的小弟孙匡，以结同好。孙策凭借他的猛锐英气，打下了一片天地，不仅使自己威震江东，也使他成为缔造东吴的先驱。

一三九　猘儿十七领兵

【注文】

《吴录》载策上表谢[①]曰："臣以固陋[②]，孤特[③]边陲。陛下广播高泽[④]，不遗细节，以臣袭爵，兼典名郡。仰荣顾宠，所不克堪[⑤]。兴平二年十二月二十日，于吴郡曲阿得袁术所呈表，以臣行殄寇将军；至被诏书，乃知诈擅。虽辄捐废[⑥]，犹用悚悸。臣年十七，丧失所怙[⑦]，惧有不任堂构[⑧]之鄙，以忝析薪[⑨]之戒，诚无去病[⑩]十八建功，世祖列将弱冠[⑪]佐命。臣初领兵，年未弱冠，虽驽懦[⑫]不武，然思竭微命[⑬]。惟术狂惑[⑭]，为恶深重。臣凭威灵[⑮]，奉辞伐罪[⑯]，庶必献捷，以报所授。"

《吴录》载策表曰："臣讨黄祖[⑰]，以十二月八日到祖所屯沙羡县。刘表遣将助祖，并来趣臣。臣以十一日平旦部所领江夏太守行建威中郎将周瑜、领桂阳太守行征虏中郎将吕范、领零陵太守行荡寇中郎将程普、行奉业校尉孙权、行先登校尉韩当、行武锋校尉黄盖等同时俱进。身跨马栎陈[18]，手击急鼓，以齐战势[19]。吏士奋激，踊跃百倍，心精意果，各兢用命。越渡重堑，迅疾若飞。火放上风，兵激烟下，弓弩并发，流矢雨集，日加辰时，祖乃溃烂。锋刃所截，焱火所焚，前无生寇，惟祖迸走。获其妻息男女七人，斩虎、（狼）[20]韩晞已下二万余级，其赴水溺者一万余口，船六千余艘，财物山积。虽表未禽，祖宿狡猾，为表腹心，出作爪牙，表之鸱张[21]，以祖气息[22]，而祖家属部曲，扫地无余，表孤特之虏，成鬼行尸。诚皆圣朝神武远振，臣讨有罪，得效微勤。"

《吴历》曰：曹公闻策平定江南，意甚难[23]之，常呼"猘儿[24]难与争锋也"。

【注释】

① 上表谢：《江表传》载：建安二年，汉朝遣议郎奉戊辰诏书曰"今以策为骑都尉，袭爵乌程侯，领会稽太守。"于是孙策上表向皇上谢恩。

② 固陋：闭塞，浅陋。

③ 孤特：孤单。

④ 广播高泽：普遍施予恩泽。高同"膏"。

⑤ 克堪：犹胜任。

⑥ 捐废：废弃，抛弃。

⑦ 所怙（gù）：《诗·小雅·蓼莪》："无父何怙，无母何恃。"后以"何怙"借指丧父。

⑧ 堂构：语出《书·大诰》："若考作室，既底法，厥子乃弗肯堂，矧肯构。"意谓父亲要盖房子，并确定了盖法；而儿子不肯去筑堂基，盖房子。"后以"堂构"比喻继承祖先的遗业。

⑨ 析薪：《左传》"其父析薪，其子弗克负荷。"后以谓继承父业。

⑩ 去病：指西汉名将霍去病，年十八建功而为侍中。

⑪ 弱冠：古时以二十岁为成人，初加冠，因体犹未壮，故称弱冠。

⑫ 驽懦：驽钝而懦弱。

⑬ 微命：卑微的性命。

⑭ 狂惑：狂妄昏惑。

⑮ 威灵：指神灵的威力，亦指显赫的声威。

⑯ 伐罪：讨伐有罪者。

⑰ 黄祖：刘表的部将，孙坚就是黄祖的士卒射死的。

⑱ 栎陈（luò zhèn）：犹掠阵，压阵。陈同“阵”。

⑲ 战势：作战的形式，方法。

⑳ 虎、（狼）：虎，刘表的从子。“狼”字为衍文。

㉑ 鸱（chī）张：像猫头鹰张开翅膀一样。比喻嚣张、凶暴。

㉒ 气息：指讯息。

㉓ 难：此处指担心。

㉔ 猘（zhì）儿：指孙策。亦喻年少勇猛的人。

【译文】

张勃《吴录》记载：孙策因受封赏向皇上上表谢恩道：“臣因闭塞浅陋，远在边陲。陛下广泛地施予恩泽，不计细节，使臣袭爵，并兼管名都。臣仰此荣耀和恩宠，唯恐不能胜任。兴平二年十二月二十日，在吴郡曲阿曾得袁术上呈表章，以臣代为殄寇将军；及至得到诏书，才知袁术那是专擅和骗局。虽然已被废弃，内心犹存恐惧。臣年十七，就失去了父亲，常担忧自身浅薄，不能继承先父的遗业，也常警戒自己不要有辱先辈的功绩。臣既无霍去病十八岁就建功的业绩，也无世祖列将在弱冠之年就已辅政。臣初领兵时，年纪未及弱冠，虽是驽钝懦弱不够英武，但尽心竭力毫不吝惜卑微的性命。袁术狂妄昏惑，罪恶深重。臣凭借圣上的神威，奉命讨伐有罪之人，必能取得捷报，以报陛下赐予的恩惠。”

《吴录》还记载：孙策上呈的又一表写道：“臣讨伐黄祖，是在十二月八日到黄祖所屯驻的沙羡县去讨伐的。刘表当时派将协助黄祖，一同前来阻挡臣。臣于十一日凌晨率领部属江夏太守兼建威中郎将周瑜、桂阳太守兼征虏中郎将吕范、零陵太守兼荡寇中郎将程普、兼奉业校尉孙权、兼先登校尉韩当、兼武锋校尉黄盖等同时进发。各将领身跨战马，在战场压阵，接着战鼓雷鸣，队伍阵势整肃。将士激奋昂扬，踊跃杀敌。人人心神专注，竞相用命，个个腾越沟堑，迅疾如飞。火攻时，火乘风势，士卒激战于浓烟之下，射箭时，弓弩齐发，流矢像雨点般密集，赶到辰时时分，黄祖便溃不成军。凡是我军刀锋所及之处，焰火所焚之地，没有一人生还，只有黄祖逃走了。抓获了黄祖妻子儿女七人，斩杀了刘表的从子刘虎、韩晞以下共二万余人，落水淹死的亦达一万余人，获船只六千余艘，其他财物堆集如山。虽然刘表未被擒拿，黄祖一向狡猾，他是刘表的腹心爪牙，刘表之所以嚣张，全靠黄祖给通风报信，但如今黄祖的家属及部队都已扫荡无存，刘表身孤影单形同行尸走肉了。此次获捷，全仰圣朝的威名远扬，臣奉命讨伐有罪者，使臣有机会效劳，从而能献出微薄之力。”

胡冲《吴历》记载：曹操闻知孙策平定了江南，心里很是担忧，常说：“这猘儿啊，难与他交锋争胜。”

【引述】

《三国志·吴书一·孙策传》：“曹公表策为讨逆将军，封为吴侯【注五】。……勋既行，策轻军晨夜袭拔庐江，勋众尽降，勋独与麾下数百人自归曹公。【注六】是时袁绍方强，而策并江东，曹公力未能逞，且欲抚之。【注七】”这段话大意是说：曹操上表朝廷，奏请孙策为讨逆将军，封为吴王。因为庐江太守刘勋袭击了来投奔孙策的部队，在刘勋外出征战时,孙策率领轻骑日夜兼程攻占了庐江,刘勋的部队都投降了孙策,刘勋只带了手下数百人投奔了曹操。当时袁绍正盛,孙策又兼并了江东,曹操的力量有限,便对孙策采用安抚的策略。

从裴松之在【注五】【注六】所引《吴录》中的两段文字,不难看出孙策出色的指挥才能和高超的谋略，就连一代枭雄的曹操也对他另眼看待,呼道“猘儿难与争锋”了。因此,陈寿对孙策的评语是:孙策英气超群,勇猛盖世,能延揽奇能之士,志在夺取中原,孙吴能割据江东,是孙策打下的基础。但遗憾的是,孙策在一次出猎时,被仇人射中面颊。医生再三叮咛百日之内勿动,要好自养护。孙策揽镜自照道:“面如此,尚可复建功立事乎?”椎几大奋,创口尽裂。呼来孙权将印绶交付给他道:“举江东之众,决机于两阵之间,与天下争衡,卿不如我;举贤任能,各尽其心,以保江东,我不如卿。”又吩咐张昭等人“善相吾弟”。卒时才二十六岁。岂不让人痛惜!

一四〇　生子当如孙仲谋

【注文】

《吴历》曰:曹公出濡须,作油船①,夜渡洲上。权以水军围取,得三千余人,其没溺者亦数千人。权数挑战,公坚守不出。权乃自来,乘轻船②,从濡须口入公军。诸将皆以为是挑战者,欲击之。公曰:“此必孙权欲身见吾军部伍也。”敕军中皆精严③,弓弩不得妄发。权行五六里,迴还作鼓吹④。公见舟船器仗军伍整肃,喟然叹曰:“生子当如孙仲谋,刘景升儿子若豚犬⑤耳!”权为笺与曹公,说:“春水方生,公宜速去。”别纸言:“足下不死,孤不得安。”曹公语诸将曰:“孙权不欺孤。”

乃撤军还。

《魏略》曰：权乘大船来观军，公使弓弩乱发，箭著其船，船偏重将覆，权因迴船[6]，复以一面受箭，箭均船平，乃还。

【注释】

①油船：涂上桐油的牛皮船。

②轻船：轻便的小船。

③精严：严密防守。

④鼓吹：即鼓吹乐。

⑤"生子"二句：孙仲谋：孙权字仲谋。刘景升：刘表字景升。豚犬：猪和狗。亦用来谦称自己的儿子。

⑥迴船：指调转船头。

【译文】

胡冲《吴历》记载：曹操出兵濡须，因制有涂油的牛皮船，便夜乘油船渡江占据了沙洲。孙权出动水军去围攻，俘获了曹军三千余人，落水淹死的也有数千人。孙权又多次挑战，曹操坚守不出。孙权便亲自前来，乘着轻便的快船，从濡须口直入曹军。各将领认为这是前来挑战的，便欲出击。曹操道："一定是孙权前来亲自观看我军阵势的。"命严密把守，弓弩不得妄发。孙权船行五六里，返航时还奏起鼓吹乐。曹操看到孙权的舟船、器仗及队伍整肃威武，不禁感叹道："生子就当生像孙仲谋这样的，刘景升的儿子如同猪狗一般。"孙权还给曹操写信道："长江的春汛将要来临，曹公还是从速离开。"另附一纸写道："足下不死，我不得安宁。"曹操看后对诸将说："孙权不会欺骗我。"便撤军了。

鱼豢《魏略》记载：孙权有次来观曹军阵营，曹操命弓弩齐发，箭都落在孙权的大船上，导致一侧超重似将翻船，孙权令将船头调转，让另一侧受箭，直到两侧的箭均等了，船体平衡了，才返航。

【引述】

《三国志·吴书二·吴主传》：“十八年正月，曹公攻濡须，权与相拒月余。曹公望权军，叹其齐肃，乃退。【注一】”大意是说：建安十八年(213年)正月，曹操进攻濡须城，与孙权相持一月有余。曹操望见孙权的军阵，赞叹严整威武，便撤军了。裴松之在此注引的是《吴历》和《魏略》。

《吴历》中的那段引文，写孙权大摇大摆地直入曹军观看营阵，又鼓乐齐鸣地出营返回，真有点胆大包天、目中无人。特别是他附在信函中的另纸写的“足下不死，孤不得安”。须知曹操早已是大汉丞相，享有赞拜不名，入朝不趋，剑履上殿的最高特权，是一人之下万人之上的主儿，可孙权既不称丞相，也不称曹公，而是直称“足下”与之称孤道寡，何等气魄！曹操称赞的那句“生子当如孙仲谋”也成了经典语言，被写入诗词。辛弃疾的《南乡子·登京口北固亭有怀》就有“年少万兜鍪，坐断东南战未休。天下英雄谁敌手？曹刘。生子当如孙仲谋。”写出一个雄踞东南一隅、敢与曹操和刘备争胜的少年英雄。

戏剧舞台有一出“草船借箭”，取材于《三国演义》第四十六回，说的是周瑜想害孔明，要他十日之内造十万枝箭，孔明曰：“操军即日将至，若候十日，必误大事。”说只消三日。周瑜曰：“军中无戏言。”孔明曰：“怎敢戏都督，愿纳军令状。”第一、二日孔明全无动静，至第三日四更时分，则带了二十只各有束草千余捆的小船，密请鲁肃到船上，一面饮酒一面让船驶近曹营水寨，然后擂鼓呐喊。那天浓雾漫江，曹操传令不可轻动，只拨弓弩手乱箭射之，一时间万人齐射，束草上插满箭枝，一侧射满，把船调头又射另一侧。比及天亮雾散，小船满载十五六万枝箭返回，士卒还高喊“谢丞相箭！”鲁肃曰：“先生真神人也。”

孔明说作为将领应上通天文，下识地理，知奇门，晓阴阳，能看阵图，可明兵势。“亮在三日前已算得今日有大雾，因此敢任三日之限。”周瑜也十分钦佩孔明的神机妙算。这里借箭的是孔明，《魏略》上写的是孙权，当然是相信《魏略》了，因为这是史书。那么，既是孙权的事，怎么安在孔明的身上了呢？（另外，或者他二人都用过。）因为《三国演义》是小说，为了使人物塑造得更完美，或使情节更丰富，对原材料可予增删或修改，这便是志书和小说的区别。

一四一　赵咨不辱使命

【注文】

《吴书》曰：咨①字德度，南阳人，博闻多识，应对辩捷②，权为吴王，擢中大夫，使魏。魏文帝善之，嘲咨曰：“吴王颇知学乎？”咨曰：“吴王浮江万艘，带甲百万，任贤使能，志存经略③，虽有余闲，博览书传历史，藉采奇异，不效诸生寻章摘句④而已。”帝曰：“吴可征不？”咨对曰：“大国有征伐之兵，小国有备御之固。”又曰：“吴难⑤魏不？”咨曰：“带甲百万，江、汉为池，何难之有？”又曰：“吴如大夫者几人？”咨曰：“聪明特达⑥者八九十人，如臣之比，车载斗量，不可胜数。”咨频载使北，〔魏〕人敬异。权闻而嘉之，拜骑都尉。咨言曰：“观北方终不能守盟，今日之计，朝廷承汉四百之际，应东南之运，宜改年号，正服色，以应天顺民⑦。”权纳之。

【注释】

①咨：指赵咨，时为东吴骑都尉。

② 辩捷：很有口才，善于应辩。

③ 经略：经营治理，即“经营天下，略有四海”。

④ 寻章摘句：搜求、摘取片断词句。指读书或写作注意文字的推求。魏文帝曹丕爱好文学，故赵咨以此言讥之。

⑤ 难：畏惧，担心。

⑥ 特达：极其明达。

⑦ 顺天应民：《易·革》：“汤武革命，应乎天而顺乎人。”后凡建立王朝或帝王更迭，多用此语。

【译文】

韦昭《吴书》记载：赵咨字德度，南阳人。博闻多识，善于应辩。孙权为吴王时，提拔他为中大夫，派他出使魏国。魏文帝曹丕待他甚好，有次他对赵咨嘲讽道：“吴王颇有学识吧？”赵咨道：“我们吴王掌控万艘江上战舰，统有百万披甲士卒，任用贤能之士，志在经营治理天下大事。但有闲暇，则博览书传和历史，吸纳其中奇异的精华，不像有些书生只知寻章摘句而已。”魏文帝又问：“吴国可被讨伐吗？”赵咨答道：“大国具有讨伐他国的武力，小国自有防卫和抵御的磐石。”又问道：“吴国担心魏国吗？”赵咨答：“我东吴有披甲执锐将士上百万，又有长江、汉水作天堑，有什么可担心的呢！”文帝又问：“吴国像大夫这样的人有多少？”赵咨回道：“极其睿智明达的有八九十人，像我这样的可车载斗量，不计其数。”赵咨频频出使魏国，魏人对他十分敬服。孙权闻知给予嘉奖，任他为骑都尉。

赵咨对吴王孙权道：“看来北方的曹魏最终不能信守与我国的盟好，为今之计，不如承汉朝廷四百年之际，对应我占据东南的气运，应该更改年号，按古礼制定正式的朝服，应天命顺民心，以称帝制。”孙权采纳了他的建议。

【引述】

《三国志·吴书二·吴主传》:“遣都尉赵咨使魏。魏帝问曰:‘吴主何等主也?’咨对曰:‘聪明仁智,雄略之主也。’帝问其状,咨曰:‘纳鲁肃于凡品,是其聪也;拔吕蒙于行陈,是其明也;获于禁而不害,是其仁也;取荆州而兵不血刃,是其智也;据三州虎视于天下,是其雄也;屈身于陛下,是其略也。’【注四】”大意是说:吴国派遣都尉赵咨出使魏国。魏帝问道:“吴王是怎样的一位君主呢?”赵咨答道:“是一位聪明仁智、有雄才大略的君主。”魏帝想闻其详,赵咨说道:“我王在平民中起用鲁肃,是他的聪慧;于士卒中提拔吕蒙,是他的明智;俘获了于禁而不诛杀,是他的仁慈;夺取荆州却兵不血刃,是他的睿智;据三江而虎视天下,是他的雄才;屈身于陛下,是他的谋略。”一席话,宣示了国家的尊严,褒扬了孙权不可一世的才干。从裴注的引文可以看到,魏文帝曹丕向吴国使臣所提问题有的不够妥当,而且态度傲慢,语辞轻蔑,但赵咨都回答得十分得体,且具气魄,可谓不辱使命。

曹丕是在公元220年称帝的,第二年即221年刘备亦称帝于蜀,接着孙权也接纳了群臣的建议,于公元229年即皇帝位,改年号为黄龙元年。于是,三足鼎立的魏、蜀、吴三国正式成立。

一四二　郑泉不畏龙鳞

【注文】

《吴书》曰:郑泉字文渊,陈郡人。博学有奇志,而性嗜酒,其闲居每曰:“愿得美酒满五百斛[①]船,以四时甘脆[②]置两头,反覆没饮之,惫即住而啖肴膳。酒有斗升减,随即益之,不亦快乎!”权以为郎中。尝与之言:“卿好于众中面谏,或失礼敬,宁畏龙鳞[③]乎?”对曰:“臣闻君明臣直,今值朝廷上下无讳,实恃洪恩,不畏龙鳞。”后侍宴,权乃怖之,使提出付有司促治罪。泉临出屡顾,权呼还,笑曰:“卿言不畏龙鳞,何以临出而顾乎?”对曰:“实恃恩覆[④],知无死忧,至当出阁[⑤],感惟威灵,不能不顾耳。”使蜀,刘备问曰:“吴王何以不答吾书,得无以吾正名[⑥]不宜乎?”泉曰:“曹操父子陵轹[⑦]汉室,终夺其位。殿下既为宗室,有维城[⑧]之责,不荷戈执殳为海内率先,而于是自名,未合天下之议,是以寡君未复书耳。”备甚惭恧[⑨]。

【注释】

① 斛(hú):古量器名,十斗为一斛,宋末改为五斗一斛。

② 甘脆:甘芳松脆的佳肴。

③ 龙鳞:龙的鳞甲。《韩非子·说难》:“夫龙之为虫也,柔可狎而骑也,然其喉下有逆鳞径尺,若人有婴(触犯)之者,则必杀人。人主亦有逆鳞。”后因以“龙鳞”指人主。

④ 恩覆:加恩庇护。

⑤ 出阁:指内阁官员出任外职。

⑥ 正名:名分。

⑦ 陵轹(lì):凌驾。

⑧ 维城:连城以卫国。

⑨ 惭恧(nǜ):惭愧。

【译文】

韦昭《吴书》记载:东吴的太中大夫郑泉字文渊,陈郡人。博学多才且有远大的志向，却嗜酒如命，闲居时常说：“但愿能得到五百斛满船的美酒，又有四季甘脆香甜的美味置于船的两头，这样可前后逢源尽情畅饮，喝够了便去船头品尝肴膳。酒喝得见少了，随时添上，这是最快乐的事了。”孙权任命他为郎中，对他说：“先生喜欢当众进谏，有时还没礼貌，难道不怕触犯我吗？”郑泉答道：“臣听说君主贤明臣子就会率直，如今朝廷上下都能畅所欲言，臣也是依恃主公宽洪大量，所以并不害怕。”

有次宴会，孙权有意恐吓郑泉，提出将郑泉交付有司去治罪。郑泉临押走时，不断回头看孙权，孙权让押回来，笑道：“先生不是不怕我吗，为何不断回头有所希企呢？”郑泉答道：“我知道主公对我施恩庇护，自知罪不当死，至多让我出任外职，内心感念主公的威灵，故而不禁回顾。”后奉命出使去蜀，刘备问道：“吴王为何不回复我的信函呢？莫非因我称帝号的名分不适当吗？”郑泉道：“曹操父子把自己凌驾于汉室之上，最终篡夺了皇位。殿下既贵为汉室宗亲，有连城保卫汉室的责任，可是殿下不是执戈举矛率先讨伐逆贼，却忙着自己封王称帝，这不符合天下人对殿下的期望，所以我家主公未写回信。”刘备听了十分羞愧。

【引述】

《三国志·吴书二·吴主传》：“十二月，权使太中大夫郑泉聘刘备于白帝，始复通也。【注四】”是说：在黄武元年（222 年），孙权派太中大夫郑泉至白帝城拜会刘备，吴、蜀两国又恢复了邦交关系。裴注引《吴书》，介绍了郑泉敢于面谏的大无畏性格，简叙他嘲讽刘备的情景。

孙、刘原为盟国，孙权背约，乘机袭击荆州并杀了关羽父子，刘备决计报仇，亲自率大军伐吴，孙权惊恐，用囚车送上杀关羽的人，并归还荆州，请求和解，刘备全不答应。孙权只得任陆逊为大都督与之对抗。在《三国演义》第八十四回“陆逊营烧七百里，孔明巧布八阵图”中，写陆逊用的是另一种战法，他先不与劲敌直接交锋，而是拖，待旷日持久蜀兵懈怠时，再伺机进攻。话说时值夏季，果然刘备移营就凉，沿江横占七百里，扎下四十多个营寨，皆在林木茂密之处。陆逊一看时机成熟，便用火攻，一时间风紧火急，各营寨连同树木皆都燃着，吴军又都杀来，众人拥刘备上马跑到一个山头，吴兵又放火烧山，亏得赵云赶到，救出刘备前往白帝城。陆逊引兵仍在追赶，来到一处名为鱼腹浦的乱石滩，进去看时，忽然狂风大作，一霎间“但见怪石嵯峨，槎枒似剑，横沙立土，重叠如山”。陆逊大惊曰：“吾中诸葛亮之计也！”急欲回时，无路可走。多亏诸葛亮的岳父黄承彦将他引出，告他这是小婿入川时布下的石阵叫“八阵图”，反复八门，变化无穷，可比十万精兵。陆逊叹道“孔明真卧龙也！”下令退兵。刘备回到白帝城，身边仅存百余人。

不久，孙权派郑泉到白帝城拜见刘备议和，吴、蜀才又恢复了邦交。

一四三　谷利抗命不遵

【注文】

《献帝春秋》曰：张辽[①]问吴降人：“向有紫髯将军，长上短下，便马[②]善射，是谁？”降人答曰：“是孙会稽[③]。”辽及乐进相遇，言不早知之，急追自得，举军叹恨。

《江表传》曰：权乘骏马上津桥，桥南已见撤[④]，丈余无版。谷利在马后，使权持鞍缓控，利于后著鞭，以助马势，遂得超度。权既得免，即拜利都亭侯。谷利者，本左右给使也，以谨直为亲近监⑤，性忠果亮烈，言不苟且⑥，权爱信之。

《江表传》曰：权于武昌新装⑦大船，名为长安，试泛之钓台圻。时风大盛，谷利令舵工取樊口。权曰："当张头取罗州。"利拔刀向舵工曰："不取樊口者斩。"工即转舵入樊口，风遂猛不可行，乃还。权曰："阿利畏水何怯也？"利跪曰："大王万乘⑧之主，轻于不测⑨之渊，戏于猛浪之中，船楼装高，邂逅颠危⑩，奈社稷何？是以利辄敢以死争。"权于是贵重⑪之，自此后不复名之，常呼曰"谷"。

【注释】

①张辽：字文远，曹魏的名将。

②便马：娴于马术。

③孙会稽：指孙权。曾任会稽太守。

④见撤：被拆毁。

⑤"以谨直"句：谨直：忠谨正直。亲近监：官名。

⑥苟且：不循礼法或敷衍了事。

⑦新装：新造。

⑧万乘：古时一车四马为一乘。周制：天子地方千里，能出兵车万乘，故以"万乘"指天子。

⑨不测：难以预料。

⑩邂逅(xiè　hòu)颠危：一旦倾侧倒塌。

⑪贵重：器重，尊重。

【译文】

袁暐《献帝春秋》记载：魏将张辽问东吴的降卒："刚才有位紫胡

须的将军,长得身长腿短,娴于骑术,擅长射箭的,那是谁?”降卒答道:“是孙会稽(孙权)。”张辽见到乐进,说早先不知道是他,不然,还能追得上,全军都深感遗憾。

虞溥《江表传》记载:孙权乘骏马上了津桥,见桥南的桥版已被拆除,有一丈多的桥面没有木版,很难跨越。谷利紧随马后,告孙权抓紧马鞍,放松缰绳,他在马屁股上用力紧抽几鞭,以助骏马腾跃的跨度,那马果然跃过对岸,孙权免于遭难。后封谷利为都亭侯。谷利,本是孙权身边的侍从,由于忠厚谨慎为人正直授官亲近监,他忠诚果敢,说话诚实,深受孙权喜欢和信任。

《江表传》还记载:孙权在武昌新造了一艘艨艟大船,命名“长安”,在钓台圻下水试航,不料狂风大作,谷利令舵工取道樊口。孙权道:“应当调头取道罗州。”谷利拔刀对舵工道:“不开往樊口者斩!”舵工便拨转船头驶向樊口,当时风势更加凶猛,船无法航行,便回去了。孙权道:“阿利为何这般怕水呢?”谷利跪道:“大王是万乘之主,亲临难以预料的大江之上,嬉戏于万顷猛浪之间,船体巨大船楼又高,万一遭遇倾翻,家国江山怎么办?因此谷利我才敢冒死取道樊口。”孙权因此很尊重他,从那之后不再直呼其名,而是只呼他的姓——谷。

【引述】

《三国志·吴书二·吴主传》:“权反自陆口,遂征合肥。合肥未下,撤军还。兵皆就路,权与凌统、甘宁等在津北为魏将张辽所击,统等以死扞权,权乘骏马越津桥得去。【注二】”大意是说:孙权从陆口返回,顺路征讨合肥。合肥攻不下,准备撤军返回。士卒都已上路,而孙权与凌统、甘宁等在逍遥津北遭遇魏将张辽的袭击,凌统等人拼死保护孙权,得以骑马跃过津桥脱险。裴注就是描述当时如何鞭马过津桥的情景。

另一个故事是写孙权在黄武五年(226 年),新造了一艘容量极大又有楼层的大船，故事真实地记录了该船的首航和遇到的巨大风险。大船在钓台圻下水,此处水石冲击较急,不巧的是启航后狂风大作,侍从谷利命船开往附近水势较平缓而又较安全的樊口,孙权则让开往罗州,罗州又名芦洲,是三国时吴国为方便船客在江中岛洲上筑建的休憩处所,试想那小小的岛洲哪能容得下这艨艟巨舰,所以谷利抗命不遵,抽刀逼令舵工开往樊口,避免了可能出现的翻船事件。所以谷利之功可谓大矣。《水经》注江水记载:樊口之北有湾。昔孙权装大船名曰长安,亦曰大舶,载坐直(值勤)之士三千人,与群臣泛舟江、津属,值风起,权欲西取芦洲,谷利不从,令取樊口薄(通“泊”,停泊)舶,船至岸而败(毁坏)。故名其处为败舶湾。今厥处尚存。毋庸置疑,这段历史将与长安大船、败舶湾、樊口等历史遗迹继续留存于世。

一四四　蜜中有鼠矢

【注文】

《吴历》曰:亮[①]数出中书[②]视孙权旧事,问左右侍臣:“先帝数有特制[③],今大将军[④]问事,但令我书可[⑤]邪！”亮后出西苑,方食生梅,使黄门至中藏[⑥]取蜜渍梅,蜜中有鼠矢,召问藏吏,藏吏叩头。亮问吏曰:“黄门从汝求蜜邪?”吏曰:“向求,实不敢与。”黄门不服,侍中刁玄、张邠启:“黄门、藏吏辞语不同,请付狱推尽[⑦]。”亮曰:“此易知耳。”令破鼠矢,矢里燥。亮大笑谓玄、邠曰:“若矢先在蜜中,中外当俱湿,今外湿里燥,必是黄门所为。”黄门首服[⑧],左右莫不惊悚。

【注释】

① 亮：指孙亮，孙权的少子。吴赤乌十三年（250 年），孙权废太子孙和而立孙亮为太子，他去世后，孙亮即位。

② 中书：宫中的藏书。亦特指宫中记事之书。

③ 特制：以手诏形式宣行的诏令。

④ 大将军：时孙綝为大将军。

⑤ 书可：即书写“可”字。

⑥ “使黄门”句：黄门，指宦官。中藏，即中藏府。掌管弊帛、金银、货物、蜂蜜等物。

⑦ 推尽：详细审问。

⑧ 首服：坦白服罪。

【译文】

胡冲《吴历》记载：孙亮多次进出中书院观看记载孙权昔日的记事书，便问身边的侍臣：“书中记有很多先帝用手诏宣行的诏命；如今大将军奏事，为何却只让我书写一个“可”字！”有次孙亮从西苑出来，吃着生梅子，便命黄门侍从到中藏府去取用蜂蜜渍过的梅子，拿来打开一看，蜜里竟有老鼠屎，便责问中藏府的官吏，藏吏叩头说不知。孙亮便问藏吏道：“黄门是否向你要过蜂蜜？”藏吏道：“过去要过，奴才实不敢给。”黄门不承认有此事。侍中刁玄、张邠说道：“黄门和藏吏各执一词，请把他们交给狱吏详细审问。”孙亮道：“这很容易知道是谁所为。”命人掰开鼠屎，发现屎里面是干的。孙亮笑对刁、张二人说：“鼠屎若是早放进去的，那外面和里面都该是湿的，如今是外面湿里面干，证明是后放进去的，必然是黄门所为。”黄门只得坦白认罪，身边的人莫不惊叹孙亮的聪慧。

【引述】

《三国志·吴书三·三嗣主传》:“夏四月,亮临正殿,大赦,始亲政事。綝所表奏,多见难问,又科兵子弟年十八已下十五已上,得三千余人,选大将子弟年少有勇力者为之将帅。亮曰:“吾立此军,欲与之俱长。”日于苑中习焉。【注一】”大意是:太平二年(257 年)夏四月,孙亮来到正殿,大赦天下,开始亲自处理军政大事。孙綝上奏的表章,多被孙亮询问。孙亮又挑选了十八岁以下、十五岁以上的兵子弟三千余人,选择大将的子弟年少而有勇力的人做将帅。孙亮道:“我建立这支队伍,是想与他们一同成长。”每日都在皇家大苑里操练。

裴松之的引文说明了两点,一是从鼠屎的外湿内干判断作案者是黄门,说明孙亮聪慧。二是“今大将军问事”,大将军指孙綝,胡三省说:问事“犹言奏事,而不言奏者,自卑挹(通“抑”,谦退)之意。”孙亮于建兴元年(252 年)即位,至太平二年已在位五年,大臣奏事还自谦地称“问事”,为何会产生这种卑挹的心理呢?除了他年龄较小以外,只能是强臣压主的原因。而大将军“但令我书可”之事,就足以证明这一点。同时,也说明孙亮对大将军孙綝的独断专行有所不满。太平三年,孙亮因孙綝的专权和放肆,与太常全尚、将军刘丞密谋杀掉孙綝,结果反被孙綝派兵抓了全尚,又派其弟袭杀刘丞,并且召集大臣在宫门集会,废黜孙亮为会稽王。当时孙亮才十六岁。正像《三国志》本传评论所说的,孙亮幼年即位而又没有贤能的大臣辅政,皇位被人替代,那是必然的结果。可见有贤能而正直的股肱大臣辅佐何等重要。

一四五　太史慈信义为先

【注文】

《吴历》云：慈[1]于神亭战败，为策所执。策素闻其名，即解缚请见，咨问进取[2]之术。慈答曰："破军之将，不足与论事。"策曰："昔韩信定计于广武[3]，今策决疑于仁者，君何辞焉？"慈曰："州军新破，士卒离心，若傥分散，难复合聚；欲出宣恩安集，恐不合尊意。"策长跪[4]答曰："诚本心所望也。明日中，望君来还。"诸将皆疑，策曰："太史子义，青州名士，以信义[5]为先，终不欺策。"明日，大请诸将，豫设酒食，立竿视影。日中而慈至，策大悦，常与参论诸军事。

《江表传》曰：策问慈曰："闻卿昔为太守[6]，劫州章[7]，赴文举[8]，请诣玄德[9]，皆有烈义[10]，天下智士也，但所托未得其人。射钩斩袪[11]，古人不嫌。孤是卿知己，勿忧不如意也。"出教[12]曰："龙欲腾翥[13]，先阶尺木[14]者也。"

【注释】

① 慈：太史慈，字子义。汉末名将，官至建昌都尉，原为刘繇的部下，后归降孙策。

② 进取：进攻，攻取。

③ "昔韩信"句：《史记·淮阴侯传》：成安君不用广武君策，汉兵夹击，大破虏赵军，斩成安君。韩信令勿杀广武君，亲解其缚，以师礼事之。

④ 长跪：直身而跪。古时人们席地而坐，坐时两膝据地，以臀部著足跟。跪则伸直腰股，以示尊重。

⑤ 信义:信用和道义。

⑥ 为太守:指太史慈到芜湖,在山中自称丹阳太守。后移驻泾县,大批山越夷人前来归附之事。

⑦ 劫州章:夺走州牧的奏章。太史慈任郡府时,与州牧不和,各自写了弹劾对方的奏章上报。太史慈兼程赶赴京都,见到州牧派去的官吏,将州牧的奏章用刀割碎了。

⑧ 赴文举:孔融字文举。有次孔融被黄巾军包围,太司慈得知后,乘夜冲进城去见孔融,请求率兵出城厮杀。

⑨ 诣玄德:刘备字玄德。孔融被围,想向刘备求援,太史慈冲出包围圈,到平原去请刘备,刘备道:“孔北海还知道世间有个刘备啊!”立即派精兵随太史慈解了围。

⑩ 烈义:刚正而有节义。

⑪ 射钩斩袪:射钩:指管仲射中齐桓公带钩之事。桓公不计前嫌,任管仲为相,终成霸业。斩袪:斩断衣袖。借指旧怨。当初,晋献公为二公子修筑蒲和屈两地。及难,派寺人披去伐蒲,公子重耳逾墙逃走,寺人披只斩得他的袖口。(二事皆见《左传》)

⑫ 教:告诉。

⑬ 腾翥(zhù):飞举,飞升。

⑭ 阶尺木:阶:台阶,喻提高的凭借或途径。尺木:古人谓龙升天时所凭依的短小树木。《酉阳杂俎》云,龙头上有一木如博山形名尺木,龙无尺木,不能升天。前一说为宜。

【译文】

胡冲《吴历》记载:太史慈在神亭战败,被孙策捉拿。孙策早就闻听他的名声,立即解缚相见,并向他咨询攻城拔寨的打法。太史慈答道:“我乃败军之将,不值得与我谈论兵事。”孙策道:“过去韩信向战败的广武君讨教计谋,今孙策向仁者寻求解惑,先生为何推辞呢?”太史慈道："青州军刚被打败，士卒各怀异心，队伍徜若分散了，很难再聚合；我想回去召集安抚他们，并宣示吴主的恩惠，这也许不合先生的心意。"孙策立刻伸直腰身郑重地说："这正是我内心所想望的啊。明日正午，望先生归来。"各将领对他是否回来表示怀疑，孙策道："太史慈是青州的名士，把信用和道义看得很重，定不会欺骗我。"第二天，孙策大摆宴席邀请各将领，准备了酒肴，竖立一根竹竿以观察日影计算时辰，正午时分太史慈果带着部队赶来，孙策大喜。后太史慈常参予讨论诸军事。

虞溥《江表传》记载：孙策对太史慈道："听说卿曾自称丹阳太守，而归附者甚众；夺走过州牧的奏章，使他无法如愿；赶赴孔融之难，决意助他杀敌；只身去见刘备，搬来兵马解围。这都是刚正而仁义之事，卿真是天下有智之士，只是托靠不得其人罢了。昔日管仲曾箭射齐桓公的带钩，寺人披曾斩断晋文公的袖口，古人都能做到不计前嫌，我如今就是卿的知己，不必担忧有什么不如意的事。"太史慈出来后告诉亲信道："龙欲腾飞，必先仰仗托举的树木。"

【引述】

《三国志·吴书四·太史慈传》："慈因进住泾县，立屯府，大为山越所附。策躬自攻讨，遂见囚执。策即解缚，捉其手曰：'宁识神亭时邪？若卿尔时得我云何？'慈曰：'未可量也。'策大笑曰：'今日之事，当与卿共之。'【注一】"这段话大意是：太史慈进驻泾县，设立屯守军府，大批山越夷民前来归附。孙策亲自去攻打，太史慈被抓获。孙策为他解绑，拉着他的手道："还记得神亭那一仗吗？假若你当时抓到我会如何处置？"太史慈道："很难说。"孙策大笑道："从今以后，我当与你共创大业。"

裴松之说："《吴历》云慈于神亭战败，为策所得，与本传大异，疑为谬误。”经查对，孙策抓获太史慈是在泾县，而不是神亭。实际在此之前，他二人曾有过一次交手，地点正是神亭，所以才有孙策之问太史慈“还记得神亭那一仗吗？”神亭那一仗，是路上偶遇。交战中，孙策在刺太史慈坐骑时，顺手夺得太史慈后背上的一柄手戟，太史慈亦抓走了孙策的头盔，正好两家兵马赶到，双方也就罢手。第二次交手地点在泾县，且有佐证，《吕范传》记载：吕“范从策攻太史慈于勇里”，勇里即安徽的泾县。之所以出现地名不符这小小的纰漏，是因《吴历》的作者未经细查，也是注者未深核实。由此看来，史家着笔，必得十二分的慎审才对。

一四六　吴夫人有智略

【注文】

《会稽典录》曰：策功曹魏腾，以迕[①]意见谴，将杀之，士大夫忧恐，计无所出。夫人[②]乃倚大井而谓策曰：“汝新造江南，其事未集，方当优贤礼士[③]，舍过录功[④]。魏功曹在公尽规，汝今日杀之，则明日人皆叛汝。吾不忍见祸之及，当先投此井中耳。”策大惊，遽释腾。夫人智略权谲[⑤]，类皆如此。

【注释】

① 迕（wǔ）：背逆，冒犯。

② 夫人：指孙坚的夫人吴氏，孙策及孙权的母亲。

③ 优贤礼士：优待、礼遇贤能之士。

④ 舍过录功：舍弃其过失录用其所长。

⑤ 智略权谲：智略：才智与谋略。权谲：权谋。

【译文】

虞预《会稽典录》记载：孙策的功曹魏腾，因冒犯孙策之意而被谴责，并将被诛。各官员忧愁恐惧，不知该如何搭救。吴夫人则倚在水井旁对孙策道："你才开辟了江南，大业尚未建成，正该优待礼遇贤能之人，舍其过失录其所长。魏功曹在职循规蹈矩，今日杀掉他，明日则会有更多的人离你而去。我不忍看到这种灾祸到来，还是先投此井为好。"孙策大惊，立即释放了魏腾。吴夫人的才智和权略，大都如此。

【引述】

《三国志·吴书五·妃嫔传》："及权少年统业，夫人助治军国，甚有补益。【注一】"意思是说：孙权少年时承继父兄大业，吴夫人辅助他治理军国，对孙权有很大的帮助。裴注所引就说明了这点。

孙坚的夫人吴氏，父母早丧，与其弟生活在一起。孙坚听说她很有才貌，便想娶她。但她的亲戚们认为孙坚轻佻狡黠不想将女嫁给他，夫人说："怎能为舍不得一个女子而可能惹祸呢？若将来二人不合，也是命中注定。"于是应了婚事。婚后生有四子一女，四子为策、权、翊、匡。孙策十七岁便承继了父业，领兵打仗，勇猛盖世，打下了江东的割据局面。孙权十五岁便任阳羡长，后来独霸江东，称帝东吴。这其间都少不了吴夫人的协助。吴夫人可谓一位难得的贤妻良母。

一四七　徐氏为夫报仇

【注文】

《吴历》曰：妫览、戴员亲近边洪[①]等，数为翊[②]所困，常欲叛逆，因吴主出征，遂其奸计。时诸县令长并会见翊，翊以妻徐氏颇晓卜，翊入语徐："吾明日欲为长吏作主人，卿试卜之。"徐言："卦不能佳，可须异日。"翊以长吏来久，宜速遣，乃大请宾客。翊出入常持刀，尔时有酒色[③]，空手送客，洪从后斫[④]翊，郡中扰乱，无救翊者，遂为洪所杀，迸走入山。徐氏购募[⑤]追捕，中宿乃得，览、员归罪杀洪。诸将皆知览、员所为，而力不能讨。览入居军府[⑥]中，悉取翊嫔妾及左右侍御，欲复取徐。恐逆之见害，乃绐之曰："乞须[⑦]晦日设祭除服[⑧]。"时月垂竟，览听须祭毕。徐潜使所亲信语翊亲近旧将孙高、傅婴等，说："览已虏略婢妾，今又欲见逼，所以外许之者，欲安其意以免祸耳。欲立微计，愿二君哀救。"高、婴涕泣答言："受府君恩遇，所以不即死难者，以死无益，欲思惟事计[⑨]，事计未立，未敢启夫人耳。今日之事，实夙夜所怀也。"乃密呼翊时侍养者[⑩]二十余人，以徐意语之，共盟誓，合谋。到晦日，设祭，徐氏哭泣尽哀毕，乃除服，薰香沐浴，更于他室，安施帏帐，言笑欢悦，示无戚容。大小凄怆，怪其如此。览密觇视，无复疑意。徐呼高、婴与诸婢罗住户内，使人报览，说已除凶即吉，惟府君敕命。览盛意[⑪]入，徐出户拜。览适得一拜，徐便大呼："二君可起！"高、婴俱出，共得杀览，余人即就外杀员。夫人乃还缞绖[⑫]，奉览、员首以祭翊墓。举军震骇，以为神异。吴主续至，悉族诛览、员余党，擢高、婴为牙门[⑬]，其余皆加赐金帛，殊其门户[⑭]。

【注释】

① 妫览、戴员、边洪:皆为孙翊的部将。妫览为大都督,戴员为郡丞。

② 翊(yì):孙翊,是孙策的三弟。时为偏将军领丹阳太守。

③ 酒色:酒容,醉态。

④ 斫(zhuó):砍削。

⑤ 购募:谓悬赏缉捕。

⑥ 军府:将帅的府署。

⑦ 须:等待。

⑧ 除服:指脱去丧服。

⑨ 事计:处事的计划、谋略。

⑩ 侍养者:谓侍从孙翊左右而厚蒙给养者。

⑪ 盛意:盛情。

⑫ 缞绖(cuī dié):丧服及系的麻带子。

⑬ 牙门:牙门将。

⑭ 门户:门第。

【译文】

胡冲《吴历》记载:丹阳太守孙翊的大都督妫览、郡丞戴员和他们的亲近边洪等人,多次受到孙翊的限制,他们常想叛变,趁吴主孙权出征,便实施他们的奸计。当时丹阳各县令齐来会见孙翊,孙翊因妻子徐氏懂得占卜,便进屋对徐氏道:"我明天想为各长吏作东宴请,你试算一卦。"徐氏道:"卦象不太好,可改为他日。"孙翊认为长吏已来数日,应尽快返回,于是次日大宴宾客。平日孙翊出入都佩带宝刀,当时有些醉意,便空着手去送客,边洪则乘机从背后砍杀他,郡中一片混乱,仓卒间无人去救孙翊,边洪杀了孙翊逃往山中。徐氏悬赏缉拿,于次日夜间缉捕归案，妫览和戴员把罪责都推给边洪并杀了边洪。各将领都知道览、员是主谋，但兵力不足无法讨伐。接着妫览竟住进将帅的府衙，霸占了孙翊的嫔妾及侍御，还想霸占徐氏。徐氏怕不从被害，便哄骗他道：“我需等待过了月末的晦日，祭祀完毕才脱丧服。”时间已近月末，妫览便答应了。此时徐氏则暗地让亲信传信，对过去孙翊的亲信部将孙高、傅婴等人说：“妫览已虏掠了原来的婢妾，如今又逼迫于我。我表面应承，是想安稳其心以免遭害，我想出一计，望二位将军怜悯援救我。”孙高、傅婴涕泣答道：“我们曾受府君的恩遇，所以不即时去死，是因徒死无益，想订立一个可行的计谋，但尚未成熟，未敢向夫人禀告，今日有此良策，正是我等昼夜所思念的。”于是召集原来孙翊身边亲近并曾蒙受厚恩的二十余人，把徐氏的意思告知他们，共立盟誓，计议已定。到了晦日那天，设案祭奠孙翊，徐氏哭泣尽哀，祭奠完毕，徐氏脱去丧服，点起盘香薰屋沐浴，更换了居室，悬挂了帏帐，言笑欢悦，面无悲容。周围之人甚是伤感，深怪她怎能如此。妫览也暗里观察，未产生任何怀疑。徐氏暗呼孙高、傅婴与各侍婢分别进入内室，然后派人报知妫览，说已除凶即吉，听候使君安排。妫览兴冲冲地进来，徐氏出门拜见，就在妫览弯腰回拜时，徐氏大喊：“二位将军请出！”高、婴立即冲出，一同杀了妫览。其余的人在外面杀了戴员。夫人又换上丧服，用览、员二人的首级祭献于孙翊墓前。全军莫不震惊，认为此事办得神奇。后吴主孙权到来，诛灭了妫览、戴员的余党，提拔孙高、傅婴为牙门将，其余的给予金银锦帛等赏赐，他们的门第也藉此得到提高。

【引述】

《三国志·吴书六·宗室传》：“初，孙权杀吴郡太守盛宪，宪故孝廉妫览、戴员亡匿山中，孙翊为丹阳，皆礼致之。览为大都督督兵，员为郡丞。及翊遇害……会翊帐下徐元、孙高、傅婴等杀览、员。【注二】”大意是说：当初，孙权杀了吴郡太守盛宪，盛宪的好友孝廉妫览、戴员逃到山上躲藏。孙翊任丹阳太守时，能以礼相待他们，他们便来归附。妫览被任为大都督领兵，戴员任郡丞。及至孙翊遇害……恰值孙翊原帐下的徐元、孙高、傅婴杀掉了妫览和戴员。裴松之在此注引《吴历》，叙述徐氏为夫报仇的经过。

孙翊之妻徐氏先悬赏缉拿凶手归案，处死边洪；又谋与孙翊以前的部将合计杀掉了主谋妫览和戴员。不仅替孙翊报了仇，也为国家除了害。明代史学家李贽说“徐氏真不愧是孙坚、吴夫人的儿媳妇”。《三国演义》第三十八回对此事亦有描述，与正史大体相同。书中有诗赞曰：

才节双全世所无，奸回一旦受摧锄。庸臣从贼忠臣死，不及东吴女丈夫。

一四八　顾谭恃恩忘敬

【注文】

《江表传》曰：权嫁从女①，女顾氏甥，故请雍②父子及孙谭，谭时为选曹尚书，见任贵重③。是日，权极欢。谭醉酒，三起舞，舞不知止。雍内怒之。明日，召谭，诃责之曰：“君王以含垢④为德，臣下以恭谨为节。昔萧何、吴汉⑤并有大功，何每见高帝，似不能言；汉奉光武，亦信恪勤。汝之于国，宁有汗马⑥之劳，可书之事邪？但阶门户之资，遂见宠任耳，何有舞不复知止？虽为酒后，亦由恃恩忘敬，谦虚不足。损吾家者必尔也。”因背向壁卧，谭立过一时⑦，乃见遣。

【注释】

①从女:侄女。

②雍:指顾雍,任东吴丞相。

③贵重:位高任重。

④含垢:包容污垢。

⑤萧何、吴汉:萧何:跟从汉高祖起兵,高祖为汉王,以萧何为丞相,汉之典章律令多出其手。吴汉:随汉光武伐蜀,又远击匈奴,官大司马。

⑥汗马:战马奔跑而出汗,喻劳苦征战。

⑦一时:一个时辰。

【译文】

虞溥《江表传》记载:孙权嫁侄女,因侄女是顾家的外甥,因此邀请丞相顾雍父子及其孙顾谭一同赴宴。顾谭当时任选曹尚书,位高权重。那日,孙权非常高兴。顾谭也喝醉了,三次起身舞蹈,且不知停止,顾雍内心十分恼怒。第二天,叫来顾谭,斥责道:"做君主的以能包容污垢为厚德,做臣子的要以恭敬谨慎为节操。昔日丞相萧何、大司马吴汉对汉朝廷都有极大的功劳,可是萧何每当见到汉高祖,都好像不善言谈的样子;吴汉对待汉光武帝,也是必恭必敬,恪尽职守。你对国家,难道立过汗马之功吗?有可书写于史册的事迹吗?只不过凭藉门第才被授以重任罢了,有什么理由在宴席上三次起舞且不知停止呢?虽然是在酒后,但也是由于你依仗主上施恩而忘掉应有的恭敬、不知谦虚的缘故。将来损害我们家名声的必然是你!"言毕,背过身面朝墙壁而卧,顾谭直站了一个时辰,才被打发走。

【引述】

《三国志·吴书七·顾雍传》:“雍往断狱,壹以囚见,雍和颜色,问其辞状,临出,又谓壹曰:‘君意得无欲有所道?’壹叩头无言。时尚书郎怀叙面詈辱壹,雍责叙曰:‘官有正法,何至于此!【注二】’”其大意是说:顾雍前往审案,吕壹是囚犯身份,顾雍和颜悦色地审问,临出门时,还又问:“你是不是还有什么话要说?”吕壹只叩头无话可说。当时尚书郎怀叙当面辱骂吕壹,顾雍责备他道:“朝廷自有法纪,何必要这样的呢?”

志书上的这段话与【注二】所引顾谭在宴席上无节制地跳舞看似没有什么干系,但裴松之却将二者组合在一起,正表明了他的良苦用心。首先从断案和对待囚犯来看,表明顾雍是一个正直通达之人。他在吴为相十九年,孙权都对他非常尊重,尝叹曰:“顾君不言,言必有中。”其次从顾雍对囚犯的和颜悦色和对其孙顾谭的严厉训斥的对比来看,表明顾雍家教很严。良好的家教正是这个家族风清气正之源。再次,从顾雍的训诫中表明做人要严于律己,要恭谨谦虚,不能“恃恩忘敬”,也不能“远之则怨,近之则不逊”。

一四九 孤与子瑜可谓神交

【注文】

《江表传》曰:瑾①之在南郡,人有密谗瑾者。此语颇流闻于外,陆逊②表保明瑾无此,宜以散其意。权报曰:“子瑜与孤从事积年,恩如骨肉，深相明究，其为人非道不行，非义不言。玄德昔遣孔明至吴，孤尝语子瑜曰：'卿与孔明同产，且弟随兄，于义为顺，何以不留孔明？孔明若留从卿者，孤当以书解玄德，意自[3]随人耳。'子瑜答孤言：'弟亮以失身于人，委质定分[4]，义无二心。弟之不留，犹瑾之不往也。'其言足贯神明。今岂当有此乎？孤前得妄语文疏，即封示子瑜，并手笔与子瑜，即得其报，论天下君臣大节一定之分。孤与子瑜，可谓神交[5]，非外言所间[6]也。知卿意至，辄封来表，以示子瑜，使知卿意。"

【注释】

①瑾：诸葛瑾，字子瑜，诸葛亮之兄。曾任东吴南郡太守，孙权称帝后，官至大将军领豫州牧。

②陆逊：字伯言，时为东吴右护军、镇西将军。

③意自：料度。

④委质定分：委质：置身。定分：确定名分。

⑤神交：谓心意相合，相知很深的朋友。

⑥间：离间。

【译文】

虞溥《江表传》记载：诸葛瑾在南郡做太守时，有人秘密地进他的谗言。谗言流传很广，陆逊听说后便上表力保诸葛瑾绝无此事，说应解除误会。孙权给陆逊回信道："子瑜（诸葛瑾）与我共事多年，情同骨肉兄弟，相知极深，他为人的原则是非道不行，非义不言。过去刘备派孔明来吴，我曾对子瑜说：'先生和孔明是同胞兄弟，弟随兄是顺理成章的事，为何不设法挽留孔明呢？孔明若能留下，我会写信向刘备说明，料想他当依从的。'子瑜回答说：'吾弟已跟随刘备，君臣名分已定，义无二心。吾弟不会留下，就如同我不会离开一样。'此言足以上贯神明。时至今日,怎会有流传的那些事呢?我前些日子收到一些混淆视听的文疏,当即密封送给子瑜,并手书给子瑜加以说明,子瑜也随即回信,论说天下君臣之间的大义和名分。我与子瑜,可算是‘神交’了,不是旁人可以离间的。我知道先生的深意,将密封此表,送给子瑜,让他也知道你的良苦用心。”

【引述】

《三国志·吴书七·诸葛瑾传》载:“时或言瑾别遣亲人与备相闻,权曰:‘孤与子瑜有死生不易之誓,子瑜之不负孤,犹孤之不负子瑜也。’【注二】”裴注在此说明孙权与诸葛瑾的关系,不是他人可以离间了的。

诸葛瑾,字子瑜。胸怀宽广,温厚诚信,敢于直谏,深得吴主孙权的信任。在缓和吴、蜀的关系上付出很大的努力。公元215年,孙权派诸葛瑾出使蜀汉,他与其弟诸葛亮只在公署见面,不谈私事。公元222年,刘备伐吴,孙权求和,诸葛瑾给刘备写信分析形势和利弊,就在此时,有人向孙权进谗说“瑾别遣亲人与备相闻”,孙权不信,说“孤与子瑜有生死不易(不渝)之誓”。他们之间的这种亲密无间、推诚相与的君臣关系,岂是几句谗言可以离间了的吗?而且孙权还要将陆逊的表章密封,送交诸葛瑾览阅使“知卿意”,处理得何等周密,让人倍感亲切。这种高度相互信赖的关系,使东吴内部极度团结而且极具凝聚力,这也是能确保江东政权得以巩固的可靠基石。

一五〇　“吴蜀”二字趣解

【注文】

《江表传》曰：费祎聘于吴①，陛见②，公卿侍臣皆在坐。酒酣，祎与诸葛恪③相对嘲难④，言及吴、蜀。祎问曰：“蜀字云何？”恪曰：“有水者濁，无水者蜀。横目苟身⑤，虫入其腹。”祎复问：“吴字云何？”恪曰：“无口者天，有口者吴，下临沧海，天子帝都。”与本传不同。

【注释】

①“费祎”(yī)句：费祎：时任蜀汉黄门侍郎、昭信校尉。聘：聘问。指国与国之间或诸侯与诸侯之间的遣使访问。

②陛见：谓臣下谒见皇上。

③诸葛恪(kè)：诸葛瑾之子，与其父及弟诸葛融皆为东吴大臣。

④嘲难(nàn)：调笑问难。

⑤苟身：裴松之说：“见诸书本‘苟身’或作‘句身’，以为既云‘横目’，则宜曰‘句身’。”

【译文】

虞溥《江表传》记载：蜀汉的使臣费祎到东吴访问，谒见了吴主孙权，当时各公卿及侍臣都在坐，当宴会吃到酒酣耳热时，费祎与诸葛恪相互调笑问难，谈及吴、蜀时，费祎问道：“蜀字作何解？”诸葛恪道：“蜀字，旁边有水便是‘濁’，旁边无水就是‘蜀’，上面‘目’字横着写，下面‘苟’字无草头，‘虫’子钻进其肚腹。”费祎又问：“吴字作何解？”诸葛恪道：“吴字，无口便是‘天’，有口就是‘吴’，面临沧海千层浪，此乃天子之帝都。”

【引述】

《三国志·吴书八·薛综传》载:“西使张奉于权前列尚书阚泽姓名以嘲泽,泽不能答。综下行酒,因劝酒曰:‘蜀者何也?有犬为“獨”,无犬为“蜀”,横“目”“苟”身,“虫”入其腹。奉曰:‘不当复列君吴邪?’综应声曰:‘无口为“天”,有口为“吴”,君临万邦,天子之都。’于是众坐喜笑,而奉无以对。其枢机敏捷,皆此类也。【注三】’”大意是:西蜀使臣张奉当着孙权的面,对东吴尚书阚泽的姓名进行嘲弄,阚泽未能应答。薛综便离座给众人斟酒,趁机对吴、蜀二字予以解说,而张奉亦未能应答上,说薛综很是机敏。

裴注所引《江表传》与本传有些出入,一是文字稍有异同,二是嘲难的人员有所不同。翻开《诸葛恪传》注引《恪别传》和《费祎传》等卷,就可看到不同的登场人物和不同的调侃内容。这是因为魏晋时期清谈、问难之风盛行,文士们以难倒对手或使对手“无以答”为优胜,后来在国与国的外交活动中,使节们便将此风气带进了宴筵之中。他们以言辞相竞为快事,而各国史官在记录时又都夸耀自我一方,因此就造成了文字上互有歧异的现象。

一五一　周瑜论送质子

【注文】

《江表传》曰:曹公新破袁绍,兵威日盛,建安七年,下书责权质任①子。权召群臣会议②,张昭、秦松等犹豫不能决,权意不欲遣质,乃独将瑜诣母前定议,瑜曰:"昔楚国[3]初封于荆山之侧,不满百里之地,继嗣[4]贤能,广土开境,立基于郢,遂据荆扬,至于南海,传业延祚,九百余年。今将军承父兄[5]余资,兼六郡[6]之众,兵精粮多,将士用命[7],铸山为铜,煮海为盐[8],境内富饶,人不思乱,泛舟举帆,朝发夕到,士风劲勇[9],所向无敌,有何逼迫,而欲送质?质一入,不得不与曹氏相首尾[10],与相首尾,则命召不得不往,便见制[11]于人也。极不过一侯印,仆从十余人,车数乘,马数匹,岂与南面[12]称孤同哉?不如勿遣,徐观其变。若曹氏能率义[13]以正天下,将军事之未晚。若图为暴乱,兵犹火也,不戢[14]将自焚。将军韬勇抗威,以待天命[15],何送质之有[16]!"权母曰:"公瑾议是也。公瑾与伯符[17]同年,小一月耳,我视之如子也,汝其兄事之[18]。"遂不送质。

【注释】

① 质任:人质和任子。任子也即人质,是为取信对方而用作抵押的人。

② 会议:聚会议论。

③ "昔楚国"句:据《文献通考》等书载,楚为芈姓之国。周成王时封熊绎荆蛮丹阳之地,其后逐渐强大。春秋时,文王定都于郢。曾与宋襄公争霸,与晋文公战于城濮,庄王时,为战国七雄之一。后为秦所灭,共四十一传,凡九百余年。

④ 继嗣:后嗣,后代。

⑤ 父兄:指父孙坚及兄孙策。

⑥ 六郡:指会稽、吴、丹阳、豫章、广陵、庐江诸郡。

⑦ 用命:听从命令,奋不顾身地效命。

⑧ "铸山"二句:铸山谓开采山中铜矿铸造钱币,煮海谓烧煮海水而获得食盐。喻自然资源丰富。

⑨ 劲勇:顽强勇敢。

⑩ 首尾:比喻关系密切,互有牵连。

⑪ 见制：受人牵制。见：用在动词前表示被动，相当于“被”，“受到”。

⑫ 南面：古代以坐北朝南为尊位，因以指帝王或诸侯。

⑬ 率义：执行道义。

⑭ 戢(jí)：收敛，停止。

⑮ 天命：指上天的意旨，也指自然的规律。

⑯ 何送质之有：有什么人质可送呢。“何……有”即“有何”“有什么”。

⑰ “公瑾”句：公瑾是周瑜的字，伯符是孙策的字。

⑱ 兄事之：像对待兄长那样对待他。

【译文】

虞溥《江表传》记载：曹操刚打败了袁绍，军威日盛一日，建安七年(202年)，投书给孙权，要求将其子弟送去作质子。孙权召集群臣商议，张昭、秦松等都犹豫不能作决定，孙权心里不想送，便单独领上周瑜去他母亲处定夺。周瑜道：“过去楚国最初封于荆山之侧的丹阳，封地不满百里，但其后代极为贤能，扩充土地开辟疆域，定都于郢。接着占据了荆扬，以至于南海，子孙传承祖业延续国统，竟达九百余年。如今将军继承父兄留下的基业，兼有六郡的疆土和民众，兵精粮足，将领和士卒都能拼死效命，开山采铜可铸钱币，煮海成盐可供民用，境内富饶，人心稳定，泛舟举帆，朝发夕至，士风顽强勇敢，战则所向无敌，是什么情况被逼着而要去送人质呢？质子一旦去了，就不得不与曹操相呼应，既与之相呼应，那么凡有召命就不得不往，这便受制于他人了。届时不过赏一枚侯印，十余个仆从，几辆车子几匹马，这与南面而坐称孤道寡能同日而语吗？不如不送质子，慢慢观察其变化。如若曹操能秉承正义以仁道治理天下，到那时将军再送质子也不晚。如若曹操是兴兵作乱，须知用兵如焚火，不收敛将会自焚。将军既有韬略，又英勇善战，应抗拒淫威以待上天的安排，有什么理由要送质子呢!”孙权之母道:“公瑾的道理说得很对。公瑾与你兄伯符同岁,只小一个月,我视他如己子,你当像对待兄长那样对待他。”于是决定不送质子。

【引述】

《三国志·吴书九·周瑜传》:“五年,策薨,权统事。瑜将兵赴丧,遂留吴,以中护军与长史张昭共掌众事。【注一】”大意是说:建安五年,孙策去世,孙权统领东吴政务。周瑜带兵前来吊唁,便留在了吴郡,以中护军之职与长史张昭共同掌管众事。裴注在此注引的文字,就是叙述曹操要求孙权送质子,而周瑜加以反对的理由。

建安五年(200 年),孙策去世,他没有把政权交给自己的儿子,而是交给了弟弟孙权。就在这年,曹操通过官渡之战打败势力最强的袁绍。建安七年,便要求孙权把质子送往许都。当时曹操挟天子以号令诸侯,如若送去,则会受制于人,如若不送,则会被打着违抗朝廷命令的旗号征讨。就在这举棋不定的时刻,周瑜的一番精辟论述 ,使孙权下定决心,不送质子。质子不往,就等于向曹操宣布独立,操虽然心头不悦,但他正忙于消灭袁绍留下的残余势力,无暇兼顾,直到北方平定,才回兵南下,向东吴动手。但曹操此战即赤壁之战未能战胜东吴,反被孙权联合刘备打得大败而归,伤了不少元气。

一五二　八十万与三万

【注文】

《江表传》曰：权拔刀斫前奏案[①]曰："诸将吏敢复有言当迎操者，与此案同！"及会罢之夜，瑜请见曰："诸人徒见操书言水步八十万，而各恐慑[②]，不复料其虚实，便开此议，甚无谓也。今以实校之[③]，彼所将中国[④]人，不过十五六万，且军已久疲，所得表众[⑤]，亦极七八万耳，尚怀狐疑。夫以疲病之卒，御狐疑之众，众数虽多，甚未足畏。得精兵五万，自足制之，愿将军勿虑。"权抚背曰："公瑾，卿言至比，甚合孤心。子布、文表[⑥]诸人，各顾妻子，挟恃私虑，深失所望，独卿与子敬[⑦]与孤同耳，此天以卿二人赞[⑧]孤也。五万兵难卒合，已选三万人，船粮战具俱办，卿与子敬、程公[⑨]便在前发，孤当续发人众，多载资粮，为卿后援。卿能办之者诚快[⑩]，邂逅不如意[⑪]，便还就孤，孤当与孟德[⑫]决之。"

【注释】

① 奏案：批阅奏本的矮桌子。

② 恐慑：恐惧。

③ 以实校(jiào)之：按实际情况核对一下。

④ 中国：此处指中原地区。

⑤ 所得表众：从战败的刘表那里俘获的军卒。

⑥ 子布、文表：张昭字子布，秦松字文表。

⑦ 子敬：鲁肃字子敬。

⑧ 赞：辅佐，帮助。

⑨ 程公：指程普。在诸将中年岁最高，故称程公。

⑩ 卿能办之者诚快：《资治通鉴》"诚快"作"诚决"，意谓你假如能对付得了曹

操，当然可与他决战。

⑪ 邂逅（xiè hòu）：万一遇到。

⑫ 孟德：曹操的字。

【译文】

虞溥《江表传》记载：孙权拔刀砍向面前批阅奏章的几案，道："各将吏有再敢提投降曹操的，与此案同！"就在散了会的当夜，周瑜去见孙权道："那些人只看到曹操在书信上说率有八十万水步兵马，因而恐惧，不再思量其真假虚实，便发出投降的论调，很无道理。如今按实际情况核实一下，他所率中原地区的军卒不过十五六万，而且这些人早因在外久战已很疲惫，还有从战败的刘表那里俘获的士卒，最多七八万，这批人心有疑虑，怎肯力战？这样，率领疲惫不堪的军队，指挥怀有二心的士卒，人数虽多，没有什么可怕的。只要给我五万精兵，足可制伏他们，将军不必过虑。"孙权抚摸着周瑜的臂膀道："公瑾，你说的这些，太合我的心意了。张昭、秦松等人，各顾妻子儿女，挟有私心，使我大失所望。唯有你与鲁肃和我的想法相同，这是上天让你二人来协助我。五万兵难以马上聚集，已选好三万人，船只、粮草、战具皆已备办齐全，你与鲁肃、程普先出发，我将陆续派出军队，多载物资粮草，为你作后援。你假若能对付得了曹操，当然可与他决战，万一遇到出乎意料的情况，就回我这里来，我去与曹操决一胜负。"

【引述】

《三国志·吴书九·周瑜传》："（瑜曰）'瑜请得精兵三万人，进住夏口，保为将军破之。'权曰：'老贼欲废汉自立久矣，徒忌二袁、吕布、刘表与孤耳。今数雄已灭，唯孤尚存，孤与老贼，势不两立。君言当击，甚与孤合,此天以君授孤也。【注一】’”这段话的大意是:周瑜对孙权道:“请给我拨三万精兵,进驻夏口,定能为将军击破曹操。”孙权道:“曹贼早想废汉自立,只是顾忌有袁绍、袁术、吕布、刘表和我罢了。如今,其他几人已被曹操消灭,只有我还在,我与曹贼势不两立。你说应对他进行打击,与我的想法一致,这是上天把你送给我的啊!”裴注在此引《江表传》,主要写东吴将领在赤壁战前,对敌我双方所作的战略分析和应对措施。我们选取的材料是赤壁之战起始前的一个片段。

赤壁之战在《资治通鉴》中的记载较为详细,文章着重叙述了孙权、周瑜、诸葛亮、鲁肃等人的政治远见及军事才能,分析了整个战局的敌我形势以及如何利用各自的优势以争取战争的胜券。开始,曹操占绝对优势,统领水、步兵卒八十万(实际只有二十余万),打着“奉命伐罪”的旗号,气势逼人。而孙、刘处于明显的劣势,孙权只三万人,刘备不到二万,还有主和派的掣肘。结果却打败了曹操,取得巨大胜利。这场战役是孙刘联军于建安十三年(208年)在赤壁(今湖北赤壁市西北)大破曹军的一场大战役,也是我国历史上以少胜多、以弱胜强的著名战役,它打乱了曹操企图统一全国的计划,孙权和刘备也借此机会夺回各自在荆州的地盘,又扩充了实力。可以说,赤壁之战是重组了各方面的势力范围,形成天下三分的雏型。吴晗先生指出,赤壁之战时,孙权二十七岁,诸葛亮二十七岁,周瑜三十四岁,曹操五十四岁,是哀兵战胜了骄兵,年轻人打败了老头子。

此战写在《三国演义》的四十三回至四十九回里。从诸葛亮舌战群儒写战前孙、刘的磨合,用智激周瑜写孙刘联盟的进一步巩固。接着在实施运作中,把诸葛亮、周瑜、曹操这三位人杰运筹帷幄,谋中设谋,计里套计,写得淋漓尽致,极尽其妙。如蒋干盗书,草船借箭。如周瑜打黄盖的苦肉计,庞统锁船的连环计,还有七星坛的祭东风,等等,最后是三江口周郎纵火烧赤壁。只要打开书本,人物、场景立即活跃在眼前，使人难以掩卷。

一五三　黄盖致降书

【注文】

《江表传》载盖书[①]曰："盖受孙氏厚恩，常为将帅，见遇不薄。然顾天下事有大势，用江东六郡山越[②]之人，以当中国百万之众，众寡不敌，海内所共见也。东方将吏[③]，无有愚智，皆知其不可，惟周瑜、鲁肃偏怀浅戆[④]，意未解耳。今日归命[⑤]，是其实计。瑜所督领，自易摧破。交锋之日，盖为前部，当因事变化，效命在近。"曹公特见行人[⑥]，密问之，口敕曰："但恐汝诈耳。盖若信实[⑦]，当授爵赏，超于前后也。"

《江表传》曰：至战日，盖先取轻利舰十舫，载燥荻[⑧]枯柴积其中，灌以鱼膏，赤幔覆之，建[⑨]旌旗龙幡于舰上。时东南风急，因以十舰最著前[⑩]，中江[⑪]举帆，盖举火白诸校，使众兵齐声大叫曰："降焉！"操军人皆出营立观。去北军[⑫]二里余，同时发火，火烈风猛，往船如箭，飞埃绝烂，烧尽北船，延及岸边营柴[⑬]。瑜等率轻锐寻继其后，雷鼓[⑭]大进，北军大坏[⑮]，曹公退走。

【注释】

① 盖书：东吴老将黄盖写给曹操的降书。

② 山越：古代对南方山区少数民族的通称。

③ 东方将吏：指东吴的将帅及官吏。

④ 偏怀浅戆(gàng)：胸怀狭窄而举事鲁莽。

⑤ 归命：归顺，投诚。

⑥行人:使者的通称。

⑦信实:真实可靠。

⑧燥荻:干燥的芦苇。

⑨建:插起。

⑩最著前:驶在最前头。

⑪中江:到了江心。

⑫北军:指曹操的军队。

⑬营柴:《通鉴》作“营落”,即军营。

⑭雷鼓:擂鼓。雷通“擂”。

⑮坏:溃乱。

【译文】

虞溥《江表传》载有东吴老将黄盖写给曹操的降书,上写道:“黄盖曾蒙受孙氏的厚恩,他们任我为将领,待我不薄。然而纵观天下的大势,仅用江东六郡的山野之民,来抵挡中原的百万之众,明显寡不敌众,这是海内人士的共识。就连东吴的将帅和官吏,无论聪明的还是愚昧的,也都认为无法取胜,只有周瑜、鲁肃心胸狭窄,办事鲁莽,对此未能理解。今日黄某归顺曹公,是我真实的打算。周瑜率领的部队,很容易摧毁。待交锋之日,黄盖愿为先锋,我将依据当时事态的变化,竭尽全力报效曹公。”曹操特意召见送书的使者,悄悄询问情况,然后道:“只怕你等是诈降。若黄盖所言属实,则当领受厚赏,定将超过之前的那些人。”

《江表传》还记载:到了交战的那日,黄盖先准备了十艘轻便的战舰,上面满载干燥的芦苇及枯柴树枝,再用鱼油浇灌,外面蒙上红幔布,战舰上竖起青龙图案的牙旗以作标识。当时东南风刮得很猛,他让十艘船舰驶在最前头,驶到江中央,黄盖举起火把告诉各部下,让士卒们齐声大喊“投降！”“投降！”曹操的军卒都跑出军营来观看。在距离曹军约二里时，黄盖号令同时点火，火烈，风急，船舰像箭一般飞快地靠近曹舰，霎那间烟尘滚滚，火光耀天，曹军的船舰尽皆着火，还烧到了岸上的军营。此时，周瑜等人率领的轻锐部队立即赶来，擂鼓前进，曹军立刻溃不成军，曹操慌忙引兵败走。

【引述】

《三国志·吴书九·周瑜传》：黄盖“乃取蒙冲斗舰数十艘，实以薪草，膏油灌其中，裹以帷幕，上建牙旗，先书报曹公，欺以欲降。【注一】又豫备走舸，各系大船后，因引次俱前。曹公军吏士皆延颈观望，指言盖降。盖放诸船，同时发火。时风盛猛，悉延烧岸上营落。顷之，烟炎张天，人马烧溺死者甚众，军遂败退，还保南郡。【注二】”裴松之在此注引《江表传》的两段文字与志书所叙大体相同。

黄盖字公覆，曾跟随过孙坚、孙策、孙权，乃三朝元老。赤壁之战时，除周瑜、诸葛亮暗约用火攻外，他是献火攻计的第三人，并自愿接受苦肉计骗得曹操的信任，从而有了“周瑜打黄盖，一个愿打，一个愿挨”的俗语。毛宗岗说，他对苦肉计有三虑，一虑是怕黄盖受棒太毒，而至于死去；二虑是众将不知就里，有愤激而生变者；三虑由于前有蒋干盗书被欺，因而不纳黄盖的投降。好在黄盖不死，诸将不叛，曹操不疑，因此周郎得以成功。毕竟黄盖年事已高，毕竟曹操绝不是那么好骗的主儿。再者黄盖的降书，正史无记载，交战时的举措也叙述简略，裴注正好填补这方面的不足，使我们得以看到战争中的那些精彩细节。

一五四　蒋干见周瑜

【注文】

《江表传》曰：普[1]颇以年长，数陵侮瑜。瑜折节[2]容下，终不与校。普后自敬服而亲重之，乃告人曰："与周公瑾交，若饮醇醪[3]，不觉自醉。"时人以其谦让服人如此。

初，曹公闻瑜年少有美才，谓可游说[4]动也，乃密下扬州，遣九江蒋干[5]往见瑜。干有仪容，以才辩见称，独步[6]江、淮之间，莫与为对。乃布衣葛巾，自托私行诣瑜。瑜出迎之，立谓干曰："子翼良苦，远涉江湖为曹氏作说客[7]邪？"干曰："吾与足下州里，中间别隔，遥闻芳烈[8]，故来叙阔，并观雅规[9]，而云说客，无乃逆诈[10]乎？"瑜曰："吾虽不及夔、旷[11]，闻弦赏音，足知雅曲[12]也。"因延干入，为设酒食。毕，遣之曰："适吾有密事，且出就馆，事了，别自相请。"后三日，瑜请干与周观营中，行视仓库军资器仗讫，还宴饮，示之侍者服饰珍玩之物，因谓干曰："丈夫处世，遇知己之主，外托君臣之义，内结骨肉之恩，言行计从，祸福共之，假使苏张[13]更生，郦叟[14]复出，犹抚其背而折[15]其辞，岂足下幼生所能移乎？"干但笑，终无所言。干还，称瑜雅量高致[16]，非言辞所间。中州之士，亦以此多之。

刘备之自京还也，权乘飞云大船，与张昭、秦松、鲁肃等十余人共追送之，大宴会叙别。昭、肃等先出，权独与备留语，因言次[17]，叹瑜曰："公瑾文武筹略[18]，万人之英，顾其器量广大，恐不久为人臣耳。"瑜之破魏军也，曹公曰："孤不羞走。"后书与权曰："赤壁之役，值有疾病，孤烧船自退，横使周瑜虚获此名。"瑜威声远著，故曹公、刘备咸欲疑谮之。及卒，权流涕曰："公瑾有王佐[19]之资，今忽短命，孤何赖哉！"后权称尊号，谓公卿曰："孤非周公瑾，不帝矣。"

【注释】

① 普：程普，字德谋。曾随孙坚、孙策攻城野战，后与张昭等辅佐孙权，在诸将中年最长，时皆呼之"程公"。

② 折节：屈己下人。

③ 醇醪(chún láo)：味厚的美酒。

④ 游说(shuì)：指战国时的策士们周游列国，劝说君主采纳其政治主张的一种活动。后泛指劝说别人采纳自己的意见和主张。

⑤ 蒋干：字子翼，曹操的谋士。

⑥ 独步：谓独一无二，无与伦比。

⑦ 说(shuì)客：游说之士。

⑧ 芳烈：盛美的功业。

⑨ 雅规：高雅的风范。

⑩ 逆诈：谓事先即猜疑别人欺诈。

⑪ 夔旷(kuí kuàng)：夔与师旷的并称。夔为舜时的乐官。师旷为春秋时晋国的乐师。

⑫ 雅曲：典雅的乐曲。

⑬ 苏张：战国时纵横家苏秦、张仪的并称。

⑭ 郦叟：亦作郦生，即郦食其(lì yì jī)，西汉时刘邦的谋士。

⑮ 折：折服，屈服。

⑯ 雅量高致：气度宽宏，情致高雅。

⑰ 言次：言谈之间。

⑱ 筹略：谋略。

⑲ 王佐：佐君成王业的人。

【译文】

虞溥《江表传》记载：程普自恃年纪较高，多次欺侮周瑜。周瑜放低身份宽厚待人，始终不与他计较。程普后来自感周瑜值得佩服，便对其亲近尊重起来，他还告诉别人说："与周公瑾交往，如同喝醇厚的美酒，不知不觉便醉了。"当时人们都认为周瑜的谦虚礼让使人口服心服。

起初，曹操听说周瑜年轻又有才干，认为可以通过游说能劝他归顺自己，便秘密去了扬州，派遣九江的蒋干去见周瑜进行说服。蒋干这人仪表堂堂，以才思敏捷和能言善辩为人称道，江、淮之间无人能比。蒋干身着布衣头戴葛巾，以私人拜访的名义去见周瑜。周瑜迎进军帐，立马对蒋干道："子翼真是辛苦，远渡江湖为曹操来作说客吗？"蒋干忙道："你我是同乡，其间阔别几年，听说你功业有成，故来叙旧，却说我是说客，怎能预先猜疑别人呢？"周瑜道："我虽不如夔和师旷两位乐师那般善辨音律，但还能辨出雅曲的弦外之音。"于是延请蒋干入内，为他设置酒宴。宴毕，对他道："我正值有机密之事要办，你暂到驿馆歇息，待事办完，别当相请。"过了三日，周瑜请蒋干与他一同遍观军营，又视察仓库里的军用物资及各种器械。看完回帐饮宴，周瑜又给他展示了侍者的服饰和珍贵的玩物，接着对蒋干道："大丈夫处世立身，能遇到知己的明主，对外虽是君臣关系，在内却有骨肉之情，言听计从，祸福同当，即使纵横家苏秦、张仪再生，善辩的郦食其复出，我也会抚着他们的背膀折服他们的，难道我是足下你能说动的吗？"蒋干只能干笑，无话可讲。蒋干回去后，对曹操声称周瑜气度宽宏，情致高雅，不是言语所能离间的。中州人士，也都以此夸赞周瑜。

刘备从京口回来，孙权乘飞云大船，与大臣张昭、秦松、鲁肃等十余人一同送别，举办盛大的告别宴会，会后张昭、鲁肃等人先走，孙权独留刘备说话，在言谈中，刘备赞叹周瑜，说道："周公瑾文韬武略齐备，是万里挑一的英才，看他度量恢宏，志向远大，恐怕不甘久居人臣之位。"周瑜赤壁之战打败了魏军，曹操道："我并不以败走为羞耻。"后又写信给孙权道："赤壁之战，正赶上我军发生瘟疫，是我们自己把船烧掉撤走的，却徒然让周瑜获得了虚名。"因为周瑜威名远扬，所以曹操和刘备都对他产生猜忌，故而背后在孙权处进谮言。及至周瑜去世，孙权流着眼泪道："公瑾有佐君成王业的资质，今突然故去，我将依靠何人呢？"后来孙权称帝，对公卿大臣道："若没有周公瑾，我不会称帝的。"

【引述】

《三国志·吴书九·周瑜传》："初瑜见友于策，太妃又使权以兄奉之。是时权位为将军，诸将宾客为礼尚简，而瑜独先尽敬，便执臣节。性度恢廓，大率为得人，惟与程普不睦。【注二】"大意是说：当初，周瑜与孙策是好朋友，太妃又让孙权以兄长之礼对待周瑜。那时孙权只是个将军的头衔，麾下将领和宾客对他的礼节也很简单。是周瑜率先对孙权表示敬重，并以臣下对君上的礼节来对待孙权。周瑜心胸宽阔，很得人心，只与程普有些不和睦。裴注引《江表传》说明为何与程普不和睦及后来如何和睦相处的。转而主要叙述蒋干见周瑜，但未提及盗书之事。

曹操是个爱才、惜才之人，所以三国中他收揽的人才最多。听说周瑜年少有美才，就想收为已用，并且认为年轻人好诓骗，就派以才辩见称的蒋干去游说。最终无果而归。这里想说两点。一是蒋干盗书。盗书之事本传中无记载，裴注《江表传》也无记载，而《三国演义》第四十五回有叙述，而且写得惟妙惟肖。写周瑜一听蒋干来访，便知其来意，"遂与众将附耳低言，如此如此。众皆应命而去"。于是便有宴席上周瑜的酩酊佯醉，有醉携蒋干入帐共寝，有蒋干偷视文书，盗取蔡瑁、张允要杀曹操的假信，有周瑜故意潜出帐外，听江北来人低声告知蔡、张二都督“急切不得下手”的密报，有蒋干乘机一路畅行无阻的离去，然后有曹操的斩杀蔡瑁、张允这两位最得力的水军都督。写得好不热闹，看得也心急火燎，可这些全是“演义”。这，便是“史”与“小说”的区别。二是蒋干的才貌。志书里无蒋干的传记，《江表传》云“干有仪容，以才辩见称，独步江、淮之间，莫与为对”。《三国演义》对其外貌与才干都未作描述。而到了戏剧舞台上，蒋干则变成了一个丑角，形貌丑陋猥琐，举止轻佻粗俗，哪里有“有仪容”“独步”的影子呢？尽管如此，“蒋干盗书”的故事却流传极广，蒋干的人物形象也活跃在观众的脑海里，这都是因为借助舞台艺术得以广泛传播的效果。这，便是“史”与“戏剧”的差异。

一五五　周瑜《与孙权笺》

【注文】

《江表传》载：初，瑜疾困①，与权笺曰：“瑜以凡才，昔受讨逆②殊特之遇，委以腹心，遂荷荣任③，统御兵马，志执鞭弭④，自效戎行。规⑤定巴蜀，次取襄阳，凭赖威灵，谓若在握。至以不谨，道遇暴疾，昨自医疗，日加无损。人生有死，修短命矣，诚不足惜，但恨微志未展，不复奉教命⑥耳。方今曹公在北，疆埸未静，刘备寄寓⑦，有似养虎，天下之事，未知终始，此朝士旰食⑧之秋，至尊⑨垂虑之日也。鲁肃忠烈，临事不苟⑩，可以代瑜。人之将死，其言也善，傥或可采，瑜死不朽矣。”

【注释】

① 疾困：病势沉重。

② 讨逆：指讨逆将军孙策。

③ 荣任：担任要职。

④ 鞭弭（mǐ）：马鞭和弓。借指戎马生活。

⑤ 规：规划并占有。《国语·周语中》："昔我先王之有天下也，规方千里以为甸服。"

⑥ 教命：指上对下的告谕，即指示。

⑦ 寄寓：谓失国之君，羁留在外。

⑧ 旰（gàn）食：晚食，指事务繁忙，不能按时吃饭。

⑨ 至尊：至高无上的地位，多指君、后。

⑩ 不苟：不随便，不马虎。

【译文】

虞溥《江表传》记载：当初，周瑜病重时，给孙权写信道："我以平庸的才能，昔日受到讨逆将军的特殊礼遇，委以腹心，担任要职，统领兵马，我也志在执鞭策马，效力于战场。从而平定了巴蜀，夺取了襄阳，凭藉上天的威灵，自谓胜券在握。岂料事出不慎，半道身患重病，昨日诊医，未见好转。人终有一死，长短由命，不足为惜，只是遗憾微志未酬，不能再聆听明主的告谕了。方今曹操雄踞北方，战事从未停息，刘备羁留在侧，有如养虎为患，天下大事，不知最后如何终结，此时正是全体将吏废寝忘食报效朝廷之时，也是明主审时度势思虑国运之日。鲁肃为人忠诚刚毅，处事公正不苟，可代替我的职务。人之将死，其言也善，倘若我的话能被采纳，那便是周瑜我虽死犹生了。"

【引述】

《三国志·吴书九·鲁肃传》:"周瑜病困,上疏曰:'当今天下,方有事役,瑜乃心夙夜所忧,愿至尊先虑未然,然后康乐。今既与曹操为敌,刘备近在公安,边境密迩,百姓未附,宜得良将以镇抚之。鲁肃智略足任,乞以代瑜。瑜陨踣之日,所怀尽矣。【注一】'"裴注在此所引《江表传》与本传内容意旨相同,只是在用辞上有些异同罢了。

周瑜,字公瑾。庐江舒县人。当初,孙坚兴义兵讨董卓时,将家搬至舒县,孙坚之子孙策与周瑜同年,二人十分友好。后随孙策攻横江,伐秣陵,极有名声,人称周郎,二十四岁便任建威中郎将。孙策去世,孙权任他为大都督,又协助孙权占柴桑,攻江夏,还劝孙权勿送质子。赤壁一战使周瑜威名远扬。但就在三分初具规模时,他病倒了,从他写给孙权的信笺,可看到他忧国忧民的一片赤诚之心。他对自己的事未提一言半语,却念念不忘"夙夜所忧"的朝廷大事:第一是望君主"先虑未然,然后康乐"。即居安思危,防患未然。第二是担忧曹操雄踞中原,势力强大。第三忧虑刘备近在咫尺,须加提防。第四是边疆百姓未附,宜派良将去镇抚。第五是鲁肃临事不苟,可接替他的职务。病危之际,思虑得如此缜密,叮嘱得如此周到,英雄本色跃然纸上。无怪陈寿在评论中说,周瑜与鲁肃可谓"实奇才也"。

一五六　鲁肃有过人之明

【注文】

《吴书》曰:肃欲与羽会语,诸将疑恐有变,议不可往。肃曰:"今日之事,宜相开譬①。刘备负国②,是非未决,羽亦何敢重欲干命③!"乃趋就羽。羽曰："乌林之役[4]，左将军[5]身在行间，寝不脱介，戮力破魏[6]，岂得徒劳，无一块壤，而足下来欲收地邪？"肃曰："不然。始与豫州观于长阪，豫州之众不当一校[7]，计穷虑极，志势摧弱，图欲远窜，望不及此。主上矜愍[8]豫州之身，无有处所，不爱土地士人之力，使有所庇荫[9]以济其患，而豫州私独饰情[10]，愆德隳[11]好。今已藉手于西州[12]矣，又欲翦并[13]荆州之土，斯盖凡夫所不忍行，而况整领[14]人物之主乎！肃闻贪而弃义，必为祸阶[15]。吾子属当重任，曾不能明道处分[16]，以义辅时，而负恃[17]弱众以图力争，师曲为老，将何获济[18]？"羽无以答。

《吴书》曰：肃为人方严[19]，寡于玩饰，内外节俭，不务俗好[20]。治军整顿[21]，禁令必行，虽在军陈，手不释卷。又善谈论，能属文辞，思度[22]弘远，有过人[23]之明。周瑜之后，肃为之冠。

【注释】

①开譬(pì)：开导劝说。

②负国：对不起国家。

③干命：违背命令。

④乌林之役：乌林在今湖北省嘉鱼县西，位于长江北岸，赤壁之战周瑜曾破曹兵于此，故即指赤壁之战。

⑤左将军：与下文的"豫州"皆指刘备。

⑥戮力破魏：此时三国尚未成立，故不能称曹操方面为魏，故《通鉴》此处的"魏"作"敌"。

⑦校：古代军队中的一种建制。

⑧矜愍(jīn mǐn)：犹怜悯。

⑨庇荫(bì yīn)：庇护，遮蔽。

⑩私独饰情：谓为个人处境谋划，掩饰自己的本意。

⑪隳(huī)：毁坏，废弃。

⑫ 西州：指益州。

⑬ 翦(jiǎn)并：削弱，吞并。

⑭ 整领：统率，率领。

⑮ 祸阶：祸之所从来。阶即阶梯，喻凭借或途径。

⑯ 明道处分：阐明道理，也特指按理办事。处分：处置。

⑰ 负恃：仗恃，凭借。

⑱ 济：帮助，有益。

⑲ 方严：方正严肃。

⑳ 俗好：流俗之所喜好。

㉑ 整顿：整饬。

㉒ 思度：才思器量。

㉓ 过人：超越一般人。

【译文】

韦昭《吴书》记载：鲁肃想与关羽会谈，将领们怕发生变故，都劝鲁肃不可前往。鲁肃道："如今这事，最好的办法是开导。刘备忘恩负义，是非未作定论，关羽怎敢做出违令的事来。"于是去见关羽。关羽道："赤壁之战时，左将军（刘备）身临战场，睡觉时都不脱铠甲，齐心合力打败了曹军，怎能徒劳无功，不获得一块土地呢，足下来此是想收回地盘吗？"鲁肃道："此言差矣。当初在长阪与刘豫州（刘备）会面时，刘豫州的部众不足一校，计穷智竭，情势颓危，打算远逃他方，那时也想望不到会有今日。当时我家主公怜悯刘豫州无处安身，不惜荆州的土地和人力，使他得有一处庇护之所来解除困境，可刘豫州却只为一己谋划，虚情假意不顾道义，损坏了我们的盟好。如今他已取得益州，还想兼并荆州之地，这般行事就连凡夫俗子都不忍心去做，何况是统率一方的主公呢！我听说为贪婪而放弃道义，便会招来祸患，先生身负重要职位,却不能按道理办事,用道义来辅佐,却想倚仗部众用强力来争夺,须知军队会因理亏而变得疲弱的,你们这样做会得到什么好处呢? ”关羽无言以对。

《吴书》还记载:鲁肃为人方正严肃,不喜欢那些佩饰,对内对外都很节俭,也无世俗的爱好。治军严明,命令能执行,禁令能贯彻。他虽在军旅却手不释卷。又擅长言谈议论,还能撰写文章,才思弘大器度深远,有超越他人的高明之处。周瑜之后,鲁肃便是首屈一指的了。

【引述】

《三国志·吴书九·鲁肃传》:“肃因责数羽曰:‘国家区区本以土地借卿家者,卿家军败远来,无以为资故也。今已得益州,既无奉还之意,但求三郡,又不从命。’……【注一】备遂割湘水为界,于是罢军。”这几句话的大意是:鲁肃责备关羽道:“我吴国诚心将荆州之地借给你们,是因为你家打了败仗远道而来,没有驻扎地的缘故。如今你们已取得益州,竟无奉还的意思,我们只要求退还三郡,你们也不同意。”……于是刘备划湘水为界各有其地,两国才罢兵。

无论是《三国演义》还是戏剧舞台,都把鲁肃敦厚老实的一面刻画得入木三分,其实鲁肃还有豪放、果敢、颇有远谋的一面,只是未得到很好的表述。从本传中可知,他家颇为富有,他又轻财好士,甚至出卖田地来救济穷人,受到乡人的敬重。周瑜任居巢县令时,求他资助一些粮食,他慷慨地送给约三千斛的一仓米。韦昭的《吴书》说鲁肃“少有壮节”,他曾召集当地百余少年,供给衣食,在山中练击剑、骑射,讲武习兵。父老们说,“鲁氏世衰,乃生此狂儿”。后豪杰并起,他率领三百余人渡江往见孙策,孙策十分惊奇。孙策去世后,他劝孙权“惟有鼎足江东,以观天下之衅”,“然后建号帝王以图天下”。他促成了孙刘联盟,赤壁的胜仗便是联盟之后的硕果。鲁肃又善谈论,与关羽的一席话，说得关羽无言以对，说得刘备划湘水为界，两国罢兵，化干戈为玉帛。鲁肃可谓东吴的大功臣，孙权说他“明于事势”，陈寿评他“实奇才也”，故誉之为“有过人之明”，言不谬矣！

一五七　在军旅亦当读书

【注文】

《江表传》曰：初，权谓蒙及蒋钦[①]曰：“卿今并当涂[②]掌事，宜学问以自开益[③]。”蒙曰：“在军中常苦多务，恐不容复读书。”孙权曰：“孤[④]岂欲卿治经为博士邪？但当令涉猎[⑤]见往事耳。卿言多务孰若孤，孤少时历《诗》《书》《礼记》《左传》《国语》，惟不读《易》。至统事以来，省三史[⑥]、诸家兵书，自以为大有所益。如卿二人，意性朗悟[⑦]，学必得之，宁当不为乎？宜急读《孙子》《六韬》《左传》《国语》及三史。孔子言‘终日不食、终夜不寝以思，无益，不如学也。[⑧]’光武[⑨]当兵马之务，手不释卷。孟德亦自谓老而好学。卿何独不自勉勖[⑩]邪？”

蒙始就学，笃志[⑪]不倦，其所览见，旧儒不胜。后鲁肃上代周瑜，过蒙言议，常欲受屈。肃拊蒙背曰：“吾谓大弟但有武略耳，至于今者，学识英博[⑫]，非复吴下阿蒙[⑬]。”蒙曰：“士别三日，即更刮目相待[⑭]。大兄今论，何一称穰侯[⑮]乎。兄今代公瑾，既难为继，且与关羽为邻。斯人长而好学，读《左传》略皆上口，梗亮[⑯]有雄气，然性颇自负，好陵人。今与为对，当有单复以(卿)[鄉]待之[⑰]。”密为肃陈三策，肃敬受之，秘而不宣。权常叹曰：“人长而进益，如吕蒙、蒋钦，盖不可及也。富贵荣显，更能折节[⑱]好学，耽悦[⑲]书传，轻财尚义，所行可迹，并作国士[⑳]，不亦休[21]乎！”

【注释】

① “权谓”句：权指孙权，蒙指吕蒙。吕蒙和蒋钦均为东吴大将。

② 当涂：指居要职掌大权的人。

③ 开益：启发，增益。

④ 博士：当时掌管经学传授的学官。

⑤ 涉猎：谓读书治学或学习其他技能，只作浮浅的阅读或探索，不求深入研究掌握。

⑥ 三史：魏晋南北朝以《史记》《汉书》《东观汉记》为三史，唐开元之后，因《东观汉记》失传，乃以《史记》《汉书》《后汉书》为三史。

⑦ 朗悟：颖悟。

⑧ “孔子言”句：见《论语·卫灵公》。

⑨ 光武：指汉光武帝刘秀。

⑩ 勉勖（xù）：勉励。

⑪ 笃（dǔ）志：专心致志，立志不变。

⑫ 英博：才智优异而学识渊博。

⑬ 吴下阿蒙：即指吴之名将吕蒙。后以此讥缺少学识、文才者。

⑭ 刮目相待：谓另眼看待，以新眼光看人。亦作“刮目相看”。

⑮ 穰侯句：不是像秦穰侯魏冉一样大权在握吗？

⑯ 梗亮：刚正磊落。

⑰ “当有”句：单复：古代战术的一种，犹奇正。（卿）[鄉]：意谓“卿”字当为简体的“向”，作对着、朝着讲。

⑱ 折节：屈己下人。陈芬芸《窗私记》云吕蒙为读书开设西馆，延请俊才，相互切磋，学识日见长进。

⑲ 耽（dān）悦：甚喜，深爱。

⑳ 国士：一国中最优秀的人物。

㉑ 休：称赞。

【译文】

虞溥《江表传》记载：当初，孙权对吕蒙和蒋钦道："你二人如今身居要职掌权办事，应当继续学习以从中获益。"吕蒙道："在军旅中常苦于事务繁多，恐怕抽不出时间再读书了。"孙权又道："我难道是要你们研究经学去当博士吗？只是想让你们浏览书籍能以史为鉴罢了。你说事务繁多难道比得过我吗，我年少时曾读过《诗经》《尚书》《礼记》《左传》《国语》，只是未读《易经》。自从统领国事以来，又看了《史记》《汉书》《东观汉记》这三史及各家兵书，自认为受益匪浅。像你二人心性聪慧，只要去学必有所得，怎么不去实践呢？你们应先读《孙子》《六韬》《左传》《国语》及三史。孔子说过'终日不食，终夜不寝去想，没有益处，不如去学习。'当初光武帝虽统领兵马打仗，却手不释卷，曹操也说自己老而好学，你等有何理由不自勉自励呢？"

吕蒙决心就学，他专心致志，学而不厌，他阅读过的书籍，就连老学究也比不过。后来鲁肃代替了周瑜的职位，有次路过吕蒙那里和他交谈，还有一种说不过他的感觉。鲁肃于是抚摸着吕蒙的肩膀道："我以为老弟只知道带兵打仗，想不到如今学识如此渊博，再不是当初的吴下阿蒙了。"吕蒙便道："士别三日，则当另眼相看才是。老兄今日之论，可称得上是穰侯了。老兄如今替代周公瑾，是很艰难了，又与关羽为邻。关羽这人年长而好学，读《左传》朗朗上口，为人刚正磊落，具有英雄气慨，然而很自负，瞧不起别人。如今你与他为邻，应当用单复战术来对付。"秘密地为鲁肃陈述了三种策略，鲁肃郑重地接纳了，秘而不宣。孙权常感叹道："年龄虽大但通过好学而受益的，像吕蒙、蒋钦，别人都赶不上他们。他们虽已富贵荣显，却能放下身份勤学好问，沉醉在书传之中，不重钱财，崇尚道义，所行之事皆可载之简册，用这样优秀的人才来辅佐,不是很值得称赞的吗!”

【引述】

《三国志·吴书九·吕蒙传》:“蒙曰:‘今东西虽为一家,而关羽实熊虎也,计安可不豫定?’因为肃画五策。肃于是越席就之,拊其背曰:‘吕子明,吾不知卿才略所及乃至于此也。【注一】’”其大意是说:吕蒙对鲁肃道:“如今孙刘两方虽然结盟,但关羽实为猛虎般的人物,怎能不预先想好对付他的策略呢?”于是为鲁肃谋划了五条对策。鲁肃立即越过坐席到他身边,拍着他的肩背道:“子明啊,我不知道你的才略竟达到这般地步了。”裴注在此引《江表传》,认为当初的“吴下阿蒙”如今竟能“为肃画五策”,是听了孙权的劝说从而刻苦学习的结果。

这个故事说明两点。第一点孙权关心部下。他关心的方式是力劝他们读书,因为这不仅可以从史料中吸取经验教训,还可提高自身的素养。他以自己和汉光武帝、曹操三个人作例子激励他们读书,并具体指出先读什么书。第二是吕蒙通过学习,由一介武夫成长为“国士”。孙权说他“及身长大,学问开益,筹略奇至”。他不仅学有所得,且能为有“过人之明”的鲁肃出谋划策,用事实说明学习的必要性。刘向《说苑》云:“少而好学,如日出之阳;壮而好学,如日中之光;老而好学,如炳烛之明。”形象地告诉我们,学习是一生的事情,人生的每个阶段,都可从学习中得到美妙的收获。俗语说“活到老学到老”,就是这个道理。

一五八　黄盖辛苦备尝

【注文】

《吴书》曰:(黄盖)故南阳太守黄子廉之后也,枝叶①分离,自祖迁于零陵,遂家焉。盖少孤,婴丁凶难②,辛苦备尝,然有壮志,虽处贫贱,不自同于凡庸,常以负薪余闲,学书疏③,讲兵事。

《吴书》曰:赤壁之役,盖为流矢所中,时寒堕水,为吴军人所得,不知其盖也,置厕床④中。盖自强以一声呼韩当⑤,当闻之,曰:"此公覆声也。"向之垂涕,解易其衣,遂以得生。

【注释】

① 枝叶:喻同宗的旁支。

② 婴丁凶难:遭遇亲丧。

③ 书疏:信札,奏疏。

④ 厕床:厕所中的坐床 。

⑤ 韩当:东吴的大将。

【译文】

韦昭《吴书》记载:黄盖是原南阳太守黄子廉的后人,同宗的人支离分散,黄盖的祖辈迁居到零陵,于是便定居于此。黄盖年少时,便成了孤儿,遭遇丧亲之痛,尝尽了艰难困苦。然而他极有志气,虽身处贫穷卑贱之中,却不把自己混同于平庸之辈,常在砍柴背薪的空余时间,学习书写奏疏和信札,讲述用兵作战之事。

《吴书》还记载:在赤壁之战时,黄盖被不知何处飞来的流箭射中，掉进寒冷的江中，被东吴的士卒救起，士卒不知他是黄盖，便将他安放在厕所的坐凳上。黄盖看到韩当，勉强用力大喊了一声“韩当！”韩当听到喊声，说：“这是公覆（黄盖）的声音！”循声见到黄盖，禁不住流下眼泪，忙换掉他身上的湿衣，黄盖才得以生还。

【引述】

《三国志·吴书十·黄盖传》：“盖姿貌严毅，善于养众，每所征讨，士卒皆争为先。建安中，随周瑜拒曹公于赤壁，建策火攻，语在瑜传。【注一】”裴松之在此引韦昭《吴书》两小段文字，一写他“少孤，婴丁凶难”，一写他“为流矢所中，时寒堕水”，可谓是辛苦备尝。

赤壁之战时，周瑜和诸葛亮不谋而合主张对曹军用火攻，第三个献火攻计的是黄盖。为了使火攻能顺利实施，周瑜设置了诈降计，为了使诈降演绎得合情合理，既能瞒过曹操派来通风报信的奸细，又能让其他官兵信以为真，特别是还能瞒过曹操，于是便有了苦肉计。《三国演义》第四十六回“献密计黄盖受刑”里写道，黄盖潜入军帐见周瑜献火攻之计，瑜曰：“吾正欲如此，只恨无人为我行诈降计耳。”盖曰：“某愿行此计。”瑜曰：“不受些苦，彼如何肯信？”盖曰：“某受孙氏厚恩，虽肝脑涂地，亦无怨悔。”瑜拜而谢之曰：“君若肯行此苦肉计，则江东之万幸也。”次日鸣鼓大会诸将，黄盖有意抵触周瑜说，如这个月不能破敌，只可投降。周瑜勃然大怒曰：“吾奉主公之命督军破曹，言降者必斩，喝令左右斩讫报来！”经文武官员苦苦告求，才免一死，命打一百脊杖，众人又苦求，瑜推翻案桌，喝令行杖，在众官苦求下打了五十棍，周瑜还直叫：“且寄下五十棍，再有怠慢，二罪俱罚。”直打得黄盖皮开肉绽，鲜血迸流。人们无不落泪——只有这样，才能骗过众人，特别是奸细，也才能使曹操信以为真。只是可怜了老将黄盖，棒疮尚未痊愈，赤壁之战便开打了，在得手之后，却被不知何处飞来的流矢射中，却又掉进寒冷的江中。若非吴兵救起，他就没命了，若吴兵知道他是黄盖，也没命了，若未遇到自家部队和韩当，他也不会活下来。在这里，我们真真切切地看到了一位赤胆忠心的老将黄盖，一个拚死效命的忠臣黄盖。

一五九　周泰肤如刻画

【注文】

《江表传》曰：权把其臂[①]，因流涕交连[②]，字之曰："幼平，卿为孤兄弟战如熊虎，不惜躯命[③]，被创数十，肤如刻画[④]，孤亦何心不待卿以骨肉之恩，委卿以兵马之重乎！卿吴之功臣，孤当与卿同荣辱，等休戚[⑤]。幼平意快为之，勿以寒门[⑥]自退也。"即敕以己常所用御帻[⑦]青缣盖赐之。坐罢，住驾，使泰以兵马导从[⑧]出，鸣鼓角作鼓吹[⑨]。

【注释】

① 权把其臂：权，指孙权。其，指东吴战将周泰，字幼平。

② 交连：接连不断。

③ 躯命：生命。

④ 刻画：雕刻绘画。

⑤ 休戚：喜乐和忧虑。

⑥ 寒门：言出身低微。

⑦ 帻(zé)：古代的一种头巾。

⑧ 导从：古时帝王、诸侯、官僚出行时，前驱者称导，后随者称从，因谓之导从。

⑨ 鼓吹：即鼓吹乐。

【译文】

虞溥《江表传》记载：孙权握着周泰的臂膀，泪流不止，称呼他的字，道："幼平，你为我们兄弟像熊虎一般勇猛作战，不惜个人的性命，身上留下几十处伤疤，皮肤如同经过雕刻绘画一般，我怎能忍心不以骨肉之亲来对待你，不委任你重要的兵权呢！你是东吴的有功之臣，我应当与你同荣辱，共苦乐。幼平啊，快乐起来吧，不要以出身低微而自卑。"于是令将自己经常使用的青色细绢头巾赐予他。告辞时，孙权让兵马前导后拥地送出周泰，还让鼓角齐鸣奏起鼓乐。

【引述】

《三国志·吴书十·周泰传》："时朱然、徐盛等皆在所部，并不伏也，权特为案行至濡须坞，因会诸将，大为酣乐，权自行酒到泰前，命泰解衣，权手自指其创痕，问以所起。泰辄记昔战斗处以对，毕，使复服，欢宴极夜。其明日，遣使者授以御盖。【注一】于是盛等乃伏。"上引志书大意是：当时，朱然、徐盛等人都在周泰的帐下，却对周泰不服气。孙权特意来到濡须坞巡视，借机会见各位将领，设宴欢饮，孙权亲自行酒到周泰面前，让周泰解开衣服，孙权用手指着他身上的伤疤，问受伤的经过。周泰便将过去战斗的情况说来作答，答毕，孙权让他穿好衣服，欢宴到深夜。第二天，孙权派人将他的头巾赠与周泰。徐盛等人从此全都信服周泰了。

从这件事可看出孙权的领导艺术。他知道属下对周泰不服，便借巡视之名去了周泰的驻地，又借敬酒之机让下官们观看周泰的"肤如刻画"，再借询问受伤的经过，让众人知道周泰，每一块伤疤都有一段难忘的战斗经历，每一道刻画都闪耀着不朽的战绩。这使在场的人无不动容，使所有下属都心服口服地服从领导。陆机在《辩亡论》中称孙权"其求贤如不及,恤民如稚子,接士尽胜德之容,亲仁罄丹府之爱",由于他能这样礼贤爱民,"是以忠臣竞尽其谋,志士咸得肆力"。孙策在临终前对孙权说:"举贤任能,各尽其心,以保江东,我不如你。"的是确论。

一六〇　甘宁之头当代入函

【注文】

《吴书》曰:初,权破祖①,先作两函②,欲以盛祖及苏飞③首。飞令人告急于宁④,宁曰:"飞若不言,吾岂忘之?"权为诸将置酒,宁下席叩头,血涕交流,为权言:"飞畴昔旧恩,宁不值⑤飞,固已损骸⑥于沟壑,不得致命于麾下⑦。今飞罪当夷戮,特从将军乞其首领。"权感其言,谓曰:"今为君致之,若走⑧去何?"宁曰:"飞免分裂之祸,受更生之恩,逐之尚必不走,岂当图亡哉!若尔,宁头当代入函。"权乃赦之。

【注释】

① 祖:指黄祖,曾任江夏太守。

② 函:匣子。

③ 苏飞:黄祖的部督。

④ 宁:指东吴战将甘宁,字兴霸。

⑤ 值:遇到。

⑥ 损骸:《三国志集解》作"捐骸",且作注云:宋本"捐"作"殒",捐骸犹捐躯。

⑦ 麾(huī)下:将旗之下,即部下。

⑧ 走:与下文的"亡"皆指逃跑。

【译文】

韦昭《吴书》记载：当初，孙权攻打黄祖时，预先制作了两个匣子，准备装黄祖和苏飞的头颅。苏飞急忙派人将此事告知甘宁，甘宁回道："即使苏飞不告，我岂能忘记吗！"孙权为诸将摆酒壮行，甘宁走下坐席跪地叩头乃至头破，血泪同流，他对孙权道："苏飞过去对我有大恩，甘宁若不是遇到苏飞，早就死在沟壑之中，也就不能在将军旗下效命了。如今苏飞罪该杀戮，但我特向将军乞求饶他一命。"孙权听了很受感动，便对他说："我今为你饶恕了他，让他逃跑了吧？"甘宁答道："苏飞免去杀头之祸，受将军再生之恩，撵都撵不走的，怎会想着逃跑呢！假若他真的逃跑了，我甘宁的脑袋愿代替他装进匣子里。"孙权于是赦免了苏飞的死罪。

【引述】

《三国志·吴书十·甘宁传》："权举酒属宁曰：'兴霸，今年行讨，如此酒矣，决以付卿。卿但当勉建方略，令必克祖，则卿之功……权遂西，果擒祖，尽获其士众。遂授宁兵，屯当口。【注一】'"上文的大意是：孙权举起酒杯对甘宁道："兴霸，今年征讨黄祖，以此酒为证，我将讨伐重任托付给你，你应努力筹划作战方略，定要打败黄祖，建立功业。"……孙权便率军西征，果然擒拿了黄祖，俘获了他的兵马。于是授予甘宁兵众，驻扎在当口。

裴注在此补叙了一些细节，如战前"先作两函"，如甘宁为苏飞求情。甘宁为何要为苏飞求情呢？因为甘宁曾带领他召募的八百人去投东吴，但黄祖驻军夏口，他无法通过，只好依附了黄祖，后来苏飞为他争取了一个郏长的职位，他才有机会脱身去了东吴，因此说有大恩于他。从中也可看到甘宁是一个知恩图报，能为朋友两肋插刀的壮士。

那么,孙权为何要讨伐黄祖呢?因为初平三年(192),孙权之父孙坚受命进攻荆州袭击刘表,刘表派黄祖迎战,黄祖兵败,逃到岘山,孙坚乘胜夜追,黄祖的部下在竹木间于暗中射死了孙坚。当时孙坚才三十七岁,可惜一世英杰,死于军卒之手。其兄孙策曾为父报仇讨伐过黄祖,获黄祖妻妾男女七人,黄祖却逃脱了。此次孙权擒杀了黄祖,算是了却了这件公案。

一六一　聊观兴霸之胆耳

【注文】

《江表传》曰:曹公出濡须①,号步骑四十万,临江饮马②。权率众七万应之,使宁③领三千人为前部督。权密敕宁,使夜入魏军。宁乃选手下健儿百余人,径诣曹公营下,使拔鹿角④,逾垒入营,斩得数十级。北军惊骇鼓噪⑤,举火如星,宁已还入营,作鼓吹,称万岁。因夜见权,权喜曰:"足以惊骇老子⑥否?聊以观卿胆耳。"即赐绢千匹,刀百口。权曰:"孟德有张辽,孤有兴霸,足相敌也。"停住月余,北军便退。

【注释】

① 濡须:在今安徽巢县南。

② 临江饮(jìn)马:在长江边给战马喝水,意谓将渡江南下征伐。

③ 宁:指甘宁,字兴霸。

④ 鹿角:军营的防御物。将带枝的树木削尖埋在营地周围,以阻挡敌人。因形似鹿角,故名。

⑤ 北军:指曹操的军队。

⑥ 老子：老头子，这里指曹操。

【译文】

虞溥《江表传》记载：曹操出兵攻打濡须，号称步马骑兵四十万人，饮马长江边，将渡江征讨孙权。孙权率七万人马应战，让甘宁带三千人为前部督。孙权又密令甘宁，让他夜袭曹营，挫其锐气。甘宁挑选了一百多个健壮士卒，乘夜直抵曹军营寨，拔掉插在寨前的鹿角，跨过沟堑，进入曹营，砍掉几十个士卒的首级。曹军惊骇，赶忙擂鼓呐喊，举火照明，火如繁星，而这时甘宁早已回到自己的军营，敲打乐器，高呼万岁。他连夜去见孙权，孙权高兴地说道："这足可以让曹操这老儿吓一跳的，我不过是要看看你的胆量罢了。"当即赐甘宁绢千匹，刀百把。称赞道："曹操有猛将张辽，我有猛将兴霸，足以相敌。"曹军驻守了月余，撤退了。

【引述】

《三国志·吴书十·甘宁传》："后曹公出濡须，宁为前部督，受敕出斫敌前营。权特赐米酒众肴，宁乃料赐手下百余人食。……至二更时，衔枚出斫敌。敌惊动，遂退。宁益贵重，增兵二千人。【注一】"裴注与志书所载大体相同。大意是说：曹操出兵濡须，甘宁为前部督，受命出击敌人的前锋营帐。孙权还特意赏赐米酒菜肴，让甘宁分赐给手下的百余士卒。……到二更时分，众人口衔竹枚，突然砍向敌营。敌人惊骇骚动，于是退走。甘宁于是更受尊重，孙权为他增兵二千。

从甘宁本传看，他年轻时"有气力，好游侠"。不务正业，常聚合一伙年轻人，自任首领，携弓带剑，头插羽毛，手持铃铛，到处游荡，颇有名声。投靠孙权后，屡立战功。他性格开朗，又有谋略，轻财敬士，能厚待英勇善战之人，这些人也都乐意为他效命。他是孙权的得力战将，被陈寿评为“江表之虎臣”！

一六二　潘濬不忘旧主

【注文】

《江表传》曰：权克荆州，将吏悉皆归附，而濬[①]独称疾不见。权遣人以床就家舆致之，濬伏面著床席不起，涕泣交横，哀咽不能自胜[②]。权慰劳与语，呼其字曰：“承明，昔观丁父，鄀[③]俘也，武王以为军帅；彭仲爽，申[④]俘也，文王以为令尹。此二人，卿荆国之先贤也，初虽见囚，后皆擢用，为楚[⑤]名臣。卿独不然，未肯降意，将以孤异古人之量[⑥]邪？”使亲近以手巾拭其面，濬起下地拜谢。即以为治中，荆州诸军事一以谘[⑦]之。武陵部从事樊胄诱导诸夷[⑧]，图以武陵属刘备，外白差督[⑨]督万人往讨之。权不听，特召问濬，濬答：“以五千兵往，足可以擒胄。”权曰：“卿何以轻之？”濬曰：“胄是南阳旧姓，颇能弄唇吻[⑩]，而实无辩论之才。臣所以知之者，胄昔尝为州人设馔，比至日中，食不可得，而十余自起，此亦侏儒观一节[⑪]之验也。”权大笑而纳其言，即遣濬将五千往，果斩平之。

【注释】

① 濬(jùn)：潘濬，字承明。刘备兼管荆州时，任潘濬为治中从事，刘备入川后，潘掌管州事。

② 自胜：克制自己。

③ 鄀(ruò)：春秋时列国名。

④ 申：古国名，春秋时灭于楚。

⑤ 楚：古国名，初立国于荆山一带，周人称为荆蛮，春秋战国时国势强盛，为五霸七雄之一。

⑥ 量：谓气度，气量。

⑦ 谘（zī）：商议，征询。

⑧ 诸夷：古代对各少数民族的称谓。

⑨ 差督：选择将领。

⑩ 唇吻：借指言辞，口才。

⑪ 侏儒一节：喻指能体现事物全貌的局部。语出桓谭《新论·道赋》引谚语："侏儒一节，而长短可知。"侏儒指矮子。

【译文】

韦昭《江表传》记载：孙权打下了荆州，荆州的旧将故吏都归附了他，只有潘濬称病不去相见。孙权派人到他家用床把他抬来，潘濬面俯床席仍旧不起来，痛哭流涕，悲咽得控制不住自己。孙权便去宽慰他，喊着他的字，道："承明啊，你看过去的观丁父，虽是鄀国的俘虏，但武王任他为军帅；彭仲爽，虽是申国的俘虏，文王却任他为令尹。这二人都是荆国的先贤，最初即使被囚，后来都被提拔任用，成为楚国的名臣。你却不然，没有归附的意思，是因为我没有古人宽宏的气量吗？"让亲近的侍臣用毛巾帮他揩拭脸上的泪水，潘濬很受感动，于是下地拜谢。孙权命他任治中，有关荆州诸军事一一向他咨询。

武陵部从事樊胄，想引诱边地各少数民族，企图将武陵归属于刘备，外面禀报说，准备选择将领带一万人前去征讨。孙权暂不答应，特地召来潘濬询问可否，潘濬答道："用五千兵，足可捉拿樊胄。"孙权道："你为何如此轻视他？"潘濬道："樊胄是南阳的大姓，表面上能说会道，实际没有论辩的真才实学。我之所以了解他，是樊胄过去曾邀州中人士饮宴，直到中午时分，仍不见菜肴端来，有十余人自己起身走了。这就验证了谚语所说的'观侏儒一节(一件事),他事可知'。"孙权大笑,采纳了他的意见,便派潘濬带领五千人马前往,果然平定了那里的局面。

【引述】

《三国志·吴书十六·潘濬传》:"孙权杀关羽,并荆土,拜濬辅军中郎将,授以兵。【注一】"裴松之在此注引《江表传》,叙述潘濬怀念故主刘备、不愿归降孙权以及经孙权安抚开导才归顺的经过。

孙权对潘濬十分尊重和信任,潘濬也为孙权平息了樊胄之乱,后来五溪蛮夷叛乱,他又"督诸军讨之",取得了这一方土地的平静安定。正由于此,潘濬的一些阻劝,孙权还是采纳的。如《江表传》载孙权很爱射猎野鸡,潘濬劝谏道:"天下未定,万机务多,射雉非急,弦绝括破,皆能为害,乞特为臣息置之。"孙权出猎的次数便很少了。潘濬有次从孙权处出来,看见射猎的那套工具还在,便亲自把它毁坏了。孙权不仅不责怪,而且从此之后再没有射猎过野鸡。可见孙权还是一位愿意采纳意见并勇于改正的人。

一六三　吴晋互不犯边

【注文】

《晋阳秋》曰:抗与羊祜[①]推侨、札之好[②]。抗尝遗祜酒,祜饮之不疑。抗有疾,祜馈之药,抗亦推心服之。于时以为华元、子反[③]复见于今。

《汉晋春秋》曰:羊祜既归,增修德信[④],以怀[⑤]吴人。陆抗每告其边戍曰："彼专为德，我专为暴，是不战而自服⑥也。各保分界，无求细益而已。"于是吴、晋之间⑦，余粮栖亩⑧而不犯，牛马逸而入境，可宣告而取也。沔上猎，吴获晋人先伤者，皆送而相还。抗尝疾，求药于祜，祜以成合与之，曰："此上药也，近始自作，未及服，以君疾急，故相致。"抗得而服之，诸将或谏，抗不答。孙皓⑨闻二境交和⑩，以诘于抗，抗曰："夫一邑一乡，不可以无信义之人，而况大国乎？臣不如是，正足以彰其德耳，于祜无伤也。"或以祜、抗为失臣节⑪，两讥之。

习凿齿⑫曰：夫理胜者天下之所保，信顺者万人之所宗，虽大猷⑬既丧，义声⑭久沦，狙诈⑮驰于当涂，权略⑯周乎急务，负力从横⑰之人，臧获牧竖⑱之智，未有不凭此以创功，舍兹而独立者也。是故晋文退舍，而原城请命⑲；穆子围鼓，训之以力⑳；冶夫献策，而费人斯归㉑；乐毅缓攻，而风烈长流㉒。观其所以服物㉓制胜者，岂徒威力相诈而已哉！自今三家鼎足四十有余年矣，吴人不能越淮、沔而进取中国，中国不能陵㉔长江以争利者，力均而智侔，道不足以相倾也。夫残彼而利我，未若利我而无残；振武㉕以惧物，未若德广而民怀。匹夫犹不可以力服，而况一国乎？力服犹不如以德来，而况不制乎？是以羊祜恢大同㉖之略，思五兵㉗之则，齐其民人，均其施泽，振义网以罗强吴，明兼爱以革暴俗，易生民之视听，驰不战乎江表。故能德音悦畅，而襁负㉘云集，殊邻异域，义让㉙交弘，自吴之遇敌，未有若此者也。

【注释】

① 抗与羊祜(hù)：抗，指陆抗，字幼节。时为东吴镇军大将军领益州牧。羊祜，时为晋车骑将军。

② 侨、札之好：指春秋时郑国的公孙侨(子产)和吴国的公子季札的朋友之好。季札至郑，与子产一见如故，互赠缟带，故亦作"缟带之好"。

③ "华元、子反"句：《公羊传·宣公十五年》：楚庄王围宋，只有七日之粮，使司

马子反登山侦察宋国，宋国的华元也登高相见。子反问他贵国如何，华元告之："易子而食也，析骸而炊也。"子反也告知"吾军亦有七日之粮"。庄王怒责之，子反曰："以区区之宋，犹有不欺人之臣，何以楚而无乎？是以告之也。"

④ 德信：恩德和威信。

⑤ 怀：怀柔。

⑥ 自服：谓自然心服。

⑦ 吴、晋之间：本文所记之事发生在吴凤凰元年（272），当时蜀、魏皆已灭亡，唯吴尚存，司马炎即位为晋武帝，故称"吴、晋之间"。

⑧ 栖（qī）亩：《初学记·卷九》引《子思子》："东户季子之时，道上雁行而不拾遗，耕耨余粮宿诸亩首。"后遂以"栖亩"谓将余粮存积田亩之中，以颂丰年盛世。

⑨ 孙皓（hào）：东吴末帝。

⑩ 交和：交融和谐。

⑪ 臣节：作为臣子的节操。

⑫ 习凿齿：东晋史学家。所著《汉晋春秋》起自汉光武，终于晋愍帝。凡五十四卷，早已亡佚。裴松之注《三国志》援引了其中的八十五段文字，方使这部分文字得以保存下来。

⑬ 大猷（yóu）：谓治国的大道。

⑭ 义声：德义的名声。

⑮ 狙诈：狡猾奸诈。

⑯ 权略：权谋，谋略。

⑰ 负力从横：负力：自恃其力。从横：即纵横，纵横天下。

⑱ 臧获牧竖：奴隶及牧童。

⑲ "晋文退舍"二句：《左传·僖公二十五年》："晋侯围原（古国名），命三日之粮，原不降，命去（离开）之。谍出曰：'原将降矣。'军吏曰：'请待之。'公曰：'信，国之宝也。'退一舍（三十里）而原降。"

⑳ "穆子围鼓"二句：《左传·昭公十五年》："晋荀吴帅师伐鲜虞，围鼓（古国名），鼓人或请以城叛，穆子弗许（不允许）。鼓人告食竭力尽而后取之，克鼓而反

（同'返'），不戮一人。"

㉑"冶夫献策"二句：《左传·昭公十三年》："叔弓围费，弗克，败焉。季平子怒，令见，费人执之以为囚俘，冶区夫曰：'非也，若见费人，寒者衣之（给他衣服穿），饥者食之（给他食物吃），为之令主而共其乏困，费来如归。'"冶夫即冶区夫。

㉒"乐毅缓攻"二句：《史记·乐毅传》："乐毅留徇齐（留在齐国巡行作战），五岁下（攻下）齐七十余城，皆为郡县以属燕（归属于燕国）。"

㉓服物：使人诚服。

㉔陵：超过，超越。

㉕振武：显扬武力。

㉖大同：战国末至汉初儒家学派提出的一种理想社会。《礼记·礼运》"大道之行也，天下为公"即指此。

㉗五兵：指矛、戟、弓、剑、戈。《汉书》云：古者作五兵，非以相害，以禁暴讨邪也。

㉘襁（qiáng）负：把婴儿包在襁褓之中背着。

㉙义让：基于大义的谦让。

【译文】

孙盛《晋阳秋》记载：东吴的陆抗与西晋的羊祜推行春秋时郑国公孙侨与吴国季札的朋友之好。陆抗曾经馈赠羊祜美酒，羊祜毫不怀疑就喝了。陆抗有病，羊祜赠送成药，陆抗也推心置腹地服用了。当时人们认为这是春秋时楚国的子反和宋国的华元互不相欺的行为在当世的再现。

习凿齿《汉晋春秋》记载：西晋的羊祜撤回军队后，着力提高自身的德操和威望，以期感动东吴人。东吴的陆抗常对戍边的将士说："他们实施恩德，我们彰显威力，这便是不用战斗能使双方都心悦诚服的办法。各保分界线，都不要有什么希求，那怕是细小的都不该有。"于是吴、晋两国之间，敢将余粮存积在田亩之中，牛马跑进对方境内，可告知过境牵走。在沔水边打猎，若吴人获得的猎物是晋人先打伤的，则过境送给人家。陆抗有次生病，向羊祜求药，羊祜便将做好的成药送给他，道："这是上好的药，近日自己做的，未及服用，将军有病急用，故此相送。"陆抗拿到药便服用，有的将领因系外来的故而劝阻，陆抗不予理睬。末帝孙皓听说边境交好，追问陆抗，陆抗道："一座城一个乡，不可没有讲信义的人，何况是一个大国呢？臣这样做，正是为彰显仁德，对羊祜亦无碍。"有人认为羊祜、陆抗这样做有失做臣子的节操，于是互有讽嘲。

史学家习凿齿道：大凡道理胜过他人，百姓就会归依，信义顺应民心，人们则会尊奉。即使治国的大道已经丧失，德义的名声也已沦落，狡诈奸猾之风流传于世，权谋方略之策成当务之急，无论自恃权势横行天下的人，还是仅具奴隶或牧童的才智，没有不凭借"理胜"和"信顺"而创建功业的，也没有舍弃"理胜"和"信顺"而能成就事功的。正因为这个缘故，所以晋文公以信为国之宝，退避三十里之后而原城请降；晋师围鼓，当告之食竭力尽时不杀戮一人；冶区夫主张对费人"寒者衣之，饥者食之"，费人则来归；燕将乐毅带兵巡行，五年攻下齐国七十余城，其缓攻风范长久流传。纵观以上之所以能够制敌取胜并使人信服的原因，难道是靠武力或是凭借欺诈而取得的吗！

自三国鼎立至今已四十余年，如今吴人不能越过淮河及沔水进犯中原的晋人，中原的晋人也不能越过长江向吴人争利，原因是双方势力均衡智谋相等，虽相互对立却无力竞争。假如靠摧残对方来使己方得利，不如对己方有利而不摧残对方；假如凭显扬武力来使对方恐惧，不如广施德政而使人们怀念。匹夫匹妇尚且不能用暴力使他屈服，何况一个国家呢？用威力使之屈服不如用德政使之诚服，何况还无制约的法度呢？因此羊祜弘扬大道为公的方略，思考使用兵器应遵循的原则，让人民能同心协力，使恩泽能合理公平，振兴伦理道德而包容强大的吴国，提倡兼爱学说而革除强暴的恶俗，改变百姓的视听，传播与东吴不战的思想。因此正确的舆论能让人心悦诚服，能让百姓怀抱婴儿背负行李前来归顺。吴、晋虽是殊邻异域，但基于大义能相互谦让，相互交好。自从吴国遇到敌对的方面以来，还未遇到过像这样的对手。

【引述】

《三国志·吴书十三·陆抗传》："凤凰元年，西陵督步阐据城以叛，遣使降晋。……抗遂陷西陵城，诛夷阐族及其大将吏，自此以下，所请赦者数万口。修治城围，东还乐乡，貌无矜色，谦冲如常，故得将士欢心。【注一】"志书上这几句话的大意是：吴凤凰元年（272 年），东吴西陵督步阐以所据城池西陵叛乱，派人向晋国投降。……东吴将领陆抗便攻陷了西陵城，杀了步阐一家和他手下的大将及重要官吏，自此以下的，全予赦免，被赦免的达数万人。陆抗重新修缮了西陵城墙，东归乐乡，脸上全无骄矜的神色，谦和如常，故而深得将士的拥戴。裴注于此增叙吴、晋互不犯边的情事。

《汉晋春秋》记载了陆抗与羊祜讲求诚信、互修睦邻的事迹，本属好事，但为什么"孙皓闻二境交和，以诘于抗"呢？为什么"或以祜、抗为失臣节，两讥之"呢？因为当时有些人以"亲仁善邻者，国家之事；出奇克敌者，将帅之职"的教条来指责陆抗和羊祜，认为他们以"将帅之职"去做"国家之事"，是僭越职权，有失臣子的本分。再者，《通鉴辑览》曰："羊祜刈谷偿绢，送还猎兽是愚弄边界之人，岂真所云修德信者？甚至遗酒馈药，使命频通，不惟身犯外交，直废弃军律矣。"针对这些议论，习凿齿能够、也敢于阐明自己的观点，故有"习凿齿曰"那段文字，替陆抗和羊祜的行为作辩解。欧阳修在《岘山亭记》中也充分肯定了羊祜所作所为为“仁”。孙盛的《晋阳秋》还将祜、抗之交比作侨、札之好，给予好评。实际上，《汉晋春秋》在一定程度上，突破了“为尊者讳”的禁忌，被赞之为“考斯人之书事，盖近古之遗音欤！”所以说，习凿齿是一位敢于实录直书、敢于追求历史真实的史学家。